编木拱桥
技术与社会史

国家自然科学基金青年基金营造技术与匠作谱系研究"闽浙地区编木拱桥历史结构、（项目批准号：52008194）

刘妍 著

清华大学出版社
北京

版权所有，侵权必究。举报：010-62782989，beiqinquan@tup.tsinghua.edu.cn。

图书在版编目（CIP）数据

编木拱桥：技术与社会史/刘妍著.—北京：清华大学出版社，2021.8（2024.4 重印）
ISBN 978-7-302-58674-6

Ⅰ.①编… Ⅱ.①刘… Ⅲ.①木桥－拱桥－建筑艺术－世界 Ⅳ.①U448.22

中国版本图书馆CIP数据核字(2021)第140025号

责任编辑：刘一琳
装帧设计：陈国熙　刘一琳
责任校对：赵丽敏
责任印制：沈　露

出版发行：清华大学出版社
　　网　址：https://www.tup.com.cn, https://www.wqxuetang.com
　　地　址：北京清华大学学研大厦A座　　邮　编：100084
　　社 总 机：010-83470000　　　　　　　邮　购：010-62786544
　　投稿与读者服务：010-62776969, c-service@tup.tsinghua.edu.cn
　　质量反馈：010-62772015, zhiliang@tup.tsinghua.edu.cn
印 装 者：北京博海升彩色印刷有限公司
经　　销：全国新华书店
开　　本：170mm×230mm　　印　张：24.75　　字　数：578 千字
版　　次：2021 年 9 月第 1 版　　印　次：2024 年 4 月第 4 次印刷
定　　价：168.00 元

产品编号：091064-02

BRÜCKEN BAUEN, STATT MAUERN.
建桥，别建墙

——德国谚语

前言

预告片

请随我想象一支电影预告片的若干片段：

1. 公元前55年，高卢，今莱茵兰－普法尔茨境内

西欧旷野。

行军帐篷内，五六位部族首领躬身站立，领头者正在讲话："我们已经受够了日耳曼人的骚扰。恳求您一定将罗马大军带过莱茵河去。我们几个部落可以提供足够的船只。"

镜头对着端坐帐中的长官进行面部特写。他目光尖毅，神情肃穆，沉思片刻后庄严开口："罗马军团将会渡过莱茵河，但不是坐船。"

镜头顺着长官的目光依次展现：西欧中部典型的荒野森林，树木正在被身着战袍的罗马士兵成片伐倒，森林旁是热火朝天的工地、宽阔湍急的大河，而罗马人的桥梁已经建到了河心。巨大的夯机正在有节奏地撞击插在水中的木桩。

2. 1520年代，威尼斯附近的小城威钦察

典型的石匠作坊内景。

镜头渐渐过渡到一双年轻但粗糙的手，特写，握着凿子，铁锤有节奏地击打着凿子，大理石碎片飞溅。

打击的速度慢了下来，停住了。镜头略拉远，少年沉思的脸。

"安德烈，你又在想什么？"他身边的小伙伴转过身来。

"恺撒。"

"哪个恺撒？"

"当然是尤利乌斯·恺撒！最伟大的恺撒！"

少年若有所悟地俯身拾起纸笔，开始写画。

3. 1481（或1482）年，米兰

镜头从少年在废纸上写画的笔触过渡到较为平整的纸面和工整的草图，然后慢慢扫过图上其他一些零散的画稿：装置、武器、桥梁……

开门的声音，画稿的主人——一位穿戴整齐的年轻人迅速合上本子，跟随仆人进入一间装饰堂皇的会客厅，行礼并自我介绍道："我，来自芬奇的莱奥纳多，申请成为您的军事工程师。我有很多技能。"他向前呈递自己的草图本子。

4. 1032（或1033）年，山东青州

镜头从米兰大公过渡到中国地方郡守的面部特写。

烛花跳动，长者面上不可置信的表情，徐声询问："你曾进言，可以解决汴水设桥的难题？"

堂下躬身站着一位杂役打扮的男子，目光机狡："大人，我可以用这把筷子搭一座桥。"

5. 1857年，浙江泰顺

航拍视角，无尽山峦，满山竹木。镜头从高处急速下落，聚焦到山坳之中一个土房灰瓦的小镇。镜头飞过镇上炊烟人声交织的集市，盘旋在穿镇而过的河道上。一座巨大的木构桥梁正在建设，梁木交织横越河流，下部结构已经完成。

突然河心传来一片惊叫。整个桥身和半拆的脚手架一同徐徐向河对岸倾去。伴随着榫头折断的噼啪声。顷刻之间，轰隆巨响，跨河巨龙碎作数百浮木，卧波而去。

6. 1870年代，东海道远州

晨光中的日本寺院。

一位身着僧衣、脚踏木屐的小僧正在扫洒庭院。他放慢脚步，望着静谧多彩的秋日园林。镜头定格在他宁静而享受的脸上，阳光满面。

7. 1937年，福建寿宁

清潭，深渊，四根巨木立在水中。两岸各有一对圆木斜搭到巨柱之间的横梁上。

河岸繁忙的工地上，颈上挂着曲尺的银发老匠人祭过土地鲁班，一个年轻的匠人走上前

去，从村人手里接过一个红包，抓起放在桥头的海碗，仰头痛饮几口，将装工具的布包系在腰间，两锤打进一根竹钉，一钉一步，顺着独木斜梁，向河心攀去。

8．1898年，旧金山

玻璃窗外，繁忙泥泞的街道、马车、老式汽车、妖娆打伞的妇人。

镜头拉回到烟气氤氲的店铺内，四处是佛像、瓷器、画轴、东亚风格的木质桌椅、屏风……

柜台后的店员推了推眼镜，疑惑地望着眼前衣衫破旧的日本人："您说什么？"

"我叫河合东一郎，我要找维克多·马什先生。"来者操着英式口音的蹩脚英语，"他说过他在这儿。"

9．1913年，洛杉矶圣马力诺

河合东一郎正站在一座小巧的木构拱桥上，一丝不苟地安装栏杆寻杖。

镜头渐渐拉远，展示美丽的日式庭院全景：山顶有一座考究的日本房屋，园中小桥、草棚、石灯、佛像、修剪整齐的各色灌木。木拱桥位于庭院正中，并保持在镜头中央。

10．1955年，武汉

镜头中间的木拱桥渐渐过渡到（形态非常接近的）《清明上河图》汴水虹桥。黑白印刷的纸张已经卷边。

"小唐！"

正在仔细研读图画的年轻人猛地放下杂志。

一个穿呢大衣的年轻人冲进门来："小唐！你听到消息了吗？长江大桥的建筑样式选定了，你的设计！是周总理亲自拍的板！"

11．2002年，北京

炎热酷夏，清华大学主干道，镜头从主干道繁忙的自行车流、法桐，滑到四教南侧相对安静的牡丹园，再向前，从窗户进入文北楼北侧大教室。

讲台上一位精神矍铄的老教授正在激情昂扬地说："你们要知道，虽然结构工程这一门学科是一门西学，我们中国古人也有非常了不起的创造。"他在幻灯片上翻过一页，是《清明上河图》中的虹桥，"这座桥的结构非常特殊，今天的结构工程师都计算不清楚……"

镜头从台上的教授转向台下百余张年轻稚嫩的18岁面庞。

12. 随着图像的淡出，一组复杂的几何图像浮现在屏幕上，随后是渐进的标题：编木拱桥传奇

欢迎来到我的世界，编木拱桥的世界。然而此时，这还未成为一部电影：握在您手中的是我十余年学术生命的结晶。

2015年，在我开始撰写本书第一个版本时（作为我的博士学位论文），我观看了汤姆·泰克威尔（Tom Tykwer）与沃卓斯基姐弟（时）（the Wachowskis）于2012年执导的科幻电影《云图》（Cloud Atlas）。电影讲述了六个独立的故事，发生在六个全然相异的人类历史时空，并以蒙太奇的方式剪辑。令人惊讶的是，它们的主题完全相同——六个故事，其实是同一个故事。

看完电影，我沉浸在一种难以名状的共鸣引起的兴奋与震动中："这正是我博士论文的结构！"——遗憾的是，学术写作指南中没有包含蒙太奇技术！

本书的核心是编木拱桥，一种在人类历史上罕见而非凡的结构形式。无论它们出现在何方，都被认为是不寻常的创造，甚至被当作独创。它们以适切的姿态，平行且独立地出现在多个不同的空间和时间。在所有这些不同的文化与文明中，编木拱桥以"独特性"和"普世性"的共性，成为建筑历史上一种无与伦比的现象。

本书将摹状与探讨来自不同时间与空间的编木拱桥，讲述它们的故事与它们的历史①。

本书分为三个部分。上篇包括来自不同文化的四组故事。每组故事各着眼于一个或一组编木拱桥，跨越了宽广的时间或空间。第一个故事从古罗马延至意大利的文艺复兴；第二个故事构建于一段从日本到美国的越洋旅行；第三个纵贯了一位中国学者的完整学术生涯；第四个则是一组小品，盘旋在中国东南山地上空五个世纪。

这四个章节在叙述方面相互独立，就像一条链子中的四个链环，读者可以自由地从任意章节开始阅读。

下篇同样包含四个章节，但是整个篇章被设计为与前四章平行的第五环。这部分书稿的厚度亦侧面表明了这组对象的规模：在全世界的编木拱桥案例中，中国东南山区分布的数量最为庞大、历时最为久远。下篇的四个章节对这一组案例从四个不同的角度进行观察和解剖，分别以建造术、建造物、建造史与建造

前言 预告片

① "故事"与"历史"在德语中是同一个词——"Geschichte"。

者为关键词。虽然在知识结构上环环相扣，这四个章节仍然体现了迥异的叙事风格，形成尽可能独立的叙事单元。

由此，上下两篇，形成五个独立的主体链环，其中第五环又由四个子环节构成。这五个链环在形式、气质和方法论上都非常不同。但是，就像《云图》中的故事一样，无论如何变幻，它们都具有相同的内核——我们的故事同样围绕着相同的主题，其亦正是我们的研究问题：每一座（组）足够特殊的编木拱桥，是如何诞生于世的？它们因何等原由、以何等姿态生长于各自的文化中？为了挖掘隐藏的历史，我几乎把自己变成了一名侦探，并尽可能吸收来自其他学科的视角与技能，收集来自世界不同角落的证据。

这段艰苦的旅程是值得的。在追寻这独特而普世的猎物的过程中，我深入踏足多种不同文化的腹地，并观览了许多通常的"旅行指南"不会指引的异常景观。当我将所有这些从不同目的地发掘的宝藏展放在一起时，它们魔幻般地构成了一幅更为宏伟的图景：一张以构造思维为核心的人类历史地图、一部特殊的技术史与社会史。

目录

上篇｜编木拱桥：四个故事 　001
第一章／从恺撒到达·芬奇 　003
　　一、荣耀属于恺撒 　004
　　二、达·芬奇的思维 　015
第二章／汉庭顿圆月桥 　033
　　一、艺术商人、铁路大亨与日本匠人 　034
　　二、圆满之桥 　043
　　三、构造的奥秘 　053
　　四、佚失的历史 　061
　　五、小结：圆月桥一生的故事 　071
第三章／追寻中国木拱桥 　073
　　一、发现中国木拱桥：从虹桥到闽浙木拱桥 　074
　　二、闽浙木拱桥折射下的虹水虹桥 　084
　　三、闽浙木拱桥起源之议 　094
　　四、中国木拱桥：两代中国学者的学术执着 　100
第四章／桥与匠的故事 　103
　　一、景泰寿庆 　104
　　二、白鹤 　109
　　三、锦溪 　113
　　四、稠林 　117
　　五、仙宫 　122
　　六、莩荐 　123
　　七、杨梅洲 　126

目录

下篇｜闽浙编木拱桥 … 131

例言 … 133

第五章／营造木拱桥：地方性知识 … 145
一、工程组织和筹备 … 147
二、材料与工具 … 156
三、拱架结构的设计 … 166
四、拱架结构构件制作 … 181
五、施工 … 188
六、匠人的思维方式 … 208
附录：结构科学眼中的闽浙木拱桥 … 217

第六章／如龙桥考古 … 221
一、如龙桥 … 222
二、拼图与解谜 … 228
三、结论 … 235
附录：如龙桥拱架结构树木年轮断年结果 … 236

第七章／技术的流传 … 239
一、技艺的层级 … 240
二、特例 … 256
三、形式变异 … 264
四、结构演化路径 … 274
五、技术的传承与传播 … 276

第八章／匠人、家族、地方 … 281
一、材料与概念 … 282
二、匠人与家族 … 292
三、技术与地方 … 305
四、闽浙木拱桥传统究竟有多久？ … 313

结论篇｜反思 … 337

尾声／结构思维与建筑文明 … 339
一、普世的独特性 … 340
二、编木结构的类型 … 341
三、从概念到技术 … 351
四、结构思维：东西方的跨度应对之道 … 355
五、种子、土壤与生长环境 … 366

后记／结构思维的个人历史 … 371

致谢 … 379

上篇 编木拱桥：四个故事

第一章／从恺撒到达·芬奇

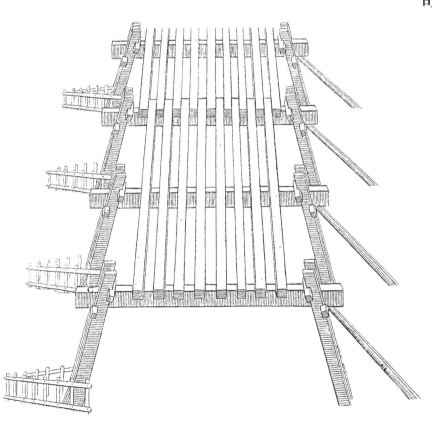

上篇 编木拱桥：四个故事

一、荣耀属于恺撒

恺撒与莱茵桥

公元前58—前50年，尤利乌斯·恺撒（Julius Caesar, 前100—前44）带领骁勇的罗马军团通过一系列侵略战争，在欧洲大陆西部征服了各个部族，将这片名为高卢（Gallia）的广阔地区纳入罗马版图，并继续以铁腕镇压治下领土的叛乱。公元前55年，为了驱赶侵入高卢作乱的日尔曼部族，恺撒决定率领罗马军团渡过莱茵河。

日尔曼部落为高卢东邻，二者以莱茵河为界。在恺撒笔下，这些野蛮的部族凶狠而嚣张，一再渡河进入富庶的高卢，侵占土地、劫掠村庄。备受侵害的高卢部落以及河对岸的盟友首领们恳请恺撒：只要让他（恺撒）[①]的军队渡过一次莱茵河，就足够成为他们现在的救星和将来的希望了。

莱茵河是高卢与日尔曼部落间的天险，以宽阔、深险和急流著称。虽然乘船渡河更加便利，但在恺撒看来，这既不安全，又有失尊严。唯有建造一座跨河大桥，才可对嚣张的蛮族产生足够的震慑。

类似的工程在恺撒的征战中多次出现。敌人须用船只木筏艰难分批横渡的河流，恺撒却可以在很短的时间内建造桥梁挥师而过，全方位地炫耀了罗马军团的强大实力。

恺撒渡河的地点，在今天德国莱茵兰—普法尔茨州境内

---

① 《高卢战记》虽为恺撒亲笔写作，却是以第三人称的方式叙述。

的新维特（Neuwied）至科布伦茨（Koblenz）附近。桥梁工程选在水流较缓、即河道较宽之处，桥的总长达到400米之巨。长桥在十天内建成。恺撒随即统领他的军队渡过莱茵。日尔曼人躲到了森林里。罗马军队报复袭毁了敌人的聚落，在一番耀武扬威后，原路返回高卢，并拆毁了大桥。

在《高卢战记》（*Commentarii de bello gallico*）——恺撒亲手撰写的战事报告中，他如工程师般，准确、详细地描述了莱茵桥的构造方式：

他决定按照下列方式建造桥梁：把许多粗各一尺①半的树桩每两根联在一起，中间相距两尺，下端从根部起稍稍削尖，量好正跟河底的深度相当，利用机械的力量把它们送到河中立住后，再用打桩锤把它们打入河底，却不像木桩那样垂直地立着，而是倾斜着俯向河水顺水流的一方。面对着这一对对桥柱，又在下游方向距离它们约四十罗尺的地方，以同样的方式树立另一对桥柱，同样紧紧地联在一起，只是倾斜的方向是逆着水力与激流的。每一对这种桥柱在顶部有二尺间距，插入一根横梁。在它们两端的外档，设两根*fibulis*撑顶。这样，由于它们的撑顶、同时又反ми夹紧，这些结构异常牢固，水流和冲激的力量越大，桥柱相夹就越紧。这些长梁上面又直交地铺上木材，连在一起，再加上长木条和编钉好的木栅。除此之外，桥梁下游的一方水上，还斜着插入了木桩，像一堵护墙似的紧凑地配合着整个工程，以抵抗水流的冲力。在桥梁上游不远处，也设置了同样的工程，这样，如果蛮族把树干或船只投入上游河水，企图让它冲下来撞毁桥梁时，这些防栅便可以减轻冲力，以免损坏桥梁。②

在这段文字中，恺撒描述了一种栈架桥（pile bridge或trestle bridge）。每一榀栈架由两对内倾的斜柱与夹在柱间的横梁构成。虽然行文详尽精确，莱茵桥的构造仍然给后世学者留下了困惑：恺撒使用了一个关键术语——*fibulis*③，指称安置在梁柱节点位置的一种构件。受益于这种构造，河水越急，桥梁结构反倒越稳固。

两千年后，当恺撒莱茵桥再度引起现代研究者的兴趣时，一系列问题得到了科学性考察与解决，包括桥址位置、地理环境、桥的结构形式与施工技术等——这其中，桥梁构造是一个核心问题，而对*fibulis*的释读正是讨论的关键④。最

① 罗马尺合约29.6厘米。

② 本段译文以任炳湘译本（恺撒. 高卢战记[M]. 任炳湘, 译. 北京：商务印书馆, 1982: 87-88.）为底，核对拉丁文版本修订了技术性描述。

③ 复数名词，其单数形式为*fibulae*或*fibula*。

④ 现代学者对恺撒莱茵桥的讨论，见：
Cohausen A. Cäsar's Rheinbrücken philologisch, militärisch und technisch untersucht, etc[M]. Leipzig: Teubner. 1867.
Rheinhard A. C. Jul. Cäsar's Rhein-Brücke: eine technische-kritische Studie[M]. Stuttgart: Verlag von Paul Neff, 1883.
Schleussinger A. Studie zu Cäsars Rheinbrücke. Lindauer: [s.n.], 1884.
Menge R. Ein beitrag zur construction von Caesars Rheinbrücke, Caes. BGall. IV, 17[J]. Philologus 44, 1885: 279-290.
Zimmerhaeckel F. C. Julius Cäsars Rheinbrücke. Comm. de bell. gall. IV. 17; Ein Rekonstruktionsversuch [M]. Leipzig: B. G. Teubner Verlag, 1899.
Schramm E. Cäsars Rheinbrücke55 v. Chr [M]. Berlin: Gruyter, 1922.
Saatmann K, Jüngst E, Thielscher P. Cäsars Rheinbrücke [M]. Berlin: Weidmann Verlagsbuchhandlung, 1939.
Drachmann A G. Cäsars bro over Rhinen [M]. Copenhagen: G.E.C.GADS Forlag, 1965.
Bundgard J A. Cäsar Bridges over the Rhine[J]. Acta Archaeologica 36, 1965: 87-103.

接近的答案，可能是一个相近的拉丁词语*fibula*，其复数形式为*fibulae*，意思是衣袍的别针。恺撒时期罗马的*fibula*常作弓形。在军团中，军袍别针的样式与职务等级相关。

尽管在恺撒的叙述中，建桥之功归于他本人名下（"nationem pontis hanc instituit"——"他决定按照下述方式建造桥梁"），但莱茵桥的设计一般被认为出自军事工程师（*praefectus fabrum*）玛穆拉（Mamurra）之手。玛穆拉在公元前58—前54年追随恺撒担任此职[①]。

今天我们对于玛穆拉的了解主要来自于其同时代诗人卡图卢斯（Catullus），这位以爱情哀体诗留名拉丁语文学史的诗人，用尖酸的讽刺诗提供了关于玛穆拉的许多负面信息：发战争财、地产扩张、挥霍奢靡，以及——显然仅仅是谣言——与恺撒的同性恋关系。然而玛穆拉"毫无疑问是其时代最为高超的军事工程师[②]。"他创造性的作品除了各种攻防设施、桥梁、堡垒，还包括一种天才的新型战船——使恺撒的两次不列颠远征成为可能。

曾有学者认为玛穆拉与那位对任何一个建筑学学生来说都大名鼎鼎的维特鲁威（Vitruvius）可能是同一个人[③]。这种观点并没有得到广泛认可[④]。一个有力的反驳是，维特鲁威虽然因《建筑十书》（*De Architectura*）的流传而成为古代西方最为知名的建筑师与工程师，但他在罗马军中的职位显然低于玛穆拉[⑤]。

此外，莱茵桥可以为维特鲁威提供另一个"不在场证明"。在《建筑十书》之第十书中，维特鲁威描述了他随恺撒征战时建造的军事建筑与机械，但未着一笔于桥梁。事实上，桥梁建筑缺席于全部十书，无论军用还是民用。

中世纪以降：恺撒故事中的莱茵桥

在漫长的中世纪，在其出生与征服的土地上，人们关于恺撒的记忆并没有随着罗马帝国而远去。恺撒享有极高的声望，几乎化身为传说或神话人物：不但是罗马帝国的第一君王，还被视为道德典范、军事天才、法兰西的奠基者、莱茵河畔许多德国城市的创立者——尽管其中一些城市他事实上从未履足。[⑥]

---

① McDermott W C. Mamurra, eques formianus [J]. Rheinisches Museum für Philologie.126, no. H.3/4, 1983: 292-307.

② Frank T. Catullus and Horace [M]. New York: Henry Holt and Company, 1928:157-159.

③ Thielscher P. Vitruvius [C]. //Paulys Real-encyclopädie der classischen Altertumswissenschaft. 17.2 Reihe 2. Halddb. Stuttgart, 1961: 419-489.

④ Ruffel P, Soubiran J. Vitruve ou Mamurra?: Pierre Ruffel et J. Soubiran [M]. Paris : Facultédes Lettres, 1962.

⑤ 譬如维特鲁威在《建筑十书》序言中提到他与另外三位工程师一同在军中供职，但玛穆拉在军中的工程地位无人可以比肩。

⑥ 关于恺撒在中世纪的地位，见：Griffin M. A Companion to Julius Cäsar [M]. Malden, Oxford: John Wiley & Sons, 2009: 317-334, 350-8. & Gundolf F. Cäsar in der deutschen Literatur [M]. Berlin: Mayer & Müller, 1904.

存世至今的中世纪手抄本文献中，有多种关于恺撒生平及战争的书籍，其中一些饰有插图。但莱茵桥的图像并未出现。

恺撒莱茵桥在中世纪的缺席，一方面是因为大众的关注重点尚集中在帝王传奇与其戏剧性的生平；另一方面在于当时图书制作的工序，即抄写员与绘图员的分工：书籍装饰画的主要作用在于方便读者阅读定位，通常以规定的格式绘制。在手抄本制作中，文字先行于绘画，抄写员会为插图预留位置，抄写完成后，绘图员才接手工作。有时，抄写员会在页边缘以示意草图或其他形式向绘图员提示插图的内容。但亦有时，装饰画与文字全无关系①。

甚至直到文艺复兴初期，当一些恺撒文献开始配以丰富的插图时，莱茵桥仍未在第一时间得到关注②。当最初的莱茵桥图像现身之时，对应的文字仍然保持着传统的传记或道德教义口吻。因此这些图像更多在强调建造莱茵桥的故事性，重点表现施工、机械与建造者。桥梁被描绘为历史事件发生的舞台，而桥梁的形式与恺撒的描述并不一致，只是依照时下常见桥梁而绘。其造型只能说明绘图员对恺撒原文的具体描述并不熟悉或并不在意。

莱茵桥最早的图像之一包括《高卢战记》最早的德文译本，马蒂亚斯·林曼（Matthias Ringmann）的 *Julius der erst römisch Keyser von seinem Kriege*（1507）。木版画插图中，莱茵桥（图1-1）被绘成一座带斜撑的栈架桥，桥上有一架正在作业的起重机。桥的形式与书中其他桥梁插图都基本一致。行文中，*fibulis* 被译作"钉子"（Nageln）。

另一个莱茵桥图像的早期实例来自于 *Commentaires de la guerre gallique*（1519—1520），一部为法国宫廷撰写的皇室用书。编译者为弗朗索瓦·杜·穆兰（Francois du Moulin）——国王弗朗索瓦一世（Franz I）的老师。这部书是对恺撒事迹的改写，用意在于年轻君王的教育。恺撒的原文被裁剪、整理为问答形式。书籍的装饰画极尽精美。莱茵桥图（图1-2）中，宏伟的桥梁占居画面中央。但其结构仍与恺撒原文全无关系：它完全不是一座栈架桥，相反，主承重结构沿纵向布置；桥柱直立、独立安排。

文艺复兴时期，关于恺撒的文献发生了一些根本性的变

---

① 关于中世纪手抄本书籍制作的基本知识，见：Watson R. Illuminated Manuscripts and Their Makers [M]. London: V&A Publishing, 2003.
Alexander J J G. Medieval Illuminators and Their Methods of Work [M]. Haven and London: Yale University Press, 1992.
De Hamel C. Scribes and Illuminators [M]. Toronto: University of Toronto Press, 1992.
De Hamel C. The British Library Guide to Manuscript Illumination: History and Techniques [M]. Toronto: University of Toronto Press, 2001.

② 例如法语文献中，自14世纪初，不同版本Faits des Romain的插图以及15世纪后半叶Les Commentaires de Jules César中的木版画，均未包含对莱茵桥的描绘。

图1-1　马蒂亚斯·林曼德文版本中的恺撒莱茵桥（1507）

（图片来源：Ringmann M. Julius der erst römisch Keyser von seinem Kriege [M]. Straßburg: [s.n.], 1507: XXVIIII）

图1-2　弗朗索瓦·杜·穆兰版恺撒莱茵桥（1519—1520）

（图片来源：大英图书馆©The British Library[1]）

①
大英图书馆（British Library）电子手稿：Du Moulin F. Harley 6205 f. 23 Bridge[A/OL]. [2020-12-19]. http://www.bl.uk/catalogues/illuminatedmanuscripts/ILLUMIN.ASP?Size=mid&IllID=23179.

②
因为《内战记》与《高卢战记》为第三人称写作，很长时间被当作他人的作品。最早辨认出作者为恺撒本人的学者是Coluccio Salutati (1331—1406)，此前，中世纪的普遍观点认为作者是Julius Celsus。见：Griffin M. A Companion to Julius Cäsar [M]. Malden, Oxford: John Wiley & Sons, 2009: 340.

化，根源于人文学者与社会大众对恺撒认识的转变：一方面在于"人"的觉醒，令恺撒走下神坛，作为一个个体被重新认识；另一方面则在于意大利的人文主义学术复兴。此时，恺撒本人终于被确认为两部《战记》（《高卢战记》与《内战记》）的作者②。《战记》被视作写作范本与拉丁语典范，恺撒亦成为史学模范，他的作品在整个欧洲——尤其在意大利——位居习读与翻译书籍榜单之首：借助新生而迅速普及的印刷术，恺撒的作品被广泛地出版、传播并翻译。最早的意大利译本出现于15世纪上半叶，第一本德文版出版于1507年，西班牙译本出版于1529年，英文译本几乎同时面世。

因此，并不奇怪，自文艺复兴时期，恺撒莱茵桥的图像开始现身于书籍插画中：自此，人们对恺撒的兴趣超越了传奇故事，进入了语言学与历史学领域。《战记》的文字被准确地研读，莱茵桥亦得到了随之而来的关注。

文艺复兴时期的意大利：恺撒莱茵桥作为建筑学对象

恺撒莱茵桥得到的第一次科学性探讨，诞生于文艺复兴时期的意大利，得益于新兴的建筑师职业。映亮莱茵桥的第一盏聚光灯出自于阿尔伯蒂（Leon Battista Albertis, 1404—1472）的《论建筑》（De re aedificatoria）——文艺复兴时期第一部建筑理论专著。

在基督教圣年1450年，连接梵蒂冈与罗马城的主要桥梁圣天使桥（Ponte Sant'Angelo）被汹涌的人潮损坏，阿尔伯蒂受任进行修复。《论建筑》中关于桥梁的章节基本正是以这样一座桥梁项目面对的种种问题为纲①。但在切入如此一座石桥的讨论前，阿尔伯蒂简要地提到了木构桥梁，并举恺撒莱茵桥为例。

与此后的建筑理论著述不同，阿尔伯蒂著述面向的读者，并不是艺术家、建筑师同行以及手工匠人——他的受众是贵族与商贾。他优雅的拉丁语文论，可供受过良好教育的读者大声朗诵。《论建筑》最初的版本没有插图②。关于莱茵桥的段落，阿尔伯蒂抄录了恺撒《战记》的原文，仅作了少量修辞调整。对关键术语"fibulis"，阿尔伯蒂沿用了原文写法。

阿尔伯蒂是第一位将恺撒莱茵桥作为建筑学对象看待的作者。但在这个对象上，他既没有提供《战记》以外的新信息，又没有表达更细致的个人解读。

在建筑学的关注之外，照亮恺撒莱茵桥的另一束强光来自不计其数的《战记》插图版本。

对莱茵桥的第一份解读出自乔瓦尼·乔孔多（Fra Giovanni Giocondo, 1433—1515），一位天主教会教士。他是阿杜思出版社（Aldus）1513年版拉丁语《高卢战记》的插图绘者。为了注解《战记》，乔孔多研习了维特鲁威与阿尔伯蒂的著作③。事实上，他不仅研习了维特鲁威，还是第一版维特鲁威《建筑十书》的出版者（1511），比他名下的《战记》出版尚早两年。乔孔多的《建筑十书》是第一个包含术语表与丰富插图的版本，其中包括一幅著名的"维特鲁威人"插图。

---

① 关于阿尔伯蒂的简要生平介绍，见：Rykwert J. Theory as rhetoric: Leon Battista Alberti in theory and in practice [C]. // Hart V, Hicks P, ed. Paper Palaces: The Rise of the Renaissance Architectural Treatise. New Haven: Yale University Press, 1998: 33-50.

② 关于《论建筑》不设插图的原因与背景，见：Carpo M, Furlan F, Boriaud J Y, et al. Leon Battista Alberti's Delineation of the City of Rome (Descriptio Vrbis Romæ)[M]. Arizona Center for Medieval and Renaissance Studies (ACMRS), 2007.

③ Griffin M. A Companion to Julius Cäsar [M]. Malden, Oxford: John Wiley & Sons, 2009: 350-351.

① Vasari G. Lives of the Most Eminent Painters Sculptors and Architects: Vol. 06 (of 10) Fra Giocondo to Niccolo Soggi [M]. De Vere. G C. trans. Gutenberg EBook, 2009: 5.

② Vasari G. Lives of the Most Eminent Painters Sculptors and Architects: Vol. 06 (of 10) Fra Giocondo to Niccolo Soggi [M]. De Vere. G C. trans. Gutenberg EBook, 2009: 4.

我们已经提及,维特鲁威并未在写作中提到任何形式的桥梁——乔孔多无法从他那里得到任何启示;阿尔伯蒂也没有对莱茵桥发表更多见解。在恺撒莱茵桥的复原问题上,乔孔多只能仰仗自己。虽然他并不是第一个绘出莱茵桥图像的人——如他的传记作者乔尔乔·瓦萨里(Giorgio Vasari,1511—1574)声称的那样①,却是第一个对莱茵桥进行严肃探讨的人。为了清晰表现恺撒莱茵桥的构造,他在桥图中标注了一系列字母,并附有对构件的解释(图1-3)。其中"fibulae"(D)被描绘为一对斜撑,与横梁、斜柱形成了三角形节点。

作为一名恺撒校订者,不同于这一领域的诸多前辈,乔孔多不仅是一位精通拉丁语与希腊语的学者,更是一位承担实际工程的从业建筑师,建成项目不乏桥梁河坝。根据乔尔乔·瓦萨里的记述,乔孔多承担了维罗纳城"石桥"(Ponte della Pietra)的修复:

> 中央桥墩在过去多次受损,需要加固,乔孔多制定了加固计划与保护方案,使它不再有受损之虞。保护方法如下:他下令在桥墩两侧于水下绑定双层的长木桩,使桥不会再受到河水伤害。②

这段叙述中,乔孔多通过护桩保护桥墩以抵抗河水冲击的做法,或许来自恺撒莱茵桥的启示。如此,乔孔多对恺撒著作的研习或直接有助于其建筑实践。另一方面,桥梁建筑的经验、能力为他对恺撒莱茵桥的解读提供了一种权威身份。乔孔多对莱茵桥的图解在后续若干世纪中成为一种标准图,在各种版本与译本中反复出现。

乔孔多是老阿尔杜斯·马努提乌斯(Aldo Manuzio)的朋友,后者是著名的人文学者、图书出版商、威尼斯阿杜思出版社的创办人。这个家族出版社稍后出版了恺撒莱茵桥的另一个版本。详见下文。

几乎紧随乔孔多之后,诸多意大利语译本《战记》中也出现了莱茵桥图像。它们表达了与乔孔多对"fibulis"的全然不同的理解。

1517年意大利版《战记》(Comentarii di C. Iulio Cesare Tradotti)中,阿戈斯蒂诺·奥蒂卡(Agostino Ortica della Porta Genovese)将"fibulis"简单译作

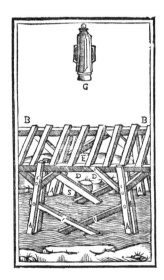

图1-3 乔瓦尼·乔孔多的恺撒莱茵桥复原(1519)

(图片来源:Caesar, Gaius Iulius. Commentarii de bello gallico[M]. Giocondo F G. ed. Venetia: [s.n.], 1519: front pages)

"*fibule*",并绘作一对木钉（图1-4）。

1518年但丁·博波莱斯基（Dante Popoleschi）的意大利语译本《战记》（*Commentarii di Iulio Cesare*）中，将"*fibulis*"译作"*legature*"（*legatura*的复数形式，意为绑扎或绳索）。在插图中则表现为绳结——"*legature*"的字面含义——与木钉的结合（图1-5）。

博波莱斯基译本被誉为完美的意大利语，与恺撒的"纯粹"拉丁语相匹配。意大利对翻译《战记》的热情，不仅在于对本土语言的关注，更在于对于法、德国土的兴趣。这些区域曾经是恺撒的麾下战果，但自1494年起却对意大利掀起战火。"意大利笼罩在战事失利的低迷中，于是恺撒的《战记》成为一剂关于战争辉煌往昔的怅然慰籍"①。

阿尔伯蒂《论建筑》的首版为拉丁语，出版于他逝后的1485年。《论建筑》的早期拉丁语版本及意大利语译本都不作插图。配图版《论建筑》直到1550年才出现，即科西莫·巴尔托利（Cosimo Bartoli）著名的意大利语译本*L'architettura di Leon Batista Alberti*。这个版本增加了丰富的木版画建筑图绘，其中包括一幅恺撒莱茵桥图（图1-6）。"*fibulis*"沿用Popoleschi译法，被译作"*legature*"，并绘作绳结。

①
Griffin M. A Companion to Julius Cäsar [M]. Malden, Oxford: John Wiley & Sons, 2009: 355.

图1-4 阿戈斯蒂诺·奥蒂卡的恺撒莱茵桥复原（1517）

（图片来源：Caesar, Gaius Iulius. Commentarii de bello gallico[M]. Vrtica A. ed. Vitali: [s.n.], 1517: end page.）

图1-5 但丁·博波莱斯基的恺撒莱茵桥复原（1518）

（图片来源：Popoleschi D. Commentarii di Iulio Cesare [M]. Firenze: [s.n.], 1518: g1.）

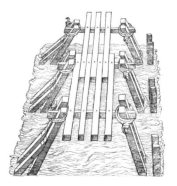

图1-6 科西莫·巴尔托利意大利语译本《论建筑》中的恺撒莱茵桥复原图（1550）

（图片来源：Bartoli C, Alberti L B, 1550. De re aedificatoria[M]. Venice: [s.n.].）

图1-7 小阿尔杜斯·马努提乌斯的恺撒莱茵桥复原（1571/1574）
（图片来源：Caesar, Gaius Iulius. Commentarii de bello gallico[M]. Manutius A. ed. Lugdunum: [s.n.], 1574: front pages）

这幅插图亦出现在了当代著名学者里克沃特（Joseph Rykwert）的英文译本中，同时"fibulis"被译作"bracket"。

1571年，小阿尔杜斯·马努提乌斯（Aldo Manuzio il Giovane）出版了新版拉丁语《战记》（Caii Iulii Caesaris Commentariorum），除了文字编校工作外，增绘了大量地图与军事设施：桥梁、堡垒、攻城塔、武器以及恺撒提及的日尔曼森林中的奇怪动物。于是此时恺撒的文字不仅向读者们传授纯粹的拉丁文、美德、军事策略与技术，并且扩展到了欧洲地理与自然历史[①]。莱茵桥图像则描绘了生动的施工图景：一架起重机正在重击桥柱。沿袭了乔孔多的范例，图像中同样标注了字母，并附以术语释义。但是配图的绘画（图1-7）显示绘图者对于桥梁构造知之甚少。栈架孤单地以错误的走向立在河中，"fibulis"（B）简单绘作一对小木杆。为了适应新图像，编校者甚至篡改了恺撒原文中对于"fibulis"的解释："B.两尺长的横木，与间距两尺的桥柱交接，两侧以fibulis加固[②]"。小阿尔杜斯·马努提乌斯的复原图也在16世纪被诸多《战记》版本袭用。

帕拉第奥的恺撒莱茵桥

关于凯旋莱茵桥最著名的图绘，出自阿尔伯蒂之后最重要的文艺复兴时期建筑师与建筑理论家——安德烈·帕拉第

---

① Griffin M. A Companion to Julius Cäsar [M]. Malden, Oxford: John Wiley & Sons, 2009: 355.

② "Trabes transversariae bipedales, quibus ea tigna iungebantur interuallo pedu duorum, ab vtroque latere fibulis infixis."

奥（Andrea Palladio，1508—1580）。而帕拉第奥的解读，则表现为文艺复兴时期两种恺撒关注的交汇：建筑理论与战争史。

在阿尔伯蒂建筑理论的影响下，同样出于向维特鲁威《建筑十书》的致敬，帕拉第奥于1570年出版了名著《建筑四书》（*I Quattro Libri dell'Architettura*）。不同于阿尔伯蒂面向精英阶层的书写，帕拉第奥的作品更加平民化——面向工匠以及建筑师同行。《四书》以意大利语写作，并配以帕拉第奥亲笔绘制的大量插图。

《建筑四书》的桥梁章同样优先讨论木构桥梁，并将恺撒莱茵桥作为第一个案例。在这一节中，帕拉第奥颇为自豪地提及，在少年初读《战记》时，他即思考出了对莱茵桥的复原（图1-8）。

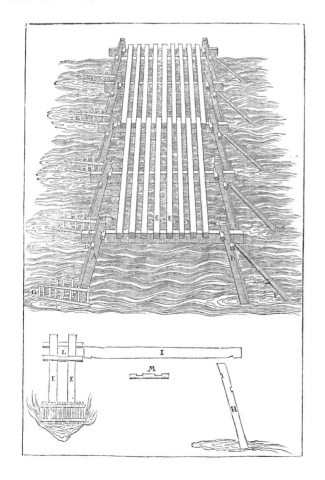

图1-8 帕拉第奥对恺撒莱茵桥的图示（1570）

（图片来源：Palladio A. Quattro libri dell' architettura [M]. Venedig: [s.n.], 1570: 14.）

帕拉第奥首先抄录了恺撒拉丁语原文中关于莱茵桥的完整描述，并将其译为意大利语。在译文中，他保留了"*fibule*"写法。在图示中，帕拉第奥将*fibulis*绘作一对卡销（图1-8：M），夹在梁柱交点处，并通过槽口与柱梁卡嵌。这对装置使栈架各个构件相互咬合、卡锁，防止结构在河水推力下散架。

帕拉第奥与阿尔伯蒂的理论著作，同样是对维特鲁威的回应，并同样探讨了桥梁主题——一个被维特鲁威忽视的范畴。正如其前辈阿尔伯蒂，帕拉第奥对于桥梁的兴趣很大程度也来自于实践需求。

1567年10月，巴萨诺城中横跨布伦塔河的老桥被洪水冲垮。它是一座栈架结构的木制廊桥。帕拉第奥接受了重建项目。他的第一个提案是按罗马样式建造石桥，但这个方案被否决了。委员会要求忠实原构进行重建。1569年，帕拉第奥提交了最终的方案，在形式上保持原貌，但在构造技术问题上进行了改进①。《建筑四书》木构桥梁的最后一节是对此桥的记述与图绘。

相较于作为建筑师与建筑理论家的成就，帕拉第奥的另一个学术方向在历史中则黯淡了许多。在《建筑四书》出版5年之后，1575年，帕拉第奥出版了他的《高卢战记》意大利语译本。其中的莱茵桥插图与此前《建筑四书》中的相同，但文字中将"*fibulis*"译作了"*legature*"。

除了常见的地图、堡垒、桥梁图像，帕拉第奥《战记》译本极为引人注目的是大量关于战事、队列、营寨的鸟瞰蚀刻图像。所有绘图均出自帕拉第奥本人之手。他试图通过这种方式直观易懂地转译恺撒的文字，将军事与工程技术知识传授给同时代的战士。1494—1559年，史称"意大利战争"的一系列欧洲战事，令意大利的各个城邦、教宗国与西欧的其他国家苦于战火。意大利士兵多为农民出身，缺乏教育，在战争中连连失利。整个意大利半岛因为军事的低迷而备感压抑。帕拉第奥将他的译本献给军队将领雅各布·邦孔帕尼（Jacopo Boncompagno）——即使外部环境发生了变化，但古代罗马的军事成就仍然值得当下学习模仿。②

---

① Puppi L. Andrea Palladio: das Gesamtwerk [M]. Munich: Dt. Verl.-Anst, 2000: 197-8.

② Griffin M. A Companion to Julius Cäsar [M]. Malden, Oxford: John Wiley & Sons, 2009: 353.

对于所有意大利出版、绘图者，实用性的军事价值是恺撒《战记》的重要意义之一。当乔孔多出版他的《战记》时，这个国家已经身陷战争近三十年。而随后的半个世纪，败仗之痛并未好转。恺撒的莱茵桥以及其他军事设施正是于此种背景下，在其时、其地受到更多的关注。

帕拉第奥的图绘为后续数个世纪开启了另一个《高卢战记》插图传统。在不断转引借用中，随着军事教育意义的消失，战事队列插图渐渐淡出。19世纪的一些版本中，仅存有一张保留帕拉第奥式构造、但被改绘过的恺撒莱茵桥图绘留在书中，作为《高卢战记》唯一的插图。

但是，从技术角度看，帕拉第奥的莱茵桥复原却并不适用于战场。在他的方案中，柱梁均斫作方木，木销（*fibulis*）的位置、嵌槽的深度和角度都需要精确地设计与加工，否则桥柱会产生极大的倾角偏差。这种精致的设计确然巧妙，但只适用于一切构件在岸上预加工、在和缓水域中装配的情形——而恺撒的描述明确提到，桥柱的高度是根据河道情况现场确定的。

帕拉第奥的莱茵桥方案，正如他自己的定义，是一位少年人在恺撒启发下的思维挑战。尽管构造特征符合恺撒的文字描述，但在现代建筑史学的评判标准下难以被称为一种技术"复原"，而毋宁说是少年人的解谜游戏。

然而早在帕拉第奥降世之前，另有一个人以非常接近的理解、更高的可操作性解答了同一个谜题。他是莱奥纳多·达·芬奇（Leonardo da Vinci，1452—1519）。

二、达·芬奇的思维

不同于文艺复兴时期的其他建筑学者，达·芬奇的手稿并未在他身处的时代出版——不但在其生前作为私人笔记，在其逝后仍然长期保存在私人收藏中，并且被不可挽回地调整了顺序。今天我们已经无法准确地依照时间线恢复达·芬奇手稿的原状，只能根据他的生平事迹推测手稿的大体时间段。在本文的研究中，我们将通过图绘背后的思维逻辑来重建达·芬奇相关手稿的时间线。

达·芬奇对恺撒莱茵桥的研究

1481年或1482年,达·芬奇致信米兰大公卢多维科·斯福尔扎(Ludovico Sforza),申请军事工程师的职位。他在信中列举了自己的十种才能,包括建造云梯、铁甲车、投石机、火炮、地道、战船等进攻和防御器械;和平年代的建造位列其末。而今天最为大众所知的绘画、雕塑才能,仅仅在十种才能之后作顺势提及。位于才能之首者,是建造桥梁的能力:

> 我可以建造非常轻便、坚固而便于搬运的桥梁,可以用来追击或在需要时撤避敌军;火攻与战斗中都坚不可摧,现场架设简单方便。我还有烧毁或摧毁敌人桥梁的方法。①

在达·芬奇这一时期的手稿中,除了令人眼花缭乱的攻守器械外,有多种适用于作战的轻便桥梁设计,与这段引人注目的自述形成映照。

作为战争工事,这些桥梁的共同特征——正如达·芬奇本人的表述——轻便、牢固、便于运输、可高效地建造与拆除、结构稳定且牢固,令我们不由得想起恺撒对其莱茵桥的描述。与同时代另外两位意大利建筑理论家一样,达·芬奇亦曾在其民族的伟大前辈事迹中寻找知识与灵感。而军事工程师这一职业,使他拥有更为充分的理由去研习恺撒的著作——关于这一推测,他手稿中有一组设计留下了确凿的证据。

达·芬奇传世手稿《大西洋抄本》(*Codex Atlanticus*)第58页(图1-9)重复绘有一组相同的构造细节:梁柱相交,双柱内倾夹持横梁;在梁柱之间捆绑夹固一对短横木。这种节点装置,我们已经在帕拉第奥的图绘中熟悉,正是恺撒莱茵桥的*fibulis*构件。与《战记》文字高度吻合的构造特征,证明达·芬奇——与其同时代众多学者与建筑师一样——确曾研究恺撒莱茵桥。而数量繁多的绑扎方式草图显示了他对战争环境中建造问题的细致考虑。

值得注意的是页面底部的两幅草图,在栈架构造中增设了绳索,向中部拉紧整个构架。这说明达·芬奇对这种构造的结构特性有充分的认识:结构的稳定性需要向心力来保障。除了草图中向心拉紧的绳索,作用在横梁上的荷载或

---

① 根据Kemp英文版译:Kemp M, Walker M. Leonardo on Painting: An Anthology of Writings by Leonardo da Vinci, with a Selection of Documents Relating to His Career as an Artist [M]. New Haven, Conn.: Yale University Press, 2001.

者作用在斜柱上段的水流推力可以起到同样的增强稳定性作用。这个特点又使我们想起恺撒的描述:"水流和冲激的力量愈大,桥柱相夹得就愈紧。"

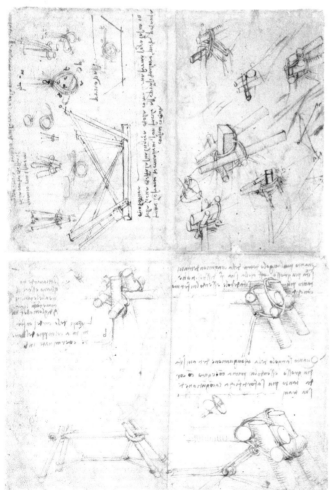

图1-9 达·芬奇草图(出自《大西洋抄本》第58页)

(图片来源:Ambrosiana图书馆提供。©Veneranda Biblioteca Ambrosiana/Mondadori Portfolio)。

天才的第一步思维跳跃：夹式桥的发明

达·芬奇并不曾像帕拉第奥那样成为恺撒《战记》的插图师——这项工作需要兼顾对原文的尊重以及现实的可操作性。作为一位职业军事工程师，达·芬奇对于罗马战争的研究直接服务于他自身的职业角色。他没有拘泥于阐释恺撒的文字，而是以这种机巧构造为启示，积极开发其结构原理的应用可能。

《大西洋抄本》第902页（图1-10）中绘制了两种桥梁，均为纵向结构（即主承重梁沿桥梁走向布置）。水平梁成对使用，架设在斜柱相交而成的X形支架上。

页面中部用清晰确定的线条绘制的草图中（图1-10：a），两根主梁各由一列（尽管只画出一具）X支架支撑。两列支架各自独立，互不干涉。

其左侧相对潦草的绘画（图1-10：b），乍看上去与前者相似，却已经产生了重要差别：两列X支架并排布置，并在中点相交，绑扎固定。结构的整体稳定性因此提高。

页面顶部与底部的草图（图1-10：c）则表达了一种有趣的结构原理。X形支架的两臂现在发挥着类似夹子的作用，将纵向的主梁持于腋下（这种结构在本章中称作"夹式桥"）。夹式结构若要成立，斜柱必须保持极低的倾角。

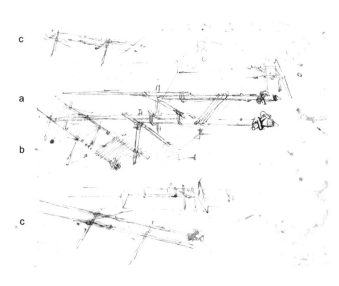

图1-10　达·芬奇草图（出自《大西洋抄本》第902页）

（图片来源：Ambrosiana图书馆提供。©Veneranda Biblioteca Ambrosiana/Mondadori Portfolio）

可以确信，达·芬奇设计夹式桥的机械原理，来自于他对恺撒莱茵桥构造的体会——夹式桥的形式，正是他曾经深入研究的莱茵桥X形节点的放大（对比图1-9与图1-10）。

乍看上去，《大西洋抄本》第55页的桥梁图像（图1-11）似乎是902页草图的一个正式誊本。但二者间的差异是本质性的。902页草图绘制了两种不同类型的桥梁（X支架桥与夹式桥），而55页则表达了一座夹式桥的施工步骤。

在55页的文字中，达·芬奇用其著名的镜像书写方式清晰地表达了施工的步骤：

上部文字：

如何在短时间内建造，以便撤退或追击敌人。①

中部文字：

当木头的上端立在空中，它们的高度当便于用作支撑。②

底部文字：

这种桥梁建造非常方便快捷。以六根六臂长的木料向前施工。一旦木料安置在叉形支架上，前端向空中伸出，当利用它们的重力向水流方向弯压，借助起重机械支撑它们的上部，并将它们联结固定。然后就可以安装下一个叉形支架，并逐一向前推进。③④

图纸上方的图像（图1-11：a）表现了第一个施工步骤，施工者将主梁安置到位，其下的两列X形支架此时相当于脚手架（图1-12：①）。之后，将X形支架内向的支柱向下弯压，直至它们触到对面的水平梁。两侧斜柱都弯压到位

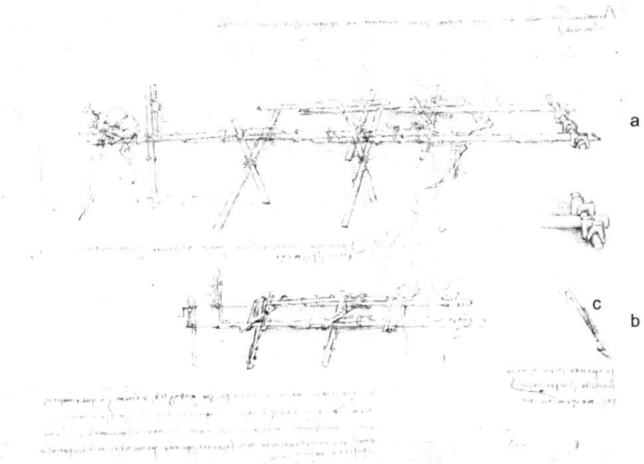

①

Armadure. In che modo si debbe porre alcuno ponte con brevità, atti a fuggire o seguitare il nemico.

②

Quando tu hai le code de' legni in aria, va li tanto in sommo che tu li possi dare il sostegno.

③

Questo ponte è molto comodo e presto, ma dagli di sei braccia in sei que' rampini come vedi figurati dinanzi. Ma quando tu hai fermi i legni in sulla forcella e che le punte sportano in aria cioè de li alberi, e che pel lor peso si piegano verso l'acqua, e tu le rileva col martinetto, com'è figurato di sopra, e lega. Po' metti dirieto l'altra forcella, e così fa di mano in mano.

④

Marinoni A. Il codice atlantico della Biblioteca Ambrosiana di Milano. Volume Secondo [M]. Florenz: Giunti-Barbèra, 1974: 116.

图1-11 达·芬奇草图（出自《大西洋抄本》第55页）

（图片来源：Ambrosiana图书馆提供。©Veneranda Biblioteca Ambrosiana/Mondadori Portfolio）

后，结构即转变为夹式桥（图1-12：②）。此时安装钩具（图1-11：c）固定两梁。余下的支柱就可以拿掉了。图纸下方的图像（图1-11：b）表现的则是完成的结构（图1-12：③）。

比较第55页（图1-11：a、b）及第902页的图像（图1-10：a、b），可以看到一些关键性的差别。首先，902页的桥梁都是完成的结构，纵向主梁上覆有桥面板。而55页中与之对应的结构（a）没有覆板，因为它只是施工过程。而下一个步骤（b）则绘出了部分桥面板，提示施工处于完成阶段。

另外，902页两图（a与b）中，纵梁安放在X形支架的杈窝里——最为自然的栖放位置，但在55页图（a）中则绑扎固定在外侧支柱上（这根柱子最终将被拆掉），并与X形支架的交叉点保持一段距离。这个位置并非纵梁的最终位置，而是为了不妨碍内侧支柱向内倾压。当夹式结构形成后，外侧支架柱将被解开并移除。

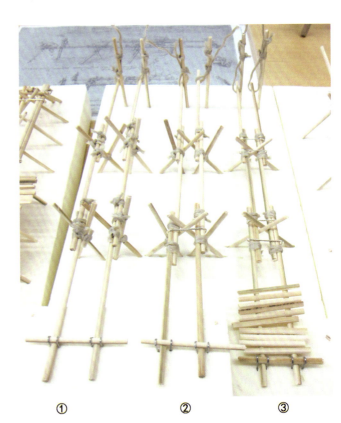

图1-12　模型演示：《大西洋抄本》第55页草图施工过程三步骤
（图片来源：作者制作、拍摄。模型现收藏于德国慕尼黑德意志博物馆）

这些细节清晰地展示出了达·芬奇对一种新形桥梁——夹式桥——的设计思路,以及他对施工步骤的周全考虑。

这种结构的缺点也是显而易见的:若要保证桥身宽度,即两根主梁的间距,支柱不得不呈现极为低缓的倾角,桥身则极为低矮(图1-12:③)。若要保证桥身的高度,即支柱相对陡立的姿态,桥面则会极为窄小(图1-13)。

为了解决这个问题,达·芬奇设计了一种双重X柱架的夹式桥(图1-14),每一重是一具陡而窄的初级夹式桥。用结构的重复同时解决适宜的高度和灵活的宽度,即使一支庞大的军队也不在话下。

这座大型夹式桥下方的文字中,出现了一则重要信息。达·芬奇在此明确使用"编织这座桥"(*tessere il ponte*)的说法来描述造桥原理①。关于这一点,我们将在下文进行更多讨论。

更加仔细地观察这个设计,达·芬奇并不是简单地并置

① 图下文字:"这些木材要很细,像长矛,因此可以轻易地从水平面上架起并固定,可以从四五处支撑这座桥。然后在矛杆位置放入大木料,并小心地以二臂为间距编织桥梁。"(译自 Giorgione C. Leonardo da Vinci: The Models Collection [M]. Milan: Museo Nazionale della Scienza e della Tecnologia Leonardo da Vinci, 2009:122-123.)

图1-13 达·芬奇草图(出自《大西洋抄本》第71页)

(图片来源:Ambrosiana图书馆提供。©Veneranda Biblioteca Ambrosiana/Mondadori Portfolio)

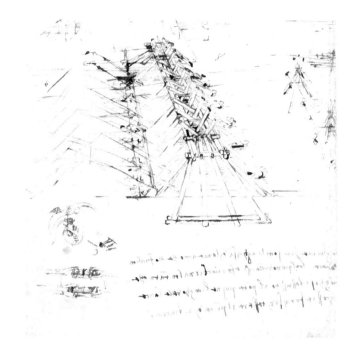

图1-14 达·芬奇草图（出自《大西洋抄本》第57B页）
（图片来源：Ambrosiana图书馆提供。©Veneranda Biblioteca Ambrosiana/Mondadori Portfolio）

重复两座初级夹式桥。他在桥身中部、两部分结构斜柱交脚处增加了一对纵向地梁，形成了一道额外的夹式构造，以提高结构的整体稳定。因此这座桥并非两重夹具的叠合，而是一个M形折叠结构，每个拐点均应用 fibulis 节点原理。

此外，在桥身尽头，另有一组四根斜柱，沿桥的走向从岸基伸入桥身，通过上下两根横向短梁，以同样的原理织入结构。这套构造，为这座结构的编织机制又增加了一个维度。

天才的第二步思维跳跃：编木拱桥的发明

双重夹式桥所在的《大西洋抄本》第57B页，是一张更大纸面的左半页，右半部则以编号第69A页保存在同一部抄本中。这一页图纸上，绘有达·芬奇桥梁设计中最为知名的图像——编木拱桥（图1-15）。

当两页图纸合并到一起，可以看到页面中央还有若干幅小草图。它们很可能表述了两个结构的施工方法。中央的草图是双重夹式桥建造过程的第一步（图1-15：b）。支架斜柱成组插入河底，纵梁与之相交，并已施用钩具固定。在此之后,这些柱子可以两两以正确的角度压放到位,夹持平梁。

(图1-15:a)是一组三幅草图,表达编木拱桥的安装步骤:首先将纵梁依次排列,然后在其中夹入、绑扎横梁(图1-16)。

57B与69A两页图拆分自一张图纸,这一点早为达·芬奇的研究者所注意(它们在早期收藏中已经被分开)。但在本书的研究之前,尚无人意识到,这两具桥梁设计图稿虽然外形迥然相异,却属于同一个连贯的设计思路。

达·芬奇如何发展出编木拱的设计想法?《大西洋抄本》第183页页底(图1-17)草图可以一见端倪。此处可见一幅潦草的编木拱桥草图,与69A页拱桥结构一致。在它右侧,是这座桥的节点图大样,而这座桥的节点,与恺撒莱茵桥节点(图1-9)或夹式桥的X形支柱节点(图1-10:c)构造完全一致。

通过对夹式桥构造原理(夹持原理)的探索,达·芬奇发现了编木拱原理,从而从理论上将结构从夹式桥的辅助连接构造(绳索与钩具)中解放了出来。所有梁木互相制约、相互支持。横木夹在纵木之间,有如织物的经纬线。

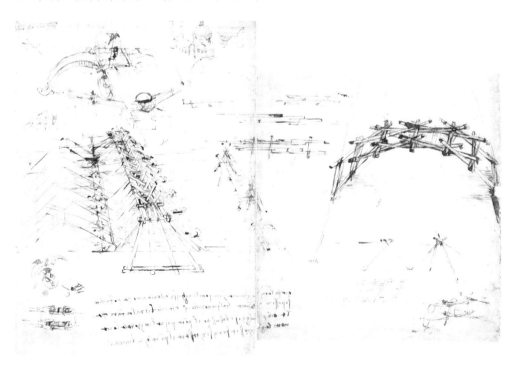

图1-15 达·芬奇草图,拼合《大西洋抄本》第57B与69A页
(图片来源:Ambrosiana图书馆提供。©Veneranda Biblioteca Ambrosiana/Mondadori Portfolio)

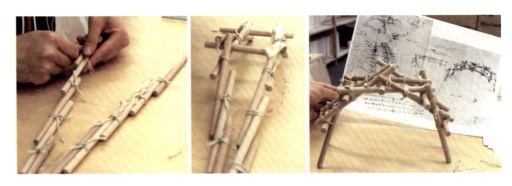

图1-16 编木拱结构建造过程的模型展示。先绑扎纵木,再安装并固定横木。
作者根据《大西洋抄本》第57B与69A页(图1-15)复原
(图片来源:作者制作、拍摄。模型现收藏于德国慕尼黑德意志博物馆)

图1-17 达·芬奇草图(出自《大西洋抄本》第183页页底)
(图片来源:Ambrosiana图书馆提供。©Veneranda Biblioteca Ambrosiana/Mondadori Portfolio)

编木拱原理对达·芬奇产生了极大的魅惑力,使他一再探索各种形式变化的可能。

收录在西班牙马德里的达·芬奇手稿藏本《马德里抄本》(Codex Madrid)第45页(图1-18),在螺旋形机械上方浅色的底稿背景中,是一座双重横木的编木拱。

同一部抄本的下一页(图1-19),是一架构造简单的编木拱桥梁。它可以视作编木拱的一个基础单元或一种原型,亦可视作夹式桥向编木拱桥转换的过渡类型。

在《大西洋抄本》第71页(图1-20)中,达·芬奇尝试通过增加拱梁拓展编木拱桥的宽度。这座桥的编梁数目更多,形态近乎半圆。

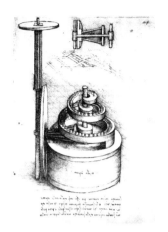

图1-18 《马德里抄本》第45页
（图片来源：©Biblioteca Nacional de España[①]）

图1-19 《马德里抄本》第46页
（图片来源：©Biblioteca Nacional de España[①]）

图1-20 《大西洋抄本》第71页
（图片来源：Ambrosiana图书馆提供。©Veneranda Biblioteca Ambrosiana/ Mondadori Portfolio）

当达·芬奇以军事工程师身份服务于切萨雷·波吉亚（Cesare Borgia）公爵时，曾有机会发挥他的桥梁建筑才能。他的朋友、数学家卢卡·帕西奥利（Luca Pacioli）记载：

一天，瓦伦提诺·切萨雷（Cesare Valentino）——罗马涅的公爵、皮翁比诺现任领主，率领军队来到一条24步宽的河流前。河上没有桥，可用来造桥的材料只有一些被截作16步长的木头。利用这些木头，没有使用铁件或绳索，他高贵的工程师（达·芬奇）建造了一座足够坚固的桥，使军队得

---

①

Da Vinci L. los Códices Madrid[A/OL]. [2020-12-19]: http://leonardo.bne.es/es/Colecciones/Manuscritos/Leonardo/index.html.

以通过。[1]

这段文字无法告诉我们达·芬奇所建桥梁的具体形式，但无疑一种简单的编木拱（图1-19）可以胜任文中描述的任务。

无论怎样，达·芬奇的编木拱桥都是作为军事器械而设计的。这些桥梁当在岸上完成拼装并整体搬至河上——前文已经通过对草图的分析揭示了他就施工步骤做出的考虑（图1-16）。因此达·芬奇的编木拱桥必然是小型桥梁，容得一队士兵人力搬运。由于战场条件的限制，他的结构不可能有精细加工的榫卯。绑扎节点不可避免。

天才的最后一步思维跳跃：编木穹的发明

达·芬奇对编木结构的最后一步思考，是将二维（曲线）的编木结构（编木拱）发展到三维（曲面，编木穹）。

他以最简单的几何形式，即规则方形、三角形、多边形为基本单元，结合已经在编木拱结构中应用实验过的编木原理，发展出一种可以向外拓展的穹窿结构（图1-21，图1-22）。

[1] Strathern P. The Artist, the Philosopher, and the Warrior [M]. New York: Random House Publishing Group, 2009: 138.

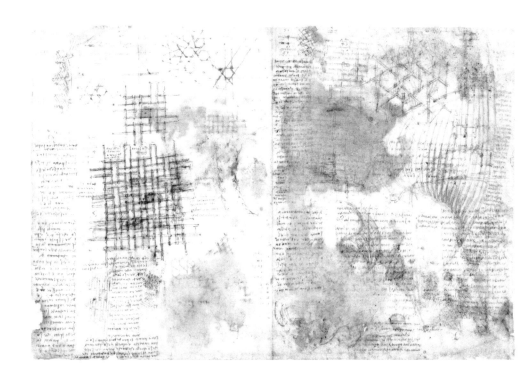

图1-21　达·芬奇草图，《大西洋抄本》第899页
（图片来源：Ambrosiana图书馆提供。©Veneranda Biblioteca Ambrosiana/Mondadori Portfolio）

尽管这些图像绘画为平面形式，它们表现的却无疑是凸出纸面的穹体。与编木拱一样，编木穹的各个梁木间相互支撑制约：每根梁木都支撑在它相邻的构件上，同时又在自身中部承担着（来自另一个方向的）相邻构件。

在这一页草图中，在穹体的周边，达·芬奇潦草地画了多个织物细节（图1-23：a）。同样的细节也出现在他的

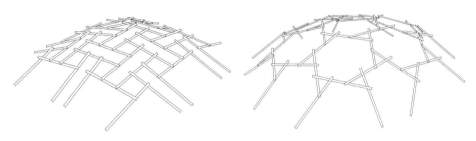

图1-22 《大西洋抄本》第899页所绘两种编木穹示意

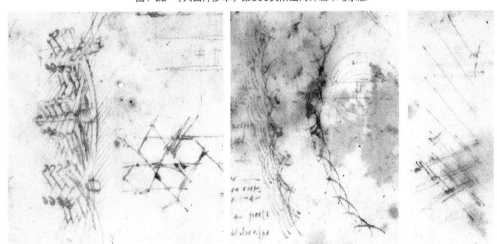

a.《大西洋抄本》第899页，出自图 1-21

b.《大西洋抄本》第69页，出自图 1-15

图1-23 在编木拱、编木穹设计图纸上，达·芬奇对于织物研究的细节

（图片来源：Ambrosiana图书馆提供。©Veneranda Biblioteca Ambrosiana/Mondadori Portfolio）

① 关于互承结构的应用史，见：Thönnissen U. Hebelstabwerke: Tradition und Innovation [M]. Zurich: gta Verlag, 2015.

编木拱草图（图1-23：b）中，揭示了二者一脉相承的思维关系——正是编织。在同一页纸上，他甚至直接写下"编织桥"（"*tessere il pont*"，图1-15底部文字最后一行）一语。而不断重复的草图主题正是达·芬奇设计思考的显现。他的设计思路以恺撒莱茵桥始，从夹具到编织的原理发展，以编织原理为核心，发展出编木拱与编木穹，是连贯而自成体系的。

余论：编木与互承

在当代建筑学语境下，编木拱和编木穹同属于一种更大的结构类型范畴："互承结构"（reciprocal frame structure）。尽管互承结构在最近二三十年间引发了建筑学界的极大兴趣，但达·芬奇的编木拱发明与恺撒莱茵桥之间的关系，在本书作者研究之前一直未得到揭示。一个重要原因是，互承结构的另一种原型或传统（平面或曲面互承结构）在现代设计中具有更大的发展潜力，吸引了研究者更多的注意力。而编木拱则仅仅被视为互承结构的一种发展空间较为有限的子类型，被草草提及。

在这种以互承结构为着眼点的视角下，学者更多地将达·芬奇的编织结构与欧洲中世纪至文艺复兴时期的另一种建造传统联系在一起：互承楼面结构。这种结构设计最早见于13世纪法国工匠建筑师维拉·德·奥内库尔（Villard de Honnecourt）的传世草图（图1-24），旨在通过较短的梁木搭接较大面积的楼板。这种楼板结构自文艺复兴以降受到建筑师的关注，有大量图绘与实物遗存，其中比较重要者如塞巴斯蒂亚诺·塞利奥（Sebastiano Serlio）的研究——一种互承结构楼板正以他的名字命名（图1-25）。①

笔者无意反驳或排除达·芬奇的编木穹结构与这种欧洲建造传统之间可能存在的关系；事实上同样接受这种影响与编织原型的启示同时存在的假设——人类的技术思维并不一定是单线推演，两种启发确有可能殊途同归。但是在此仍要提请读者注意：达·芬奇的设计与其欧洲同行们具有显著的差异——当欧洲的工匠与建筑师们热烈探讨楼面结构的平面问题时，达·芬奇的图绘无疑是穹窿形结构。不同于其

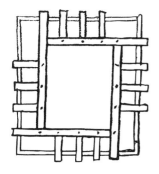

图1-24 维拉·德·奥内库尔草图

（图片来源：De Honnecourt V. The Sketchbook of Villard de Honnecourt [M]. Bowie T R. ed. Bloomington: Indiana University Press, 1959: 74. ）

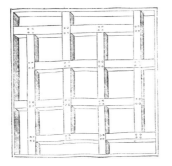

图1-25 塞巴斯蒂亚诺·塞利奥设计的平面互承结构（塞利奥楼板，Serlio floor）

（图片来源：Serlio S. Tutte l'opere d'architettura di Sebastiano Serlio bolognese[M]. Venedig: [s.n.], 1584. ）

①

参见：Chilton J C. Polygonal Living: Some Environmentally Friendly Buildings with Reciprocal Frame Roofs [C] // Proceedings International Seminar on Structural Morphology. Stuttgart, Germany, 1994: 21-29.

Chilton J C, Choo B S. Reciprocal frame long span structures [C] // Srivastava N K, Sherbourne A N, Roorda J, eds. Innovative Large Span Structures. Toronto: Canadian Society of Civil Engineering, 1992: 100-109.

Chilton J C, Choo, B S, Wilkinson D. A parametric analysis of the geometry of retractable reciprocal frame structures [C] // Hough R, Melchers R, eds., Lightweight Structures in Architecture, Engineering and Construction. Sydney, 1998: 547-555.

Larsen, O P. Reciprocal Frame Architecture [M]. Oxford: Routledge, 2008.

②

Larsen, O P. Reciprocal Frame Architecture [M]. Oxford: Routledge, 2008.

他建筑师的实践应用，达·芬奇对编木穹的探索是近乎纯理论的。即使达·芬奇确曾受到中世纪以降互承楼面结构的影响，他的编木穹设计仍然强烈表达了"编织"（"tessere"）这一核心思路，而与欧洲的工匠传统（更多表现为以"放射旋转"为原型的设计思维，详见下文）有所差异。

互承结构在近年建筑学中的影响力，始于英国建筑师格兰汉姆·布朗（Graham Brown）在20世纪80年代至90年代的实验性实践，并在90年代以"互承式框架建筑／结构"（reciprocal frame architecture/structure）之名，得到英国建筑学者的关注与讨论①。与英国的实验性建筑平行，丹麦学者奥尔迦·波波维奇·拉森（Olga Popovic Larsen）关注到了日本建筑师与工程师几乎同时而独立的互承结构作品，并将日本称作"互承建筑的一个家乡"（a home of reciprocal frame structures），试图在日本传统中寻找这种结构的文化基因②。

进入21世纪后，互承结构（尤其是曲面互承结构）以其丰富的形式变化以及计算和设计上的复杂性，引发了建筑设计领域的极大兴趣。从欧洲到亚洲乃至世界各地，在许多建筑学院，无论是以教育者为主导的课程架构还是学生自主的设计选题，都涌现了大量关于互承结构的设计探讨。其中较为重要的研究包括瑞士苏黎士联邦理工学院

① Thönnissen U. Hebelstabwerke: Tradition und Innovation [M]. Zurich: gta Verlag, 2015.

② 柏庭卫. 杠作：一个原理、多种形式 [M]. 北京：中国建筑工业出版社，2012.

（ETH Zürich）的斯皮罗（Annette Spiro）教授与施瓦兹（Joseph Schwartz）教授的研究团队对互承结构的计算机生成与结构分析，代表性学术成果包括乌都·特尼森（Udo Thönnissen）2015年的著作《互承结构：历史与创新》（Reciprocal Framework: Tradition and Innovation）。这部著作着眼于一种互承结构计算机生成方法的开发与利用，并对互承结构的历史材料进行了收集整理①。

而对中国产生最大影响的是香港中文大学的柏庭卫（Vito Bertin）教授，他在20世纪90年代末受到来自学生的启发，注意到互承结构并展开研究。他将其命名为"杠作"（leverwork），并在定义的外延上作出拓展，涵纳了一些不属于严格意义上的"互承"原理的"杠杆"机制（譬如中国建筑中的斗栱）②。在2008—2010年间，他在香港、杭州、南京等地高校主导了针对互承结构的教学与联合教学，影响了包括王澍在内的众多中国建筑师与建筑教育者。王澍在2012年获得建筑设计领域的最高荣誉普利兹克建筑奖（The Pritzker Architecture Prize），成为首位摘此桂冠的中国建筑师。他于2010年在威尼斯双年展上的获奖作品"衰朽的穹窿"（The decay of dome）（编木穹）、2012年在柏林的参展作品"瓦剧场"（编木拱），以及2009年杭州南宋御街陈列馆中以《清明上河图》中虹桥为原型的互承结构设计，都极大促进了这种结构在公众心中与建筑学界内的知名度。

互承结构的一个基本问题是原型研究：提炼结构的最简形式单元与基本构成原理，讨论其变化与组合的可能性。鉴于互承与编织技术的互通性，我们借助编织结构的构成理解互承结构的原型：最基础的编织方式，可分为旋转／放射形与平行／交错形两种原型（图1-26）；而互承结构的基本单元，也可以视作由构件旋转形成的放射形肌理与平行交错形成的网格形肌理（图1-27）。

在奥尔迦·波波维奇·拉森的定义中，互承结构的原型是一种椎形的三维网格结构，由周旋布置、互相搭接的斜梁构成（图1-27：a）。这种结构在人类的建造史中渊源悠远，在原始人类的穴居帐篷或孩童的游戏中就已现身。这种原理简单的互承结构亦是20世纪英国与日本互承建造中最为常见的结构形式。

图1-26 旋转放射形（左）与平行交错形（右）编织肌理

a. 放射形多边形（旋转式棱锥体）

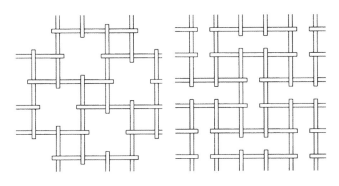

b. 匀质网格（编织式穹体）

图1-27 互承结构的两种基本原型

更多的研究者意识到，"周旋"形成的互承单元，正是利用"结构构成"来化解"节点构造"的方式。任何一个不少于三根构件形成的节点，都可以利用旋转原理拆解为互承单元。而网格形的互承结构，亦可以视为众多旋转单元拼接的组合体。在这种认识下，乌都·特尼森更进一步，将任意不规则平面节点网络拆解为曲面互承网络，实现复杂非对称互承结构的计算与生成设计。

在几何原型的问题上，探讨最为充分的是柏庭卫。除了利用旋转原理生成互承结构的方法，他还讨论了网格平移、错位等生成机制，生成各式匀质、非匀质的互承网络（图1-27：b）。此外，除了利用拱件形成互承曲面，他还讨论了利用板材、柔性材料的互承结构机制。

简而言之，在当代建筑学中，跨文化的理解力、想象力与计算机图形技术，已经引领我们打破了历史结构的边界线，并远远超越了历史上最为天才的头脑，然而这些面向未来的道路，已经超出了本书的故事范畴。

第二章／汉庭顿圆月桥

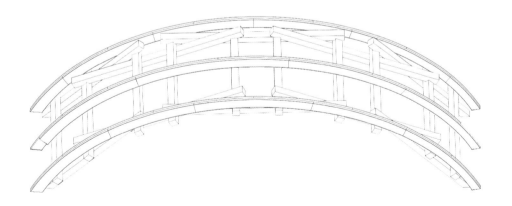

上篇　编木拱桥：四个故事

一、艺术商人、铁路大亨与日本匠人

美国梦与日本风

　　1898年，远东重要的国际性港口——日本横滨港一派繁忙喧闹的景象。一艘叫作"原始号"（Original）的美国军船正准备离港。和这个时代所有的木造船只一样，航行要雇佣随船木匠（船大工）。这种职位的船员流动性很大，因为水手们大多有酗酒的习惯，常常在开船前不见踪影，因此离港前，船只经常因为人手不足招募补员。"原始号"正急需这样一位船大工。在众多应聘者中，一位叫作河合东一郎①（Toichiro Kawai②，1861③—1943）的日本匠人因为会讲英语脱颖而出。

　　这一年，河合东一郎37岁，正是体力与经验俱佳的年纪。他出生于东海道静冈县乡村。14岁丧父后，母亲将他送到寺院④。他在寺中学习读书写字，以及包括园林艺术在内的各种知识。执着于少年时对船只与海洋的痴迷，河合在成年后前往横须贺的港口城市学习造船和海员技术，之后便到横滨做了一名船大工。在横滨，他有机会在许多外国船只上供职，包括英国商船与军舰，往返于南亚与东

---

① 关于河合东一郎生平，本文使用的材料来自于汉庭顿日本园档案以及帕萨迪纳历史博物馆口述史项目1985年对河合东一郎之子诺布（Nobu T. Kawai）的采访整理。后者为未经博物馆编辑整理的口述史原始材料。当二者发生矛盾时，若无特别说明，涉及与汉庭顿相关事务时以汉庭顿档案为准，涉及河合东一郎自身及家庭以诺布为准。
所涉档案包括：
Nobu Kawai. Kawai Family Background. 1985.01. 来自汉庭顿日本园档案。
Oral History Project. Interview with Nobu Kawai. 来自Oral History Collection. Special Collections on Toichiro Kawai, unpublished manuscript. (Un-edited material). Pasadena History Museum。
Biographical sketch III. 来自汉庭顿日本园档案。

② "Toichiro"对应日文汉字可能为"东一郎"或"统一郎"等。其日文原文不见于各种档案文献。因"东一郎"在日本名字中更为常用，本文以此相称。

③ 诺布自述中记录河合东一郎生卒年为1860—1943，但汉庭顿日本园档案中一份材料称Toichiro Kawai生于1861年10月1日，以81岁之龄逝于1943年9月30日。

④ 但因为成家后的河合夫妇都没有明确的宗教信仰，其子女无法确定他学习的寺院属于神道教还是佛教。

南亚重要港口。正是在这些英国船只上,他习惯了吃牛肉、饼干,喝咖啡,并学会了一些简单的英语。

这一次军旅任务是河合东一郎船大工职业生涯中的最后一次远航,成为他奔向梦想新生活的船票。当"原始号"抵达旧金山港后,他立刻伺机离船,非法进入美国。他或许身揣着一张维克多·马什(Victor Marsh)的名片;如果没有,马什家族在旧金山市场大街(Market Street)625号开办的日本艺术品商店("Japanese Art Repository of G. T. Marsh and Co."图2-1)也一定不难打听到。商店的创始人乔治·马什[①](George Turner Marsh,1857—1932)是旧金山地区颇有影响力的东方艺术专家。而这家商店很可能是美国(至少是西海岸)第一家经营日本艺术品的商店。

26年前(1872年),15岁的乔治·马什随家族从澳大利亚移居美国,在航经日本时,这位少年对日本的文化艺术陷入了痴迷,于是告别家人,在日本逗留四年,周游学习日本艺术。

当时年轻的乔治或许并未意识到,他对东方艺术的热情,会是东亚文化冲向西方世界的大潮中,伫立潮头的一朵浪花。1868年开始的明治维新,拉开了日本这座安居一隅的岛国久闭而神秘的大门。在奋发学习西方制度与技术的同时,日本人也积极主动地推动本国的艺术文化输出。日本艺术展品出现在1873年维也纳世界博览会与1876年美国费城的独立百年展览会上,掀起了一股东方艺术热潮。同时日本本土也在上演巨大的社会变迁,艺术与手工艺亦不能幸免。没落的贵族、武士阶层不得不变卖艺术藏品,过去效忠于领主

①
马什家族事迹,除另注外,均出自:Wolf B, Piercy A. George Turner Marsh and Japanese art in America [J]. Orientations 29(4), 1998: 47-57.

图2-1　马什家族的日本艺术品商店宣传品

(图片来源:Wolf B, Piercy A. George Turner Marsh and Japanese art in America [J]. Orientations 29(4), 1998: 48.)

的手工艺人不得不寻找新的出资人与市场。对于有眼光的西方买家，这里不啻于一个梦幻般的大卖场。

在日本流连四年之后，乔治·马什于1876年前往美国旧金山，加入家族事业，不久再度赴日采购艺术品，在旧金山开办了第一家日本艺术商店。美国的时代背景——铁路建设、银矿开采等工业与金融流动，以及1876年宾西法尼亚世博会引发的日本艺术热潮，为马什家族的商业带来了巨大成功；他们在西海岸更多城市开设了分店，包括加州的帕萨迪纳、圣塔巴巴、圣地亚哥、洛杉矶，以及墨西哥的恩塞纳达。仅乔治·马什本人一生的东方旅行便可达四十至六十次之多，可侧见其事业的繁荣。

正是在这样的采购旅行中，乔治的兄弟维克多·马什在横滨遇到了会讲英语又粗通艺术的河合东一郎。河合陪同维克多·马什走访了东京、奈良等城市，并在此间滋生了对于新大陆的向往。河合到达旧金山后，即留在马什家族的艺术品商店做修复师，帮助修复在运输途中破损的家具和其他工艺品。1902年[①]河合从日本将妻女接到美国，不久又从旧金山搬到了马什家族在帕萨迪纳的店铺，成为帕萨迪纳最早的日本移民（图2-2）。一个世纪后，在帕萨迪纳历史博物馆（Pasadena Museum of History）针对早期移民开展的口述史项目中，河合东一郎的子女留下了一部分对父母生平的描述，为本文存留了历史记忆的片段。而正是在这里，河合东一郎建造了本章的主角——一座日本太鼓桥。

[①] 诺布对于河合之妻（Hama Ishiwatari Kawai）来到美国的时间叙述为1904年。然而Naomi Hirahara提供了更加可信的记录——1902年8月26日，并有乘船记录。（Hirahara N. From Japan to America: The Garden and the Japanese American Community [M].// Li, T. June. One Hundred Years in the Huntington's Japanese Garden: Harmony with Nature. San Marino, Calif.: Huntington Library Press, 2013: 94-107.）

[②] PhotCL 107 fld 9 (39). The Kawai family, circa 1915 [A/OL]. [2020-12-19]. https://hdl.huntington.org/digital/collection/p15150coll8/id/3827/rec/2.

图2-2 河合东一郎全家，约1919年
（图片来源：汉庭顿日本园档案[②]）

加州日本庭园风情[①]

河合东一郎的美国之旅迟到了四年，没能使他赶上马什家族最重要的一次建设任务——如果他能够参与乔治·马什主持的金门公园项目，本章描述的历史脉络可能会是另一番走向。现在回到1894年没有河合在场的旧金山。整个美国都挣扎于一年前开始的经济重创，而加利福尼亚试图用一次盛会摆脱经济危机：加州冬季世界博览会（California Midwinter International Exposition），它的举办肩负有重振区域经济与社会的重任。世博会在旧金山金门公园举办，乔治·马什受邀担任日本村（Japanese Village）的主管，并协助亚洲展区的管理。为了日本村的建设，大量日本匠人、艺术家以及建筑材料从日本输送到美国。为博览会兴造的建筑物包括钟楼、桥梁、房屋、鸟居等。此外还从日本引进了大量植物、艺术小品，用于园林营造。日本村成为旧金山博览会中瞩目的焦点。展会结束后，公园组委会从乔治手中购买了日本园，作为金门公园的永久构成。园区后在1893、1925、1932—1933年数次失火重建，并几经产权易手。

1894年的旧金山，还住着我们的另一位主角。美国铁路大亨亨利·爱华德·汉庭顿（Henry Edward Huntington, 1850—1927）此时全家寓居于此[②]。毫无疑问，在这座小小的半岛上，他们一定多次访问过金门公园中的日本园，并留下愉快美好的记忆。1903年，汉庭顿在洛杉矶西北的帕萨迪纳地区购买了一大片包含牧场、果园的地产，营建他的府邸庄园。这个区域后来在汉庭顿的推动下，于1913年建为圣玛利诺（San Marino）市，与帕萨迪纳毗邻。1911年，为了迎接家庭搬入，汉庭顿计划将园地西部一块狭长形的谷地改造为日本园。

汉庭顿植物园的第一任管理员威廉·赫尔特里奇（William Hertrich）主持建设。整理场地的同时，他在加州各个苗圃寻找东方植物。与此同时，马什兄弟在帕萨迪纳的日本艺术商店因经营不善而决意关闭，急切出售园中所有日本艺术品和建筑物。事实上马什家族的辉煌并未持久。大部分分店日渐衰落，在后来陆续关闭或出售。帕萨迪纳分店由维克多·马什经营，附带一座日本茶园，用于展示工艺品。

[①] 本节中关于日本园历史的材料，除另注外，均出自赫尔特里奇的记述（Hertrich W. The Huntington Botanical Gardens 1905—1949: Personal Recollections of William Hertrich[M]. San Marino. Calif.: Huntington Library, 1988.）及汉庭顿日本园档案。

[②] 见Henry E. Huntington's Japanese Garden. Huntington Archiv. 亦见Bennett, S M. The Art of Wealth: The Huntingtons in the Gilded Age[M]. San Marino, Calif.: Huntington Library Press, 2013.

园内营造房屋，经营水系，点缀桥梁、石灯并种植日本植物。于是汉庭顿收购了马什茶园的全部动产，包括其中的建筑、桥梁、植物等。以马什产业为基础，赫尔特里奇在三个月的时间内即完成了日本园的初步建设。1912年冬，汉庭顿举家搬入府邸。

马什家族的帕萨迪纳茶园中，包括一座来自日本的茶屋，使用纯正的日本工艺建造。汉庭顿档案文献中多处强调它"不使用一颗钉子"，赞美这座建筑的精妙，因此茶屋的迁建非有日本木匠出马不能胜任。由维克多·马什举荐，汉庭顿雇用了河合东一郎。河合在拆解构架的过程中逐一标记了每根构件，并在新址原样组装。迁建非常成功，汉庭顿很满意，于是又雇佣河合为他在日本园另建三座建筑：鸟居、圆月桥、钟楼。河合少年时在日本寺庙的学习中对建筑产生兴趣，曾收集了一些相关书籍。这些经历有助于他在汉庭顿的营造。此外，他的园林知识也为日本园的规划设计做出了贡献。

通过汉庭顿档案中赫尔特里奇与汉庭顿的通信，我们可以复盘河合在日本园的工作时间线：1911年11月，赫尔特里奇提及雇用一位日本匠人拆卸与移建日本茶屋；1912年3月日本屋"焕然一新"；次月鸟居动工，5月完成；同年10月，圆月桥合同签定；1913年11月，通信中第一次提及钟楼建设——此时圆月桥想必已经完成；1914年12月钟楼完成。

此后，赫尔特里奇不断完善日本园的建设，陆续添置石灯、石塔、佛像等园林小品。在之后的一个世纪中，日本园的建设仍在延续，并扩展出更多的分主题园林。

汉庭顿本人逝于1927年，次年，应他的遗愿，园林与藏品面向公众开放。今天的汉庭顿图书馆，全称"汉庭顿图书馆、艺术品收藏与植物园"（The Huntington Library, Art Collections and Botanical Gardens），总面积207英亩（84万平方米），包含十四座不同文化、地域主题的植物园。

在钟楼建成之后，河合东一郎没有继续为汉庭顿工作。事实上，他在美国的大部分职业生涯都效力于马什家族的东方艺术商店。当马什兄弟将帕萨迪纳店铺转手给另一位商人后，河合又继续为之工作了六到八年，此后处于半退休的自由职业状态，为当地社区提供家具、艺术品修复服务。此外他还为附近的渔村造船。河合夫妇后半生居住于帕萨迪纳。河合的妻子石渡哈玛①（Hama Ishiwatari Kawai, 1873—1956）来自横滨，是河合在横滨做船大工时所住的旅馆店家的女儿。石渡哈玛的母亲经营旅舍，旅舍同时接待许多港口官员以及中国留学生；父亲是一位土木工程师，在横滨有一些重要桥梁建设。我们今天已经无法知道岳父母的职业与际遇对河合在汉庭顿的景观桥设计有没有产生影响——我们将在本书的结论篇讨论这些可能。

① 石渡（Ishiwatari）为婚前姓，ハマ（Hama）对应多种日文汉字，暂不可考。

② 中谷新七是日本广岛县宫大工（专事建造宫殿建筑的木匠），见其后人访谈新闻报导：郷崇倫.日本建築の美しさを世界に―中谷新七と桑港の日本庭園[EB/OL].(2014-01-15)[2020-12-19]. http://www.discovernikkei.org/ja/journal/2014/1/15/nakatani-shinshichi/。

日本文化的名片

在1894年旧金山冬季世界博览会的日本村，"太鼓桥"是一件极具特色的建筑小品。世博会的历史照片（图2-3）中，小巧轻盈的桥身以圆润的弧线高跃水面，吸引着人们的视线。

不同于园区中大部分由乔治·马什主持购置的建筑物与艺术品，太鼓桥与一座"钟楼之门"的创建者是一位日本建筑大匠（宫大工②）中谷新七。金门公园的纪念牌讲述了这两座建筑的传奇身世：作为日本政府派往旧金山出席博览会的代表，中谷新七个人出资建造了太鼓桥和钟楼门。构件在日本设计制作，运至旧金山后完成安装。为了筹集建造及运

图2-3 美国旧金山冬季世界博览会日本园，左侧中景为太鼓桥（1894）
（图片来源：汉庭顿日本园档案）

① 刘涤宇. 历代《清明上河图》——城市与建筑[M]. 上海: 同济大学出版社. 2014.

输资费，中谷新七变卖了家族田产，将儿子留在美国工作了近半个世纪，方积攒足够资金，赎回田产。

不难理解，太鼓桥"出使"北美，虽然带着强烈的个人志愿，却又肩负着强烈的民族文化输出的使命。旧金山太鼓桥夸张的半圆形拱线，虽出自日本本土匠人之手，高耸陡峭竟超过本土传统或任何东亚历史遗物。事实上，它以夸张的文化符号姿态，向西方世界递出了一张日木文化的名片。

弧形桥梁，无论木构、石构，在日语中均称作"太鼓桥"（太鼓橋Taiko Bashi）或"反桥"（反橋Sori Bashi）。半圆形的拱桥则另有专称"圆月桥"（円月橋/偃月橋Engetsukyou），拱状桥身与水中倒影形成的浑圆形象，有似满月或鼓面。

这种日本建筑传统根源于中国。山水画、佛教绘画、出土文物见证，唐宋时期拱形木桥曾在中国广受喜爱，并很可能随佛教东传，与园林、建筑艺术一同入渡东瀛。最常见的形象是敦煌经变画中轻如飞虹、连接楼阁庭池平台的净土寺院桥梁。相似的造型亦见于法门寺地宫出土的唐代四门金塔、五代浔阳公主墓棺等文物中。而最显赫的形象，约在宋画《金明池争标图》中，东京汴梁城皇家御池"金明池"上翩然飞虹的"仙桥"，据《东京梦华录》，该桥桥面作"三虹"，谓"骆驼虹"，当为三连拱的长桥①。画家为图面紧凑仅绘出一虹。而飞虹之下四排"雁柱"，形式构造与今日可见日本遗物如出一辙，显示出这种建筑文化的传承脉络。但是宋元以后，木构虹桥已经不再见于中国建筑实践，无论实物还是绘画文献均不可寻。明清之后，中国的虹桥都以砖石构筑。而因木质易毁，唐宋之际的虹桥亦没有实物留存。唯一与建筑相关的实物见于小木作，即佛、道教寺庙的藏经柜与神龛中。建筑形象的小木模型，现存两座早期天宫寰桥，见于山西大同华严寺辽构天宫壁藏，以及山西晋城小南村二仙庙宋构佛道帐天宫寰桥。

在日本，平安时代（794—1185）反桥形象已经流行，成书于11世纪前后的园林著作《作庭记》即有记载。而与本土文化结合后，太鼓桥优雅、精致的造型及浪漫的文化喻意，在日本园林建筑中备受青睐，在18、19世纪得到大量艺术表现，伴随园林文化与浮世绘木版画盛行于日本民间并流向西方世界，跃为日本艺术的文化符号。浮世绘巨匠葛饰北斋曾绘制关于日本桥梁的一系列作品。而迷恋日本园林的印象派画家莫奈，在不厌其烦地表现莲池的色泽光影时，亦常常将池景中的"日本桥"作为构图重点。在20世纪流行于欧洲的日本风园林建筑中，拱形桥几乎即等同于"日本桥"，正如曲屋顶等同于"中国亭"，成为东亚审美最具有代表性的文化元素。

在旧金山世博会之后的一个世纪中，金门公园历经数次火灾重创以及相应重建，太鼓桥亦多次经本地美国匠人重修重建，遗憾的是，这些改造与修缮并没有档案保存。今天的太鼓桥（图2-4），在形式上与历史照片非常相近（图2-5），但构造细节上早已抛弃了日本匠作传统，完全是西方化甚至工业化的加工方式（图2-6）。

图2-4　美国旧金山金门公园日本茶园太鼓桥现状（2013）

图2-5　美国旧金山金门公园日本茶园太鼓桥立面图

图2-6 美国旧金山金门公园日本茶园太鼓桥构造细节（2013）

图2-7 美国旧金山金门公园日本茶园园亭顶部（从木纹可见，曲线形搏风板与曲椽均使用直板切割而成，2013）

譬如日本传统木构中，弧形建筑构件如波浪形的唐破风（博风板），其曲形木料需切割自尺寸更大的平直材料（图2-7），直木尺寸不足时，需分段切割再作拼合。而今天金门公园的太鼓桥，桥面下的曲形梁由多层薄木板叠合、穿铆钉固定。

太鼓桥桥曲梁、桥板构造细节，曲梁使用6层木板拼合，3层薄3层略厚。略厚的木板每间隔十余厘米不等锯割一道切口，以便弯曲成形。木板由螺栓固定成曲梁。桥板使用规格统一的方木条拼合，木条两端带有半圆形凸榫与凹槽。

异乡的圆月

1912年10月，在入住帕萨迪纳府邸（之后属于圣玛利诺市）一年后，汉庭顿向日本匠人河合东一郎定制了一座日式桥梁。在汉庭顿日本园后来的档案中，这座桥多简称作"月桥"（Moon Bridge）或有称太鼓桥（Drum Bridge），但在最初的文件中，尤其与第一任管理员赫尔特里奇相关的档案中，它被明确命名为"圆月"或"满月桥"（Full Moon Bridge）。

汉庭顿对日本桥梁的知识来源，据今天我们所知，主要有两个，其一是英国建筑师乔西亚·孔德（Josiah Conder）——第一位钻研日本建筑的西方学者——于1893年出版的著作《日本景观园林》（Landscape gardening in Japan）[①]。书中插图涉及了几种不同结构的反桥，但都是弧度平缓的小桥。另一个正是1894年旧金山博览会上的日本村

---

① 汉庭顿图书馆Cynthia Dickey女士2010年8月6日邮件告之笔者。

图2-8 汉庭顿图书馆日本园中心区（2015）（近景为圆月桥，远景为河合东一郎迁建的日本茶屋）

图2-9 圆月桥，美国圣马利诺汉庭顿图书馆西面（2013）

太鼓桥。汉庭顿日本园的档案文献中并没有汉庭顿本人对这座建筑的直接陈述，但1894年汉庭顿一家居住在旧金山的事实，及"满月"意象对旧金山太鼓桥夸张浑圆形象的呼应，无不提示着后者才是汉庭顿圆月桥的真正触发点。

  圆月桥位于汉庭顿日本园中央的谷地，跨身小池塘之上，轻盈别致，是园区内的视线焦点（图2-8）。这座桥在今天的视觉效果已相当谦逊。它最为夺目的时代，约在20世纪60—80①年代，曾"依据日本传统"②通体涂以红漆。直到1988年，当时的日本园管理员认为红艳的圆月桥对于园林整体太过具有"侵略性"，将漆色剥除。

  虽受旧金山太鼓桥启发，汉庭顿圆月桥在形式与构造上有很大的不同。在形态上，汉庭顿圆月桥虽亦作高拱圆弧，但仅呈三分之一圆弧线，与"满月"意象的半圆形态仍有较大差距（图2-9）。在构造上，汉庭顿圆月桥使用了一种不见于旧金山太鼓桥，甚至不见于日本本土任何存世桥梁的特殊结构，由方形梁木交织成拱。其结构之奇特，直至百年之后，仍被当地学者当作"独一无二"的构造③。

二、圆满之桥

侦探之旅

  遗憾的是，在汉庭顿日本园的档案中，关于圆月桥的建造，除了前文提及的桥名与定制时间外，再无任何早期记录

---

① 汉庭顿日本园档案中没有记录第一次上漆的时间。通过对比圆月桥历史照片可见，早期照片中构件呈现清晰木纹；最早出现光滑漆面的照片摄于1962年，亦是圆月桥在经历"50年代重建"（见下文）后最早的照片。换言之，早期的圆月桥为原木（或涂有无色保护层），而在20世纪50年代重建的同时（或稍后）上了漆。

② 但事实上，日本传统中朱红色对于桥梁是高等级装饰，一般仅用于神社桥梁。

③ Hirahara N. From Japan to America: The Garden and the Japanese American Community [M]. // Li, T. June. One Hundred Years in the Huntington's Japanese Garden: Harmony with Nature. San Marino, Calif.: Huntington Library Press, 2013: 94-107.

留存。河合东一郎对圆月桥的设计思考与建造方案,并没有留下任何图纸或者文字。他是如何构思,又为什么选择了这样一种奇特的结构?又是如何付诸实施的?所有这些问题,我们只能亲临现场,在建筑遗构上搜集蛛丝马迹,来寻找破解之途。

2013年6月,圆月桥建成百周年之际,尚在慕尼黑工业大学攻读建筑考古学博士学位的我自德国赴美,对汉庭顿日本园进行了为期三周的访问,按照德语区建筑考古学的调研方法,完成了一系列1∶15比例尺的精细测绘图(图2-10~图2-12)。两年后,我于2015年6月重访日本园,针对其间复原研究中的疑点对圆月桥进行了补充考察。

圆月桥呈弧形,结构高度近3米,净跨8.34米,总宽2.37米,总体近南北走向。桥面以下的结构部分分为编木拱与曲木拱两层,曲木拱搭架在编木拱上(图2-13)。编木拱由纵(沿跨度走向)、横(垂直跨度方向)方梁交织(图2-14,图2-15)。所有方木截面尺寸相同。纵梁排布在横梁两端,各自形成一道拱列。整个结构分为左右两列编木拱。每列编木拱又分为内、外两组纵木。水平横木夹在纵木间。

曲木拱安放在编木拱的横木上,由三道曲木梁组成,分别在编木拱两侧及中央。

曲木拱上铺桥面板,桥板上设台阶。制作桥板与台阶的木板厚度相同。台阶的宽度与高度随拱面走势变化(图2-16)。

栏杆同样呈曲线形,与桥身整体曲率相适。栏柱底部通过圆形木销与曲木拱固定。

编木拱拱脚下埋有水泥垫块作基础。拱脚外侧设巨石,深埋地下,形式上作为登桥的石阶,结构上作为桥基,抵消拱结构的侧推力。

营造尺

在圆月桥的测绘工作中,我们面对的第一个直接问题是,应该用什么尺子来做测量?

今天的东亚与欧洲都使用公制度量衡,但美国,一如一个世纪之前,仍然使用英制。因此当我在美国补购测绘工具,与从欧洲(德国)[①]携带过去的工具材料就会不匹配。

① 当时我正在德国攻读博士学位。

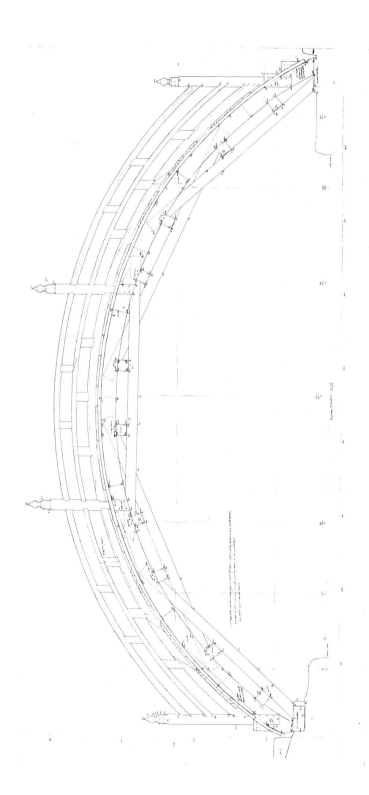

图2-10 圆月桥测绘图：东立面图

上篇 编木拱桥：四个故事

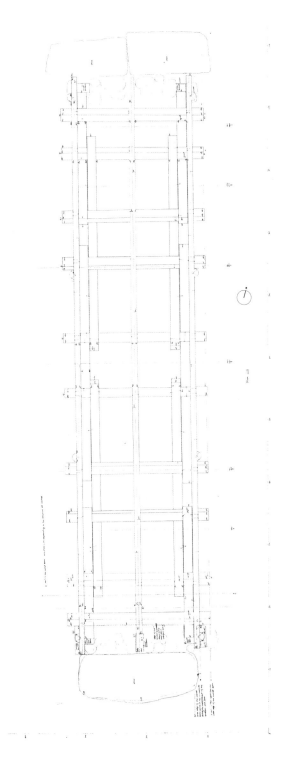

图2-11 圆月桥测绘图：平面图（拱架俯视）

第二章 汉庭顿圆月桥

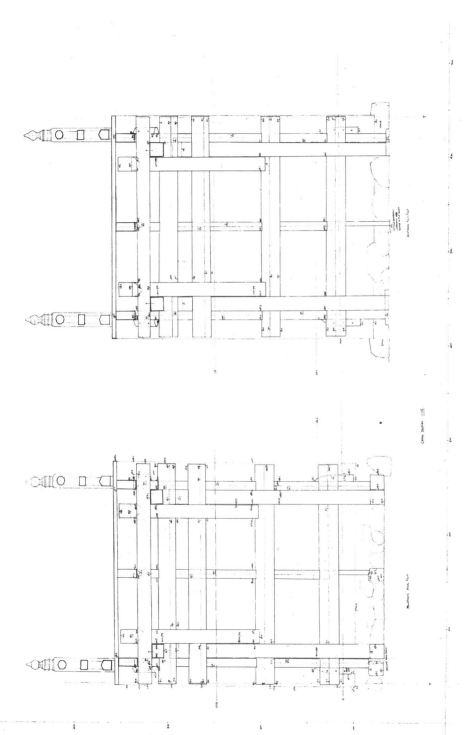

图2-12 圆月桥测绘图：拱架横剖面图（左图：南半部，右图：北半部）

图2-13　圆月桥结构构成　　　　　　　　　　图2-14　圆月桥下部结构（2013）
　　　　　　　　　　　　　　　　　　　　　　　　　　　（从北面拍摄）

究竟使用哪一把尺子，对于测绘者而言，工作的便利与习惯是一个重要的决定因素，但更为根本层面的问题是，在河合东一郎本人的设计与建造中使用了哪种尺制。唯有弄清这一点，才能最为准确地记录与还原圆月桥的设计意匠与制作方式，并减小手工测绘中的误差。

明治时期（1868—1912）的日本使用传统尺制即"和制"，1和尺折合30.3厘米。和制在日本沿用至1924年，但1885年日本已加入国际单位体系条约，并在1890年后推行国际单位制。河合东一郎于1898年离开日本，在他的匠人生涯中，当对三种尺制均有接触，甚至都很熟悉。

"尺"在根本上是一种模数（基本长度单元），在匠人的设计与加工中，出于操作便利，一定会使用整数化的尺寸数值作为构件与某些整体关系的基本尺度。为了确认圆月桥营造中的用尺长度，我首先校核了结构中最重要的构件单元——构成编木拱的方木。我对每根方木均在不同位置多次取点，测量其截面边长，各个方木数据差异微小，总体分布约在14.7~15.2厘米之间。其中15.15厘米是一个多次出现的尺度。这个尺寸在公制与英制中都非整数。但在和制中正合一尺之半——五寸之数。整寸边长的方梁在日本桥梁建设中亦为常用，例如"日本三奇桥"之猿桥使用的"六寸方"[1]。由此可知，河合在营造中使用了传统日式木工尺。

---

①
任丛丛. 岩国錦帯橋技術に関する調査(その1 設計過程) [C]. // 日本建築学会大会学術講演梗概集・建築デザイン発表梗概集. 巻2013ページ: ROMBUNNO. 22254. 2013.

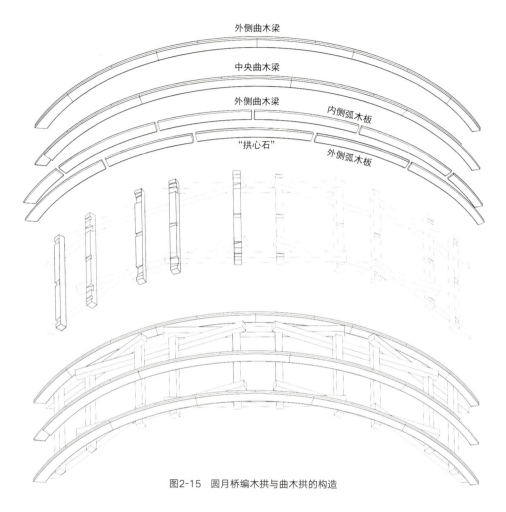

图2-15 圆月桥编木拱与曲木拱的构造

图2-16 圆月桥模型
可见台阶随坡度变化
(图片来源:作者制作、拍摄。模型现藏于德国慕尼黑德意志博物馆)

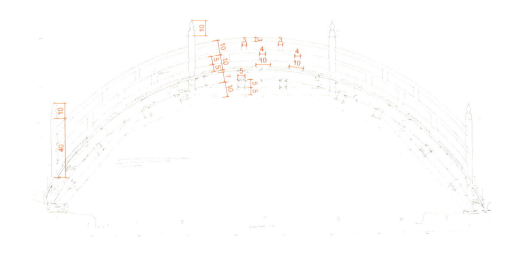

图2-17　月圆桥构件尺度分析（单位：和寸）

但是在圆月桥的其他构件上，用三种尺制校核构件自身规格的各个数据（表2-1），则表现得琐碎而无甚规律。从这些数据中，我们可以得出几个基本观察结果：

（1）需要特别设计、手工加工的主要结构组分——编木拱和曲木拱构件，与和尺较为吻合。

（2）所有板材（包括桥面板和台阶）厚度统一为4.1厘米，可能出自批量化的工业生产。

（3）栏杆诸构件尺度关系仅部分与和尺拟合。有趣的是，栏杆构件与和尺模数吻合的数据都体现在立面上（图2-17），而剖面上的数据，即栏杆构件的厚度，并不相合。这似乎说明，圆月桥制作中难度最大的构件——栏杆，其立面尺度是经过推敲的，亦即说明，圆月桥的形象，是基于立面图来设计的。

十全圆满

但是当继续用公制、和制、英制三套尺制检查圆月桥整体的几何尺度（表2-2）时，可以发现，现代桥梁设计中常用的主要几何参数——跨度与矢高，在圆月桥上均非整数——它们并非设计中的控制因素。而圆月桥近乎完美的圆弧形式，提示我们检查圆弧对应的几何参数。如此，圆月桥的圆弧以120度为圆心角，而曲木拱的内缘位置[①]，圆弧半径刚好5米，则相应的整圆以10米为直径（图2-18）。

① 此位置是圆月桥立面上自内向外的第一条圆弧线，作为设计基线甚为合理。

表2-1　圆月桥主要构件尺寸表

构件名称及位置		公制 （厘米）	和制 （1和寸=3.03厘米）	英制 （1英寸=2.54厘米）
方梁截面边长		14.7~15.2	4.85~5.02	1.85~5.98
方梁长度	纵梁	373 383	123.10 126.40	146.85 150.79
	横梁	233	76.90	91.70
曲梁厚度		9.1~9.3	3.00~3.07	3.58~3.66
曲梁宽度		20.7~21.3	6.83~7.03	8.15~8.39
栏柱直径		13.8	4.55	5.43
寻杖直径		9.1	3.00	3.58
中栿宽度		11.0	3.63	4.33
中栿厚度		7.0	2.31	2.76
地栿宽度		11.2	3.70	4.41
地栿厚度		11.1	3.66	4.37
栏杆蜀柱（上）宽度		9.2	**3.04**	3.62
栏杆蜀柱（上）厚度		6.9	2.28	2.72
栏杆蜀柱（下）宽度		12.2	**4.03**	4.80
栏杆蜀柱（下）厚度		8.4	2.77	3.31
桥面板长度（桥面宽）		236.4	**78.0**	93.1
桥面板宽		14.1~14.5	4.65~4.78	5.55~5.70
桥面板厚		4.1	1.35	1.61
台阶板厚		4.1	1.35	1.61

注：粗体为与和制相吻合的构件尺度

表2-2　圆月桥立面圆弧几何数据

测量位置	公制 （厘米）	和制 （1和寸=3.03厘米）	英制 （1英寸=2.54厘米）
编木拱净跨	834	**275**	328
编木拱净高	230	**76**	91
曲木拱净跨	875	289	344
曲木拱净高	260	**86**	102
曲木拱圆弧半径	500	**165**	197

注：粗体为与和制相吻合的构件尺度

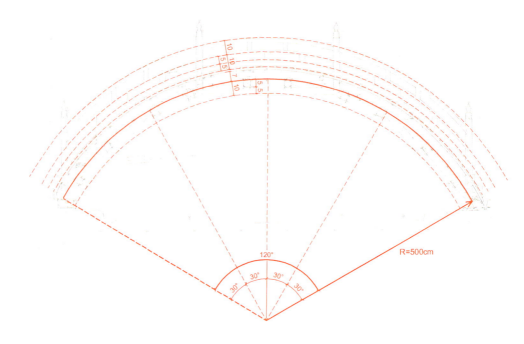

图2-18　圆月桥立面的几何分析（单位：和寸）

河合东一郎接到的圆月桥建筑任务，是一项以"满月"为名的"命题作业"。但是，他放弃了简单以弧形曲木构造的日本传统，转而挑战一种极为特殊罕见的新奇结构，亦因此为这座桥刻上了鲜明的个人印迹。但受限于编木机制，圆月桥难以通过直观的半圆形态实现"满月"意象。而细察结构构成，会发现用心的艺术家在其他层面留下了丝丝入扣的匠心，表达对于"圆满"意象的追求。

东亚文化中，满月是"圆满"的象征。数字"十"与"圆"具有同样寓意。受中国文化影响，日语中也有"十全""円満"之谓，表示完善美满。圆月桥的编木拱由十根纵木与十根横木组成。每根方木边长均为五寸。以此看来，以十米为直径的圆弧线、对数字"十"的追求绝非巧合，而是刻意的设计匠心。相似的，拱桥的圆心角在日本的几何审美中亦占有席位，著名的"日本三奇桥"之锦带桥便用60°作为木拱圆心角，以追求拱跨与半径相等的几何效果[1]。圆月桥的120°圆心角是出于同样的几何意义上的整数追求。

圆月桥立面几何的另一个特点，更加体现了设计者的用心：桥拱的南北拱脚有约23厘米的高差（北低南高）。这意味着若将桥身做对称设计，中央的平梁会显著倾斜。而今天

---

[1] 任丛丛. 岩国錦帯橋技術に関する調査(その1 設計過程) [C]. // 日本建築学会大会学術講演梗概集・建築デザイン発表梗概集. 巻2013ページ: ROMBUNNO. 22254. 2013.

的桥体形态，中央平梁近乎水平，两端仅有5厘米左右的高差，肉眼很难觉察。为此，南北两侧的纵梁并不等长，有14厘米的长度差。相应的横梁亦不等高。

三、构造的奥秘

"一颗钉子也不用"吗？

爬在池塘脚手架上做测绘的三个星期，我常常在无意中"偷"听到游客对话，提及圆月桥"不使用一颗钉子"的建造特征。汉庭顿日本园档案里，也有多处关于日本建筑"不使用钉子"的记录。对这一特征提及最多的是从马什的商店移建来的日本茶屋——正是其"不使用钉子"的构造特征，促成了河合东一郎与汉庭顿园林的第一次合作。而日本园档案中，"没有钉子"的描述甚至被笼统地应用在圆月桥上[①]。

然而"日本建筑不使用钉子"这个论断，本来就是不准确的。东亚建筑"不使用钉子"的建造特征，指的是"大木"结构（即木构梁柱等主体结构）不用铁件，而用榫卯咬合交接。但在"小木"构造中，包括门窗、天花、屋顶等部位，至晚于唐代，钉子的使用即不计其数。在宋代官方建筑法规《营造法式》中，即有"诸作用钉料例"，对钉子在各个位置的用法、尺寸有专门的规定。在日本，在桥梁这种对构造要求极高的结构上，更是依赖铁件来加固，除铁钉外，扒钉和铁箍都有大量使用。

至于圆月桥，甚至亲临现场之前，我就预想到，其至连编木结构中，都一定会找到大量铁钉。

编木结构的基本原理，原本是纵横木梁通过穿插咬合相互制约、相互支持。但圆月桥的编木机制，尤其是成对使用

① "Background Information on the Huntington Japanese Garden." 见于："Huntington Japanese Garden 1913-27", Hungtington Japanese Garden Archiv.

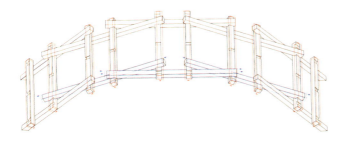

图2-19　编木结构横纵木制约原理

① 据圆月桥修缮建筑师安德鲁·米歇尔（Andrew Mitchell）2013年6月26日与笔者之对话。

横木的做法，使结构之间并未形成有效的制约（图2-19）。相交的横纵方木间有交接角度，需在梁木上切割交接槽口。在圆月桥上，所有槽口都开在横木上，纵向方木保持完整无缺。横木上的槽口断面为三角形，与接纳的构件相适（图2-16）。这种节点无法限制相接两构件间的相对位移。如果没有额外的固定措施，构件间的摩擦力远远不够提供足够的稳定性，钉固在所难免。

曲木拱的构造涉及更多拼接方式。

曲木拱由三道平行的曲木梁组成，分别在编木拱两端及中央。每根曲木梁由两层木板拼合，每层板由四至六段首尾相续的弧形板续接，两层板交错分段，避免接缝重合。两层板间以铁钉固定。

弧形短木板并非天然曲木，而如前文所言，依日本传统，在直料上切割弧形。如此，每段弧木板的长度就直接受限于原材料的宽度。在较长的曲板中，直木宽度不够，外侧又以弦线为界拼接了窄长的弓形木（图2-20）。而曲木板的分段显然并非随意，而是做了形式构成上的推敲：在东西两道曲木梁中是对称的。外层板均为五段，拱顶有如石拱"拱心石"位置的中央板块；内层板分作六段，拱顶中央设接缝。

圆月桥上的铁钉全部为镀锌铁钉①。钉帽直径在8毫米至1厘米，略能分辨出两种钉子：一种平整浑圆，明显为工业化生产用钉；另一种形状略不规整，可能为手工制造。遗憾的是，因为主体结构未经修缮，钉子长度等具体情况无法确知。

根据功能，所用铁钉主要分为三类：

第一类是拼接曲木梁使用的铁钉，水平钉固两层木板。它们相对较小，钉帽浑圆，当为工业生产。

图2-20 圆月桥曲木拱木板接缝（红色标记）
当木板宽度不够时，以弦线为界，拼接额外的弓形木

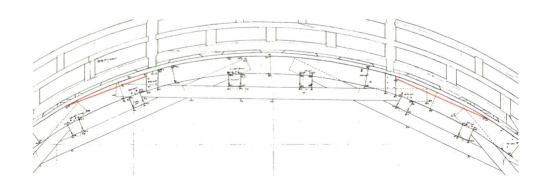

a. 十字相交节点位置的铁钉　　b. 横纵梁节点位置的铁钉　　c. 曲梁与横向方梁垂直相交处，外表面。铁钉斜入木料，并继续深入半厘米许，钉孔中填以石灰。石灰表面因20世纪80年代修缮中涂以保护木材的染色剂而呈黑色

图2-21　圆月桥铁钉细节

　　第二类是固定编木拱方木各节点的铁钉，用于纵梁以及横纵梁之间的交点（图2-21）。它们或单独使用，或成对使用，从交叉点上方的构件斜向打入，刺入下方构件。因钉子斜入，部分钉帽会翘出构件表面，又被锤倒，砸入构件之中。它们是结构中最长的铁钉，钉帽也最大，可能为手工打制。这一组铁钉的位置在拱架平面图（图2-11）、横剖面图（图2-12）中有表达。

　　第三类是连接曲木拱与编木拱横木之间的铁钉。与第二类铁钉相似，从曲木拱木板打入，下行斜入编木拱方梁中。关于它们的分布将在下文详述。

不圆满的模型

　　2013年，在完成圆月桥的测绘调研后，我回到慕尼黑制作了圆月桥的1∶15（准确的比例是1∶15.15，即1厘米∶1/2和寸）木构模型（图2-22）。模型制作是德语区建筑考古学研究的常用手段，常使用较大的比例尺（1∶20以上），可以准确依照比例复原重要的构造细节，并用来研究施工步骤等技术问题。

　　制作圆月桥模型时，我先将测绘图纸扫描处理，依模型比例打印作为底图，再沿图纸切割、粘合构件。曲木构件的制作，包括曲木拱及栏杆，也使用了与真实结构相同的构造原理，即用

①
Modell Huntington Mondbrücke[A/OL]. (2017)[2020-12-19]. https://digital.deutsches-museum.de/item/2017-299T3/.

较小的木料拼合切割。但受限于市面上模型材料的尺寸，用来拼接的木板宽度较小，较之真实的圆月桥有更多接缝。

在曲木梁的制作过程中，我首先将三根曲木梁的原材料粗略切割、拼接黏合，然后将三根形状粗糙的曲梁上下叠放，临时用纸胶带固定在一起，依图纸将梁身曲线准确放样到模型上，然后同时完成三根梁外形的修理打磨，保证三根曲梁统一的弧度外形。

栏杆的制作与此同理，唯一的区别是细小的构件更加繁琐，考验手艺并且费时费力。而栏杆扶手断面近圆形，最后还要用磨砂机打磨掉棱角。

圆月桥模型，连同本书中的其他手工模型，已经由德意志博物馆（慕尼黑）接收①并纳入展出计划。而我则满心祈祷，希望细心的观众不要留意到模型的"失准"之处：在编木拱与曲木拱的交接处，因为出现了较大的缝隙，我并没有制作三角形卡槽，而是简单地叠放上去。二者之间因误差而出现的缝隙在小心谨慎的制作者眼中，分外刺目。

制作手工模型，误差总是难以避免的。毫米以下的误差，往往可以靠乳胶粘合层的厚度修正过去。但圆月桥特别的误差来自于编木拱的特殊构造。这种"编织"结构的整体尺度对于构件的位置关系非常敏感，各个梁木间牵一发而动全身，交接节点处微小的偏移误差，对拱体的高、跨尺度会产生数倍的误差影响。

那么在真实的圆月桥的建造过程中，是否也曾留下过这样的遗憾？或者如何避免了如此的瑕疵？

图2-22 圆月桥模型，编木拱顶部两根横木与曲木拱间可见缝隙
（图片来源：作者制作、拍摄。模型现收藏于德国慕尼黑德意志博物馆）

钉子透露的历史

2015年夏天,借用一次赴美参加学术活动的机会,我重新访问了汉庭顿日本园,这次我关心的重点在于编木拱和曲木拱之间的关系。而这一次,一组全然意外的钉子,极大地改变了我对圆月桥的认识。

组成曲木拱的两层木板是用水平的钉子固定的。它们形成的曲木梁,压合在编木拱横木那的槽口中。曲木拱和编木拱之间是否曾有(像我在模型中那样)因制作误差留下的缝隙,今天已经很难判断了。加州地处地壳活跃区,在过去的一世纪中,地面产生的些微位移,扯动圆月桥的结构,造成了偏转变形,纵然曾有过制作误差,也势必消解在这一个世纪的变形中了。

结构变形将一部分节点紧密地压紧,而另一部分,则撕开了缝隙。多亏了构件间这些细小变形缝隙的存在,借助强光手电观察并配合小刀片试探,我在组成曲木梁的两片木板之间意外发现了钉子。它们的起点(钉帽)位于曲木板内表面底部,斜穿入下方的编木拱横木,将单侧的曲木板固定在编木拱上。它们的存在说明曲木梁的两层板是交替、逐段安装并钉固到编木拱上的,而非如模型制作那样,在地面预拼装完整,再整体吊放到位。而逐一、交错安装木板的施工方式,可令建造者在施工过程中不断调整构件、修正制作误差,从而避免模型中出现的问题。

这些钉子观察起来非常困难,所幸它们在结构中对称分布,而有观察条件的节点,足以覆盖所有不同的位置类型,以确定全体钉子的分布规律(图2-23)。两层曲木板间,总共藏有六十~七十枚此类钉子。通过总结它们的位置和走向规律,我们能够对施工步骤做出复原推理:

在最底部两对横木的位置,在内、外两层曲木板上,铁钉均由内向外钉固在木板的内表面。这说明在这个位置,外层木板先行钉固,之后才置放、固定内层木板(图2-24:第一步、第二步)。

在上部三对横木上,铁钉由外向内钉入两层木板的外侧表面。因此在这些位置,内层木板首先固定,之后再安装固定外层木板(图2-24:第三步至第六步)。

上篇 编木拱桥：四个故事

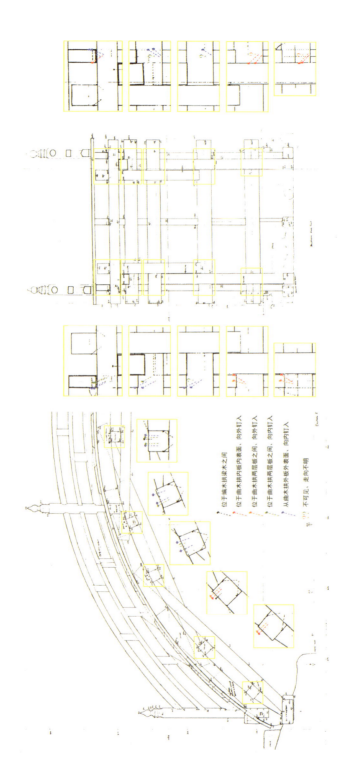

a. 南侧钉子分布（立面图与横剖面图）

图2-23 圆月桥连接曲木拱与编木拱的钉子分布

058

第二章 汉庭顿圆月桥

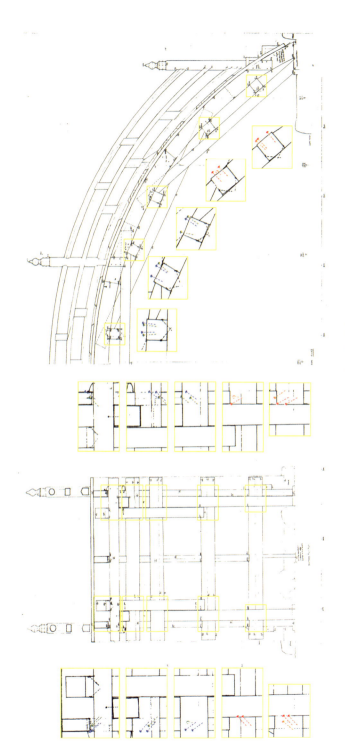

b. 北侧钉子分布（立面图与横剖面图）

图2-23 （续）

上篇 编木拱桥：四个故事

曲木梁由外侧五块、内侧六块弧形木板拼合

第一步：外侧底层木板首先安装到位，从内侧钉固

第二步：安装内侧底层木板，并从内侧钉固

第三步：继续安装内侧木板，在第二根横木处从内侧钉固，在第三根横木处从外侧钉固

第四步（假设）：如果接下来安装外侧木板，第四根横木处的钉子走向将与实际情况相悖，并且内侧木板将无法安装

第四步（真实）：因此此时继续安装内侧木板，并从外侧钉固

第五步：完成外侧木板。很有可能首先安装顶部"拱心石"，以确保其正中的位置

第六步：完成外侧木板，从外侧钉固（并在外立面的钉孔中填入石灰）

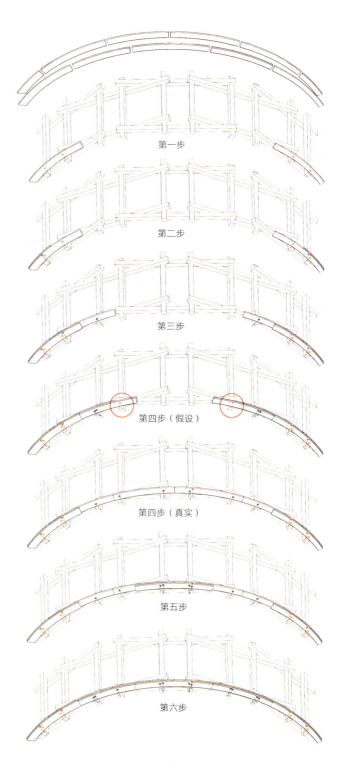

图2-24 圆月桥，根据钉子分布分析曲木拱施工步骤。以东侧曲木梁为例

以上特征显示，建造者试图尽量避免将铁钉留在可见立面上。但这在（从下向上数）第三、四根横木上是不可能的：在这些位置，内层木板紧贴编木拱的纵木，因此内层木板必须先置，外层木板随后，铁钉只能由外向内打入，不得不在外立面上留下钉孔。

除了内层板最下面的一块弧形短板，每块弧形板均跨覆两根横木，分段缝在内外两层交替。根据已知的钉子位置、走向，我们可以复原出曲木拱施工唯一的可能步骤（图2-24）。

至此，我们已经讨论了圆月桥从设计到制作再到施工的各方面建造特征。现在唯一的问题是：它并非1913年的那座桥。

四、佚失的历史

20世纪20年代的圆月桥

2013年，当我初抵汉庭顿日本园，便迫不及待地想要重现历史视角：以相同的位置与构图再现圆月桥最早的摄影图像——一张被确定为1913—1923年的老照片，作为对它百年历史的致礼。

但无论如何尝试，2013年的照片，尽管初看上去与世纪旧照极为接近，却总有多多少少的比例差异（图2-25）。劳顿半日终难满意，我只好将这种差异归咎于拍照角度的误差与图像在照片边缘的光学变形。

很快，汉庭顿数字图书馆中的图像档案为误差的来源指明了答案：今天玉立于园中的圆月桥已经不同于早期留影的那一座。诸多摄制于20世纪20年代前后的老照片显示，当时的圆月桥在编木拱的立面比例上与今天有着明显差异：在早期图像中，横木的间距更加均匀；而它们在今天的圆月桥上两两更靠近。

选取一些有助于复原早期圆月桥的历史图像展示在图2-26中。

所有体现早期比例的照片档案中，拍摄时间最晚的一幅标定为1949年1月（图2-26：f）。而与今天桥身比例一致的照片中，最早一幅拍摄于1962年[1]。可知1949—1962年，圆月桥经历过一次重大的改建。

[1] PhotCL 107 fld 9 (20). Drum bridge and wisteria pergola in the Japanese garden, 1962 [A/OL]. [2020-12-19]. Drum bridge and wisteria pergola in the Japanese garden, 1962.

图2-25 汉庭顿圆月桥的一个世纪
（图片来源：上图：出自赫尔特里奇（Hertrich W. The Huntington Botanical Gardens 1905—1949: Personal Recollections of William Hertrich[M]. San Marino. Calif.: Huntington Library, 1988: 72.），并被其标定时间为1913年。汉庭顿数字图书馆（Huntington Digital Library）的档案中保存有此图的不同版本[1]，而时间定位有差异。经过咨询，汉庭顿图书馆回复称，这张照片诞生于1913—1923年之间。[2] 下图：作者自摄）

①
PhotCL 107 vol3 box 2 pg78, "Drum bridge in the Japanese garden, circa 1918[A/OL]. [2020-12-19]. https://hdl.huntington.org/digital/collection/p15150coll8/id/313/rec/1.
PhotCL 107 fl d 9 (19), Drum bridge in the Japanese garden, circa 1920 [A/OL]. [2020-12-19].https://hdl.huntington.org/digital/collection/p15150coll8/id/3807/.

②
2015年12月汉廷顿图书馆图像服务中心Devonne Tice女士邮件答复。

③
从旧照片上我们只能确认部分编木拱纵木被替换；而今天的编木拱所有横纵方木老化程度相近，看不到前期构造留下的痕迹，故有理由相信所有方木均被同时替换。

以旧照片为基础，我复原了早期圆月桥编木拱的立面比例（图2-27），并以之为基础，重构了立面设计中对于均衡与匀称的几何学追求：根据日本拱桥的建造传统，圆月桥使用"勾配"（こうばい）即圆心角正切作为基本尺度，来控制圆弧的比例尺度。圆月桥拱脚存在高差，为了桥身的视觉平衡，编木拱并没有使用等分比例，而以勾配2寸2为基本角度，根据地势高度，勾配0.1寸为额度，顺势调整（图2-28）。形成的圆月桥比例均衡，视觉稳定。

20世纪50年代的重建

高像素的历史照片显示出，除了编木拱的立面比例，两期圆月桥还存在其他方面的差异。

首先，编木拱的构件被完全替换了。

从图2-26中两幅（a与b）标定为1925年前后的照片可见，西立面上中央纵木上有波浪形的木纹（图2-29）。这种木纹不见于今天相应的结构构件中[3]。更关键的是，多幅历

a. 1925年前后的日本园太鼓桥①
（西侧）

b. 1925年前后的日本园太鼓桥②
（西侧）

c. 1925年前后，日本园太鼓桥
与房屋③（东侧）

d. 日本园太鼓桥④
（东侧）

e. 孩子和大人们在日本园太鼓桥上⑤
（东侧）

f. 1949年1月11日，雪后日本园⑥
（东侧）

图2-26　圆月桥历史照片
20世纪20—40年代旧照中的圆月桥（局部），与今天桥身编木拱有差异
（图片来源：Huntington Digital Library）

史照片可证，早期圆月桥中，编木拱横木上，与曲木拱相交的槽口较之今天更深（图2-30）。这说明在改造中，所有的横木都被更换过。

在意识到曲木拱的槽口在更早的结构中嵌得更深之后，我们便有充分的理由回头检视顶部的一对横木。图2-29中，曲木拱与横木间有较大的间隙——这与我们在模型制作中的误差（图2-22）是一致的。曲木拱与编木拱横木的分离，会对结构内力分布产生不利影响。它同时暗示，此时的曲木拱可能并不是通过钉子固定在编木拱上的（这一点下文会继续讨论）。不理想的内力分布以及节点构造可能的缺陷，或许就是导致圆月桥在20世纪50年代前后重建的原因。

① PhotCL 107 fld 9 (17). Drum bridge in the Japanese garden, circa 1925 [A/OL]. [2020-12-19]. https://hdl.huntington.org/digital/collection/p15150coll8/id/3805/rec/1.

② PhotCL 107 fld 9 (18). Drum bridge in the Japanese garden, circa 1925 [A/OL]. [2020-12-19]. https://hdl.huntington.org/digital/collection/p15150coll8/id/3806/rec/1.

③ PhotCL 107 fld 9 (14). Drum bridge and house in the Japanese garden, circa 1925. [A/OL]. [2020-12-19]. https://hdl.huntington.org/digital/collection/p15150coll8/id/3803/rec/1.

④ PhotCL 107 fld 9 (13). Drum bridge in the Japanese garden [A/OL]. [2020-12-19]. https://hdl.huntington.org/digital/collection/p15150coll8/id/3802/rec/1.

⑤ PhotCL 107 vol13 pg14 (78). Children and adults on Japanese garden drum bridge [A/OL]. [2020-12-19]. https://hdl.huntington.org/digital/collection/p15150coll8/id/90/rec/3.

⑥ PhotCL 107 fldr19 (27). Japanese garden after snowfall, January 11, 1949 [A/OL]. [2020-12-19]. https://hdl.huntington.org/digital/collection/p15150coll8/id/3907/rec/2.

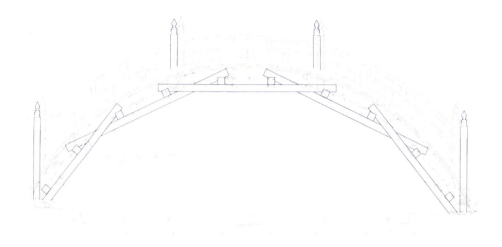

图2-27　1949年之前的圆月桥编木拱立面比例复原

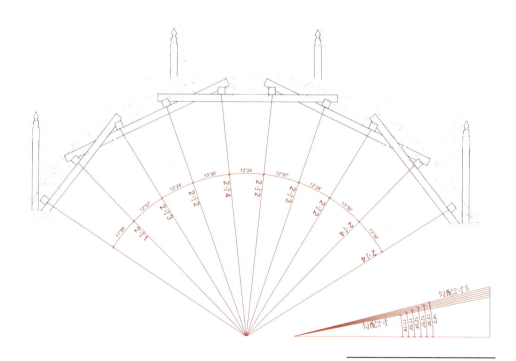

图2-28　1949年之前的圆月桥编木拱立面几何分析：在日本传统几何中，以正切值"勾配"表达角度。圆月桥因两侧拱脚地势不一，两侧横木的节奏于是疏密有别。横木之间，以勾配2寸2为基本角度，左（南）侧因地势缩紧（2寸1），右（北）侧放松（2寸3，2寸4）。用勾配规律做拱桥设计在日本亦有文化土壤。见任丛丛（2013）[①]

[①]
见：任叢叢. 岩国錦帯橋技術に関する調査(その1 設計過程) [C]. // 日本建築学会大会学術講演梗概集・建築デザイン発表梗概集. 巻2013ページ: ROMBUNNO. 22254. 2013.

图2-29　圆月桥。两幅旧照片拍摄于1925年，均为西侧。中央纵木有木纹

（图片来源：图2-26a, b细节）

图2-30　圆月桥。左图为旧照（图2-26：e）中的细节。右图为现状（2015）。桥拱东北侧，从下向上第二根横木。曲木拱在20世纪20年代较之今天更深地嵌入横木

正相应于编木拱的完整替换，现在的曲木拱与编木拱用钉固定，而构件上没有旧钉痕或其他任何暗示重复使用过的痕迹（譬如压痕或不同的日照留下的晒痕），当亦在这一次重建中完整替换。

与作为主体结构却被完全替换的编木拱、曲木拱相反，在改建中，栏杆表现出更强的相承性：早期的栏杆在构成上更加整齐有序，今天栏杆构件相对破碎，明显来自对旧栏杆的改造与重复利用。

通过1925年前后的两张旧照（图2-26：a、b）我们可以发现圆桥栏杆构件的设计原则：

在被栏柱分隔的三段栏杆中，中段最短。它的寻杖（栏杆最上层的扶手）、中桄和地栿均为整根木料制作的。

栏杆两侧的两段比中段要长，因此它们的中桄与地栿均由两段木料拼合，中桄以搭掌节点相接，地栿则简单以端面对接（图2-31）。它们的寻杖则仍然出自整根木

料。今天的圆月桥亦是如此。在安德鲁·米歇尔（Andrew Mitchell）——负责1988年修缮项目的建筑师——在日本园的工坊中，保存有一块巨木，很可能来自圆月桥初期建设的材料剩余。在修缮中，米歇尔更换了西南侧的寻杖，所用木材正割自这块巨木（图2-32）。

旧照中由栏柱分割的三段栏杆均较现状更长（图2-27）。通过这一点，并考虑到两期圆月桥栏杆构件接缝的重合，可以判断，在20世纪50年代前后的重建中，新结构最大化地重复利用了原初的栏杆，仅裁割掉构件端部的破损位置，造成了栏杆长度的些微缩短。

倒塌事件疑云

圆月桥的改造虽不见于汉庭顿文字档案，却以另外的方式记录了下来。在帕萨迪纳历史博物馆的移民口述史档案中，河合东一郎之子诺布提到了一起非常有趣的事件：圆月桥与鸟居（图2-33）曾经双双倒塌。之后圆月桥被原状复建，鸟居则未再建。

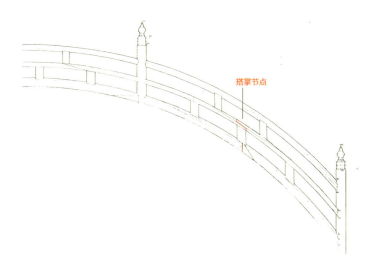

a. 西南侧栏杆构件分段示意。20世纪20年代的构件接合线以红线示意。在栏杆两侧，中栿由两段木料拼合；在中央，以搭掌状节点交接（图2-26：a、b、e）。这种节点形式不见于圆月桥现状。栏杆两侧地栿在早期图象中同样为两段木料拼合，但仅简单以端面对接

b. 栏柱旧状。（西北侧，图2-25细节）栏杆两端的栏柱在过去直抵地面，在现状结构中被截短了

图2-31　圆月桥栏杆细节

#

图2-32　安德鲁·米歇尔的工坊，汉庭顿日本园，2015。巨木可能来自圆月桥建设初期。其长约360厘米，厚约9.5厘米

图2-33　汉庭顿日本园鸟居，约1925年
（图片来源：汉庭顿日本园档案[1]）

关于圆月桥的倒塌，诺布曾在三份不同的材料中提及[2][3][4]。其中两份提到了倒塌和重建的时间，但二者的信息相互矛盾。在1984年1月的访谈中，诺布称"约于1914年"，并提到是"他们"（排除了河合本人）"严格地依照我父亲初建时的设计"建造了一座"完全一致的复制品"：

> 他建了一座Taiko-bashi[5]，即太鼓桥，现在仍在原址，还有一座钟楼。他还协助了日本园其他结构的设计，以及替换石灯、雕像等诸事。现在回到大约1914年（Now that back in about 1914），这时候原初的桥因为腐朽和白蚁等问题倒塌了。所以他们（they）重建了这座桥，严格依照我父亲初建时的设计（in the exact design that it was built by my father）。所以现在立在那里的那座桥并不是我父亲建的那一座，而是一座建在原址、与他所建完全一致的复制品（an exact duplicate）。[6]

而另一份由诺布本人在1985年整理的材料中，他称倒塌发生在"若干年前"。值得注意的是，在同一段文字中，他提到了父亲在家中对圆月桥设计的研究：

> 他做出了桥的模型，一直放在家里，直到战争时期丢失了。它由相互别插的木料（interlaced timbers）制成，没有使用钉子。压在桥身上的力道越大，桥的节点就会变得越紧，因而也越坚固。因为老化、白蚁和干朽（age, termites

---

① PhotCL 107 fld 9 (50). Torii Gate of the Japanese garden, circa 1925 [A/OL]. [2020-12-19]. https://hdl.huntington.org/digital/collection/p15150coll8/id/3834/rec/1.

②⑥ Oral History Project in Pasadena History Museum: Long, Long ago oral history project. Answers to Questions by Nobu T. Kawai. Question No.4.

③ Oral History Project in Pasadena History Museum: Interview with Nobu Kawai, 55 Harkness Street, Pasadena, Thu, sep. 27. 1984. pp.6-7.

④ Kawai family background. Compiled by Nobu. T. Kawai. 1985 January. P.4

⑤ 这个词在材料中被错误地写作"tyco bushee"，说明这份访谈记录是他人根据录音整理的。

and dry rot），若干年前（several years ago）这座桥不得不经历重建，但以与原桥完全相同的设计建在原址上。①

在所有的材料中，诺布均将倒塌的原因归于"老化、白蚁和干朽"，并用同样的原因解释鸟居的倒塌——但这并不能令人信服，毕竟加州干燥的天气有利于木构建筑的保存，而同时期建造的钟楼（图2-34）今天仍处于良好状态。

河合东一郎在汉庭顿日本园一共建造了三座结构：圆月桥、鸟居及钟楼。诺布提到他父亲最大的骄傲在于钟楼。它是河合最钟爱的作品，今天仍然屹立园中。在1984年的访谈中，诺布如此描述：

> 父亲经常引用日本谚语，其中一则说道："当公牛死去，留下牛角；当虎死去，留下虎皮；当人死去，留下声名。"在建造钟楼时，他对此铭记在心。我仍然记得他熬夜绘制蓝图的情景。他希望它可以成为他的骄傲，倾注全部的才华，将每一个结点做到完美。他对这件作品极为满意，并做了一块匾额，将自己的名字作为建造者（builder）和建造时间一同题写在上面，藏在天花板之上的屋顶草架中，钉在椽下。②

① Oral History Project in Pasadena History Museum: Interview with Nobu Kawai, 55 Harkness Street, Pasadena, Thu, sep. 27. 1984. pp.6-7.

② Oral History Project in Pasadena History Museum: Long, Long ago oral history project. Answers to Questions by Nobu T. Kawai. Question No.4.

图2-34　汉庭顿图书馆日本园钟楼（2013）

1914年重建？——一个思维游戏

当我与安德鲁·米歇尔讨论关于圆月桥改建历史的证据时，米歇尔提到一则信息：他曾"听说"（从当地园丁或匠人那里），这座桥"至少经过两次重建"。[1]

诺布没有提及第二次重建。他提供的两个时间点（1914年以及1984年之前若干年）都很可疑。或许1984年的"若干年前"可以勉强认作20世纪50年代的那次重建——毕竟从照片档案和其他文字材料来看，1962年之后圆月桥再未经历结构性的变化，而只有局部的修缮。1914年这个时间点仍然令人困惑。1914年，河合东一郎仍在汉庭顿日本园营造钟楼，这个项目直到当年12月才结束。有没有可能只是诺布在采访中的口误？或者会不会真的曾在此时发生过第一起事故？为什么河合东一郎——一位职业自尊极高的日本手工艺人，从未在子女面前将圆月桥视为得意作品？假如圆月桥确实曾在很早的时间点——远早于河合东一郎的过世（1943），发生过倒塌事故，这一切似乎就说得通了。

圆月桥在20世纪20年代与1949年之间的照片表现出非常一致的构件比例。那么如果确曾有过第一次倒塌，或许发生在这些早期影像之前——即建成之后很短的时间之内。

但对于这个问题，我们并没有足够的证据信息：现在的结构早已经过20世纪50年代的大幅改造，我们既没有历史文献，又没有可资考古的实物。但即使如此，我们仍不妨做一个思维实验——以下的推想未必能提供确凿的历史真相，却能令我们更好地理解圆月桥的结构特征：

有没有这样一种可能：圆月桥于1913年建成后，在一段时间内呈现稳定而安全的结构状态，并保持这种状态直到1914年，或直到最早的照片影像之前；然后发生倒塌，并在河合东一郎不在场的情况下被重建，而其间——根据20世纪20年代的照片判断——并没有损坏栏杆？

答案是可能的。

我们已经分析过，如果不使用钉子，圆月桥的编木拱会出现两种方向的变形趋势：横木可能沿着支撑它的纵木移动，纵木也可能沿着自己的轴线错动（图2-19）。仅依靠摩擦力，不足以维持稳定。

[1] 作者与安德鲁·米歇尔的此次对话发生于2015年6月的汉庭顿日本园。

河合东一郎必然对这个结构问题有着非常清楚的认识。他在家中制作的模型，根据诺布的叙述，压力越大越坚固，而且"没有使用钉子"，必然不同于建成结构，而采用了构件间相互咬合、制约的"真正的"编木结构。但是为了追求数字"十"的"圆满"喻意，他坚持了以十计数的结构构件和以十米为径的圆弧形象，设计的结果就如我们今天所见：形式的完美与结构稳定性的缺失。

在最初的结构上，河合一定使用过一些手段来固定节点，但很可能没有使用钉子——正如他的儿子骄傲的回忆。我们已经提到，在汉庭顿日本园的早期档案文献中，多次出现对日本匠人不使用钉子的强调，并且正是因为这个原因，河合才得到了他在汉庭顿园林的第一个项目（日本茶屋的移建）。日本（以及中国）建筑"不使用钉子"的信念，直到今天仍然在美国与东亚广为流传。但前文已经提到，这个表述并不准确，尤其并不适用于日本桥梁建筑传统。但是或许，一位有着骄傲的职业自尊的日本匠人——正如河合东一郎，会被这样一种关于他职业传统的神话"挟持"，从而在圆月桥建造中避免使用铁钉，转而寻求其他的构造方式来固定节点。

我们可以想到很多方法来限制编木拱诸梁之间的移动，譬如在交接位置使用木销钉，或在槽口内制作隐藏的燕尾榫或钩榫（图2-35）。这类节点在一定时间内足够有效，同时又足够脆弱——在短至几个月、长至若干年的时间内，会在外力的作用下材料破坏，从而失效、倒塌。

那么如此，没有使用钉子的圆月桥，在建成后不久

a. 节点现状，没有榫卯制约，构件之间会产生滑移

b. 有效的榫卯形式

图2-35 思维游戏：圆月桥编木拱使用榫卯咬合的可能构造方式。
图中的开口方式可令纵木在外观上完整而将榫卯隐藏

（1914年或稍晚）即因为编木拱的榫卯破坏而发生了第一次倒塌。在这次事故中，曲木拱因自身具有较强刚度，并没有出现明显的破坏，因而上部栏杆亦保持完好。日本园的其他工人将倒塌的梁木用铁钉复原至原位，破损的榫卯藏在内部，不影响外观，亦不妨碍继续使用。而到了20世纪50年代，旧材料的损失在结构上的积累体现得愈加严重，因此圆月桥经过了一次大修：整座桥体落架，编木拱与曲木拱的全部构件被替换一新，再根据图2-24的营造顺序钉装回去；而栏杆得到了最大程度的重复利用，腐烂的端部被截断、修补，整桥被涂上了朱红色的油漆。直到1988年，红漆被剥除，栏杆被局部替换。几经周折，呈现为我们今天所见的圆月桥。

五、小结：圆月桥一生的故事

在结束对圆月桥百年传奇历史的追溯后，现在可以为汉庭顿日本园中这座奇异的结构书写一份完整的传记。

圆月桥是西方世界（特别是美国）在19世纪后期到20世纪初，在世界博览会浪潮下兴起的日本风艺术潮流的结果。

1894年加州冬季国际博览会日本村的太鼓桥是汉庭顿圆月桥的直接灵感源头。1912年，汉庭顿在圣马力诺府邸的日本园里定制一座"满月桥"时，是以它为原型。

马什家族是美国西海岸远东艺术的先驱经销商，他们在圆月桥的故事中扮演了关键的角色——正是他们筹建了加州日本园，而加州日本园又启发了汉庭顿建造属于自己的日本园，甚至是自己的"满月桥"。此外，正是经由马什家族，日本匠人河合东一郎远赴美国，并经其介绍为汉庭顿工作。

圆月桥的创造者河合是日本移民，是一位思想开放的工匠。他受过良好的日本传统木工训练，头脑灵活，积极拥抱生活和事业上的改变。

圆月桥的建造，一部分沿袭了日本太鼓桥传统，另一部分则创新性地引入了当时（乃至现在）在日本和美国都不同寻常的编木拱系统。

在本章中，我们没有提到河合东一郎的编木拱结构概念的可能起源——这个问题将留待本书的最后一章再作探讨。

在这里,我们只能简单地指出,河合建造的编木拱结构是一个不成熟的尝试,具有结构上的弱点。

"满月"在东亚文化中拥有"完美"之喻,圆月桥的设计中,使用了多种手段来实现这个隐喻。不过,对"满月"的实现,并没有像其原型金门公园太鼓桥那样,以半圆的形式来建造,而是在设计中多次融入数字十:编木拱由十根纵梁和十根横梁构成、在拱身中暗藏以十米为直径的圆弧形式等。

以实测图为基础所做的进一步分析,证明圆月桥在设计过程中采用了日本传统方法和尺度体系,并以立面推敲为设计导向。

由于具有结构上的弱点,圆月桥至少经历了一次甚至两次重建。第一次重建当在1913年完工后不久,可能是由于原有梁木间榫卯节点的薄弱。坍塌后的梁木由汉庭顿园林的工作人员自行安装回去,很可能用了钉子,河合东一郎没有参与。

1949—1962年,圆月桥无疑经历过重建(或再次重建)。这一次,编木拱和曲木拱构件被全部更换,栏杆也进行了修复和再利用(图2-36),构件的连接使用了工业钉。重建导致了桥拱比例的改变,这可以通过汉庭顿档案中的历史照片来证实。

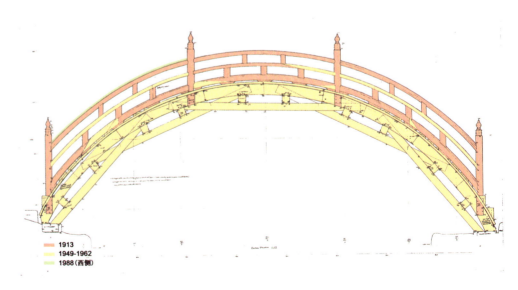

图2-36 圆月桥历次改造示意

第三章／追寻中国木拱桥

上篇　编木拱桥：四个故事

一、发现中国木拱桥：从虹桥到闽浙木拱桥

发现虹桥

1953年11月，新中国成立的第4年，中国绘画史上最为知名的卷轴画《清明上河图》首次在北京故宫博物院面向公众展出。

唐寰澄（1926—2014），一位刚刚走出校园不过五年的桥梁工程师，借此机会参观了这幅画作。但是此次际遇并没有给他留下深刻的印象："那天正是星期天，人很挤，画装在玻璃柜里平放着，绢色经久黯淡，光线又不好，因此只是走马观花，一无所获。"

不到一个月后，唐寰澄第二次见到了《清明上河图》。这是《新观察》杂志上的一篇文章，附有长卷的片段。那一天是一个漫长的夜班，一个借助杂志来打发时光的青年人，依靠这幅画作驱走了夜色的沉闷："这是一幅逼真的写实画，最吸引我的是那座结构巧妙的桥，那桥不像一般山水画中的板桥，也不像民间习见的上下倒虹的石拱桥，而是一座非常别致轻盈的木拱桥。画上可以看到桥的每一部分细节的构造。"①

宋张择端版《清明上河图》长卷，长528.7厘米，宽24.8厘米，表现北宋东京汴梁（今河南开封）城内城外的市景风

① 唐寰澄. 湮没了九百多年[J]. 新观察, 1954(12): 22–23.

情。自右及左，依次展现了郊外的田园风光、汴河上繁忙的漕运、宏伟的城门以及城内繁华的街道。我们所关注的桥梁（图3-1）今天以"汴水虹桥"著称于世，跨立于城门之外的河道上，雄立于长卷正中央。它身为拱形，满载熙熙攘攘的人流，身下为川流不息的船只。桥拱由大量梁木穿插组成，梁木之间互相交叠支持，呈现一种如同编织物的肌理，形成一道独特的飞虹：

几近20米的一座木拱桥，拱本身很薄，没有节点，亦不用铁件，只有大木横直牵连，自成一个稳定的结构。这种桥的式样既有梁桥简单的优点，又有拱桥经济的优点，形式上特别美丽。更为奇特的是整个桥没有榫接的地方。这种桥在中国从未被发现过，即使是世界的桥梁历史上也没有类似的建筑。我们祖先从另一角度解决了木梁造大桥的问题。①

这座桥的结构如此特别，唐寰澄曾一度相信，它是世界上独一无二的建筑作品。甚至在1980年之后，当他亲自走访考察过闽浙地区的木拱桥，并将这种原理相似的建筑物视作汴水虹桥技术的遗存，他仍然坚持认为，这种结构的桥梁是中国的独创。这个观点，已经通过本书前两章欧洲与日本（美国）的案例不驳自倒了。

关于画上的桥，唐寰澄生出了许多疑问：
关于画家和画的情况是怎样的？
这座桥是实际存在还是想像而已？
桥的故事是怎样的？
桥的结构是怎样的？
在中国还有这样的桥存在吗？
……②

①
唐寰澄. 湮没了九百多年[J]. 新观察, 1954 (12). 22-23.

②
唐寰澄.中国木拱桥[M]. 北京：中国建筑工业出版社，2010：22-23.

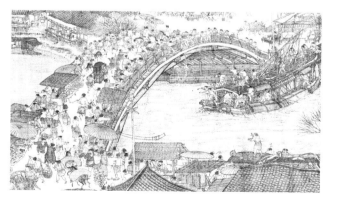

图3-1 《清明上河图》中的虹桥
（图片来源：北京故宫博物院）

① 本节历史文献均转引自：唐寰澄.中国木拱桥[M].北京：中国建筑工业出版社，2010.

② 藏于德国柏林东亚艺术博物馆。

③ 关于《清明上河图》版本，见：刘涤宇.历代《清明上河图》——城市与建筑[M].上海：同济大学出版社.2014.

半个世纪之后，在他生前的最后一部著作《中国木拱桥》（2010）中，唐寰澄认为，所有的这些问题都已解决。该书面世四年后，唐先生驾鹤西去。这些已解答的问题，成了完整贯穿他学术人生的追问。在本章中，我们将要详查这些问题和他对它们的解答。

虹桥的历史背景

在传世众多的题为《清明上河图》的画作中，北京故宫博物院所藏《石渠宝笈》版本，因精湛的画工、历代题跋（作为历史见证人）、符合北宋时代特征的城市景观细节，是今天公认的"真本"、宋本。

今人对于画作者张择端所知有限，主要源自图后的金人题跋。该跋题于宋亡半世纪后："翰林张择端，字正道，东武人也。幼读书，游学于京师，后习绘事。本工其界画，尤嗜于舟车、市桥郭径，别成家数也。按向氏《评论图画记》云：《西湖争标图》《清明上河图》选入神品，藏者宜宝之。"①此外，借由宋徽宗在画上的题字，我们知道，在徽宗朝（1101—1125），张择端供职于翰林图画院。

宋以后的王朝更替中，《清明上河图》大部分时间收藏于皇家或私人之手，不为外界所见。但其画名远播，历代出现了不同摹本与仿本。尤其明代后期，各种摹/仿本盛行于坊间。习仿《清明上河图》绘制城市长卷的风气甚至远及日本，如日本江户时代描绘日本东京桥梁街市的长卷《熙代胜览》②。后世仿本的创作者未见过真迹，而借文字传闻及画师本人的城市生活经验进行再创作，表现的城市景观更接近时下风尚，例如明清大量以苏州为蓝本的《清明上河图》画作③。在今天所见各种摹/仿本中，虹桥均被绘作石拱桥。编木式的虹桥仅在宋版成为绝响。

关于宋代汴水之上的虹桥营造，唐寰澄找到一些历史记录。汴水在宋代沟通北方的首都与富庶的江南，成为王朝的交通通衢与经济命脉，河道漕船、商船"舳舻相衔，千里不绝"。

虹桥之称来自于宋人孟元老笔记《东京梦华录》。这部文字版的汴京市景图中，提到了城外诸座桥梁："东水门外七里曰虹桥。其桥无柱，皆以巨木虚架，饰以丹雘，宛如飞虹。"此外，相邻另有两座桥梁以同样的结构建造："其上下土桥亦如之"。

以汴水史料及《清明上河图》绘画比例，唐寰澄估算虹桥的跨度在18至20米之间，宽度8至9米。

宋代官修史书《宋会要》中，同样记录了汴水上桥梁的建造与改造："天禧元年（1017）罢修汴河无脚桥。初（约在大中祥符六至九年，1013—1016），内殿承制魏化基言，汴水悍激，多因桥柱坏舟，遂献此桥式。编木为之，钉贯其中。诏化基与八作司营造。至是，三司度所废工逾三倍，乃请罢之。"

此桥虽未成，不久后相邻的省份却有两座"无脚飞桥"建成。一座见于北宋王辟之《渑水燕谈录》（1099），其中提及虹桥在山东青州带有戏剧性的创制："青州城（今山东益都）四面皆山，中贯洋水，限为二城。先时跨水植柱为桥，每至六、七月间，山水暴涨，水与柱斗，率常坏桥，州以为患……明道中（1032—1033）夏英公守青，思有以捍之，会得牢城废卒有智思，垒巨石固其岸，取大木数十相贯，架为飞桥，无柱，至今五十余年桥不坏。"

同书又载，稍后，安徽宿州陈希亮效法青州，在汴水上建成虹桥："庆历中（1041—1048）陈希亮守宿州（今安徽宿州），以汴桥坏，率常损官舟害人，乃命法青州所作飞桥。至今汾、汴皆飞桥，为往来之利，俗皆虹桥。"此事另见于《宋史》："希亮知宿州，州跨汴为桥，水与桥争，尝坏舟。希亮始作飞桥无柱，以便往来，诏赐缣以褒之。仍下其法，自畿邑至于泗州皆为飞桥。"

尽管这种无脚飞桥在宋代时有建造，但在宋后即不见史籍。20世纪50年代，虹桥被当作一种业已消失的桥梁形式与技术，经由唐寰澄文章介绍，被中国学术界所知。

闽浙木拱桥的"发现"

1980年10月20日，在桥梁专家茅以升的推动和主持下，《中国古桥技术史》编写委员会在杭州召开了第三次编写会议。这是文革之后技术史学术界的一件盛事，亦是我国第一部集桥梁史学术界各方之合力而著成的中国桥梁技术通史。在这部著作的框架中，木拱桥章节的执笔人正是唐寰澄。杭州会议前一年，在1979年冬的第二次编写会议上，大会已经听取了唐寰澄"叠梁拱——虹桥"的理论分析报告。[①] 而杭州会议的新收获为唐寰澄的研究工作带来了一个巨大的转机。

在杭州的桥梁史会议上，浙江省交通厅的工程师谈及省内一种特殊的"八字撑桥"。细察照片后，唐寰澄等桥梁学者产生诸多疑问，于是驱车435公里奔赴实地。经过对当时隶属于云和县的梅漈桥[②]（图3-2）结构进行考察，唐寰澄认定这种桥梁为"虹桥桥式""发现汴水虹桥后27年，方始发现贯木拱虹桥仍有存在"。[③]

这即是今天常见的桥梁史叙事中，闽浙木拱桥的发现[④]。这种桥梁仅见于闽浙两省交界山区。唐寰澄推想，这种偏远的山地桥梁是汴水虹桥技术经过漫长的保存和演化的结果，"虹桥之花开于中国中部而结果于东南海岸的山区"。

时至今天，闽浙两省之间约有百座历史遗留的木拱桥存世[⑤]。在过去的几十年间，大量的木构桥梁或为洪水、火灾吞毁，或因拆除改建而消失。可以想见，在现代化进程席卷到这偏僻山野之前，闽浙山区的木拱桥作为大型桥梁常见的结构形式，总量可能成倍于此。

唐寰澄以梅漈桥为例，对闽浙木拱桥的结构构造进行了分析解说（图3-3）。他将梅漈桥的主体结构拆分为两套承重系统，第一系统为三折边拱，第二系统为五折边拱。每套系统由纵向拱骨与节点横木构成，纵横木通过榫卯连接——这一点不同于以铁钉相贯的虹桥。

除了这套主体结构外，闽浙木拱桥还有一套桥面系统，

① 见：编写工作会议纪要. 出自茅以升. 中国古桥技术史[M]. 北京：北京出版社，1986：1-2.

② 唐寰澄写作"梅漈桥"，又称为梅崇桥。其位置当时隶属于云和县沙溪区英川公社，今天隶属于景宁县英川镇梅漈村。

③ 唐寰澄. 中国科学技术史·桥梁卷[M]. 北京：科学出版社，2000：51.

④ 唐寰澄. 中国木拱桥[M]. 北京：中国建筑工业出版社，2010：50.

⑤ 因为闽浙木拱桥在1980年被学术界注意到，本书将历史遗存的木拱桥定义为建造于1980年之前的木拱桥。

图3-2 梅漈桥

（图片来源：唐寰澄. 中国科学技术史·桥梁卷[M]. 北京：科学出版社，2000：470-471）

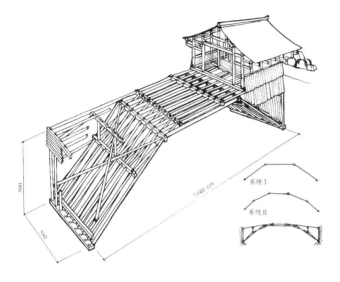

图3-3 唐寰澄对梅漈桥所做结构图示。此桥焚毁于2005年
（图片修改自：唐寰澄. 中国科学技术史·桥梁卷[M]. 北京：科学出版社，2000：471.）

提供平缓的步道。桥面和拱骨之间，另有一些辅助性的撑木（X形交叉的剪刀撑和"小排架"），前者服务于整体稳定性，后者为桥面梁木提供支撑。

唐寰澄之前的闽浙木拱桥观察

但事实上，在1980年之前，闽浙两省的木拱桥已经引起了一些桥梁学家与地方学者的注意。只是因为文革等原因，早期研究没有得到足够重视，未能及时传播或引发关注。

1959年，桥梁专家罗英以近七十岁高龄编著了第一部由中国学者撰写的桥梁史著作《中国桥梁史稿》，并谦逊地称之为"初稿"。5年之后，他溘然病逝。在书中"木桥"一节，罗英引用了唐寰澄对《清明上河图》虹桥的研究，谓之"现在所谓木拱桥"，同时又提到了闽浙两省的另一种"木拱桥"，与虹桥有不同："（虹桥类型的）木拱桥尚未多见，有类似八字撑和木拱桥之间，亦称之为木拱桥。至今尚存在者，如浙江庆元木拱桥一座，在竹口东溪，是五边形和七边形的拱架，层叠并置。于七边形拱架层两端，加斜撑杆，以增稳定性。"① 为了阐明这类桥梁不同寻常的结构，罗英为竹口桥绘制了示意图的剖立面图（图3-4）。

①
罗英. 中国桥梁史料（初稿）[M]. 上海：上海科学技术出版社，1959：63.

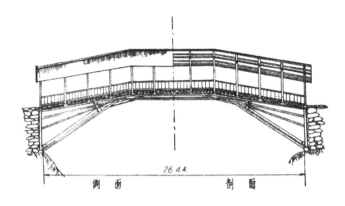

图3-4 罗英对"浙江庆元竹口木拱桥"所做结构示意
（图片来源：罗英. 中国桥梁史料（初稿）[M]. 上海：上海科学技术出版社，1959：64.）

同一章中，罗英还提到了闽浙两省多个县市的木拱桥案例，包括"丽水碧湖有一座大木拱桥，其结构与竹口桥相仿"；泰顺三魁桥；屏南有金造桥、忠洋桥、屏南千乘桥，以及"宁德县距城六公里处"的新建木拱桥。各桥附有时代、尺度简介和照片。①

1966年，浙江省交通厅组织编写了《浙江桥梁》书稿，在"屋盖式木桥"节中提到了一种"木撑桥""如泰顺泗溪下桥（今称北涧桥）、云和梅崇梅桥"，并附泰顺营岗店桥（今称薛宅桥）、泰顺溪东桥、云和梅崇桥插图和介绍。对这类特别的桥梁，该书描述道："均在大山区，有的地方称'鹊桥'，大概是指其两端犹如鹊之两翼，泰顺称为'蜈蚣桥'。其结构是用硬木梁加八字撑，最大跨径可至40米以上，均为单孔桥，如泰顺泗溪下桥达31米，云和梅崇梅桥也在30余米。桥面布置与平桥相同，中间亦为通道，两侧设长木座凳，以供行人歇足，但因其地理位置均位于在深山峡谷，附近居民不多，并无商店聚集。这种桥型的特点是桥高跨大，对山溪河流山洪暴发时所夹带的大量漂流物，可以顺利通过不受影响。在木材较多的山区，修建这种桥梁仍有可取之处。"

而在营岗店桥（薛宅桥）介绍之下，又有评语称："这种桥在泰顺尚有几十座之多②，当地称为'蜈蚣桥'。由于它的特点是跨径大，净空高，一孔跨越两岸，适应山区、沟深、流急、洪水高又有大量漂流物的情况。桥上并建有桥屋，经久耐用（该县的叶树洋桥③至今已有430余年）。当地称之为一种大跨径的'永久性'木桥。根据该县经验，建造这类桥梁所用的木材，比建造同样跨径与高度的石拱桥拱架

---

① 但书中其他的照片主要表现桥梁立面外观与廊屋内景，没有展示桥拱结构的专门角度，而"五边形和七边形"之说又不甚清晰，不能令一个未亲眼见过木拱桥的人清楚地理解其妙处，这大概是罗英书对闽浙木拱桥的介绍未引起重视的原因之一。

② 这份文献将这类桥梁的结构描述为"硬木梁加八字撑"，似将我们今天分类中的木拱桥与八字撑桥混为一类。同时在闽浙方言中，"鹊桥""蜈蚣桥"等称呼亦为木拱桥与八字撑桥等木构廊屋的统称。因此此处"在泰顺尚有几十座之多"的桥梁，当并非20世纪60年代泰顺县木拱桥的数量，而是木拱桥与八字撑桥的总量。

③ 当名"叶瑞旸桥"，在今泰顺县叶瑞旸村。老桥长20米，宽5米，则净跨略小于20米。今已无存。从规模判断，很可能并非木拱桥，而是八字撑桥。

所用的木材增加不多，化工亦不很多。其主要缺点是：①怕火；②养护维修工作量大。因此在跨度较大、山沟特深的溪流中间建礅特别困难，在不通汽车而木材又容易解决的情况下仍可以采取这种桥型。"①

这部书稿在文革中被当作批判资料进行批判，未能出版，至1989年时，曾一度无处可寻，直到21世纪初，方由浙江省交通厅交通志的同志在故纸堆里寻到此书，方再度面世②。但即使书稿无寻、研究工作因文革而困顿，这种特殊的"八字撑桥"却并没有被浙江省交通厅的研究人员所遗忘。1979年，当茅以升为了编写因文革而搁置的《中国古桥技术史》召开桥梁史会议时，这批特殊的"八字撑桥"被浙江省交通厅的同志提到了桌面上，方引出了唐寰澄后续的研究。③

民间游戏"筷子桥"

随着闽浙木拱桥进入当地文化工作者的视野，一种民间游戏"筷子桥"与木拱桥的关联在学术讨论中浮现出来。这种游戏以若干小木棍——通常用筷子作展示——穿插，形成一座小型拱桥样式。各个木棍相互支撑与制约。最简单的形式使用六根木棍搭架。依照同样的构造原理，筷子桥可以不断延伸（图3-5），甚至，在切割必须的槽口后，可成为编木环（图3-6）。

这种游戏在闽浙木拱桥区域非常盛行。在闽东北一些地区（松溪），木拱桥正被称作"筷子桥"（或"饭筷桥""饭箸桥"）④。福建省建阳市水吉镇安口村一座20世纪60年代建造的编木结构桥梁，即命名为"饭箸桥"（图7-55）。

①
转引自北京茅以升科技教育基金会、中国古桥研究和保护委员会编.《中国古桥学》电子期刊第七期，70-76。

②
北京茅以升科技教育基金会、中国古桥研究和保护委员会编.《中国古桥学》电子期刊第七期，2。

③
茅以升与罗英关系密切，曾为罗英1959年的《中国桥梁史稿》作序，称其为中国桥梁史的"先行官"。但令人困惑的是，茅以升主编的《中国古桥技术史》及此后有关木拱桥的其他著述中，都未曾提及罗英对闽浙地区木拱桥所做的先期工作。
本书作者在草稿写作中，未注意到罗英更早的研究。受木拱桥爱好者何南大先生提示，方才注意到罗英对闽浙木拱桥的研究。在此特别致谢。

④
周芬芳，陆则起，苏旭东.中国木拱桥传统营造技艺[M].杭州：浙江人民出版社，2011：174.

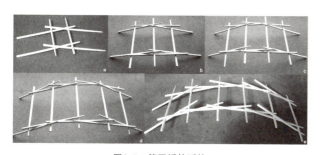

图3-5 筷子桥的延伸
（图片来源：作者制作、拍摄）

图3-6 编木环
（图片来源：作者制作、拍摄）

① 唐寰澄. 湮没了九百多年[J]. 新观察, 1954(12). 22-23.

② 豆瓣ID"邱浔", 2015年12月。

不仅地方文化工作者热衷于用筷子桥来讨论他们的桥梁传统, 专业学者亦乐于借此向外界进行科普: 1954年, 在试图理解虹桥的结构原理时, 唐寰澄便使用火柴搭架了虹桥结构模型进行探索①。20世纪80年代, 上海同济大学教授路秉杰在日本访学期间, 亦用筷子搭出虹桥模型, 向日本学者讲解《清明上河图》。但"筷子桥"作为与民间建造有着丝缕相联的民间游戏, 在学术界的"正统"话语中却全无地位。无论唐寰澄还是路秉杰, 都不曾在著述中严肃地探讨"筷子桥"游戏与桥梁史的关系。同样对此缄默的还有南京大学赵辰教授(对此后文将有更多讨论)。

笔者通过在田野中以及在课堂上的采集可知, 至晚在20世纪上半叶, 这种游戏便广泛存在于哈尔滨(东北)、河北(华北)和闽浙地区(东南); 而到了20世纪90年代, 互联网在中国兴起之前, 则可见于大量汉文化地区。限于作者的采集面, 受访对象多为年轻人。他们常常告之, 这种游戏在少时习见。其中值得注意的是, 重庆与湖北也有这种游戏的报告——这一区域存有另一种类型的编木结构桥梁。

必须指出, 尽管这种游戏在互联网时代之前传播甚广, 但除闽浙地区外, 在其他的传播地, 往往并非"常识", 而表现出奇技淫巧的魔术特性。事实上直到今天, 筷子桥游戏仍并非国人的普遍常识。在很多省份, 即使有个别受访人报告见过这种游戏, 同一地区的大部分普通人也很可能对它闻所未闻。一个有趣的案例来自广东茂名, 受访人②称, 20世纪90年代曾在集市上见到卖烧伤药的江湖术士把玩: 木棍搭架的三维编织结构与其他一些把戏一起, 被术士用作吹擂自己特殊能力的"招牌"。

作为一种民间游戏, 筷子桥完全不见于历史文献。我们无从知道这个游戏在时间与空间上的流传幅度。但是无可争议, 筷子桥在形态和构造上与汴水虹桥密切相似, 同时筷子在中国饮食文化中拥有悠久的历史和统治性的地位, 因此这种游戏式的模型当一直是把玩、阐释木拱桥原理的最好道具。可以想像, 倘若12世纪初真的曾有一位"牢城废卒"向青州太守夏英公展示过自己造桥的巧思, 他很可能也会使用筷子作为道具。

"发现"闽浙木拱桥匠人传承

随着中国的现代化，20世纪70年代后，闽浙地区已不再有传统木拱桥的建造。水泥桥统治了中国乡村。桥梁学者的疑问——"是否还有能造这种桥的匠人存世？"在闽浙木拱桥"发现"（1980）后的二十年间，都没有得到回答。

在唐寰澄对闽浙木拱桥进行阐述后，受其启发与鼓舞，闽浙一带的地方文化工作者成为寻访、调研本地桥梁遗产的主力军。其中福建省寿宁县博物馆馆长龚迪发对两省木拱桥的调研开展最早，亦最为全面、持久。福建宁德地区文化工作者的调研成果在2006年以《宁德市虹梁式木构廊桥屋桥考古调查与研究》为题结集出版，亦为后续桥梁与建筑学术界的介入奠定了材料基础。

自21世纪初，来自中国南方高校的学者成为木拱桥研究的学术主力。几乎同时，南京与上海的学者带着学生进入闽浙山区。他们的走访，一般以冠有"廊桥之乡"美誉的浙江省泰顺县为起点，向西入景宁、庆元，向南入福建。他们的考察，不仅在于历史桥梁遗物，也试图寻找造桥匠人。

对造桥匠人的最早关注仍然来自唐寰澄。他早期的著作中即提及梅漈桥上的工匠名字，"福建省福宁府宁德县主墨木匠李正满、张成德、张新祐、张成官"①，以及泰顺薛宅桥的造桥主墨"小东巧匠徐元良"②。

2001年春，时在上海同济大学随路秉杰教授读博的刘杰根据唐寰澄提供的薛宅桥匠人线索，在寿宁县博物馆馆长龚迪发的引导下，寻找到"小东巧匠"的后人郑多金③。同年夏，南京大学教授赵辰在景宁大赤坑桥题字上看到了"寿邑小东木匠"徐姓匠人的名姓，同样经过龚迪发的协助拜访到郑多金门上④。同年，中央电视台《探索·发现》栏目组到寿宁拍摄、制作科教纪录片《虹桥寻踪》，请郑多金示范性地建造了一座小桥。这座结构并没有保留下来⑤，但造桥的过程与基本方法在影片中得到了记录。

此后，闽浙木拱桥的营造技艺受到地方与学术界的极大重视，更多造桥匠人被地方文化工作者寻访、挖掘出来。这其中最重要的是福建省周宁县礼门乡秀坑村的张氏造桥家族⑥，即梅漈桥匠师的后代。张氏家族保存了祖传数十张造桥合约，

---

① 唐寰澄. 木拱施工[M]. // 茅以升. 中国古桥技术史. 北京：北京出版社，1986：108. 又见：唐寰澄. 浙江梅漈桥调查报告. // 唐寰澄文集（Ⅱ）[M]. 上海：学林出版社，2018：471.

② 唐寰澄. 中国科学技术史·桥梁卷[M]. 北京：科学出版社，2000：481.

③ 据刘杰告之作者。2011年。

④ 据赵辰告之作者。2011年。

⑤ 郑多金的弟弟郑多雄对笔者解释说，因为当时县里穷，在示范的杉木都是借来的，因此演示完即拆除了结构。2013年12月东塘造桥工地。

⑥ 苏旭东，张修敏. 秀坑张氏木拱桥建造技艺传承谱系[C]. 出自第三届中国廊桥国际学术（屏南）研讨会会议论文集，2009：185-191.

亦为闽浙木拱桥营造史提供宝贵文献资料，今天保存在寿宁县博物馆中[①]。截至本书之前，对闽浙木拱桥桥匠家族最为全面的梳理来自于龚迪发的著作《福建木拱桥调查报告》。

2009年，配合木拱桥营造技艺申报联合国非物质文化遗产，福建省屏南县延请长桥镇匠人黄春财建造了一座小型木拱桥——十锦桥，并制作了纪录片。造桥的过程与基本方法在影片中得到了记录。

随着2009年"中国木拱桥传统营造技艺"列入联合国教科文组织"急需保存的非物质文化遗产名录"（List of Intangible Cultural Heritage in Need of Urgent Safeguarding），造桥技艺和传统匠人得到上至政府、下至百姓的热切关注。新建的木拱桥梁在闽浙之间如雨后春笋涌现，为本文对木拱桥营造技术的研究提供了广阔的田野。

二、闽浙木拱桥折射下的虹水虹桥

唐寰澄对虹桥的观点转变

在发现闽浙木拱桥后，唐寰澄对汴水虹桥的研究发生了一个大有深意的变化。此前，他对于虹桥结构的描述是：

"桥拱主要部分为五根拱骨，互相搭架，每根拱骨搁于另二根拱骨中部的横木上，整个拱乃是主体的结构，单独一片拱架是不能成立的，至少得有两片拱架用横木联系起来。"[②]

1980年后，即发现闽浙木拱桥后，闽浙山水间这种由两套折边拱系统组成的结构转变了唐寰澄对虹桥的认识。在《中国古桥技术史》中，他对虹桥的描述为：

"21组拱骨，共分有两个系统。最外面一组拱骨，称为第一系统，是2根长拱骨和2根短拱骨；再里面一组，称为第二系统，是由三根等长的拱骨组成。"[③]

1981年后，唐寰澄再度调整了对虹桥结构的看法。他仍然定义虹桥由"二组拱骨系统"构成，但这次则调换了两个系统，第一组由"三根长拱骨"，而第二组由"二根长二根短拱骨"组成[④]。自2000年之后，唐寰澄则固定使用三根长拱骨的"系统I"与二根长二根短的"系统II"来描述《清明上河图》中的虹桥结构了。[⑤]

[①] 时寿宁县博物馆馆长龚迪发收集。

[②] 唐寰澄. 湮没了九百多年[J]. 新观察, 1954(12). 22-23.
唐寰澄. 中国古代桥梁[M]. 北京：文物出版社, 1957：27-29.

[③] 唐寰澄. 木拱桥[M]. // 茅以升. 中国古桥技术史. 北京：北京出版社, 1986：105.

[④] 唐寰澄. 中国古代桥梁[M]. 北京：文物出版社, 1987：74.

[⑤] 唐寰澄. 中国科学技术史·桥梁卷[M]. 北京：科学出版社, 2000：465.
唐寰澄. 中国木拱桥[M]. 北京：中国建筑工业出版社, 2010：45.

结构转变的同时，唐寰澄对这种结构形式的称谓也发生了变化。在发现虹桥之初，他因其"以梁交叠而成"而称之为"叠梁拱"；在80年代的书写中，他自觉"叠梁"不够准确，借《渑水燕谈录》"取巨木数十相贯"的"贯"字，将之命名为"贯木拱"，并将闽浙木拱桥称作"虹桥式木拱桥"；在其最后一部著作《中国木拱桥》中，他再度解释并沿用了"贯木拱"的定义，但同时以括号附注认可了常见于其他作者的"编木拱、织木拱"等名称①。

虹桥的两次复原建造：20世纪50与90年代

作为桥梁工程师与桥梁史学者，唐寰澄一生中有两次机会以实际工程复原建造汴水虹桥。第一次是1958年，在发现《清明上河图》虹桥五年后，作为武汉长江大桥桥头堡建筑（美术）的设计者，唐寰澄在大桥桥头公园中复制了一座小型虹桥（以下简称"汉阳虹桥"）。这座桥毁于文化大革命期间。第二次机会在1998年。美国WGBH电视台Nova节目组制作一部关于虹桥的纪录片，唐寰澄受邀作为中方工程师加入这支由中、美工程师及多国顾问组成的国际合作队伍。选在金泽——上海周边一座水乡古镇建造了一座小型虹桥（以下简称"金泽虹桥"）。

两次复原都是小型桥梁。汉阳虹桥跨度12米，组成拱架的梁木直径12厘米；金泽虹桥跨度13.2米，梁木直径18厘米。两次复原都在形式细节上与《清明上河图》原画的结构有较大偏差。复原都以圆木建造木拱，且纵向拱骨两两成对并排使用。而借助今天可以取得的高像素电子图像，我们可以清晰看到《清明上河图》中虹桥的拱骨为四边形，且独立布置。

唐寰澄不尽准确的理解可能受限于其时代不尽人意的图像质量。两两成组排布拱骨的理解，出现在他最初的写作中。1954年，他描述《新观察》杂志上看到的图像，"**从桥的底面可以看见最外面是一根拱骨，然后是每两根一组，用绳捆扎**"②。这种"两根一组"的写法消失于他在1986年的著述，但在1987年再度出现，此后又消失。同时，1986年起，他书中的复原透视图上，所有梁木均已绘为单独布置的

---

① 在今天关于中国木拱桥的研究中，"贯木拱"仍是学术界对这种桥梁的常用称谓。但严格地说，"编木拱"与"贯木拱"在语义上有不同，在结构形式的范畴上亦有差异。"巨木数十相贯"（纵向梁木头尾相接）的形式，符合汴水虹桥式木拱桥的特征，但与本书谈及的更多类型的木拱桥则不完全切合（譬如即不符合筷子桥游戏的结构形式）。因此本书使用"编木拱"而不是"贯木拱"来统称这一类结构。

② 唐寰澄. 湮没了九百多年[J]. 新观察，1954 (12). 22-23.
唐寰澄. 中国古代桥梁[M]. 北京：文物出版社，1957: 28.

① 唐寰澄保留这种结构安排，有可能亦有对结构稳定性的考虑。见下。

构件。在1986年的文字中，他称"拱骨为大圆木"，但又称"其上下两面锯或锛成平面"，在同书的透视图中，又将它们绘成独立布置的方梁。

这些细节说明，至晚在20世纪80年代，唐寰澄已经得到了较为清晰的《清明上河图》图像，并取得了更准确的构造观察。但直到1998年的重建中，他仍然使用两两成组的圆木布置金泽虹桥拱架①（图3-7）。

在汉阳虹桥建造中，唐寰澄遇到了一个结构问题：拱架结构缺乏侧向稳定性（意即容易左右晃动）。因此在金泽虹桥的建造中，他增加了一层X形支撑结构，铺设在拱架之上，来提高拱架的侧向稳定性（简单地说，利用三角形稳定性原理加固拱架，令其不致晃动，图3-7），并称这一层结构不仅来自汉阳经验，还受到闽浙木拱桥的启示。然而，根据笔者的田野考察，闽浙桥匠对于桥身的侧向稳定性有着与现代结构工程师不同的见解。根据他们的施工手段与结构阐述，X形撑架对木拱架的稳定性作用甚微，实际旨在维护桥面与桥屋的稳定；而拱架稳定的奥秘则在于另外的构造手法（详见第211~213页）。唐寰澄遇到的侧向稳定性问题，事实上来自于他本人对于虹桥形式的错误观察。倘若遵照原画以方形梁木建造，梁木之间有宽阔的面积相互抵触，编木拱将形成一个近乎壳体结构的坚固整体（图3-8），那么虹桥并不会出现侧稳不足问题。

就本书的关注点来说，两次复原更为重要的差异体现在唐寰澄对于建造的理解。在闽浙木拱桥发现前后，唐寰澄对

图3-7 金泽虹桥。结构中的X形支撑

（图片来源：唐寰澄.中国木拱桥[M]. 北京：中国建筑工业出版社，2010：121.）

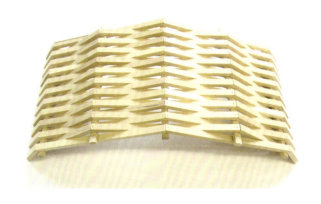

图3-8 方梁构成的虹桥模型
（图片来源：作者制作、拍摄。模型现收藏于慕尼黑德意志博物馆）

于虹桥的结构理解产生了变化，不但体现在他对结构的描述上，更体现在他对施工方法的处理与理解上。

1958年汉阳虹桥的建造方法并没有留下同时期的文字档案。对此发表的最早文字来自近三十年后，1986年的《中国古桥技术史》专辟有"木拱桥施工"一节，由唐寰澄执笔，描述了汉阳虹桥的施工方法，并且——在当时尚未找到闽浙桥匠的情况下——推测了闽浙木拱桥的施工方式。

1998年中美工程师合作金泽虹桥时，闽浙木拱桥的结构已经得到了充分的考察，而匠人传统与造桥技术仍未浮出水面。金泽虹桥的施工依据是当时所知的中国传统营造经验。金泽虹桥的建造始末，在唐寰澄2010年的最后一部著作中得到了详细的记录。

唐寰澄1986年所写的关于1958年的汉阳虹桥工程、1986年关于闽浙虹桥的推测以及2010年所写的关于1998年的金泽虹桥工程——三份材料中包含两份关于营造项目的报告以及一份技术复原推测。所有三份文字在技术史学的意义上都可列入实验考古学范畴：即在历史技术细节未知的情况下，研究者根据对历史背景的了解，"设计"出一套不超出所探讨时代的技术手段，并用实践验证其可行性。因此，这三份文字的意义不仅在于对建筑技术的解说，就本书而言，又可以作为一份解读唐寰澄——一位桥梁史与技术史学者——思维变化的时代性档案。它们记录了唐寰澄在其职业生涯中对于虹桥结构与构造的观念变化；而在每一个时间点，有关闽浙木拱桥的新生知识都在改变他对于汴水虹桥的结构观念：

（1）汉阳虹桥，建造（1958）于闽浙木拱桥发现（1980）前，写作（1986）于闽浙木拱桥发现后。

（2）闽浙木拱桥施工推测（1986），写作于汉阳虹桥写作的同时，即闽浙木拱桥发现（1980）后、桥匠传统发现（2000）前。

（3）金泽虹桥，建造（1998）于闽浙木拱桥发现（1980）后、闽浙桥匠发现（2000）前，写作于桥匠传统发现后（2010）。

汉阳虹桥（1958施工，1986写作）

关于汉阳虹桥的施工步骤，唐寰澄写道：

"在第一系统的拱骨交会点做两个临时的木排架，支撑第一系统的斜撑，架设第一系统的横木，于是第一系统便是一个稳定的结构。在这一基础上，穿插第二系统的拱木，予以联结固定。拆去临时支撑柱，结构独立，上面再铺设桥面系统（图3-9）。"[①]

闽浙木虹桥（1986推测、写作）

1986年，在发现闽浙造桥传统前，唐寰澄根据构造细节推测了闽浙木拱的施工步骤：

"结构也从第一系统的斜撑开始，将第一系统的斜撑与下端横木、上端横木组成一组排架，在岸侧直立拼好后，用浪风绳系住上端，摇放斜向河心到其正确的位置。第一系统中间横拱木两端是燕尾榫，从排架端逐根吊起横拱木，从上落入上端横木的槽口之中，由于燕尾榫的作

[①] 唐寰澄. 木拱施工[M]. // 茅以升. 中国古桥技术史. 北京：北京出版社，1986：206.

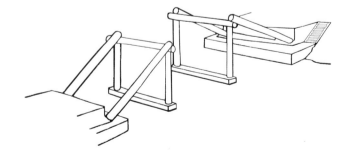

图3-9　唐寰澄对汉阳虹桥施工步骤的图示

（图片来源：唐寰澄. 木拱施工[M]. // 茅以升. 中国古桥技术史. 北京：北京出版社，1986：206.）

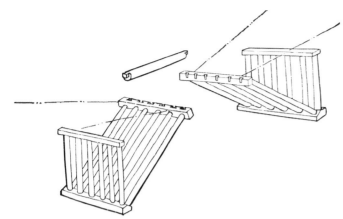

图3-10 唐寰澄对闽浙木拱桥施工步骤推测的图示
（图片来源：唐寰澄. 木拱施工[M]. // 茅以升. 中国古桥技术史. 北京：北京出版社，1986：207.）

用，第一系统拉紧、挤实，其节点处尚能承受少量的弯矩。也是从第一系统出发，继续安装第二系统的拱骨和桥面桥屋（图3-10）。"[1]

金泽虹桥（1998施工，2010写作）

在金泽虹桥建造中，唐寰澄否定了美国工程师提出的使用起重机等现代施工手段的方案，而根据宋代的技术水平与施工条件制定了施工方案。所有构件都预先制好，并在岸上预拼装后才下水正式施工。

根据唐寰澄的叙述[2]，木拱的施工过程分为四步（图3-11）：

1. 准备工作

将两只小船锚固于河中，搭跳板，板上搭设脚手架。岸上架设传统的A字形起重机械，安装绳索，用于吊放拱骨（图3-11：a）。

2. 安装第一系统（边上两组）

在传统起重机与绳索的帮助下，安装第一系统边侧两组拱骨，它们由两根横木相连，其一位于顶端下方，另一根位于中部上方（图3-11：b）。之后安装中部水平纵木（图3-11：c）。

---

[1] 唐寰澄. 木拱施工[M]. // 茅以升. 中国古桥技术史. 北京：北京出版社，1986：207.

[2] 唐寰澄. 中国木拱桥[M]. 北京：中国建筑工业出版社，2010：118.

图3-11 金泽虹桥的施工步骤
（图片来源：唐寰澄. 中国木拱桥[M]. 北京：中国建筑工业出版社，2010：118.）

3．安装第二系统

此后安装第二系统，从拱的中部开始：先安装中间较长的纵木（图3-11：d），再安装两端较短的纵木（图3-11：d）。当所有构件调整到正确位置后，再将横纵梁节点以竹篾和长铁钉联结。

4．扩装全拱

在已经站稳的两组拱肋基础上，可以安装全桥。包括其余的拱架结构、交叉梁、板面、踏步、栏杆等。

作为一位有着丰富经验的桥梁工程师、一位专注历史技术问题的桥梁史学者，唐寰澄在实际工程中，对于虹桥与闽浙木拱桥施工方式的复原推测都是极具眼光和理解力的。但是从他自身的叙述来看，他并未能明确地从理论上区分二者的根本差异。更有趣的是，作为一位工程师，他对于二者的技术差异不可能没有洞察，并且事实上已经在他的施工实践中有所表达，但他对于虹桥施工的解说却"投靠"了闽浙木拱桥的技术特征，与他实际的施工步骤有些略不合拍之处。

　　闽浙木拱桥与虹桥之间，一个至为关键的结构差异在于，闽浙木拱桥的木拱具有明确的主次两套系统，两套系统必须先后施工（主系统全部安装完成后才能进行次系统安装）；而虹桥事实上更接近匀质结构——尽管虹桥的纵向梁木布置，根据纵木的数目，可分为两组，一组奇数，另一组偶数，但两组纵木在形式、构造与结构作用上并没有本质的差异。换言之，虹桥并没有独立而可拆分的两套拱架系统，两组纵木只有位置上的差异，可以交替安装。"筷子桥"可以看作虹桥结构的一种极端案例，它的结构构件完全一致（匀质），而纵木的位置则至少需有三组才能搭放停当。

　　面对这一差异，唐寰澄并没有足够的意识，或者做了有意的忽视。

　　暂时放下唐寰澄的叙述，让我们重新观察唐寰澄的三次建造：

1. 汉阳虹桥

　　使用固定脚手架，首先完成了"三折边"系统（唐寰澄笔下的"第一系统"），再穿插"第二系统"。

2. 闽浙木拱桥施工推测

　　使用悬吊，首先完成三折边系统（第一系统），再穿插第二系统。

3. 金泽虹桥

　　使用悬吊，首先完成编织拱框架的外侧骨架，再向中间穿插补全其余杆件。

　　闽浙木拱桥与金泽虹桥均使用悬吊施工，施工条件相同，而施工步骤有异。二者方法的差异，事实上已经体现了"两套体系编织"的木拱结构与"筷子式匀质编织"的木拱结构的基本差异。两种类型桥梁的施工，首要目标都是尽快完成一个具有刚度的结构构架，作为后续施工的支撑，并摆脱对外在支撑结构（此处为悬吊系统）的依赖。在闽浙木拱桥中，因为纵、横木间以榫卯相接，三折边拱即形成了一个近刚性的"八字撑"框架；而虹桥节点使用绑扎与穿钉，节点自身几乎没有刚度，所谓的"第一系统"无法自立，只有在编入"第二系统"梁木后，才可以形成刚性框架。因此汉阳虹桥在建造中，事实上首先在拱架两侧安装了一对"第一系统""第二系统"纵木，形成刚性外框（图3-11d），之后才能从容补齐中部（分属于两个"系统"的）梁木。

汉阳虹桥使用固定脚手架，不受悬吊式施工时"必须要尽快构造刚性框架"的限制，因而有条件从容铺设三折边全体构件，再穿插五折边。但是唐寰澄却描述道："于是第一系统便是一个稳定的结构。在这一基础上，穿插第二系统的拱木"——这一所谓"稳定的结构"，在以圆木相交、穿钉绑扎形成的构架中，是不成立的。唐寰澄对汉阳虹桥的这一描述，事实上是对闽浙木拱桥施工方式的理解。

关于汴水虹桥与闽浙木拱桥在力学与工程学上的差异，在本书完成对闽浙木拱桥营造技术的分析后，会给出更具体的对比分析（详见第217~218页）。这里，即使认为唐寰澄步入了思维上的误区，我们仍然要非常感激他对于虹桥施工方式的实践探索。他以极为睿智的技术复原，为我们铺设了汴水虹桥与闽浙木拱桥研究的先驱之路。

唐寰澄的木拱桥类型学

1986年，在《中国古桥技术史》中，当唐寰澄第一次提及闽浙木拱桥（行文中称其为"虹桥式木拱桥"）时，他还提到了另外一种木拱结构：甘肃渭源的卧桥。更准确地说，在1957年的著作中，唐寰澄已经将渭源卧桥与虹桥并列提

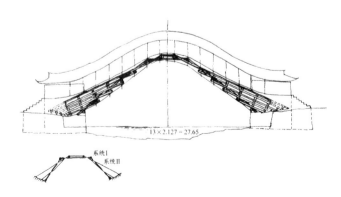

图3-12　唐寰澄对甘肃渭源卧桥的结构图示
（图片来源：唐寰澄. 中国科学技术史·桥梁卷[M]. 北京：科学出版社，2000：492.）

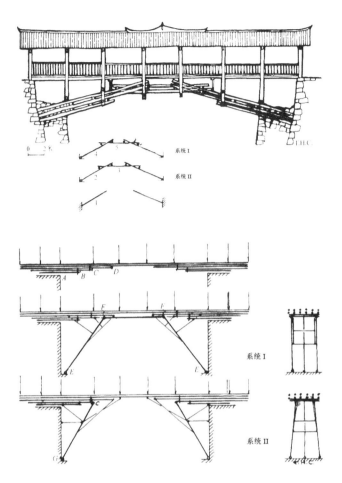

图3-13 唐寰澄对湖北恩施群策桥的结构图示

(图片来源：唐寰澄. 中国科学技术史·桥梁卷[M]. 北京：科学出版社，2000：461.)

图3-14 唐寰澄对重庆酉阳桥的结构图示

(图片来源：唐寰澄. 中国科学技术史·桥梁卷[M]. 北京：科学出版社，2000：458.)

及，但当时将其看作一种伸臂桥。而在1986年的著作中，他对卧桥的认识更正为伸臂桥与虹桥的结合：在伸臂梁顶部增加"虹桥式木拱"，从跨中联结两侧桥臂（图3-12）。

稍后，唐寰澄在中国其他区域找到了更多的桥梁案例，并将它们与卧桥一同归入"变异木拱桥"："有些中国木拱桥，并非很明确地是从汴水虹桥改进而来，可能是独立发明的，但是多少却也和虹桥有一定关联。"①

与闽浙木拱桥及虹桥一样，他将这些木拱结构理解为两套体系的结合。但事实上，这些中国中南地区的实例在结构上更为多样，并不适合这种拆分。例如在群策桥（图3-13），唐寰澄拆分出的两套系统各自仍然是编木结构；而酉阳桥（图3-14）的结构在唐寰澄的拆分示意下已经难以解读——

---

①

唐寰澄. 中国木拱桥[M]. 北京：中国建筑工业出版社，2010：80.

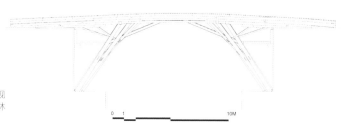

图3-15 酉阳桥下部结构立面图
（图片来源：南京大学建筑与城市规划学院本科生梁晓蕊、杜孟泽杉、林宇、李雪琦测绘，指导教师：作者）

事实上根据笔者的实地考察，酉阳桥并不含编木结构，只是多重撑木的叠架（图3-15）。

三、闽浙木拱桥起源之议

唐寰澄：闽浙木拱桥作为虹桥遗制

唐寰澄确信，不同于其他的"变异"类型，闽浙木拱桥是宋时技术的直接遗存与改进。在他的观念中，只有闽浙木拱桥——而非其他任何木拱结构——与汴水虹桥直接相关。这种观念在今天看来着实令人困惑：虹桥与闽浙木拱桥的关系，在形式与构造上并不比任何其他"变异"更亲近——甚至有可能恰恰相反。唐寰澄对闽浙木拱桥的另眼相看似乎更多缘于个人情感。正如他书中直抒，在发现闽浙木拱桥之初，他即执着于寻找虹桥佚失的技术传统，而这种情愫深刻影响了他的研究：

"大家都能理解，一个桥史学者，能多次看到众多被认为已经失传桥式的实例，可使断链复续，并能进一步深入研究，乐何如之！虹桥没有绝迹！可是，为什么虹桥之花开于中国中部而结果于东南海岸的山区？"[①]

为了回答虹桥技术是如何传播并保存在闽浙山区的，唐寰澄研究了宋代的文化与历史背景。他找到三种可能的途径：

第一种假定，1127年汴京为金军占领之后，宋王朝南迁，不愿沦为金人治下之奴的百姓随政府南迁，散居东南各地，其中包括桥梁工匠。

第二种假定，汴河连通汴京与富庶江南，为邦国命脉，"越艑吴艚、官艘贾舶、闽讴楚语"（《汴都赋》），不绝于缕，湖北、江苏、浙江、福建都有官私船舶走访京师。船

---

① 唐寰澄. 中国木拱桥[M]. 北京：中国建筑工业出版社，2010：51.

上木工有机会目睹虹桥，亦有可能研习传播。

第三种假定，是经北宋时期的在职或退休官员传入闽浙。如前引《汴都赋》作者周邦彦，北宋元丰初年（约1080年）游京师，后"知龙德府，从明州（今浙江宁波）……徙处州（今浙江丽水）"，足迹所至，正是闽浙木拱桥的分布区域。

无论如何，唐寰澄相信，闽浙地区木材丰富又临海滨港，无论以何种方式，一旦虹桥技术在宋时传入，自有接纳、改进并沿袭千年的沃土。

赵辰：闽浙木拱桥作为地方演化

关于闽浙木拱桥的起源，与唐寰澄所持的中原传入论相对，另有一种观点认为木拱桥是闽浙本地自行诞生和发展的产物。

最早撰文论述闽浙木拱桥本土起源的是当地的文物工作者[①]。他们的研究动力中包含一种地方主义情感。这类早期研究的根据主要是古桥上发现的唐宋旧瓦、桥下基岸岩石上的旧柱洞以及地方文献（地志、家谱）中对历代造桥的记录。然而闽浙的桥梁不断在自然与外力的作用下毁损，又一次次重建，上述证据材料虽能证明历史上的桥梁建设，却无法证明早期的桥梁使用了编木拱结构，于木拱桥有起源问题并没有实质的说服力。今天闽浙地区有史可考的最早木拱桥实例建成于明代晚期（1625年，如龙桥，见第六章）。

率先从科学性视角来探讨闽浙木拱桥本土起源的，是赵辰的类型学理论[②]。通过田野考察，赵辰认为闽浙山区木拱桥与当地的地域文化传统有着密不可分的关系。他提出了闽浙木拱桥在本地从普通平梁桥到编木拱的类型学演化路径（图3-16）：①木平梁桥－②撑木桥－③斜撑木拱桥－④八字撑木拱桥－⑤混合撑木拱桥（八字撑+人字撑）⑥"三节苗系统"与"五节苗系统"结合的木拱桥（3+5木拱桥）[③]。

在闽浙木拱桥起源问题上，赵辰与唐寰澄之间曾发生一场学术争论[④]。唐寰澄将技术源头追溯至中原，根据历史文献考证这种桥梁的出现史实与可能的传播途径。赵辰则认为，作为一种特定地域环境之中的建造产物，木拱桥"不可能由什么能人在某年某月突然发明出来"[⑤]，而是民间工匠根据地方需求和条件渐进发展出来的技术。

---

① 张俊. 泰顺木拱廊桥发展历史探讨[J]. 小城镇建设，2001（09）. 51-54.

② 赵辰，冯金龙，冷天，等. 木拱桥作为山地人居文化遗产的重新评价[C]. // 山地人居与生态环境可持续发展国际学术研讨会论文集. 北京：中国建筑工业出版社，2001：406-412.

③ 在赵辰的术语中，撑木桥亦属于"木拱桥"之列。这从结构学上有一定道理（八字撑结构中，斜木中主要承压，与拱的受力相近，符合结构学中"三折边拱"类型）。在表述赵辰的观点时，本书沿用了他的术语。但本书自身的术语体系，为了行文方便，尤其为了区别八字撑与编木拱桥，不称这些撑木梁为"木拱桥"，而使用人字撑木桥、八字撑木桥等名称。在闽浙地区的语境中，"木拱桥"仅作为"编木拱桥"的简称。

④ 赵辰与唐寰澄通信。赵辰提供笔者。

⑤ 赵辰，冯金龙，冷天，等. 木拱桥作为山地人居文化遗产的重新评价[C]. // 山地人居与生态环境可持续发展国际学术研讨会论文集. 北京：中国建筑工业出版社，2001：406-412.

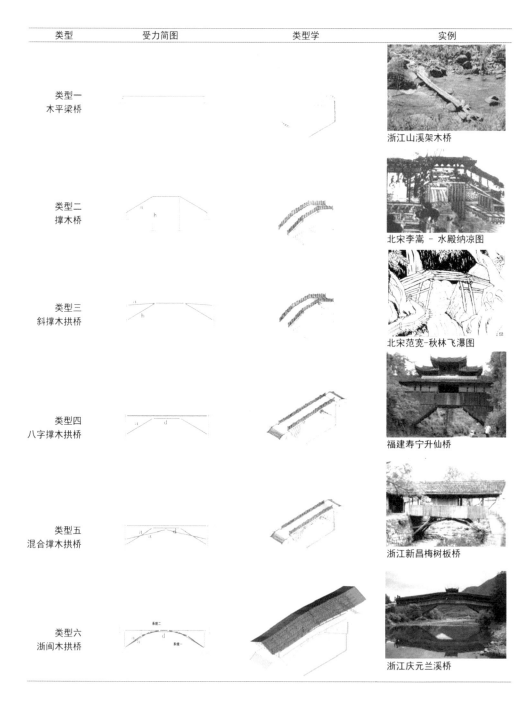

图3-16 赵辰的闽浙木拱桥类型学理论

（图片来源：改绘自：赵辰."建构热"后话建构[C]. // 丁沃沃，胡恒. 建筑文化研究（第一辑）. 北京：中央编译出版社，2009：159-182. 附录图.）

二人在木拱桥源起问题上的交锋可以视作其时中国建筑学界中两种观念或视角的碰撞：中国文明的中原中心观念向更多元的文化视角的转变。20世纪80年代起，考古学上对于中华文明起源问题由中原中心论开始转向多元区系理论，从黄河流域的一枝独秀转向对长江流域的重视。曾经长期占据主导地位的中原中心观点，即认为黄河中下游地区为中华文明的发源地，在丰富的考古材料下，开始接受和承认中国广大地域中丰富的早期文明。这种思潮在建筑史学上表现为，中国建筑史学的关注重点渐渐从中原地区早期建筑遗物、北方官式建筑上转移，更多地关注到中国南方尤其是长江下游先进的文化与技术，以及丰富的乡土建筑与民间营造。

因此，赵辰在木拱桥问题上的地域演变理论顺应了更宏大的学术环境潮流，获得了较多认同，尤其得到闽浙地方的热烈响应。

赵辰敏锐地观察到了闽浙木拱桥与当地的建造传统，尤其是八字撑木桥之间的亲缘关系——我们在结论章中将继续讨论这一层联系——但其演化理论带有明显的缺陷。

一方面，在他的六环演变链条中，有三个环节的实例并非出自木拱桥区域本地："混合撑木拱桥"实例来自浙江中部的新昌，距木拱桥分布区北缘约200公里（木拱桥分布区域南北之间亦不过200余公里）。"撑木桥"案例出自南宋绘画《水殿招凉图》，而"斜撑木桥"来自北宋范宽《秋林飞瀑图》。

另一方面，在赵辰此时的演化链条中，并没有出现真正意义的成熟木拱桥（3+5木拱桥）的早期形态，来填充"混合撑木拱桥"到"闽浙木拱桥"之间巨大的技术跳跃。"混合撑木拱桥"表达的结构逻辑是不同支撑系统的叠加，而叠加作为一种简单而直观的设计思路，是各个木构文明结构发展过程中都会出现的建造方式或阶段，叠加的逻辑并不必然地引向编木结构的发明。两环之间存在不可忽视的演化断裂。

2003年起，龚迪发等福建地方文化工作者开始注意到一些非典型结构的木拱桥案例①，2006年第一次发表了在福建南平地区——闽浙木拱桥分布区的南缘——寻找到的一组地域特征明显的"双三节苗木拱桥"（即两个系统都是三折边拱的编木拱桥，以下简写作"3+3木拱桥"）②。2009年，笔

① 据龚迪发告之笔者。

② 宁德市文化与出版局. 宁德市虹梁式木构廊桥屋桥考古调查与研究[M]. 北京：科学出版社，2006：136-138.

者在屏南县文体局苏旭东的指引、陪同下第一次针对这类木拱桥进行了调研[1]，以此为基础，并根据闽浙木拱桥的其他结构特征，笔者增补完善了赵辰的类型学谱系[2]。3+3木拱桥被视作闽浙木拱桥的早期形态、成熟木拱桥（3+5木拱桥）的前期雏形。此后更多非典型木拱桥（3+3木拱桥、3+4木拱桥）案例被补充进这一链条。

双方观点的再审视

跳出争论双方自身的逻辑框架而再审视之，唐寰澄与赵辰对于中国木拱桥的认识都存在一些偏差，而二者的争论虽看似针锋相对，实际却并未在同一个层面进行对话。

正如前文分析，唐寰澄理论中最明显的问题是预设了闽浙木拱桥即是"失传"的虹桥技术遗存的立场。这种立场使他过于强调虹桥与闽浙木拱桥在结构原理上的相似性，而刻意忽视二者之间的巨大差异——这种忽视，对于一位两度对虹桥进行复原建造的桥梁工程师来说，是令人吃惊的。

而赵辰的问题在于预设了闽浙木拱桥为本地演化的立场。赵辰对于闽浙木拱桥的研究有着明确的目的性：为中国木构建筑的建构文化寻找实例。闽浙木拱桥是他为建构（techtonic）文化理论有意识选取的两个案例之一，而其建构理论的立足点，正是强调建造技术与地域文化背景之间的关系[3]。

如果重新表述编木拱桥技术传播的可能途径，事实上包含两个层面的可能性：

（1）编木原理的传播。这一层面的技术传播不需要匠人或专业的技术人员。筷子桥游戏或者简单的示意图即可轻易实现概念的演示和传播。在这种情况下，编木理论在起源起和传播地可由各自的匠人在操作施工层面展开不同的探索，从而表现出迥然不同的建筑面貌。

（2）建造技术的传播，即匠作层面的专业知识与操作技术的传播。在这种情况下，起源地和传播地建筑的结构形式与构造做法会呈现较多的相似性，然而传播地仍然可能在技术传入后根据本地的地理、材料、技术条件进行调整改进。

---

[1] 苏旭东，刘妍. "双三节苗"木拱桥——木拱桥发展体系中的重要形式[J]. 华中建筑，2010（10）：39-42.

[2] 刘妍. 浙闽木拱桥类型学研究——以桥板苗系统为视角[J]. 东南大学学报（自然科学版），2011（03）：430-436.

[3] 赵辰，冯金龙，冷天，等. 木拱桥作为山地人居文化遗产的重新评价[C].//山地人居与生态环境可持续发展国际学术研讨会论文集. 北京：中国建筑工业出版社，2001：406-412.
赵辰. 对中国木构传统的重新诠释[M].// 赵辰. 立面的误会. 北京：生活·读书·新知三联书店，2007：96-117.

唐寰澄对传播路径的分析主要集中在第二个层面（北方匠人南下或闽浙匠人北上），但并没有排斥第一个层面的传播可能（官员的传播力即周邦彦可能扮演的角色）。

在此问题上，赵辰直接否定了第二种传播可能。他的研究核心在于将闽浙木拱桥置于在地环境中的观察。而他对于第一种可能即编木原理传播的看法却是暧昧的。虽然表达出理论的开放姿态（认为建构技术在中国各地的传播和交流应该有更多样的可能，但"并不重要"[①]），但他的类型学理论却在试图割断这种可能。

赵辰的类型学演化理论的逻辑是：闽浙地区匠人通过叠合多种结构支撑体系的经验而发展出编木拱。这种演化路径线性地通往成熟的3+5木拱桥。如果要证明这一演化方式，就需要证明，在木拱桥被"创造"之前，编木原理从未以桥梁之外的其他形式——譬如筷子桥游戏——传入闽浙地区，并且在木拱桥创造发展的过程中，筷子桥从未成为设计辅助的把玩工具。

这个证明将是非常困难、几乎无法做到的。考虑到中国的饮食文化传统，考虑到闽浙地区的文化环境——今天的匠人与百姓普遍认为他们的桥梁与筷子游戏有着密切关系，这种否认也将是苍白无力的。

让我们转换一种思考方式：如果接受筷子桥游戏在编木拱结构传播中可能的媒介身份，一旦编木原理在地域中出现——无论自发产生还是由外界传入——结构上的各种形式便可以在短时间内通过游戏（或模型）得到充分的探索，而不需要在实物桥梁的尺度上探索由简到繁线性递进的形式演化。

另一方面，在游戏向真实桥梁技术的转化中，真正的难点不在于形式，而在于如何将游戏式搭建转换为实际的构造实践——构件如何交接，施工如何控制。一言以蔽之，编木拱桥建筑技术的在地演化，并非形式演化，而是技术细节的演化。

归根结底，类型学的研究或可成为理论研究的利器，甚至在建筑学的语境下启发设计教育，但终究是以当代的构建产物、以当下的头脑与知识体系为基础。而史学的研究，则必须深入研究对象的内在逻辑和琐碎史实，以同理心代入历

[①] 赵辰，冯金龙，冷天，等. 木拱桥作为山地人居文化遗产的重新评价[C] // 山地人居与生态环境可持续发展国际学术研讨会论文集. 北京：中国建筑工业出版社，2001：406-412.

史语境与环境背景。本书将在下篇详细展开对于闽浙木拱桥的技术细节与演化路径的讨论，并以之为基础，在结论篇提出新的技术演化理论。

四、中国木拱桥：两代中国学者的学术执着

在生前最后一部著作《中国木拱桥》中，唐寰澄回顾总结了他自发现虹桥半个世纪以来，对于"中国木拱桥"的追寻与探索。可以说，对中国木拱桥的执着追索，贯穿了他作为桥梁工程师与桥梁史学者的一生。

"1948年，我从上海国立交通大学土木系毕业，作为年轻工程师，参与设计了中国万里长江第一桥——武汉长江大桥。当时政府规定的设计原则是'社会主义内容，民族形式'。社会主义内容理解为一切为人民着想，至于什么是民族形式的桥梁，我对之并无经验。工作逼得我随时随地在相关领域里收集资料，最后自然地走上了桥梁史学和美学的道路。虽然我只是一名桥梁结构工程师。"①

这段心路的时代背景——20世纪50年代中国文化界对于中华文明技术历史的看法，正如周恩来总理在1953年指出的，"我国建筑事业虽有古代许多优良建筑成就，但目前来看还是落后的。应该逐步地由低级向高级发展。"②作为一名桥梁工程师，唐寰澄对此必然有清醒的认识。不难理解，古代技术发展有限而现代技术缺失落后的背景下，这种"在世界桥梁史上绝无仅有"、代表着中国木构桥梁建造技术顶峰而又神秘重重的虹桥，为何会令一位本土桥梁史学者情有独钟、汲汲追寻。唐寰澄对"中国木拱桥"的追寻，正是对中国建筑技术至高点的追寻，对民族建筑文化之代表的追寻。

与其他专注于中国桥梁史的学者不同，赵辰对闽浙木拱桥的讨论明确地立足于建筑学语境。作为一位建筑理论学者与教育家赵辰从民间建造中寻得一种视角，反思第一代中国建筑学者奠定的古典主义研究传统：

"相比于西方古代建筑史，很显然，中国的建筑历史远不若西方那般具有丰富多彩的风格演变。

---

① 唐寰澄. 中国木拱桥[M]. 北京：中国建筑工业出版社，2010：22.

② 周恩来在1953年6月10日的讲话。

"……确切地说，中国传统的'营造'体系本应类属于第二次世界大战以后西方建筑理论中定义的'无名氏建筑'（Anonymous Architecture）或是'没有建筑师的建筑'（Architecture without Architects），只是以梁思成为代表的第一代中国建筑学家们，当年以古典主义理论与方法将之诠释成了一种与西方的古典主义相对立的中国古典主义（Chinese Classic），原本就不是中国文化传统的必然。"

　　"……从建筑单体的层面来看，所谓的中国建筑的各种样式，全然是各种建造体系、习惯、方法的直接反映。为此，我开始对以梁思成先生为代表的中国第一代建筑历史学家对中国传统建筑进行的西方古典主义式的诠释，产生了怀疑和反思。对中国传统民居的接触，使我坚信中国传统建筑文化的核心价值，应该是以建造为主的一种建构文化……"①

　　扎根于中国民间建造传统的立场和视角，借用在瑞士苏黎世联邦理工学院（ETH Zürich）求学时接触并熟悉、来自德语区的"建构"理论（Tektoniktheorie），赵辰提出了对抗一个多世纪以来压迫着中国本土建筑研究的"西方中心主义"的视角：

　　"让非欧洲文明地区的学者和理论家们极为不满的'欧洲中心论'似乎与艺术史的风格论有着必然的联系，原因是风格原本就是要分高下的……以建造为中心的建筑理论研究在跨文化研究中，成功地避免了不同文化之间的高下之分……"

　　"建构，实质上是将存在于人类建造层面的基本文化价值，作为'源自建造形式稳定持久的表现力'，在审美意义上的极大化。在笔者看来，建构既然能贴近于日耳曼民族的'建造艺术'（Baukunst），当然应该距离中国的'营造'不远。"②

　　面对中国木构建筑传统，赵辰深入地关注了材料、节点、结构体系等技术问题，但在这些技术性的讨论之上，作为一位建筑学者，他最为关切的是技术手段所能带来的艺术表现力——"结构造型"问题。在结构造型的主题下，他将对建构的研究拆解为了跨度与高度问题。针对跨度问题，他选择了闽浙木拱桥为研究对象；针对结构意义的高度问题，

①② 赵辰. "建构热"后话建构[C]. // 丁沃沃，胡恒. 建筑文化研究（第一辑）. 北京：中央编译出版社，2009：159-182.

① 赵辰."建构热"后话建构[C]. // 丁沃沃,胡恒. 建筑文化研究（第一辑）. 北京：中央编译出版社，2009：159-182.

则选择了位于中国西南地区的少数民族建筑侗族鼓楼。在具体的研究中，他通过两个问题来深入观察："一是如何建造，这要求我们搞清楚其木构的建造原理；二是如何产生，这要求我们做出类型学的演变规律研究和推理。"①在闽浙木拱桥课题中，后一个问题即形成本章争论的焦点。

赵辰以建构理论理解中国木构建筑文化的视角，及其对中国建筑研究中的古典主义传统进行的反思与批判，极大地影响了同时代的中国建筑史学学术。在闽浙木拱桥这个具体的研究对象上，他首次将一个单纯的桥梁史问题纳入建筑学理论以及中国建筑史学的大视野中，第一次赋予了这一乡土文化产物真正的学术高度。

虽然在中国木拱桥的研究领域还有许多学者做出了种种贡献，但本章仅以唐寰澄与赵辰作为这条研究道路的代表。这不仅是因为这两位作者对本书的写作产生了最为深远的影响，最重要的是，他们代表了两代中国现代学者，他们的背景、使命、视角虽然有着很大差异，但根出同源。作为中国学者，他们的学术背景与他们的研究对象有着千丝万缕的联系。两代学人的学术追索，都远远超出于这种桥梁结构自身，而寄托了各自的学术理念与学术追求——甚至，在某种程度上，凝结并流露了他们在各自的历史坐标中对学术身份的焦虑。对于唐寰澄，中国木拱桥承载着民族的低谷期，对佚失的先进技术再度呈现，在一位现代工程师和一位技术史学者面前，是民族科技当下的落后与历史的辉煌之间的张力；对于赵辰，闽浙木拱桥浓缩了反思古典建筑史学的视角与诠释中国木构文化的方法，是一位建筑理论家与建筑教育者在西方的文化话语霸权与东方的文化自觉之间寻找出路的努力。两代学人各不相同的执着与答案，虽然在方向与方法上有着显著的差异，但事实上却共享着同一种学术焦虑与调适焦虑的解法模式：通过对中国木拱桥的历史解剖，在中国的建筑文明（尤其是其中的技术文化）与西方或世界的建筑文明这两套差别迥异的坐标体系中，寻求一套相对公平的"基准点"来进行比较与对话。这套"基准点"，在唐寰澄，是结构特性，在赵辰，是建构方式。

第四章／桥与匠的故事

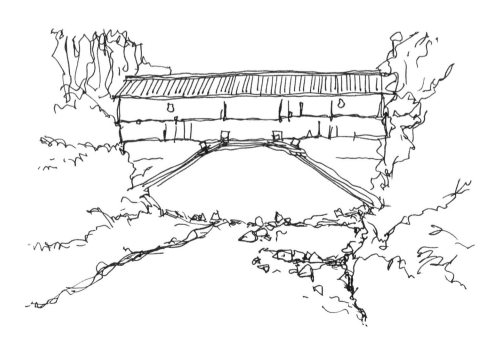

上篇 编木拱桥：四个故事

① 如景宁县大漈村护关桥、胡桥。护关桥桥身内建立二层楼阁，胡桥桥廊内设戏台与屋室。

一、景泰寿庆

浙江中南部，丘陵不断，山脉相连。自宁绍平原以南，钱塘江诸支流流域，从会稽、天台、四明一路向南，因名山大川、神仙胜地而闻名天下。再南，雁荡山之秀丽灵动，引历代文人流连遗墨，而楠溪江山环水抱，如桃源般保护了星罗棋布的古村落群。再向南行，从丘陵渐入深山，东据雁荡南脉，西入武夷北麓，浙闽两省交界地，随着海拔的升高，历史人文遗迹就稀疏了。

20世纪末道路建设、私家车普及后，在两省边界，一条以"景泰寿庆"为名的自驾游线路声名渐起，以山地历史桥梁与古村落为节点，尤其以此间传奇的"木拱廊桥"为亮点，开发这深山峻岭的旅游资源。这一地区的历史桥梁，无论石造木构，多以长屋加盖桥身，故称"廊桥"，或称"厝桥"。廊屋为村落提供公共空间，为行人提供风雨庇护，而对于下部结构为木材的桥梁，又有保护桥身结构的作用。这些乡间构造，或简朴明动，或楼亭斗栱，或孤独石板青阶，或热闹村镇集所。桥屋廊宇最繁复者，可以于桥屋之中重阁复道，起楼立庙，甚至供建戏台①，为古道村落带入别样的灵动。

"景泰寿庆"为景宁、泰顺、寿宁、庆元四县的统称，其中寿宁属福建，余三县属浙江。民间传说，四县乃是明朝景泰年间，为代宗皇帝庆寿而建置，为浪漫的旅游路线平添了喜庆祥和。然而真实的历史绝非如此温情。其中地处浙南的庆元，置县于南宋庆元三年（1197），因靖康之变后北方移民的涌入定居，在四者之中开发最早、文化略盛；而其余三县的建置，却是鲜血与动乱的历史。

浙南闽北地区，无论官修驿道、南下移民还是战事行军，总体而言，陆上交通有两条大道：西部即内路，自福州至延平、建宁，再选择北上浦城或西行借道江西绕行铅山进入浙地；东路则沿海而行，自福州经宁德、福安至温州府。道路沿途，自宋以来，文化兴盛，经济发达，人才辈出。而道路圈合之内，历代地图近乎留白，王朝教化鞭长难及。

明永乐《政和县志》有言："《郡志》曰：始视其境，*修竹茂林盈丘披野，朱翚画栋，比屋连甍，真乐土也。徐而察之，山高土瘠，溪峻水湍，田无担石之收，家罕仓厢之积。水旱间作，衣依弗周。诚哉，是言也！*"①

闽浙交界山区素有"九山半水半分田"之称。山高路险，行人难至。田地艰贫，诗书难孕，却埋藏雄厚的地下宝藏——白银。自宋代起，浙闽的银矿即得到国家的大规模开发。以福建宁德县宝丰、宝瑞银场为中心，形成有宋一代最重要的银产区。其中仅宝瑞银场一家，曾一度以四十四万两岁课之惊人产量雄霸全国之首。明初，国家的产银重心转移至云南，而浙闽之间的银坑仍然产量巨大，仅次于云南，为国家财政命脉所倚重。两省的岁课银，在洪武至宣德间的五十年内成倍增长②。永乐五年，闽西北地区爆发瘟疫，在江西、闽北地区大规模蔓延，历十余年而不息，绝户如洗（永乐十七年，"福建建安县知县张准言，建宁、邵武、延平三府自永乐五年以来屡大疫，*民死亡十七万四千六百馀口*"）③；六年，身处疫区之福建建宁府开浦城县马鞍等坑三所④；八年，发配各地罪囚补充人户（"福建邵武府言，*比岁境内疫民死绝，万二千馀户所遗田地，乞以杖罪内徒耕种输税，从之*"）⑤，而其间浙闽银课不见稍息。

不计后果的资源榨取，令"地方竭而民不堪""富者困敝，贫者逃亡"⑥。自明英宗正统初年始，浙闽间诸银场数度停罢、复开，官办银场在开、闭间徘徊不定，而民间盗采愈演愈烈。为禁绝民间盗矿，朝廷颁布严格的禁盗法令，如正统三年（1438）令："福建浙江等处军民，*私煎银矿者，*

① 黄裳，郭斯垕修纂. 政和县志（永乐）：卷一·县境. 政和县地方志编纂委员会，点校. 厦门：厦门大学出版社. 2015：18.

② 明前期，银矿税额以云南最高，浙江次之，福建又次之。洪武朝，浙闽两省岁课占全国的22.1%，永乐时，两省岁课合占全国51.6%，宣德时占42.8%，正统朝达巅峰，此后呈下降势。见梁方仲. 明代银矿考[M]. // 梁方仲. 梁方仲经济史论文集，1989：175-176.

③《明实录·太宗实录》卷二百十二。出自爱如生中国基本古籍库。

④《明史》卷八十一（转引自梁方仲. 明代银矿考[M]. // 梁方仲. 梁方仲经济史论文集，1989：148.）。

⑤ 见《明实录·太宗实录》卷一百十一。（转引自：同上。）

⑥ 正德《明会典》卷三十三。（转引自卢增夫. 邓茂七之乱史料传承考—兼论相关史事[D]. 厦门：厦门大学，2008：25.）

正犯处以极刑，家口迁外。如有逃遁不服追问者，量调福建官军剿捕。"① 然而严厉的措施非但未能阻止民间开矿，更将绝望的游民逼入反抗。矿工本即搏命的生计、高度组织的行业，更有"杖罪内徒"充填其中。矿民暴动之势之威，绝非"农民起义"四字可以描述。正统一朝，矿民举事频见报端：正统三年（1438）五月，"浙江温、处二府青田等县无赖之民潜至福建福安县地方，聚众数千，采取银矿"。七年十二月，"浙江丽水县贼首陈善恭等，僭拟名称，纠结青田县贼叶宗留等，有众二千，时往盗福建宝峰场银矿"。九年七月，"浙江处州贼数百人，盗银矿于福建福安之刘洋坑"。十年十二月，"时福建既开银场，贼犹侵扰不已，或投牒有司云：'留宝丰场听我采取，不然杀人'，或以竹揭纸票题云：'浙江马大王领五百余人定限某日大战'"②。

这其中，属陈善恭、叶宗留声势最大，自正统七年举事后，于正统十二年（1447）聚众数千人，在福建宝峰银场盗采，所获甚微，遂劫掠县城村落。次年夏四月，福建沙县邓茂七反，自称闽王。朝廷调官军围剿。叶宗留、邓茂七二军呼应，在浙闽两省之间与各地官军迂回作战数年之久，直至景泰二年（1450）方被完全平定。此即明建朝以来最大的一次民间暴动，史称"浙闽民变"或"叶宗留、邓茂七起义"。

《明史纪事本末》概曰："浙东入闽，道险而狭，迤逦千里，山势崒嵲，灌木蓊翳，纠纷盘互。不逞之徒，往往跳穴其间。内可以聚粮糗，下可以伏弓弩。急可以远遁走，缓可以纵剽掠。以故浙、闽多寇盗，好作乱，长吏不敢问，将兵者难扑灭，地险然也。又况括苍诸坑，颇产贡金，椎埋嗜利者因缘为奸，趋之如鹜，聚众益多。以故庆元叶宗留，以千馀人攻政和，此乱之始也。然其由浦城，劫建阳，则自浙犯闽。攻上饶，破永丰，则自浙犯江。而叶希八又焚浦城，屯云和、丽水，则自闽还犯浙矣。其时闽地邓茂七反宁化，蒋福成反尤溪，莫不据地称王，摧锋陷敌，拥众万馀，转战数郡，比之于浙为尤剧焉。"③

民变平定后，为稳定矿区，浙闽两地分别拆分旧有行政格局，析置若干新县。浙江增云和、宣平、景宁、泰顺四县，福建增永安、寿宁二县④，将政权节点钉入原本空旷的

---

① 正德《明会典》卷三十三。（转引自卢增夫. 邓茂七之乱史料传承考——兼论相关史事[D]. 厦门：厦门大学，2008：25.）

② 《明实录·英宗实录》（转引自：刘利平. 明正统以降银矿盗采活动及政府对策[J]. 兰州学刊，2006（11）：51-4.）

③ 《明史纪事本末》卷三十一·平浙闽盗。出自爱如生中国基本古籍库。

④ 闽浙间明中新置数县的准确置县时间，史籍记载略有出入。
《明实录·英宗实录》卷二一六，景泰三年（1452）五月丙辰："先是，巡按御史朱瑛等奏，处、温二府僻在万山，民性顽犷，私盗银矿，素称梗化。宜添设县治下镇守。郎孙原祯等体核，以为宜，遂割丽水鲍村为宣平县，浮云为云和县，青田县沐溪为景宁县，瑞安县罗洋为泰顺县，并儒学等衙门各设置官吏。"
《明史·卷四十四·地理志五·浙江·处州府》："云和，府西南。景泰二年（1451）析丽水县地置。……景宁，府南。景泰五年（1454）析青田县置。"
《明史·卷四十五·地理志六·福建·建宁府》："寿宁，府东。景泰六年八月以政和县杨海村置，析福安县地益之。"同卷延平府："永安，本沙县之浮留巡检司，正统十四年置永安千户所于此。景泰三年改置县，析尤溪县地益之。"
出自爱如生中国基本古籍库。

政治地图。由是形成"景泰寿庆""犬牙相错"之势。而浙闽银矿仍随国家矿业政策时有开闭，直至晚明"矿脉断绝"而衰止。

乾隆《宁德县志》记载了闽浙民变的核心——宝丰银场的盛衰历程："宝丰银场，在十七都。宋元祐间发，至绍熙以后遂废。永乐元年（1403）专命中官御史各一员监督课岁纳银一千九百五十两。正统九年（1444）增至三千九十两。景泰初，二千九百两。是时，矿脉微细，罢官监督。天顺二年（1458），定额每岁纳银二千八十两，匀入通县，丁粮派银赔纳，百姓疲敝，多至逃窜。正德三年（1508）减定一千五百六十两，五年（1510）诏尽罢之，民力始苏。嘉靖十四年（1535），浙人林福奏请复开银场，随命院道临视，见矿脉已绝，遂奏罢之。今废。"①

银矿开采的苦楚，有嘉靖《宁德县志》见证。县志录有"奏免杂差"奏文，描述了矿下工作的艰辛："缘本县银场闸办年深，兼以贼徒偷采，日久坑坎深远，山水泛溢。多用桔槔昼夜更直泄去积水，方可用工。稍有迟缓，则矿脉仍旧淹没，无从采取。其出矿之处，幽暗窄狭，虽在白昼，亦须松明点照，人夫才得更替即差，采打松明、柴炭、木杠等项合用什物，加以坑坎陡峻，夫匠人等搬运矿石，不可径出，横木作梁，攀缘而上，劳径艰难，莫甚于此。"②

银矿产区"地不爱宝"，更无怜悯于百姓。银矿的衰竭，终于令这偏僻山林得到喘息。当清晚期《庆元县志》回顾这两朝的变动，"昔者鉴坑之徒，悉属亡命，幸而获，则肝脏涂地亦不惮；不获，则聚为矿盗，劫害一方。今坑场幸已俱废，百数十年来，民不摊赔，亦不科料，诚我朝之善政也"③。

崇祯年间，明王朝末弩，"三言"的作者冯梦龙（1574—1646）任寿宁县知县（崇祯七年至十一年，1634—1638），他以个人身份书写了一部地方志书《寿宁待志》，记录下晚明闽浙之间的乡土格局：银坑已经基本停闭（"寿县银坑凡七，或绝或禁"④），而山林却远非乐土。山穷土薄，禾田可怜（"凿石为田，高高下下，稍有沙土，无不立禾。计苗为亩，不可丈量……"⑤），坐山吃山，虽也有些山野物产（"菇类颇多""笋四时不绝"⑥），但裹腹而已，并无出口。有后世本地经济所仰赖的竹、木、茶、

① 卢建其，张君宾. 宁德县志（乾隆）：卷一·坑冶，页二十七[M]. 中国地方志集成-福建府县志辑11-乾隆宁德县志. 上海：上海书店出版社. 2000.

② 闵文振纂修. 宁德县志（嘉靖）：卷四·杂志. 出自爱如生中国基本古籍库。

③ 林步瀛，史恩纬修，史恩绪. 庆元县志（光绪）：卷七·坑冶·页六[M]. 中国地方志集成-浙江府县志辑66-光绪庆元县志. 上海：上海书店出版社. 1993.

④ 冯梦龙. 寿宁待志：兵壮[M]. 寿宁地方志丛书-寿宁待志校辑. 厦门：厦门大学出版社. 2012：105.

⑤ 冯梦龙. 寿宁待志：土田[M]. 寿宁地方志丛书-寿宁待志校辑. 厦门：厦门大学出版社. 2012：78.

⑥ 冯梦龙. 寿宁待志：物产[M]. 寿宁地方志丛书-寿宁待志校辑. 厦门：厦门大学出版社. 2012：118.

油等货物，此时虽略有规模，但尚未成气候（"货物，席与藤纸，俱出十一都黄坛底，纸被坊一图横山有之，不如政和之厚也。棕出三都葛藤岭，茶出七都，茶没、柱油出九都钱塘，桐油出五都二图西塘，俱不甚广"[①]）。而一县城坊，几无往来商贾（"寿无土宜，贸易不至，故人亦无习贾者。惟正街铺行数家，贩卖布货杂物"[②]）。

民风彪悍、教化不至（"寿邑山险而逼，水狭而迅，人感其气以生，故性悍而量窄，虽锥刀之细，骨肉至戚死不相让。不知法律，以气相食，凌强蔑寡，习为固然。丁盛之家，人侧目焉。亲戚佣佃，亦号家丁，遇有争斗，各于其党，一呼而集，且快目前，逆理犯上弗忌也……若村野强梁，惮于见官而敢于衡命，一遇勾摄，往往持兵相抗，虽已就束缚，亲党犹纠众行劫。……学校虽设，读书者少。自设县至今，科第斩然。经书而外，典籍寥寥，书贾亦绝无至者……"[③]）。百姓凋敝，官库空虚，令这一县长官空有作为之心，难为无米之炊（"民无余欠，库无余财，欲有司之有为于地方，盖亦难矣"[④]）。

天高路远，交通闭塞。山中村野自不必说（"山中朴茂良民，课租自饱，有白首不入城市，不睹冠盖者"[⑤]），纵官宦乡绅，车舆亦甚鄙陋（"故中绝无肩舆之迹，乡绅与县有司，岁仅一再见，皆步行，虽赴宾筵，乘舆张盖者稀有，远行用小兜，与民家同；间有暖舆，亦甚简陋"[⑥]），更无魄力治理道桥工程。而贵为一县之宰，公务之职往行府城，自邻县政和借道之途，竟然不能通畅行走（"政和九铺，乃往府必由之路……又新坑口至东峰一路，险峻非常，除本县外，别无官府往来。余每赴府，预先行牌传谕，令诛茅辟径，全然不理。一遭天雨，寸步登天，亦付这无可奈何矣！"[⑦]）。

道路登天，有司薄弱，然而百姓如顽草，在山石缝隙中扎根，挣命生存，以粗鄙之技，施展片土之间，虽无广厦，亦可容身（"居室限于地，故制度狭小，多重屋而少广厦……寿民取材于山，立屋颇省。四围筑石垒土，或用木板，亦不甚费。独瓦最难致，有建竖而经年不盖者。贫民缓急，揭瓦即得价……屋成亦不甚惜，茂移家苎山则空之，还复葺焉。久者一二十年不返，盗卖傍侵，遂生雀角。于躬犹可，于子于孙，始大费追求矣"[⑧]）。

---

① 冯梦龙. 寿宁待志：物产[M]. 寿宁地方志丛书-寿宁待志校辑. 厦门：厦门大学出版社. 2012：119.

② 冯梦龙. 寿宁待志：风俗[M]. 寿宁地方志丛书-寿宁待志校辑. 厦门：厦门大学出版社. 2012：150.

③ 冯梦龙. 寿宁待志：风俗[M]. 寿宁地方志丛书-寿宁待志校辑. 厦门：厦门大学出版社. 2012：144-145.

④ 冯梦龙. 寿宁待志：赋税[M]. 寿宁地方志丛书-寿宁待志校辑. 厦门：厦门大学出版社. 2012：87.

⑤ 冯梦龙. 寿宁待志：风俗[M]. 寿宁地方志丛书-寿宁待志校辑. 厦门：厦门大学出版社. 2012：144.

⑥ 冯梦龙. 寿宁待志：风俗[M]. 寿宁地方志丛书-寿宁待志校辑. 厦门：厦门大学出版社. 2012：145.

⑦ 冯梦龙. 寿宁待志：铺递[M]. 寿宁地方志丛书-寿宁待志校辑. 厦门：厦门大学出版社. 2012：111-112.

⑧ 冯梦龙. 寿宁待志：风俗[M]. 寿宁地方志丛书-寿宁待志校辑. 厦门：厦门大学出版社. 2012：145-146.

哀其不幸，怒其不争，个中无奈，流转笔墨之间。冯梦龙大约不会想到，这片曾被白银吸髓食骨、难纳禾赋的贫瘠山林，在接下来的几个世纪，通过木、茶、油等经济作物慢慢恢复了另样的生机。而这山穷水尽之路途，竟会因通行之需，逼出一门独特匠艺，在他系官之时已傲然自立，更于三百余年后一飞冲天，名动寰宇。

二、白鹤

闽浙山区桥梁的成规模建造，始于晚唐至宋。随着北方移民入驻山区，闽浙交界得到第一次大规模开发，大量桥梁创始于此期。作为道路交通的重要节点与设施，桥梁历来在地方志中占有一席之地。嘉靖《建宁府志·卷九·津梁》开篇曰："建之为郡，山川相缪，故之桥梁，以济不通。然涝岁水溢，实易倾圮，圮辄易之为渡，虽难易殊科，而安危亦遽绝矣。为政者可无加意乎。"但当我们试图寻找木拱桥在闽浙地方的流传与谱系时，地方文献能提供的线索极为有限。桥梁作为道路交通设施，与津渡、路亭同列，但记录在案的信息，最简者仅提及桥梁的名称与区位，稍详者提到若干重要桥梁的历次修造，特殊的录有相关诗文。若能提及材料（"筑石"或"驾木"等）、规模（桥屋楹数或桥长丈数），已属万幸。但桥梁的结构形式，仅凭文字，很难判断。

桥梁信息有限，一来在于工程的性质：志书上提及的桥梁修造来历，除了少量出自地方官员的经营，民间的营造——"里人""邑人"甚至僧人的倡捐，占据压倒性的数目。另一方面，在地方官员的眼中，桥梁营造并非何种值得一书的技术。方志若有"方技"条目，所录无非诗文书画，而鲜见匠作技艺。这也不能责怪地方官员。明清两代，两省之交的山地经济艰贫、文化落后，以传统目光视之，工匠技艺亦属下乘。本地匠人手艺粗陋，精细造作不能自给："工匠皆鲜精巧，攻金者流艺恶贵值，铁工、木工乡多习之，余诸手肆率皆来自外籍"[①]，"工匠悉资外籍，石工则宁德，木工则江西"[②]。这种情况直到清代晚期才有所改善："工在昔时多来自外地，近数十年来则诸艺均足，且多往外郡者"[③]

---

① 周傑，嚴用光. 景宁县志（同治十二年）：卷十二·风俗·页六. 出自：爱如生中国方志库.

② 关学优. 庆元县志（嘉庆六年）：卷七·四民·页三[M]. 中国方志丛书. 浙江省庆元县志. 台北：成文出版社. 1983.

③ 林鹗. 泰顺分疆录（同治；光绪四年刻本）：卷三·士民·页十六. 出自：爱如生中国方志库.

在整个文人阶层的普遍无视中，清乾隆四十三年（1778）张九华①撰《重修景宁县志》，对于山间桥梁独有特别意趣。在《风土》篇他有记："乡间桥梁有巨壮者，架屋叠楼，翼翼楚楚，殊堪图画，似吴文中笔意。第以地常多雨，于两檐下编排护板，深辄数尺，俯栏有致，游目无余"②，在《桥梁》篇又有语："景宁之水，皆山涧也。故途所值则桥之。或跨流比屋，虹影横飞，或驾石悬崖，月规半偃，下面略约，横斜磴回，互抑未矣，无歌舟子之招招，自卜幽人之坦坦，并传废者以俟同焉。"③

闽浙一带，凡造桥，无论石、木，大多以廊、亭覆盖。桥亭可简可繁，其繁复者，起楼阁行复道，撑华盖施斗栱。"架屋叠楼，翼翼楚楚"——张九华对于景宁桥梁的深刻印象，是对这些多姿的桥屋的怜爱，更是对于山水惊险的飞虹巨构的赞叹。同张九华《重修景宁县志》中，关于桥梁则有"谢桥"一则："六都白鹤下游，凡十五间，跨悬崖如虹。康熙壬申（1692）重建。"④

白鹤的悬崖桥梁，明代方志中已有提及。万历十六年（1588）《景宁县志》有云："射桥，在六都白鹤，跨悬崖几十丈最高"，地点、形态一致，当正是张九华所见原物，而"谢""射"二字，或是相通。白鹤"射桥"为重要交通节点，于万历七年（1579）《栝苍汇纪》中即提及："东向为矿坑岭，达北溪至白鹤射桥。又南为大漈岭。"⑤这是关于这座飞虹的已知最早文献。

这座飞虹跨崖的巨构，可以确定是木构桥梁，同治十二年（1873）《景宁县志》提到了它的屡次修建，以及在道光十二年（1832）改作石构的历史："永安桥，距东阬五里，在白鹤溪下游，原名谢桥。康熙三十一年重建，凡十五楹。道光十年燬于火，十二年里人倡捐，始筑以石，改今名，倚壁如虹，颇为衝要"⑥。改建前单跨十五楹的规模，可确定是编木拱无疑了。

万历年间（1579年）文献所见证的白鹤谢桥，是目前闽浙两省地方文献中，可以确认为编木拱桥的最早案例。这是我们从史书上所知最早建造于惊险基址的大跨度编木拱桥，早于今天存世最古的如龙桥（1625）约半世纪。而较之年代更为重要的是，既然能够凌越悬崖建造大桥，那么此时的闽

上篇 编木拱桥：四个故事

① 关于张九华，同治十二年（1873）《景宁县志》有传："张九华，字莲洲，号雨村，直隶新安人，原籍福建永定。乾隆己卯举人。三十七年任县，简重廉明，善持大体，励精勤政，百废具举。旧治康熙时燬于火，令皆视事民廛，公乃经营迁建，县治一新，又即鹤溪讲舍旧址创指南书院。戊戌删定邑志，典核精严。郡守王东垣称其达于治体云。"出自：爱如生中国方志库.

② 张九华，吴嗣范. 重修景宁县志（乾隆）: 卷二·风土·杂记·页二十三. 出自：中国国家图书馆数字方志.

③ 张九华，吴嗣范. 重修景宁县志（乾隆）: 卷三·建置·桥梁·页二十一. 出自：中国国家图书馆数字方志.

④ 张九华，吴嗣范. 重修景宁县志（乾隆）: 卷三·建置·桥梁·页二十四. 出自：中国国家图书馆数字方志.

⑤ 熊子臣，何镗，等. 栝苍汇纪（万历）: 卷七·地理·景宁县·页七十五[M]. 出自：四库全书存目丛书-史部-第一九三册. 栝苍汇纪十五卷. 济南：齐鲁书社.1996.

⑥ 周杰，严用光. 景宁县志（同治十二年）: 卷二·建置·津梁·页廿六. 出自：爱如生中国方志库.

浙桥匠，当已掌握了相当娴熟的营造技术。

虽然在道光十二年改筑为石，但石构并未成就永安桥的不朽。仅历半个世纪，光绪十六年（1890），永安桥再度毁于洪水，并于光绪二十年（1894）重建为木拱桥[①]。今天白鹤附近的老人尚能忆起永安桥这座白鹤通往东坑镇的要衢以及桥身雄跨高崖的惊险（图4-1）。上世纪末至本世纪初，永安桥因处于白鹤水库淹没区而移建至白鹤向大漈方向的深垟村村口，并改名为畲桥[②]（图4-2）。桥侧保留桥碑七块，记载了道光[③]、光绪[④]两次重建，以及光绪二十五年（1899）永安桥茶堂田产碑[⑤]。

图4-1　永安桥原址。浙江省景宁县东坑镇平桥村。原址已淹没于白鹤水库之下。古道通往水面之下的古桥遗址（2019）

图4-2　畲桥，即移建后的永安桥。浙江省景宁县东坑镇深垟村（2011）

①

由构造特征等细节考察，当出自下荐张氏匠人之手。永安桥已毁，其构造特征见《宁德市虹梁式木构廊桥屋桥考古调查与研究》图176（宁德市文化与出版局. 宁德市虹梁式木构廊桥屋桥考古调查与研究[M]. 北京：科学出版社，2006：168.）。对构造细节的分析见第七章。

②

景宁县为畲族自治县，县政府的文化宣传以畲族文化为重点。除永安桥被冠以畲族名称外，景宁县英川镇木耳口村茶堂桥被出售、移建至北京中华民族园，置于畲族景区内。但事实上，今天所知的木拱桥匠人均为汉族人，木拱桥筹建亦以汉族社区为主体。永安桥自身与汉族族群社会密切相连的历史，更有碑文清晰铭记。

③

永安桥碑

今之永安桥，即昔之谢桥也。其名为谢桥，不知于何而始，而邑乘祇(?)载康熙申寅被火，壬申重建。

其所由来以矣。道光庚寅之冬，里人不戒于火，祝融为灾，前后一百四十余年之间两遭回禄于是以久长之计议，易之以石。一时吾乡之中，无不踊跃争先，即四方之士亦无不尚义犹资以岁其事兹也石杠已成，而善不容没，编姓氏刻书贞报，以与斯桥同垂不朽云。

（捐资人名姓、款资略）

道光十八年岁次戊戌仲秋月穀旦

缘首：信士吴永德、邑生鲍志管，太学生孙明伦，贡生鲍知管、太学生鲍契管、信士吴国贤，信士陈吴贵、太学生李高梧、邑禀生鲍知贤题并书

仝立

尅择郡庠生任之燧，石工泰邑梅载地、常中泮。

④

永安桥碑

从前永安桥之建，纯以石筑，光绪庚寅被水冲塌，至癸巳协仝董首广为劝捐，改用木架，今已告成有年，当时同事者既图永久之举，所有各捐户诚宜亟勒贞珉，垂诸久远，以示不殁乐善好施之意云耳。

大清光绪贰拾年甲午正月十九吉旦重新建造。

⑤

福有攸归

为勒石捐拨永以督修解渴事。切思五都东坑庄捐资建造永安桥以济行旅之险，又建茶堂，供人居住，一则临守此桥，永无毁破；二则烹茶以解行旅之渴。阿子匡佐询其各董此处田亩若干，董云，仅有贰拾伍秤之清业，需用不敷。阿子与阿共商，此桥乃是通衢要道，阿子前虽已捐有银两，阿再将六界白鹤等庄所置清业壹百叁十秤有零，拨入永安桥并及茶堂，自拨之租遞年收贮茶堂，不许别收别□，一半永为修桥，完粮之费，一半以作烹茶之资，周全万古修解渴之善，是正阿母子一生之若情。各田租自拨之后，毋论本姓异姓，并及诸董，不许变卖侵噬，亦毋许加减租亩四至，逐一开后，勒石永誌，以一□事伏

白鹤地处景宁、泰顺两县之间的通衢要道。景泰设县（1452）不久，白鹤之地即有桥梁记载。成化二十二年（1486）《处州府志》："白鹤桥在县南四十里，传云建时有群鹤集，故名。"[1] 同治十二年《景宁县志》："白鹤桥，在村内。案，《浙江通志》桥在县南四十里，以建时有白鹤群集故名。久废，道光十一年里人倡筑。名乐安桥。二十八年湮于水。"[2] "乐安桥"与谢桥改作的"永安桥"在名字上为姊妹桥，近世则直以"白鹤桥"称呼之。文献并没有记载历史上白鹤桥的形式样貌，但在桥址之侧，河道中央有两组巨石，各有方形柱洞两穴（图4-3），当是早期渡河所建的栈架。由此可以确知，在历史上的某一段时期，白鹤桥是一座河中竖立两排柱架的三跨平梁小桥（很可能为方形石柱的石梁桥）。

道光二十八年（1847）水毁后，白鹤桥于光绪十四年（1888）再度重建，此番建作编木拱桥，桥拱跨度约24米。桥匠为坑底乡小东村徐氏匠人世智、世仁、世礼兄弟[3]。主持修建者为邻近的桃源村吴姓乡绅。该乡绅不但主持修建了桥梁，还在桥边建造房屋，出资供养专职的守桥人。我们在今天的白鹤桥遗址房遇到了从前的守桥人程姓老人，从其口中得知，她的祖上民国时期[4]从文成到此讨生活，迁到白鹤后，桃源村吴姓"大地主"以守桥一事任之，以桥边房屋供其无偿居住（图4-4），至今已经延续四代。除了日常看护桥梁，守桥人的主要职责是为行旅过客煮茶。

图4-3　白鹤桥旧址，可见河心两块巨石上分别有一对方形柱洞（2019）

望福有攸归以此为序：

一土名大垟路头塆，干租四十三秤，此田上至山，下至横路，左至山及水墘，右至山以吴姓田为界。

一土名大垟处下坑边，干租三秤。此田上右，下三至坑，左至山为界。

一土名大垟沙窟，干租拾壹秤。此田上山下左俱路，右至潘姓祭田为界。

一土名大垟庙前三炉塆，干租弍拾秤，其田上至路，下左右至俱山为界。

一土名林源庄寨后，干租贰十秤。此田左至山，右至小坑，下至梅家田，上至中央彭家田数址(?)为界。其左山沿上有小田四坵(?)，其右上有壹坵，俱在内。

一土名库下村大湖头，干租拾八秤，上至仙殿田，下至坑，内至小坑，外至山为界。

一土名李村庄，郑洋后，干租贰拾秤，上至陈姓田，下左岩姓田，右至汤梅一姓田为界。

已上之田，共税拾叁亩正向郑光启户立，收捐拨其租，每年订用，立冬后四日收齐。许□住茶之人备大钱壹千四百元，以办三牲祭物，致祭桥神，祭毕将祭物一美一席续祭郑姓施主礼生光启之妻孀妇陈氏[]前日□郑姓子孙三人会重贡/监生鲍则衡/吴永宪将前祭物以为□□经收田租妥□公款云耳。

光绪贰拾伍年已亥岁春五月吉日勒碑，捐拨礼生郑光启之妻孀妇陈氏率男童生郑匡佐谨序敬立。

---

[1] 郭忠修，刘宣纂处州府志（成化二十二年）：卷十八·桥渡·廿三. 出自：爱如生中国方志库.

[2] 周杰，严用光. 景宁县志（同治十二年）：卷二·建置·津梁·页廿七. 出自：爱如生中国方志库.

[3] 桥屋墨书. 出自：龚迪发. 福建木拱桥调查报告[M]. 北京：科学出版社，2013: 21.

[4] 2019年，我们采访的守桥人程姓老人七十多岁，自述"爷爷过来时，带着爸爸，那时爸爸十二岁"。

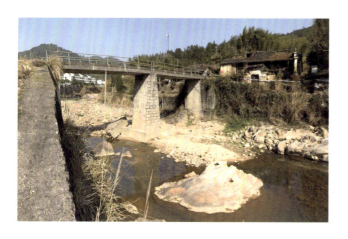

图4-4 白鹤桥旧址与桥头（原）守桥人居住的老屋（2019）

根据守桥老人提供的信息，我们在桃源村寻访到了吴氏宗谱，并在谱中寻得了那位热心公益的乡绅的传记[①]。传记中不但有其"修路筑桥，造凉亭等公益事业"的记录，还有"医学精通，济困扶危"之语。大约并非巧合，今天负责保存宗谱的吴氏后人，是桃源村卫生室的老中医。

造桥修路，同时在桥头设置茶亭照料行人，是闽浙一带常见的公益事业。上述白鹤桥的姊妹桥永安桥，有光绪二十五年（1899）田产碑，详细叙述了"捐资建造永安桥以济行旅之险，又建茶堂，供人居住，一则临守此桥，永无毁破；二则烹茶以解行旅之渴"始末，并规定了属于桥梁与茶堂的清业、田产，"一半永为修桥、完粮之费，又一半以作烹茶之资，周全万古督修解渴之善"。正是这一代代乡绅、民众的公益之心，爱护之举，使白鹤之地的桥梁传统代代延续，世世袭承，像白鹤传说一样缭绕乡间。令人惋惜的是，在永安桥移建数年后，乐安桥（白鹤桥）在2005年毁于台风"泰利"引发的洪水，此后原址重建为水泥桥（图4-4）。守桥人的土木旧屋已成危房，老人也搬到桥路另侧的砖瓦新房，不必再为行人供茶了。

三、锦溪

浙江省泰顺县三魁镇千年以来定居着一薛姓聚居村落。薛氏家族在五代后梁隆德（921—923）时期从浙江平阳迁居泰顺三魁今天的村址，因临秀美溪水，溪、村均以"锦溪"

---

① 根据守桥人提供的信息以及桃源村本村人的确认，我们在桃源村《濮阳郡吴氏宗谱》中找到了筹建白鹤桥的乡绅传记：

（吴）梦奎，字克占，乳毓诚。国学生。同治戊辰（1868）闰四月初五日子时生，卒无考。

公平生一贯爱修路筑桥，造凉亭等公益事业，济贫讲理，助人为乐，有侠士之称。由于德望高重，民国廿四年景宁县长吴吕熙送"热心公益"光荣匾一块，功禄德显，以资表彰。

赞曰：旷怀处世，忠厚传家，热心公益，不曾遗力，慷慨解囊，德望厚重，排难解纷，化大为小，医学精通，济困扶危，克勤克俭，乃炽乃昌。

配夏氏。溪下夏成舜公三女。同治己巳十二月初七日戌时生，卒无考。子三，坟葬桃源驮口岭炮丘下。

① 《锦溪薛氏族谱·卷七·薛氏祠堂记》，藏于浙江省泰顺县三魁镇薛外村村委会，下同。

② 由下文"柱不砥流"判断，为河道中设柱的平梁桥；由河道宽约四十余米，而平梁单跨一般不超过十米判断，当为四至五跨。

③ 《锦溪薛氏族谱·卷七·募捐重建锦溪桥疏》

④ 《锦溪薛氏族谱·卷七·重建锦溪桥记略》
吾锦溪桥，明正德壬申，族先祖有公首创。东跨营冈山麓，西接水尾松林，即今址也。万历己卯大水，戬州、锦溪、三官宫三桥同圮。乡人为徒杠于宗祠之前，旧址遂废，东畔变为龟岩张物。乾隆已未，族先哲谋复建，张感青囊之说阻止，乃建小坑之上，不得已也。风强水急，材木难固，人有复旧之心。适东畔旧址转鬻于林[名怀风，附贡生]，复为我有，而复旧之心益坚。咸丰六年，得右庠邱公[光清]、总戎苏公[佩铭]允为缘首，又得武洋上庠张公[永康，字保兆]仝弟上庠[永操，字志存]允为首捐助桥墩，遂合族怂恿，踊跃从事。以八月十五日起工。龟岩左庠张展成、右庠张维、上庠张翼程等复执青囊之说坚阻。张公[永操]以既为首，又系疑族，苦口竭力解释，设法浼出远近公正。胡公[东伟]诸公，左张右薛，总不允，竟以越界修桥控县。我随以强阻谋占报控。县令兴[名霖，辽东举人]受贿，差封木石。又适有题诗各亭，专咏桥事，自注无碍道人[诗附左]，而不得踪迹。人遂疑仙疑神，群生急公之意。武洋上村及邻近各处工来佽助者，日以百计，殊非官封之所能封矣。张乃聚族声称来抄，我亦聚族约号防守，守者鸣锣，合族母催其子，妻眷其夫，百人刻集，日夜防卫，几如戒严。至廿九辰时，桥梁上庆桥成矣，不料已时拆水架，桥化化长龙卸波也。五十余人随桥倾下，幸只伤一人左臁，后亦无恙。殆有天相神助乎。其罪在拙匠吴光谋规矩失度，否则桥成讼息，可无枝节。实亦被张阻速成之故。故归咎于张而脱吴罪，张其为吴卸罪乎。因候官勘，至桥木遭水漂尽，一时咎张之心愈愤，而捐建之心愈坚。合族会捐朴木，或一家一枝，或二三四家或八九十家不等。于是求大木，择工师[木匠徐元良，寿宁人]，寿工贯，理讼事，各奏尔能，而张阻愈力，贿出兴令，偏勘曲断，二凯不结。幸新令杨公[名炳春，江苏吴县举人]涖任承务，突出重勘，即出飭谕一道[附左]，次早传张面责遵断，复出墨谕一道[附左]，乃以是年十二月初九辰时，三接过溪，越明年四月＊日上梁，五月＊日告竣工焉。是役也，捐赀筹费，邱公[光清]、张公[永康]总摄，族殷实辅之，邱、张均垫百金。衙门内外，张公[永操]、苏公[佩铭]照应族老成当之。而应酬官长，则张公[永操]力为多。吾族男则治外事，女治内事，各事其事，不以公事而视为私事，均废私事而竭力公事，诚幸事而非易事也。计高三丈，阔二丈，长十五间共十三丈。西傍松林阴翳，东连营冈巩固，北依鹅顶，南面龟山。忻看负贩乘舆，履虹腰而深稳，骚人逸客，临雁齿以留连。回忆前明创建，当不过止，谅亦明以来先祖所默慰也。已咸丰丁巳五月日，锦溪薛氏文行忠信重建，裔孙合记。
＊原字空缺。

为名。元代大德壬寅年（1302），薛氏在山侧建造祠堂，事属草创，较为粗糙简陋，日久而荒。明代宣德戊申年（1428）祠堂易址新建。至嘉靖丙午年（1546），再次改建于锦溪边大桥旁①。溪上大桥亦以锦溪为名，始建于明正德七年（1512）。万历己卯年（1579）桥为山洪冲毁。此时祠堂一侧土地已为龟岩张氏一族所有，每当薛氏商议复建桥梁，张氏总以冲撞祖坟、不利风水为由阻挠。族人于是在祠堂前搭建简易木桥渡河，但屡被洪水冲毁，颇为不便。

清乾隆四年（1739），族人在旧桥址下游另建一座桥。该桥长总长四十余米（一十六丈），是一座壮伟大桥，为四或五跨平梁结构②。约百年后，"奈岁月历多，木材难固，两经洪水，柱不砥流，旋被烈风，栋因挠折，木其坏矣，半月全斜，瓦且解焉，七星俱落，虽长桥形犹旧带，实稳步之难胜，譬大厦势已将倾，信小修之无补。或乘舆或员贩，每举足不胜履薄之危"③。因此，在咸丰六年（1856）村人再度倡议重建。而此时祠堂旁边的地产已被薛氏一方购回，于是薛氏族人热切希望在旧址重建该桥。

这次建设在《薛氏家谱》中留有多份文字材料，其中《重建锦溪桥记略》一文④最为生动（图4-5）。薛氏族人恢复旧桥的倡议，得到当地诸多大户望族、甚至一位张姓乡绅的支持。工程于八月十五日启动，而龟岩张氏的子嗣再度出手阻挡，为了达到目的，不惜告官行贿，取得官府差封之令。然而薛氏一方前来帮工、支援者每天都有逾百之众，官差不能阻拦。于是张氏亦聚族而来。双方均合族而出，在施工现场一侧日夜对峙："张乃聚族声称来抄，我亦聚族约号防守，守者鸣锣，合族母催其子，妻从其夫，百人刻集，日夜防卫，几如戒严"。工程在双方力量博弈中开展。八月二十九日，桥拱合龙时，发生了大事故："至廿九辰时，桥梁上庆桥成矣，不料巳时拆水架，桥化长龙卧波也，五十余人随桥倾下"。村人起初归咎于造桥绳墨吴光谦，"其罪在拙匠吴光谦规矩失度"（图4-5），但细思之后认为"实亦被张阻速成之故，故归咎于张，而脱吴罪"。因为等待官府勘查，落水的木材不能打捞，顺水漂尽，"一时咎张之心愈愤，而捐建之心愈坚"。义愤之下，合族再度捐木捐资，积极诉讼，重新择定匠师，共筹再建。此后再度经历官司角力，所幸赶上县宰更易，次年新任县令到任后，查清纠纷，实地勘查桥址，认为薛家祠堂外的桥址"上面易于藏风，下面水亦平稳，于此建桥自可经久"，而另一处备受争议（或许正是张家要

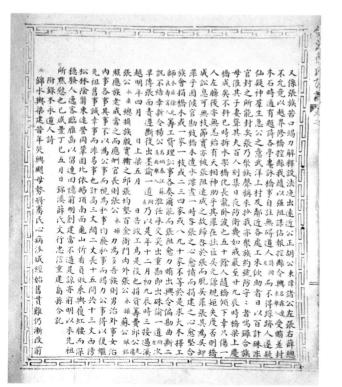

图4-5 《锦溪薛氏族谱·重修锦溪桥记略》，内见"拙匠吴光谦"

图4-6　薛宅桥,浙江省泰顺县三魁镇(2012)。1857年小东匠人徐元良建

求)的备选位置"上面当风易坏,下面水势湍急,下桩不固",谕令立即于原址兴工。

关于此番延请的匠人,文章有注"木匠徐元良,寿宁人"。新桥次年(1857)建成,"长十五间共十三丈",略小于乾隆旧桥,结构则不再使用乾隆时的中流立柱,而作"虹腰深稳"。此桥直到近年仍保持良好的状态(图4-6),但在2016年9月毁于台风"莫兰蒂"引发的洪水,于次年由泰顺本地匠师重建。

桥屋墨书中对二度造桥的匠师有更全面的记录:"寿邑小东绳墨徐元良"、"副墨徐斌桂;陈泽应、郑福寿、郑起鉴、薛思年"(图4-7)。其中最后一位薛姓匠师为三魁薛氏本地师傅。其他陈姓、郑姓匠师,均来自坑底"寿邑小东"一带。其中绳墨徐元良、副墨徐斌桂为父子关系,正是后世坑底名匠"小东师傅"之先祖,亦即前文白鹤桥匠师的祖父与父亲。"小东师傅"自徐元良而闻名,徐斌桂(1828—?)时为盛,建造了景宁芎岱乡岭脚桥(同治九年,1870)、寿宁坑底乡大宝桥(光绪四年,1878)等三十米上下跨度的大型木拱桥,今尚完好存世。徐斌桂的三个"世"字辈儿子,正是建造前节白鹤桥的匠师,这一代人至少有三位桥匠同时活跃于这项家族事业。但此后一代的"泽"字辈,则仅有一位子侄从事造桥。这位徐泽长(1892—1951)匠师本人没有子嗣,无法将技艺传与后代,只好授之于同辈外姓表亲郑惠福(1895[①]—1978),此后造桥匠艺在郑氏家族又延续两代至今,即今天

①
当代文献记为1895年(宁德市文化与出版局. 宁德市虹梁式木构廊桥屋桥考古调查与研究[M]. 北京:科学出版社,2006:56.;龚迪发. 福建木拱桥调查报告[M]. 北京:科学出版社,2013:18.)。2005年所修《郑氏族谱》记为1900年(光绪庚子)。

图4-7 薛宅桥梁上墨书:"寿邑小东绳墨徐元良""副墨徐斌桂;陈泽应、郑福寿、郑起鉴、薛思年"(2012)

闽浙地方学者所谓"小东徐、郑氏造桥世家"。今天已有文献对于坑底地区匠人的叙事,主要便依从这条脉络。

然而真实的坑底匠人世界,则要更为精彩复杂。

四、稠林

2001年春、夏,闽浙山区的木拱桥桥匠第一次经过高校学者求访、通过中央电视台的宣传现身于学术界与大众视野,其中最先被"发现"的桥匠来自福建省寿宁县坑底乡小东村(详见第83页),为徐姓匠师及其后世郑姓传人①。2009年,当闽浙木拱桥的营造技艺被列入联合国"急需保护的非物质文化遗产"时,小东村的这支木拱桥匠师被称为"徐-郑世家"②,是闽浙地区仅有的两个传承超过三代的匠师家族群体之一。

坑底乡位于寿宁县北境深入浙江之"犬牙"齿尖,三面被浙江境域环抱。此地明代曾称渔溪镇、设渔溪巡检司③,清代称坑底,属福宁府寿宁县,民国改称玉壶乡,建国后又改回旧名。其地处两省四县之交,北通景宁,西至庆元,东达泰顺,距寿宁县治罗阳仅二十里。旧傍大宝坑银矿,是晚明寿宁县最后的银矿,直到嘉靖时方封矿撤军。寿宁县治选址,正为镇守大宝坑而置。小东村宋时建兴福寺,明正统时重建,为明时寿宁全县四寺之一。此地是寿邑北部重要交通节点与军事要地,有"闽浙咽喉"之称。

---

①
其中徐氏匠人出自小东村,郑氏匠人出自东山楼村,这两个自然村今天都隶属于小东行政村,故此以小东村统称。

②
宁德市文化与出版局. 宁德市虹梁式木构廊桥屋桥考古调查与研究[M]. 北京:科学出版社,2006.
龚迪发. 福建木拱桥调查报告[M]. 北京:科学出版社,2013.
周芬芳,陆则起,苏旭东. 中国木拱桥传统营造技艺[M]. 杭州:浙江人民出版社,2011.

③
坑底乡曾为渔溪镇之事,在《福建省历史地图集》"明代福建承宣布政使司"一图(福建省地方志编纂委员会. 福建省历史地图[M]. 福州:福建省地图出版社,2004:46.)中有标定。此外,笔者核及《明史·卷四五·寿宁》则有谓:"东有渔溪巡检司,后迁县北之官台山,又迁斜滩镇"(出自:爱如生中国基本古籍库)。其中官台山正在坑底境,为大宝银矿之所在。

图4-8 小东上桥,福建省寿宁县小东村。1801年徐兆裕、吴光福建

图4-9 小东上桥,廊屋富于装饰（2012）

图4-10 小东桥廊屋梁上墨书：都绳墨徐兆裕,副绳墨吴光福。因墨字涣散,勾出字迹轮廓示意。（2012）

此地最早可考的桥匠事迹始于19世纪初。坑底匠人已知最早的作品为小东村之小东上桥,建于清嘉庆六年（1801）。此桥规模甚小,跨度约16米（图4-8）,外观朴素,而廊屋内部斗栱猫梁,雕刻精美（图4-9）。根据桥上墨书,匠师名为徐兆裕、吴光福（图4-10）。关于这两人,我们所知不多。他们亦无其他作品存世。事实上,在此桥后的半个世纪,整个坑底地区都没有留下任何匠人和桥梁作品信息,直到半个世纪后泰顺薛宅桥的纪事,将坑底匠人引入人们视野。

回到薛宅桥。第二次成功建成了薛宅桥的良匠徐元良,将籍贯题写在了廊屋内,引导着百余年后的学者寻至他的家乡。至于第一次造桥失败的匠人,除了薛氏家谱中一句"拙匠吴光谦"的责备,并没有留下更多印迹,亦没有引发后人的兴趣。

而笔者在小东村的邻村——稠林山村①（今作"林山村"）吴氏宗祠，寻访到了吴氏宗谱，发现了吴光谦的名字②。

两个原因将我引至这个发现。首先是吴光谦这个名字。

前面说到，坑底匠人的第一件作品，1801年的小东上桥，廊屋题有"都绳墨徐兆裕，副绳墨吴光福"（图4-10）。其中徐兆裕正是徐元良的父亲③（见图8-7），小东徐氏已知的第一代桥匠。而吴光福，从姓名判断，很可能正是吴光谦的同宗兄长④。小东村的邻村稠林山村，正是吴姓村落。而除了地理位置，第二个将我直接引领到这个村落的原因，是后世这个村子的另一位重要桥匠。此乃后话。

《延陵郡吴氏宗谱》⑤中的吴光谦（图4-11）与三魁镇薛氏族谱中的"拙匠"二字给人的印象绝然不同。首先是一项极少有木匠享受过的礼遇：吴光谦在族谱中有一整页的传记（图4-12）。

稠林山吴氏为读书人家。吴光谦祖上从庆元松源迁居坑底地区，已在稠林山定居二十余代。其五世祖应兆公⑥生于明清相交之际的乱世，为人机警、勇武，有胆识，有正气，在匪寇焚掠之中保全了家族妇孺，奠定了家族兴旺的基础，博得了族内的公望。

①
过去的研究中，对坑底乡匠人的家谱叙事，很大程度依赖今天郑氏匠人的追述，因而只关注到徐一郑氏之间的传承，坑底乡其他桥匠家族则相对受到忽视，尤其是稠林山吴氏家族。

②
此前地方学者的研究中不曾确认吴光谦籍贯。笔者在博士论文（Liu Y. Gewebebogenbrücken: Geschichten strukturellen Gedanken[D]. München: Technik Universität München, 2017.）中，曾由吴光谦与小东上桥绳墨吴光福姓名的关联，推测吴光谦亦为坑底乡匠师，随后于2017年夏在小东村比邻之稠林山村吴氏宗谱中寻得吴光谦姓名加以确证。

③
徐兆裕、徐元良系父子关系——这一点不曾被前代学者提及。过去的研究仅将徐氏匠人的直系亲属向上追及至徐元良，而推测徐兆裕为本地匠师（龚迪发 2013）。笔者由小东村徐氏（另一支）后人所藏《徐氏宗谱》中确认此事（详见299~230页，图8-7）。

④
然而遗憾的是，虽然是"吴光福"将我们引向了稠林山村，但我们在此仅找到了"光谦"的名字，并没能找到与"光福"完全相同的名字。从吴光福作为副手建造小东上桥判断，他必定是坑底本地人。坑底地区的吴姓家族不只稠林山一村。在我们走访的家谱中，亦有以"光"行辈派字的家支，但迄今尚未找到吴光福这一名字。

⑤
藏于福建省寿宁县坑底乡稠林山村吴氏祠堂下。下同。

⑥
《延陵邑吴氏宗谱·应兆公传》：公讳应兆，字瑞德。稠林山始祖之二十世孙也。性机警，善应变，力量过人，不为威怵。生当胜朝鼎革之际，所在山谷，流寇充斥，官兵力不能制，邻居室庐多被焚掠，百无一完者。宏光据守闽广，府库空虚，赋敛繁重，征徭无虚日，当时宗族不下百余家，其顽黠者，率随贼以去，其庸懦者，东西奔窜，鲜有存者。公独能悉心防御，上应征输，下避虏掠，保护其家室凡三弟赖以安全成立，无复恼父母忧。族人群奔者过语之曰："当此饥馑荐臻，人民离散尽矣。渠茕茕处此，能独捍贼锋以保全妻孥乎？"公谢之曰："诸君皆去，余亦从此逝，其若祖宗闾墓何竟不与俱去？"竭力耕植，拮据终身，以成其志。俾吴氏子孙得以一线仅存者，公之力也。配孺人胡氏，亦能勤俭以持，中馈织纫以全妇道，奉舅姑相妯娌，俾公得以纾内顾之忧者，孺人亦与有劳焉。至今孙支济济，享祀弗替，夫亦可谓吉人天相矣。

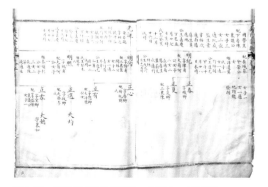

图4-11 《延陵邑吴氏宗谱》。左侧上：吴光谦

其长子春挺公①(1671—?)继承了应兆公正直的性格和主持乡里的魄力，热心造桥修路等公益事务。曾独力建造村内桥梁（小型平梁廊桥），并作为董事筹建小东、杨梅洲（州）两桥。

至其下一代，吴家这一支脉开始显著地蒸腾向上。春挺公二子廷威②(1708—1776)"识大体，善理财""少时家綦窘，衣食不足"，而"晚岁富足甲于乡都"。自廷威公一代，稠林山吴氏开启中国乡村典型的耕读传家的士绅传统。一方面斥巨资重整祠堂茔墓，一方面"以诗书教子从师取友""儒雅不类农家子"。

在教育上的投入，很快显现了成果。两个儿子均取得功名，其中长子于第③(1735—1797)十八岁即考取廪生，领取公家廪米贴补家用，但年幼失怙，居丧孝母，主持家族，未能再于仕途进取，直到晚年取得岁贡生。家谱传记的行文中流露出一种对功名的灰心。即使如此，并不妨碍于第公成为后世家族的科举标杆。此后历代，吴氏家族中多有生员。今天稠林山吴氏宗祠的门外，立着三对表彰科举功名的旗杆石，其一就有"乾隆五十九年甲宣科岁进士吴于第立"的题铭，另外两对则立于光绪年间。

---

① 《延陵邑吴氏宗谱·春挺公传》：春挺公、春捷公同胞兄弟也。天性肫挚，心情刚正不阿曲，好施与，勇行善事。其所居水口桥，尝独力鼎新之。又尝倡捐修造小东、杨梅洲两桥。至凡桥道路亭有毁坏，不堪行旅之往来歇宿者，捐赀修理，无不悉力协助之，即毁冢亦有所不恤。一时里邻竞称羡之，以为美谈。其时，族中有强梗不驯者，时或侮弄寡弱者，公见，直以理力折之，不少屈，必使愧服而后已。而族蠹亦为之敛威改辙焉。故族无少长，咸服其公正，无或敢干以私者。公与弟幼也嬉戏，长而樵牧，作则耦耕，食则同席。至于衣服什器，无不与共及。长而婚娶，犹时同眠共被，友爱怡怡。至老弥笃，逮兄弟继卒，其子廷威等以同穴葬于上坑林山之原，盖尊其遗命也。至今父老之训饬子孙者，犹时举公兄弟以为家法云。

② 《延陵邑吴氏宗谱·廷威公传》：廷威公，字宜重，明经益元公之尊人也。秉性刚方，持躬严正，识大体，善理财，不苟锱铢，施与有节。少时家綦窘，衣食不足以自给。躬耕节俭，日以饶裕，以诗书教子，从师取友，不惜厚束修、优供给，至凡事务有关于祖宗者，祠宇之修、茔墓之筑，动以盈万计出之，无少吝色。又尝独力葬族中之无嗣者十余柩，以视世之富室，徒知崇饰寺观者，其贤不肖何如也。晚岁富足甲于乡都。长子于第，次子于京，相继蜚声庠序。公犹及见之三四，亦复恂恂儒雅，不类农家子，人咸美公世德之积累，而不知其平日训诫之有素也。盖公平日不苟然诺，虽以贫窭起家，凡事有益于人世者，即慷慨任之，虽时或有亏赀，亦不甚斤斤较量，如其食报于子孙裕大而悠久者如此。

③ 《延陵邑吴氏宗谱·岁进士于第公传》：明经益元公，讳于第，行名开茂，世居寿宁之稠林山。其先世松源人，为括苍望族，高曾大父世力农有隐德，大父春挺以友爱著声闾里，厥考廷威善治生，庭训极严。公生而廉介孝友，性成天姿朴鲁无夙慧，视膳问寝之余，隐知乃父望已成名，綦切刻志攻，苦吟诵画。夕几至废寝忘餐，故其为文，多沉著痛快之作。未弱冠遂受知于＊学，使补弟子员，旋以优等食饩膳堂。逮乾隆甲寅(1794)以岁贡充贡成均，是时，公已无志功名矣。公六岁失怙，隐痛所生，时形于词色，及长侍父，颜色先意承志，及寝疾床笫，亲尝汤药，衣不解带，吁天请代，竟以不起。公匍匐营殡，水浆不入口，哀毁骨立，几不欲生。继母陈太孺人屡责之，始杖而起，稍进酏饮。太孺人性严急，好以苛礼责诸子，不少贷，尤刻绳于公。公曲意承顺，声气和柔，不失其欢心，左右就养，无少懈怠。继而母亦悔悟，爱之不替所生。自侍疾居丧，哀切一若丧父时。时吊客盈庭，咸劝以大义，乃稍为之节哀。盖公之事亲，生事尽敬，丧瘗尽诚，葬祭尽礼，始终谨慎内外，无异辞者。公勤于训课，教其弟于京，谆谆不倦，遂与其哲嗣在田，后先相继登黉序。负笈受业，生徒多自远至，拾其香艳者，率撷芹英以去。公好义轻财，虽在义取，亦不苟得。尝于风櫩中先后两为人捉刀试辄，前矛食饩，其人仅遇以八金。公受之不以为少。或讶公曷不多取之，则笑应之曰：彼工贾际一日之力不过百钱，吾以顷刻得此，不既多乎？其廉洁率此类，动一时亲邻闻公名，争先睹为快。公一接之，以礼与之，言多劝其为善，并举古人以相助族党中多有蕙德而善良者。追考，终知其人者，无论戚友，闻讣多为悲悼。至道光年间，某抚军修《八闽通志》，檄县采访懿行硕德，有司以公行状汇详珥笔者，载入孝友卷中，令闻广誉，垂于奕禩。夫亦可想见其为为矣。配儒人李，赋性柔顺，克循妇道，时称贤内助。今其子孙森森，玉立书香继美者，皆其所出也。公生于雍正乙卯，卒于嘉庆丁巳，寿六十三。

＊原字空缺。

图4-12 《延陵邑吴氏宗谱·冲谷公（吴光谦）传》

到了于第的独子、吴光谦的父亲回龙公①（1765—？）时，宗谱中的传记恢复了一种豪纵之气。此公虽中邑庠生，但传记描述其读书吃力，资慧不足，但为人豪放，热心家族事务，踊跃捐助"砌道路修桥梁"等公共事业。彼时家道中落，回龙公以私塾先生为业，勉力振奋，始见复兴。

及至吴光谦②（1803—？）的时代，吴家渐有起色。兄弟四人中，长兄最善读书，然年四十方中庠生。于是放弃科举，主持家业，设帐家庙，训课子弟，以公正敦厚严格在家族立有声望。四弟最为桀骜，不喜读书而务于"蓄积"——当是坑底作为交通节点带来的贸易之利。吴光谦排位第三，是四兄弟中唯一没有读书者，而以耕稼、营造为己业，照料父母，养育兄弟。家谱赞其"赋性温和，存心敦厚，虽未读书，能明大义。处家道方兴之日，父母俱存，兄弟无故，仰事俯育之余，唯以服田力穑为事，出作入息，未尝自暇自逸。凡树艺播种以及创修之

---

①

《延陵邑吴氏宗谱·庠士见斋公传》：见斋公，名回龙，一名在田，字云会，厥考益元公。性毫纵，能读书，喜交游而不善治生。大父宜重公，盖以勤劳起家者，见厥子所入不敷所出，心窃虑其难为继也，遂独钟爱公，寝食与偕，遇物指诲之，乃肇锡以嘉名，盖取形家顾祖之义云。公少乏宿慧，每有所吟哦，必须至千余过始能背诵。故其所学精熟多得于困悟，有非聪敏捷取者所能及。年甫冠，补博士弟子员。当是时，家中落，不复暇习举子业，乃拥皋比授生徒，以取得馆金供养高堂，甘旨赖以不匮，居数年，渐渐有赢余，量入为出，家道复稍稍振，凡为重子师者十余年，始辍业居家。达大体，不苟取，与其金钱，虽得之艰难，而凡砌道路修桥梁，无不踊跃捐助以为倡。亲用之单寒者，则资润之，邻族之孤弱者，则拯济之，善事不胜举也。至于新堂构营田园，婚男嫁女，生事葬祭，费用有经，奢俭中节，皆公所谓分内事，不足为。公多善相人识力，特异，所择女子婿孙女婿，多知名士，皆人所健羡者，识者谓公之读书似乃父而攻苦过之，治家似乃祖而富饶过之，不虚也。德配陈孺人，内助称贤，获训称慈，有桓孟风焉。举丈夫子四，长若鸿，即公所训课者，能读父书，腾举郡庠。二三俭勤持家，恪守庭训。四居中以技勇受知贤邑。侯孙曾玉树盈阶，多峥嵘头角，家庭乐事，世鲜有能踰公者。今年已阅杖朝，聪明不减，健饭如平时，犹爱宽以以待亲邻，严正以率子孙，或时处家事，井井有条，不少异畴。昔康强逢吉，彼苍之报善人，夫岂人能量其福禄之所至也哉。

②

《延陵邑吴氏宗谱》，光谦名侧有"讳若鹇，字翔之，号仲谷，配竹坪胡献朝公女，子六女一，适下坪碓。公生嘉庆癸亥二月十七日戌时，氏生嘉庆甲子三月十七日酉时"等信息。

谱内另有独立传记：冲谷公，讳若鹇，字翔之，行名光谦，回龙公三子。赋性温和，存心敦厚，虽未读书，能明大义。处家道方兴之日，父母俱存，兄弟无故，仰事俯育之余，唯以服田力穑为事，出作入息，未尝自暇自逸。凡树艺播种以及创修之举、土木之工，此倡彼和，前呼后应，一家咸依赖之。居恒爱亲敬长，慈幼恤孤，无间于人言，殆出于自然之天性，而非寻常可及者，且平日亲承乎祖考之训，默化乎诗礼之风，故能存孝悌，守忠诚，而安闲以处众。如是以视世之重货财、薄父母、听妇言、乖骨肉者悬殊。及三年丧毕，而兄弟分居，公之三子中才、四子中权俱以武学先后相继入庠序，各有光前裕后之志，实由公之心田有以感乎而佑助之。乃悉委以家务，得纾朝夕之忧，唯杖履优游，逍遥自得，以保余年。迨考，终子孙满前，望其无疾而逝，寿七十有*。
*原字空缺。

① 转引自：冯梦龙. 寿宁待志：香火[M]. 寿宁地方志丛书-寿宁待志校辑. 厦门：厦门大学出版社. 2012：77.

② 冯梦龙. 寿宁待志：香火[M]. 寿宁地方志丛书-寿宁待志校辑. 厦门：厦门大学出版社. 2012：64.

③ 明·柳元《登马仙宫观音阁》："长桥虹影接郊坰，高阁翚飞倚太清。"转引自：同上。

④ 即使有"青虹""虹影"等描写，我们仍不能完全确认此时（晚明）的仙宫桥已经使用木拱桥结构。现状仙宫桥桥拱跨度约22米，这个跨度亦由伸臂梁、八字拱等其他形式实现，这两种桥梁在闽浙民间亦被通称为虹桥或拱桥。

举、土木之工，此倡彼和，前呼后应，一家咸依赖之。"光谦身受封赠（例授）"登仕佐郎"虚衔。他的子嗣之中，两个儿子中武庠生，在家族的科举道路上另辟蹊径。

有趣的是，虽然远非其家族历史中最成功的成员，吴光谦却成了今天家族子嗣心目中最具有守护神性质的先祖。2019年我们采访时，光谦的后人不久前才斥资20余万元修整了光谦的巨型坟茔，认为那里拥有最好的风水，会为子孙带来长久的荫护。

无论稠林山村还是小东村，坑底匠人的故事都没有结束，不过我们要暂时离开一会儿，去拜访一下另一个匠人群体。

五、仙宫

　　点翠瑶宫倚碧空，四时佳气郁葱葱。画桥左驾青虹起，锦嶂前临紫气笼。一榻清风来竹里，半帘明月映山川。我尝遥忆天台景，忽讶蓬壶在此宫。

　　——《马仙宫》，明·戴镗[明万历十八年（1590）寿宁知县]①

　　马仙信俗肇始于唐中叶，传说马仙为福建建安人，因孝闻名，死后飞仙，成为闽北浙南影响力巨大的地方神明。

　　明崇祯冯梦龙任寿宁令时，即有记载县内马仙之盛，官民同拜："塑望有司拜谒，首文庙，次城隍庙，次马仙庙，次关庙，各行四拜礼……（马仙香火）寿宁尤盛，凡水旱无不祷焉。六月十六日为以仙诞辰，县官设祭。里中岁聚敛为迎仙社月，置一人谓之'仙首'。自十二日迎之出宫，一日两斋，午斋则轮家供养，晚斋则架台于街次，鼓吹彻夜。如此三日，城中已遍，则往乡，又二日乃还宫……宫在东门之外。自升平桥至永清桥，溪水有鱼，或青或红，水清可数，名曰'神鱼'。"②

　　马仙宫在寿宁县城小东门外、城南蟾溪之上。蟾溪穿城而过，溪上密布桥梁。马仙宫之侧亦有桥，距引文中"升平桥"不过300米。"长桥虹影"③明代即入诗文④。以仙宫之香火昌隆，可想见仙宫桥雕梁画栋，往来信众络绎不绝的盛景。

清乾隆二十七年（1762）的《福宁府志》不但记载了马仙宫的盛事、宫侧之桥，并经桥下神鱼提到蟾溪的洪水："懿政行祠，祀马氏仙。旧在主簿公厅，后徙城南。邑民祷祈必应。每岁六月吉，邑官设祭，邑人迎祀宫左长桥。桥下仙鲤百数，遇洪水流入他境，逾时即还。施纲罟者辄灾。"寿邑历来常苦于水患。《志》成之前不久，即有"（乾隆）十四年（1749），寿宁暴雨，子来桥圮。县界东南二溪，没大桥十余座。畲溪沿河漂没无数"之事①。

我们不知是不是乾隆十四年的洪灾冲毁了冯梦龙拜谒马仙时穿行过的仙宫桥。乾隆三十二年（1767），仙宫前重建虹桥。两百余年后，马仙宫已湮灭不见，而乾隆年间重建的仙宫桥保存完好。此桥规模不算宏巨（跨度23米），桥廊两端及桥心当中各立三个八面玲珑的桥亭（图4-13），桥内雕花藻井、画栋书梁（图4-14）。桥上竟有店铺、牌桌，人间烟火，热闹非凡（图4-15）。

桥屋廊内彩画朱漆，已是近年重新修缮的气象。白底墨字清晰的墨书重抄了造桥匠人的名姓，却不是近在本县的坑底匠人名姓："都绳墨李秀壹捐钱一百文正""都绳墨吴圣贵、张新祐"（图4-16）。其中李姓匠人不但位居首位，更代表桥匠团体捐银百文，更说明其首领身份②。但是仙宫桥墨书已在历代的修缮中失去了原貌，并没有以常见的方式保留匠人的籍贯地信息。所幸三位绳墨中排位最后的这个名字，对今天的研究者而言已不陌生——下荐秀坑村张氏家族是今天闽浙两省传承最久的匠人家族。张新祐正是张氏家族的第一代造桥匠人，也是闽浙之间可以追寻到的最早的桥匠传承。而仙宫桥正是这个家族已知最早的桥梁作品。

六、萼荐

秀坑村今属福建省周宁县礼门乡，此地古称下荐，又名萼荐，清代属福宁府宁德县，邻近寿宁南界。从周宁县城前往秀坑村，需盘旋深山，偏僻遥远。村子谷底穿流的后垄溪，是一条可以放排的大溪，溪水向东南注入霍童溪，即可通流入海，至福安、宁德等地。与交通节点上耕读传统的坑底村落不同，下荐一带相对山高田少，即使开垦耕种

---

① 转引自：冯梦龙. 寿宁待志：香火[M]. 寿宁地方志丛书-寿宁待志校辑. 厦门：厦门大学出版社，2012：67.

② 绳墨在上梁仪式时代表匠师群体捐钱之俗，笔者曾在生水塘工地（见第155页）亲见。

图4-13 仙宫桥,福建省寿宁县城关。乾隆三十二年(1767)下荐匠人李秀壹、吴圣贵、张新祐造(2009)

图4-14 仙宫桥,藻井与雕饰(2009)

图4-15 仙宫桥。桥上设牌桌、小卖店,供应小食茶水,接通电线(2009)

可以勉强自足,仍然缺少贸易流通换取生活物资。至晚在最近的数代人之间,张氏家族便依赖运输、转卖上游竹木来补贴生活。解放后,后垄镇成为林木的集散地,设立了林业局,木拱桥匠师在没有营造项目时,便从事放排:将杉木头尾相接、逐根丢入水中,而人站在独木之上,顺溪而下,唯手持竹竿保持平衡而已。直到2019年笔者采访时,张氏家族当今的匠人张昌智师傅,还以他71岁高龄夸口说,就算现在在水里扔上一根杉木,他仍可以驾驭。

张氏家族进入木拱桥匠行业始于乾隆时期,仙宫桥即是其家族已知最早的作品。根据张家所藏之《张氏族谱》,其先祖在唐宋间由中原入闽,辗转繁衍于省内各地,其中一支于明嘉靖年间(1522—1566)迁居于宁德十九都洋尾,即今天秀坑村张氏之始祖。而张氏家族进入木拱桥行业,则在定居下荐两世纪之后。第一代桥匠为出生在康熙后期的张新祐,即仙宫桥排位第三的都绳墨。

图4-16 仙宫桥墨书(2009)

据张氏后人口传，其家族曾师从南少林游方武僧。时武僧长驻秀坑村，开馆授拳，此后秀坑拳师亦在各地开馆。至乾隆初，张新祐在浙江龙泉设馆，偶因仗义勇为结识了正在当地建造木拱桥的桥师，二人成为莫逆，互相传授技艺，此后张新祐转行成为木拱桥匠①。

故事或许过于传奇，但亦不算荒诞。闽浙两省山地动乱繁多，山民均有习武保身之俗，南少林传说更是俯拾皆是。对于我们的研究而言，这个故事则可确认一点信息：张氏家族的造桥技艺来自外姓。仙宫桥正是一个侧证：首席绳墨李秀壹，从排名地位可见，或当是张新祐的长辈与前辈。秀坑张氏的木拱桥技术在张新祐一代凌空出现，并师承李姓匠师。

我们②拜访了秀坑周边的李姓村落，并在礼门乡境内寻访了数个较大的李姓宗族，所有可见的族谱中，都没能找到一个名叫"李秀壹"的成员③，甚至在同期（乾隆时期）并未找到以"秀"为行辈派字的家支。但这一番工夫并没有白费，我们有了另一个有趣的发现。

张氏家谱中，新祐妻名"李正凤"（图4-17）。而在仙宫桥之后的桥梁建设中，张新祐及其子侄又多次与一位名为"李正满"的绳墨合作，张、李两姓轮换正、副墨身份。我们在咸村镇王宿村《李氏宗谱》中找到了这两位姊弟（图4-18）。

王宿村也是一个有故事的村子，《李氏宗谱》自述，本地李氏始祖为唐昭宗第十六子颖王李禔，天祐年间为避朱

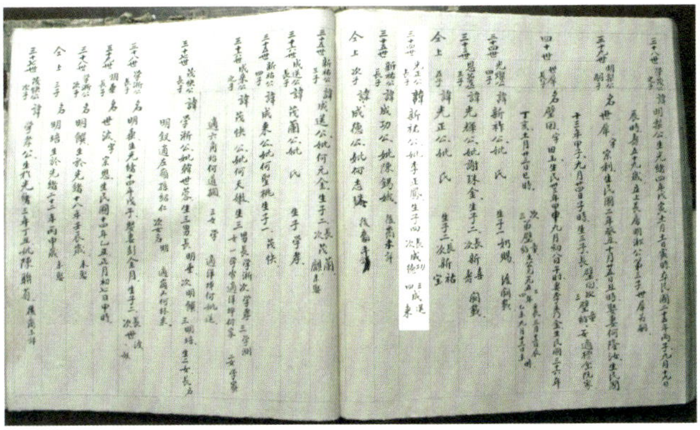

①
此事收录于：周芬芳，陆则起，苏旭东. 中国木拱桥传统营造技艺[M]. 杭州：浙江人民出版社，2011：198-199. 另经笔者向张昌智采访询问得到肯定（2019年1月于秀坑村）。

②
周宁县博物馆馆长郑勇带引笔者。

③
张新祐岳丈（妻弟李正满的父亲）名作"李一成"，谱名"建谆"。

图4-17 《张氏秀坑家谱》（周宁县礼门乡秀坑村张昌智保存）。"新祐公妣李正凤"

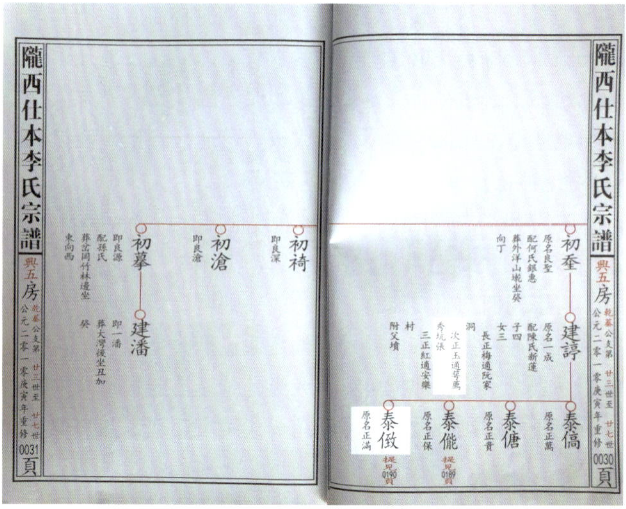

图4-18 《陇西仕本李氏宗谱》。右页下部，建谭原名一成，次女"正玉适葺荐秀坑张"，四子"泰傚，原名正满

①
见《李氏宗谱》。又见李陈财. 唐昭宗血脉今何在[J]. 寻根, 2017 (04): 135-138.

②
古称杨梅洲，见《延陵邑吴氏宗谱》（注56）及杨梅洲桥飞云桥桥约（图4-21）。今称杨梅州。本书在涉及本桥时依古称书写。

③
寿、泰两县县界，亦是闽、浙两省省界，如此逼近泰顺县治，亦有历史故事。据冯梦龙《寿宁待志》，"相传……方设县时，寿宁与泰顺争疆不决，乃期面议，各以某日晨行，即相遇处为鸿沟。寿宁令夜行直达泰顺城内，登其堂，泰顺令犹未出，謔是城以外尽属寿焉"。此事详情难考。而两县边界仅距泰顺县城咫尺，直至近代多有纠纷争斗。新中国成立后以后溪天然河道划界。

温之乱南逃南闽，定居东洋（今周宁）。而王宿村则因李提曾在此地夜宿而得名。咸村镇一带，今天仍然保留着"三年一贡"的追祖仪式传统①。此等传奇，真实性或未可论。咸村镇因地理位置，有桃源溪、川中溪两条溪水向南汇入霍童溪，是福安赛岐、罗江进出山区的货物在水路、陆路之间的中转地。咸村人善于经商并积累财富，从今天保留下的大量青砖、木雕古民居可见一端。

李正满在宗谱中又名泰傚，在兄弟四人中排行老幺，他的二姊名为"正玉"，名字虽有出入，名下却有"适葺荐秀坑张"记载，当与张氏族谱中的"李正凤"同为一人。看起来或许二姊疼爱弟弟，嫁到秀坑时将小弟一同带了过去。李正满一生未姻娶，没有留下子嗣。在他之后，下荐匠人群体中未再出现李氏匠师，而"宁德县十九都下荐秀坑绳墨"，张氏家族慢慢展开了长达两个世纪的行业霸业。

七、杨梅洲

寿、泰交界杨梅洲②村，后溪之上，飞虹一座巨构（图4-19）。此地隶属寿宁县坑底乡管辖，但两县之界亦是两省之界，距泰顺县城直线仅七八公里③，是景宁、寿宁、泰宁三县往来交通节点。此地地处偏僻，直到2015年前后方通公路。但据村人回忆，直至20世纪80年代，杨梅洲桥仍是两省之间的交通要据，甚至成为远近闻名的"赌桥"——每至夜晚，桥上及两边道路灯火通明，却是一桌桌骰子牌筹。改革开放之初，闽北与温州之间的一支经济细流，竟在如此微末节点逡巡逗留。

根据廊屋墨书，此桥始建于清乾隆辛亥年（1791），但实际的初创可能更早。我们在前面坑底稠林山家谱中读到，吴光谦的祖上春挺公（1671—？）曾作为董事建小东及杨梅洲两桥，那么至晚在18世纪中期，此地已有桥梁建造。

道光二十一年（1841），因旧桥歪闪严重，曾聘请下荇秀坑匠人张成雹进行修缮（图4-20）。成字辈为下荇张氏第二代造桥匠人。但此役未能长治久安，此桥于咸丰年间（1851—1861）①及（或）同治己巳年（1869）再度改造②，其中同治项目由坑底乡吴光毂倡建③。直至民国二十六年（1937），杨梅洲村又次重新鼎建一座飞虹巨构，傲然雄立至今。

① 民国二十六年桥约称"今将本邑西隅杨梅洲桥自清咸丰年间建造迄今天历年久远……"。

② 桥廊当心间墨书题："中华民国二十有六年丁丑岁次十月初十日卯时良辰重新建造""本桥创于前清乾隆辛亥年，修于道光辛丑，改造于同治己巳（1869）之"。

③ 《寿宁玉壶凤山祠吴氏宗谱》，2014年修，藏于福建省寿宁县坑底乡坑底村村民。此人属坑底村吴氏家族，家族行第已与稠林山吴氏不同，虽巧合同使用了"光"字派字，时代却不同。两个家族远祖同出庆元一脉，但分支已经较远了，两支世系迁居坑底的时间也有先后。

图4-19 杨梅洲桥，福建省寿宁县杨梅洲村（2016）

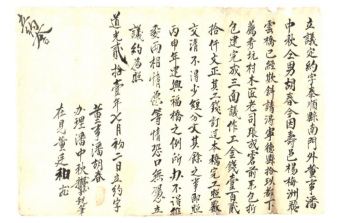

图4-20 道光二十一年（1841），杨梅洲桥飞云桥（今天杨梅洲桥的前身）修缮工程合约。匠师张成雹

（图片来源：寿宁县博物馆提供）

① 桥屋墨书。

② 笔者在坑底村查阅宗谱时,该村吴氏家族的老人讲了一些故事。传说吴大清赢得项目是因为他是董事的同宗亲戚。尽管这确实可能,但我们必须记住,坑底村几乎所有居民都或近或疏存在亲缘关系,而且吴姓与徐姓都出现在董事成员名单中。仅从姓氏和出身村庄来看,我们很难辨认出与吴姓或徐姓匠师亲密的家族成员。

③ 据稠林山《延陵邑吴氏宗谱》,吴大清为光谦之长兄光旦之曾孙详见图8-5)。

④ 笔者对郑多金的采访,2013年10月、2019年1月,详见下文。

⑤ 在当地方言中,"学""鹤"两字同音,"小坑""秀坑"同义。张氏姓名籍贯书写不尽准确,可能正因其仅负责下拱建造。廊屋墨书时,他已经不在现场。

民国二十六年的工程由寿宁县城与坑底乡主持,以坑底乡乡绅百姓为主导力量,花费银元二千余元(详见148页)。项目董事中包括一位坑底成员,名吴振新①。工程最初交与了稠林山吴大清(1899—?)②。吴大清亦是前文吴光谦的同宗后人③。小东村的桥匠也参与了营造项目,桥匠郑惠福甚至将时年九岁的儿子郑多金一同带了过夫④。

然而吴大清到场之后,却惊惶不敢动工。杨梅洲桥桥址处河道净宽三十余米,利用天然巨岩为基,桥身距水十余米高,而水下是二十余米深潭,地势甚是惊险(图5-3)。坑底众位匠人虽有造桥技艺在身,却没有胆量在深潭之上凌空搭架,不得从宁德县再度延请下荐师傅前来造下部拱架。来者是秀坑村张学昶,民国时期高产的木拱桥匠人,此时已是一位白发苍苍的老人,随行带来浩浩荡荡三班人马,一班专事下水,称"水兵",一班专门上架,还有一班在岸上做工。下水的师傅做完柱架(脚手架)就回去了。老师傅及其余的下荐匠人则在完成拱架后返乡。吴大清带着自己的班组完成了廊屋。今天的桥屋中,仍可见"宁德小(秀)坑村木匠张鹤(学)昶"⑤与"寿宁稠林山绳墨吴大清"并排墨书在梁上,秀坑张氏虽简单冠以木匠头衔,却位居"绳墨"之前(图4-21)。

不仅杨梅洲桥,两省现存的险桥,几乎尽出张姓之手。杨梅洲桥实例则可见证,时至民国时期,下荐的匠人群体,已经针对大型惊险项目形成明确而系统的分工,组成一支专业而有纪律的"集团军",对战闽浙高山深涧之间、令现代人不免寒战的艰险任务。

图4-21 杨梅洲桥廊屋梁上墨书题字(红外摄影,2016)

杨梅洲桥的建造，在笔者调研时，尚有亲历者在世。造桥大事，自有乡民好奇围观。包括一个十三（虚）岁小童，名唤董直机（1925—2016），来自附近的泰顺县岭北村。董直机因在这一带走亲戚，跑到工地玩耍，传递工具打下手。绳墨师傅吴大清见他聪明伶俐，甚是喜爱，于是现场——半是玩笑地——将他收作徒弟，并将一些（无关紧要的①）建造技术解说给他。少年此时虽尚不通木作，却将眼中所见、师父所述牢记脑中。此后兵荒马乱，他再未有机会向吴大清继续求艺，于十七岁时另拜本地一位大木匠为师，大半辈子造屋造庙，却不忘杨梅洲桥所见所闻，直到2004年以近八十岁高龄建泰顺岭北同乐桥、2008年建温州三垟湿地琼华桥②。2009年，董直机成为国家级"非物质文化遗产"传承人。

此事的另一个见证人，是小东村的郑多金师傅（1928—2021）。上面说到，项目虽为吴大清承包，但坑底乡有更多的匠人参加了工程，包括郑多金的父亲、当时名气更大的郑惠福。多金跟随父亲去现场玩耍，此时他刚刚九岁，比董直机还要年幼三岁。在笔者采访之时，年逾九十岁的老人，对那位齿龄更长的孩子仍有印象，对惊心动魄的水上施工亦保留着记忆③。

除了亲历者，今天的匠人亦有来自长辈的听闻。绳墨师傅稠林山吴大根，正是吴大清的同宗幼弟，亦是笔者第二个建造项目的绳墨师傅（详见第147页）。虽同是"大"字辈的兄弟，但年龄相差了逾一个甲子④。大根师傅少时，大清仍然在世，二人常一同上山砍柴、玩耍，大根少不了向兄长询问当年造桥盛事⑤。大根师父与郑多雄连襟，自岳父郑惠福之手传承营造技艺，今天仍然活跃在造桥实践中，于2020年被评为省级"非遗"传承人。

而另一方的出场证人，是张学昶的后人张昌智师傅，亦是笔者第三个建造项目的合作匠师（详见第147页）。张昌智虽然并未亲历杨梅洲桥建造现场，但他所掌握的营造技术代表了张氏家族的技术传承。

幸有这多方匠人群体的记忆，我们可以穿越时光，一窥那隔世之久的传奇。但杨梅洲桥的故事却并非仅存于见证者的证辞之中。借用建筑考古学研究和技术史谱系复原，我们还将在本书下篇中一窥杨梅洲桥更多的技术细节和复原建造场景。

---

①
木拱桥营造技艺中最核心的秘密，在于设计的方法。从董直机的口述以及他的实践特征，显示他并没有习得小东匠人的设计方法以及关键性的节点做法。详见第245~246页。

②
董直机于2012年8月、2013年11月两度接受笔者采访，细述杨梅洲桥的营造详情。

③
据郑多金口述，寿宁县博物馆龚健馆长转述（翻译为普通话）。2013年10月、2019年1月采访。

④
据吴氏宗谱，吴大清生于光绪己亥年（1899），吴大根生于公元壬寅年（1962）。

⑤
2013年冬，吴大根、郑多雄造景宁县景南乡东塘村回龙桥，笔者全程参与下拱建造，其间与吴大根师傅交谈所得。

下篇 闽浙编木拱桥

例言

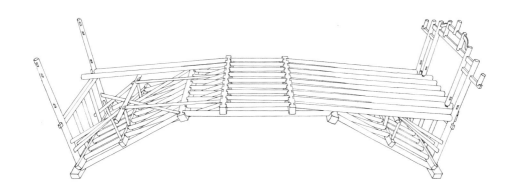

下篇 闽浙编木拱桥

① 如第三章所述，中国其他地区也有编木拱桥存在，但没有留续匠作传统，因此并不包含在这项遗产的对象中。

2009年，"中国木拱桥传统营造技艺"（"Traditional design and practices for building Chinese wooden arch bridges"）列入联合国教科文组织（UNESCO）"急需保存的非物质文化遗产名录"。在这个语境中，"中国木拱桥"实际上特指①"闽浙（编）木拱桥"——福建、浙江两省交界山区特有的一种桥梁结构。这个区域大体北至瓯江，南至闽江，东至海岸，西至武夷山（图II-1）。区域内今天尚遗存百余座历史木拱桥（图II-1），传承了逾二百年的匠作传统。历史木拱桥的基础信息，可以在笔者建设的闽浙木拱桥数据库网站（w-bridge.wiki）上查询。

存世闽浙木拱桥历史遗构中，时代最早的案例是建于明万历时期的如龙桥，将在第六章详述，亦是存世唯一的明代遗构。其余案例均来自清代、民国与新中国成立后。在闽浙山林间，民间自发的木拱桥营造结束于20世纪70年代中期。1980年，闽浙木拱桥引起桥梁史学术界的关注；在20世纪80、90年代二十余年的中断后，自2000年开始，又因为学术界的关注、遗产保护领域尤其是"非遗"运动的热浪而重兴营造热潮。传统木拱桥匠被地方政府"发现"、重视，并通过申报"非遗传承人"等荣誉称号，有意识地扶助与栽培；新的木拱桥建造项目大批涌现，新的造桥匠人不断产生。这种伴随"非遗"热潮形成的"更新版传统"，与山林传统社会的营造活动，虽根植于同样的地域土壤，却有着根本的差异。

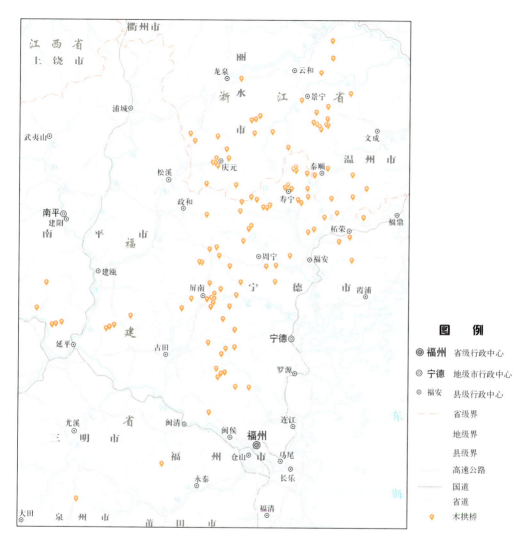

图II-1 闽浙木拱桥分布图。涵盖本项课题调研时（2009—2016）已知并尚存，或毁失不久、尚可定位的历史桥梁

[审图号：GS（2021）5389号]

在本书中，"历史木拱桥"特指建造于1980年之前，亦即由传统山林社会自发产生的木拱桥。"传统木拱桥匠""有家族传承的桥匠"等匠系指称，亦特指在1980年之前即已从事木拱桥营造的匠人或其家族与群体。

下篇　闽浙编木拱桥

① 专指有能力进行桥身下部编木拱架营造的桥匠。参与桥梁项目但主要承担廊屋建造的普通大木工匠不算在内。

② 现有文献一般称为"周宁秀坑村张氏造桥世家""寿宁小东（东山楼）村徐、郑氏造桥世家"与"屏南县长桥村黄氏造桥世家"。

③④ 本书对于桥匠代辈的计数与现有研究略有差异。详见第290~291页。

桥匠

经过学界近二十年的努力——尤其是两省各县文化工作者的贡献，我们已经对木拱桥匠及其传承关系建立了总体的认识。木拱桥匠①是一个非常狭窄的工匠行业，家族传承、专职于此的桥匠群体非常有限，迄至20世纪70年代末，传承达三代人（含）以上的家族群体仅有三个。当代地方文化工作者称之为三个"世家"②。本书的研究将基于新的家谱与营造史研究，更新我们对于这个匠人群体的知识。为了保持知识的连贯性与本书行文的统一，我们在这里暂时采用一种折衷的方式来定义这三个家族群体：

"下荐匠人"：福建省周宁县礼门乡下荐地区匠人群体。以秀坑村张氏家族为核心，协同周边多个村落，不同姓氏家族形成的匠人群体。迄20世纪70年代，历七代③桥匠传承，已知有五十余座桥梁作品，现存二十余座，最早作品建于1767年。

"坑底匠人"：福建省寿宁县坑底乡匠人群体。以小东村徐氏（1800—20世纪30年代）、东楼村郑氏（20世纪30年代至今）为核心，协同周边村落不同姓氏家族的匠人群体。迄20世纪70年代，历六代④桥匠传承，已知有二十余座桥梁作品，现存约十座，最早作品建于1801年。

"长桥匠人"：福建省屏南县长桥村黄氏造桥家族。单姓匠人家族。迄20世纪70年代，历三代桥匠传承，已知有七座桥梁作品，现存约三座，最早作品建于1904年。

三个匠人群体的营造历史与家族构成将在第七、八章作详细讨论，届时亦会提供更加准确的定义及限定。而接下来，作为两省之间根基最深、技术最为成熟的匠人群体，这三个家族群体今天仍然活跃的匠人师傅，将成为下面一章的主角，来展示如何在传统社会的土壤中建造一座木拱桥。

构造术语

在切入技术性的讨论之前，我们首先通过一座桥梁模型来熟悉我们的研究对象。

论及惊险，景宁县章坑村接龙桥（图II-2）定能位列前茅。30米跨度的巨构虹跨20米高的悬崖，谷底仅有一道浅浅的清溪——没有河水的缓冲，建造途中一旦跌落，必死无疑。桥梁建于民国六年（1917），为下荥匠人秀坑村张学昶及其子侄的作品。下荥匠人负责下拱结构的建造，廊屋（"桥楼"）则由本地木匠完成。

2012年夏，以实地测绘为依据，笔者与德国新伯兰登堡应用技术大学（Hochschule Neubrandenburg）的菲利浦·卡司顿教授（Prof. Philip Caston）在新伯兰登堡合作制作了接龙桥1∶20木构模型，并于2017年2月赠交德意志博物馆（德国慕尼黑）收藏[①]。

在此将通过介绍模型，初步展示闽浙木拱桥的结构体系与术语称谓，并演示建造工程的基本步骤。

闽浙木拱桥的承重结构在桥面之下（即桥梁工程中的"上承式桥梁结构"），包括编木拱、用作桥面平梁的楼平，以及二者之间的附加支撑（剪刀撑、青蛙顶等），统称"拱架结构"，或"下拱"（匠人术语）。桥面之上是廊屋，一方面在多雨的环境中保护下部木构，另一方面为行人乡里提供风雨庇护。

在典型的闽浙木拱桥中，编木拱结构由两套系统组成。其中第一系为三折边拱，称主拱系统，第二系统为五折边拱，称副拱系统，各自由纵向梁木（节苗）与横向梁木（牛头）组成。圆木节苗与方形的牛头之间通过榫卯节点交接。具体构件名称见示意图（图II-3～图II-5）。以下将借助模型展示建造过程（图II-6～图II-15）。

需要在此说明的是，本书对于编木拱的称谓，尤其主、副拱系统的称谓，与现有其他著述不同。在常见的著述以及各电视台拍摄的纪录片中，将主拱系统称为"三节苗系统"，将副拱系统称为"五节苗系统"。在下面的两章中，我们将看到，现有的称谓方式，只是一支匠人群体使用的命名方式，是21世纪初学者寻访匠人时遇到的第一支匠人家族所用术语（详见第208～210页）。这一套用语虽然已经被本领域内的众多学者熟悉，但适用范围有限，当我们系统探讨匠人技术谱系时，便会产生强烈冲突。因此本书重新创立了"主拱系统""副拱系统"这套称谓，以便行文。

[①] Modell Jielong-Brücke[A/OL]. https://digital.deutsches-museum.de/item/2017-299T1/.

下篇 闽浙编木拱桥

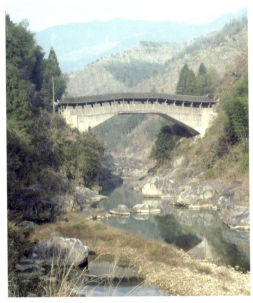

a. 接龙桥与当地典型自然地理

b. 接龙桥下部结构

图II-2 接龙桥，浙江县景宁县东坑镇章坑村（2011）
（图片来源：作者拍摄）

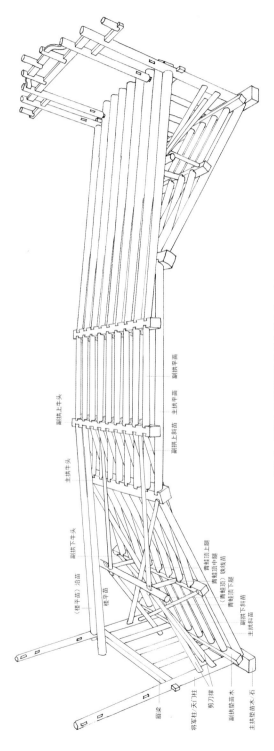

图II-3 闽浙木拱桥拱架结构及构件名称示意图

下篇 闽浙编木拱桥

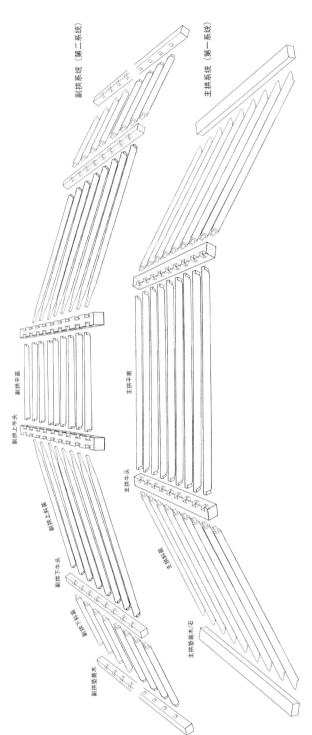

图Ⅱ-4 闽浙木拱桥编木拱结构拆解图

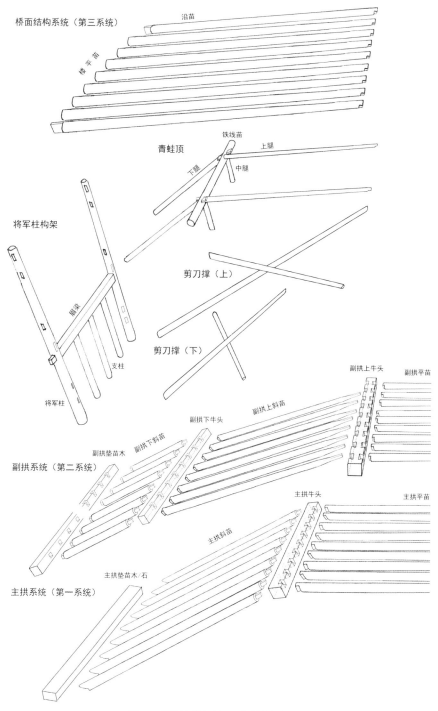

图II-5 闽浙木拱桥桥面下部结构拆解图

闽浙木拱桥基本建造步骤，接龙桥1:20模型演示

图II-6　完成桥台与拱基

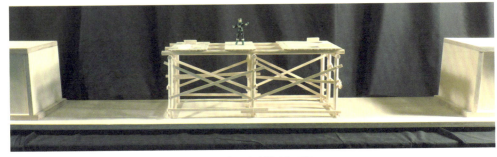

图II-7　在河中央搭建脚手架

（图中展示的脚手架，只有在河流平浅、跨空较低的情况下才有条件建造。接龙桥或杨梅洲桥的场地条件都不允许。下荐匠人会使用一种更加经济、但更加危险的脚手架系统，详见第197页）

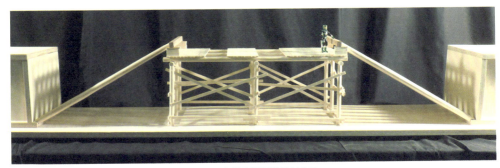

图II-8　安放主拱斜苗及其牛头

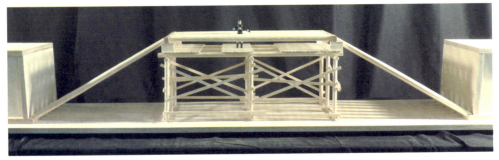

图II-9　安放主拱平苗暨完成主拱系统

图II-10　安装拱侧"将军柱"柱架

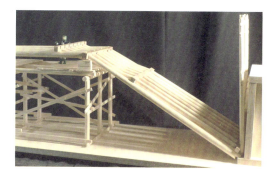

图II-11　安放副拱诸斜苗及相应牛头

图II-12　安放副拱平苗暨完成副拱系统，亦即完成编木拱系统

图II-13　安装剪刀苗

下篇　闽浙编木拱桥

图Ⅱ-14　安装楼平苗，并补入安装中部支撑系统"青蛙顶"。完成下拱结构

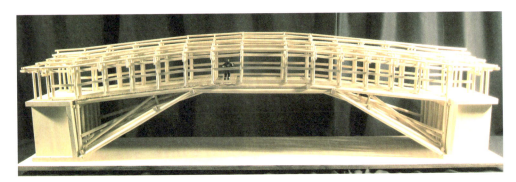

图Ⅱ-15　完成廊屋，亦即完成木拱桥主体结构建造

第五章／营造木拱桥：地方性知识

下篇 闽浙编木拱桥

本章按照营造步骤的时间顺序，描述木拱桥营造的完整历程，并对工程的运作方式与匠师的技术手法进行记录与分析。

为了更好地从内部理解木拱桥的建造技术与工艺手法，除了对现存历史桥梁的大量实地考察，笔者并广泛地采访造桥匠人①，三次参与木拱桥建造项目，并在最后一次实践中扮演绳墨角色。这三次营造经历均主要关注桥面以下的拱架结构，每次在工地历时三～五周。这些经验使笔者在一定程度上可以胜任木拱桥绳墨师傅的角色，为本文提供了内在于营造传统自身的观察与理解。外在的科学视角与内在的匠作视角，为本项研究提供了人类学视角②。

三次造桥项目包括：

（1）生水塘观音桥

绳墨：吴复勇（浙江省庆元县大济村人）

时间：2012年10月13日—11月26日

地点：浙江省庆元县隆宫乡生水塘村

---

①
笔者所访两代以上家族传承的造桥匠人包括：
张昌智、彭佛党。福建省周宁县礼门乡秀坑村。下荐匠人。家族第七*代造桥匠人。
郑多金、郑多雄、吴大根，福建省寿宁县坑底乡东山楼村（郑）、稠林山村（吴）。坑底匠人。家族第八*代造桥匠人。
黄春财。福建省屏南县长桥镇。长桥匠人。家族第三代造桥匠人。
吴复勇。庆元县大济村。家族第二代造桥匠人。
董直机。泰顺县岭北乡。20世纪30年代师从下荐匠人稠林山村吴大清。
韦顺岭。屏南县黛溪镇。家族第二代造桥匠人。
*关于下荐与坑底匠人辈代计法，详见第290页。

笔者所访没有家族传承的造桥匠人包括：
曾家快。泰顺县人。
刘繁庭。政和县人，原籍庆元。
张以进。庆元县人。

②
需要说明的是，即使笔者在本书中详细展示了传统桥匠的设计和施工方法，或言之"泄露了桥匠的技术秘密"，这并非是对匠人的信任的背叛。因为一方面，正如稍后将在本章和后续章节中讨论和解释，本书所揭示的秘密，是桥匠的经验法则，适用于现代知识和技术引入之前的传统社会。而有了今天的技术手段与工具，这些经验法则已经在很大程度上丧失了权威。即使没有学术界的干预，今天有传承的桥匠对他们的"秘密"已不再像他们的先辈那样保守，不再像过去那样忌讳同行。另一方面，所有接受采访的匠人师傅都知晓笔者作为学者（或最初作为学生）的职业，他们都充分知晓，他们的谈话内容有可能会被发表。而纸上的知识并不会对他们在现实世界的匠作职业构成挑战。对此，（对本书匠作知识贡献最大的）吴大根师傅曾有一句直白的评论。在东塘工地，当笔者问他："你把这些秘密都告诉了我，你担不担心？"他回答说："就算你都学会了，你也不会来跟我抢饭碗。"

规模：跨度约14米

（2）东塘回龙桥
绳墨：郑多雄（福建省寿宁县坑底乡东山楼村）、吴大根（福建省寿宁县坑底乡稠林山村，坑底匠人）

时间：2013年11月27日—12月23日

地点：浙江省景宁县景南乡东塘村

规模：跨度约16米

（3）雷根斯堡尼泊尔园中国桥木拱桥
绳墨/建筑师：刘妍（笔者）

绳墨：张昌智（周宁县礼门乡秀坑村，下荐匠人）

时间：2014年10月18日—31日福建省宁德市木材厂（加工）；2015年6月14日—7月18日（建造）

地点：尼泊尔园（Nepal-Himalaya-Pavillon），位于德国巴伐利亚州雷根斯堡地区维森特市

规模：跨度7.5米

这三个项目的选择与实现，充满机缘巧合，又与研究目的高度贴合。下荐匠人与坑底匠人是两省现存传承最久的桥匠家族，代表了闽浙之间成熟完善的传统技艺。而吴复勇可谓一位"现代"匠人的代表，善于积极吸收当代的知识与技术条件，改进与创新传统技艺。笔者有幸在第一次造桥实践中师从吴复勇师傅，从而得以在造桥技术的问题中登堂入室；次年的项目，则师从坑底匠人吴大根、郑多雄师傅，有幸习得匠人家族神秘的技术秘密；第三年主持德国雷根斯堡尼泊尔园中国桥木拱桥项目，与传承最久的下荐匠人张昌智深入合作，在此期间，因为项目的特殊性（规模过小，反而无从施用历史传承的经验法则），能够看到传统匠艺的破绽与盲区，从而在工程中"越位"代之，成为绳墨师傅，才终于有信心开展本书的写作。

一、工程组织和筹备

1. 董事、物资筹备与匠人招标

官道、驿道上的重要桥梁，有时会由官府出面或官员个人倡建出资，譬如例言中景宁东塘章坑村的接龙桥，因踞守通往泰顺的道路，曾有知县主持修建。同治十二年《景宁县志》载："接龙桥，在章阮村下游二里，俯临溪上，凡十七楹。嘉庆九年（1804）知县游朝佐改建。过此即达泰顺。"但更多的乡间桥梁是由民间筹事。同一座接龙桥在民国时的重建，即是民间所

为但县中知事亦有银洋助力。

造桥修庙，乃民间最重大的工程事业。而桥梁的兴建攸关地区的交通经济、村落的命运兴隆，常常被视作一地之百年大计，往往牵动整个甚至多个村落之力。工程的发起人与负责人称作董事。董事中的首领，称作董首。前述接龙桥的最后一次修建（1917），工程的董首多为章姓[①]，可知此桥的建设事项缘自章坑本村。而闽浙两省交界、亦为寿、泰两县交界、地属坑底乡辖内的杨梅洲桥，因地理位置的显要，总董事即有四人，两位为坑底乡乡绅，另外两位来自县城[②]；此外另有两位协理，分别来自杨梅洲本村与庆元县江根村。可见此桥必是县内一项重点工程。

造桥所需资金，首先由本地望族、官员慷慨出手，乡民百姓踊跃捐助。主要的捐资人，视身份地位与出资多寡，或题姓名、籍贯于桥梁枋，或于桥侧勒石铭碑，名传千古。在重要交通节点上，可以看到来自外县甚至更大区域范围内的捐助，便可知桥梁在古时扼守要途。譬如民国二十六年（1937）所建杨梅洲桥，最大的一笔款项来自"寿邑坑底乡清太学生叶蔚杨君捐国币贰百元正"，此外坑底一带的四位前清秀才[③]各自捐洋壹佰元。杨梅洲桥梁枋墨书的捐助题字，记录了约两千余元善款，其中五位前清生员即占据三分，而坑底乡一地超过半数。重要的题字，可独占一根枋额，在桥廊中的位置靠近中央。二十元以上即为大额，除坑底本境乡绅、乡民为主体外，以泰顺城内乡绅与商号最为积极，此外庆元县江根村、竹坪村等亦有出力。普通的百姓，乐捐伍元、陆元、捌元、拾元，亦有用木材（楮木）相抵，视钱银多寡，数人姓名合写在一根梁枋上，籍贯遍迹附近两省四县。杨梅洲桥筹集的银款，在造桥之后有所结余，在此后两年用于坑底三桥（大宝桥、小东上桥、单桥）的修缮[④]。

村落设立董事、集资建桥，直到今天仍是闽浙山区廊桥建设的基本组织形式。今天在经济较发达地区，如温州、泰顺、福安等地，有时由地方民营企业独力提供整个项目的资金主体，有时由地方政府资助工程所需之重。即便如此，立在广场街头的募资启事仍不会拒绝五元十元的零散捐款——造桥修路、积德行善的意识仍然深植乡里人心。

生水塘观音桥由村中四户人家筹备建造。发心为村子行

① 接龙桥梁上墨书"总理董首章焕谟，董首章焕猷、谢焕唐"；而接龙桥桥约（图1）中，董事为章再贤、章耀德、章克丕等。

② 寿邑西隅叶蔚槐、坑底吴振新、寿邑城内叶匡莅、坑底徐宗平。

③ 寿邑霄坑村清监生吴厚程公、寿邑后坑村清附生徐观光公、西坑底乡清附贡生吴振新君、西坑乡底乡清附贡生叶蔚新君。

④ 小东上桥墨书题字："本桥于民国已卯念捌年春，将重建杨梅洲桥余款计修理，去国币壹佰壹拾圆正。董事吴振新、徐秉玮倡修。"单桥墨书题字："本桥承杨梅洲桥董叶树勋、徐秉璋、吴振新经手，将该桥余缘补助贰佰陆拾元整。"大宝桥墨书题字："本桥于中华民国己卯念捌年春将重建杨梅洲桥余款计修理去国币壹佰伍拾圆正。董事吴振新、徐秉璋倡修。"

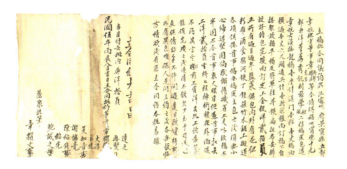

图5-1　景宁县章坑接龙桥桥约①②
（图片来源：寿宁县博物馆提供）

此善事的"东家"，是生水塘的普通村民。建桥总成本80万元，由东家牵头四处筹得，包括村民集资、民间企业捐款以及到外面"乞讨"。个人捐助中，除了直接捐款，还可以捐助材料与做工。在生水塘工地，一个工（一天的劳动）等于160块钱，来干活不领钱相当于一天捐资160元，也有人也会把钱领走再另外捐款。

在传统社会中，造桥师傅由董事会延请，商议项目规模、双方职责、物资、工价、时间等事项，一一书写清楚，请保人作保，双方签字画押，各自保留（图4-20，图5-1）。寿宁县前任博物馆馆长龚迪发曾在闽浙地区大量走访桥匠，收集桥约。他的收藏现保存在寿宁博物馆。其中有三十余份桥约来自下荐张氏家族，是今天两省桥约最主要的一批材料来源。

今天，承包项目的绳墨师傅通过简单的"招投标"选定。村民通过各种关系把造桥消息散布出去，直接联系可能的匠师，对比师傅的口碑与报价。主墨师傅作为项目的承包人，按照今天的话说，就是"包工头"，根据项目的条件和要求，报出一口价，进行竞标。眼下这种小型的项目，没有多大工程风险，一般而言，报价最低的师傅即拿到工程。主墨师傅一般仅承包大木结构，可能包括砖瓦作。石匠通常由东家另外聘请。但分工与物资所出并不固定，由工匠与东家商议。

生水塘项目30万起标，向下竞标。一共收到七位师傅的报价。吴复勇师傅已是庆元本地最知名的两位能匠之一③，出价又最"实在"，26万拿下。这26万元纯是木工工钱，承包项目后，自己再按日算工，聘请其他木匠加入队伍。

---

① 其辞曰："立桥批合同议约：浙江州处府景宁县五都章坑地方董事章再贤、耀德、克丕等，今请得福州宁德十九都东洋荐荐秀坑村张学昶、敬二位桥匠，包造章坑大溪接龙桥壹座，计溪门壹口壹丈，桥面横讫壹丈六尺，阔通共计壹拾柒楹，面订桥下，自搭架、放苗、平面及将军柱并铁扁担，各安排放好均包完竣，面订定工金粗洋贰佰员正，所有过月过年盐菜俱包，内外有花红彩布、酒食祭河、铁钉铁箍、竹木锯工、搬运各项，俱系首事备办。桥匠立包之后，须要小心缔造坚固，倘或懈惰减省工夫，以致桥不牢固，不合首事众人眼目，任凭首事扣去工洋贰拾员。其桥上柱牵桁梁，在外两造不得异言，其以前工资洋银照工给发口余俟完竣之后，凑清不致欠少，至于司匠口友，俱倩好乎，不许间游度日，致坏桥事。如有异色，唯保人是问。立约之后，各每毋悔悔等情，欲后有凭，立合同约，各执为据。
立合同约大吉昌。
当月付去批内英洋拾员。
民国伍年丙辰八月吉日立合同批约。
董首……凭众执笔……"

② 根据这份合同，张氏匠人的职责限于"搭架、放苗、平面及将军柱并铁扁担"，即仅限于桥身下部结构至将军柱，并不包括廊屋的建造。这与我们在接龙桥桥墨书中所见（"桥楼"木匠另有其人）是一致的。

③ 另外一位是胡淼师傅——虽没有木拱桥营造的家族传承，但手艺精湛，近年亦已通过大量木拱桥项目奠定了声誉。

东塘回龙桥是全村的工程。项目负责人就是村委会,十来位村委干事即是董事,村主任相当于董首。总费用估计约70余万,其中木匠的工资为20.6万。木料大部分来自集体林地(40年前栽种,如今正好成材),少量由村人捐献,重要的大料则从外地购买。东塘的中标者为坑底匠人,虽然行政上属于旁县,直接距离却并不远。两县之间有古道,翻越海拔逾千米的古隘口青草隘,今天已通了小巴车。历史上的坑底匠人就曾经走过这条古道,去营建与东塘同乡、相距不远的白鹤桥(详见第109~113页)。

"绳墨"或"主墨"是传统建筑的设计师。所谓"绳墨",本义是大木师傅手中的墨斗。大木师傅通过墨斗弹线,规划建筑设计,规定尺度做法。以"绳墨"称呼项目的负责人,正如英文中以"尺"(ruler)称呼统治者。在原理上,大到整体格局,小到构件榫卯,一切的尺度做法,都要由绳墨师傅亲自定夺。但乡间的建设,尤其形式简单的屋宇,遵循统一的规范,主墨师傅只需绘制一张基本平面图(样图),规定梁柱尺寸与间距等重要尺度(图5-2),其他师傅们便可以此为本,依照惯例经验加工制作,早已形成稳定的行业默契。但对于木拱桥这种特殊结构,"下拱"主要构件的尺寸、形状至为重要,需要主墨师傅亲自计算标画,并预制模板等道具。在生水塘工地上,吴复勇这位对结构计算较为精细的师傅,会亲自为每一根节苗与牛头打好墨线,即对所有锯割打凿做出准确规定,再交给其他师傅加工。

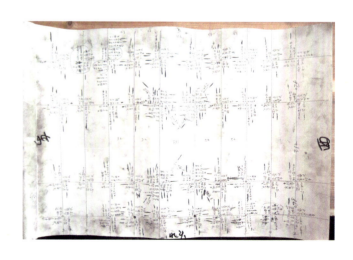

图5-2　生水塘观音桥廊屋平面图。格网为柱网。格网节点为柱位。因为圆柱四向半径并不严格相等,各柱在四向分别标注半径以及柱间梁枋的净长(2012)

2. 选址

根据位置和功能，闽浙乡间的桥梁可以分作两种：一种仅服务于交通，位于村镇外部甚至远离人居；另一种坐落于村落或市镇内部或周边，除交通外还承负公共活动与风水功能。

无论哪种情况，桥梁的选址都至关重要。为了基础的稳固，桥基会尽一切可能利用天然岩石（图5-3）。因对自然条件的苛刻要求和技术难度，桥梁选址事关百年安全大计，连风水也要退居二位，主墨师傅的角色重于堪舆师。大木匠人优先于堪舆师为建筑物指定位置与走向，这在中国营造传统中实为少见。

木拱桥通常的跨度范围是20～40米。20米以下的小桥，虽然也可使用编木拱结构，但往往用伸臂梁，或施加一重或多重撑木结构即可方便解决。现存最大跨度的历史桥梁，寿宁县下党乡鸾峰桥（图5-4），单跨为37米（与著名隋代石桥赵州桥相同）。40米以上的巨构，历史上或近年间亦曾出现（在近年追求"创造纪录"的造桥风潮之前，历史上建成的木构桥最大跨度为43米，匠人口述）。超过40米的河道，若河滩平浅，可以建造多跨桥梁。譬如屏南县两跨木拱桥千乘桥（图5-5）、武夷山市三跨木拱桥馀庆桥[①]。现存最长的木拱桥为屏南县长桥镇万安桥（图5-6），桥梁总长近百米，共六跨，1932年黄氏家族建造为编木拱结构[②]。

①
或写作"馀庆桥"。2011年焚毁，2014—16年由坑底匠人郑多雄、吴大根等重建。

②
在1932年项目之前为多跨伸臂梁结构，见图8-15。

图5-3 杨梅洲桥。福建省寿宁县坑底乡杨梅州村。利用天然巨岩作为桥基。桥梁建造于水深20余米的清潭之上，大大增加了施工难度。它上游的浅滩，是近年山洪冲积形成。虽然并非建造时原状，但仍可侧见，桥址的选择是为了利用天然石基，不得不放弃更窄更浅的河道区段（2016）

（图片来源：张荣拍摄．傅娴婧导演团队提供）

下篇 闽浙编木拱桥

图5-4 鸾峰桥。福建省寿宁县下党乡下党村。单跨37米（2013）

图5-5 千乘桥。福建省屏南县棠口乡棠口村（2012）

图5-6 万安桥。福建省屏南县长桥镇长桥村。屏南长桥镇黄氏家族建（2012）

　　生水塘和东塘的小桥都属于重建。两地原址历史上均曾有木构桥梁，建国后改建作水泥桥。两座重建的木拱桥均紧邻水泥桥，间距十余米而已。它们在交通上全无必要，建造几乎完全出于风水与村落福祉考虑。譬如生水塘村项目的东家解释，此地原名"沙塘"，为鲍氏宗族聚居，迎合"鲍"字喻意，村落建为鱼形。近年因人丁不旺，疑"沙不养鱼"，遂改名"生水塘"。桥址在村口水尾（图5-7），早年曾有木构桥梁，1972年毁于火。现在重建，一则董事四人信佛，有积德行善之想，"不想让老祖宗的桥毁在我们手里"，二则亦有重振村落风水之想。

闽浙地区，桥廊当心间均设有神龛（图5-8），桥即是庙，供奉佛、道教神祇或地方神明，以观音、真武大帝、临水夫人最为常见。神龛永远位于水尾（下游）一侧，面对水头，而无论附近村落方位。除桥屋内，桥头有时另设小型神龛，供地方神明。每凡传统节庆，常有乡民在村上供祭神明——然而不幸的是，供神的香火亦成为桥梁安全的极大威胁[①]，如著名的景宁县梅漈桥（图3-2），正是在2005年因百姓端午祭祀将香支插入桥板，而毁身于火。

① 据当地文物工作者介绍，传统香支燃烧能力有限，燃到木板时会自然熄灭，历史上并未给廊桥造成安全威胁，从而流传桥屋祭祀的传统。但当代香支添加助燃材料，有能力点燃木材，导致近几十年大量廊桥毁于香火。

3. 重要的时间节点

在传统营造中，有许多仪式性的时间节点。根据地方习俗和东家的慷慨程度，可丰可俭。仪式的意义在于告请神明、祈求福运，同时也是东家向匠人发赠红包的场合。红包是匠人的额外收入，视节日的重要性、东家的财力与慷慨以及对工程的满意程度而定。无论数目多少，当合吉数。在生水塘立将军柱（相当于"下土"）时，笔者作为匠人一员，在仪式后的餐桌上（图5-9）随众师傅一起，收到东家红包66元（图5-10）。

图5-8　廊屋中央神龛与香火。福建省寿宁县城关飞云桥（2013）

图5-9　生水塘工地，"下土"仪式之后的午宴

图5-7　生水塘项目桥址，上梁仪式。新建木拱桥（摄影机位）在水泥桥侧、村落所在小盆地之水口

图5-10　生水塘工地，"下土"仪式之后的午宴上笔者与师傅们收到的"红包"

整座桥的建设过程中，上梁仪式最为盛大，是绝不可缺省的，随之而来的红包也为最为丰厚。其他时间节点，在当代社会，根据习俗和东家，则可大为简化甚至省略。

(1) 立马

"木马"是大木匠的工作台。两支木马即可架起一根梁木进行加工。立马仪式表示木工进场：做好三脚马，开始做木匠活。木马由匠人现场制作（图5-11，图5-12）。

图5-11　雷根斯堡中国桥加工工地，福建省宁德市。制作三脚马：使用边角小料，X形合掌卡紧，之后打通穿透两脚的直榫，插入第三"脚"

图5-12　东塘工地。作为工作台的三脚马。木马上的彩布用来讨彩头

(2) 标丈

丈杆是房屋建造中的尺度与模板工具（详见第161页）。它的标画，标志着木工工作的正式开始。仪式时丈杆上要题写与丈尺对应的吉语（图5-13）。

图5-13　东塘工地。题好的丈杆缠着讨彩的红布

(3) 下土

结构中的第一个木构件到位之时，是为"下土"，是项目中一个极为重要的日子，仅次于上梁。即使在一切从简的当代，这一天的日期也要根据黄历择定。匠人需祭拜土地、河神及鲁班祖师，以求工程顺利。村人亦当为绳墨师傅准备红包。下土的时刻也要选择吉时。在东塘与生水塘，都定在卯时，即清晨5-7点，天尚未大亮，远远早于平时的上工时间。

对于木拱桥而言，第一个构件一般是一根主拱斜苗。但在生水塘项目中，选好的吉日脚手架还未搭好，因此以（本应在主拱完成后才安放的）将军柱柱架下土（图5-14，图5-132）。

在东塘，工程已入寒冬（12月），清晨日出前，脚手架上结有一层冰霜，极为湿滑，不能上架工作，所以在前一天晚上，下土用的主拱斜苗就已经摆放到位，只是在苗脚下面垫了一块小木片，不令苗木触地。次日清晨下土时，"随便动一下就好了"，将节苗调整到位，完成仪式（图5-15）。

图5-14　生水塘工地，以将军柱柱架"下土"。柱头缠着彩布，匠人和帮工的村民腰间着红布，以讨彩头。女人和老人在桥址旁的土地庙观望

(4) 合龙

主拱中央平苗安装后，拱架即合龙。它连接了桥拱两侧，形成初步的稳定结构（图5-16）。

图5-15 东塘工地。为了第二天一早的下土仪式，中央一根主拱斜苗提前一晚即安置到位，但在苗脚垫了一块薄木板，避免它与地面相触

①
刘妍. "栋梁之材"与人类学视角的中国建筑结构史[J]. 建筑学报，2016 (01)：48-53.

图5-16 寿宁示范桥。为央视纪录片《虹桥寻踪》示范性建造。2001年。绳墨坑底匠人郑多金。主拱合龙仪式

（图片来源：龚健）

图5-17 浙江省庆元县一座木拱桥营造工地。2013年11月。整个建造过程中，用作栋梁的木材覆以红布架放在工地边岸上

图5-18 生水塘工地。上梁仪式，供桌。栋（在此例中为脊檩）在仪式前覆以红布

（5）砍栋梁

"栋"或"栋梁"是中国建筑文化中最具有代表性和仪式性的构件。"栋"在建筑中对应的构件各地有异，或为当心间脊檩（即房屋正中最高的一根木构件），或为脊檩下面的顺檩枋①。闽浙木拱桥地区这两种做法都可见。

用作栋梁的木材必须特别地选择、砍伐和保存（图5-17）。譬如砍伐时树身必须倒向山顶方向，同一棵树的树梢要扎在栋梁上，女人不可以跨过栋梁等等。砍栋梁需要特定的仪式。

图5-19 生水塘工地。上梁仪式

（6）上梁

遵循中国营造传统，上梁——安装栋梁的仪式，在整个项目中最为隆重，须祭拜各路神明祖先、鸣锣放炮、杀猪供酒等。上梁是大木的结束，并为建筑的主人与使用者祈福（图5-18~图5-21）。古时，绳墨有时会与普通匠人以同样标准按日算酬，上梁是他取得额外特别报酬的时间。

图5-20 生水塘工地。上梁仪式。绳墨吴复勇手持公鸡致辞

二、材料与工具

1．木材选择

桥梁基址选定之后，主墨师傅即对桥身的基本尺度心中有数。随后，他要对所需木材的种类、尺度（口径与长度）、数量做出计算，开具用料清单，交与东家置备。

这其中有一个细节值得注意：当民间匠人谈及木材的大小时，他们口中的"口径"指的是圆木的"尾巴"即较细一端的直径。匠人口中，木料的"脑袋"指近根一端，"尾巴"指近梢一端。换言之，一棵作为木料的树，是"脑袋"朝下、"尾巴"朝天生长的。这恰与许多建筑研究者的描述习惯相反。尤其在传统的测绘中，因苗木粗大的根部在下，方便测量，而细小的梢部伸入高空，难以触及，所以测绘者往往以底部可测部位的尺寸来描述梁木大小，尤其对于主要的承重构件，更喜欢以其最为粗壮的部位强调尺度的巨大。但匠人在寻料时，更关心的则是细弱的梢端是否足以堪任。

（1）各种"杉"木

杉木原产亚洲，速生、高直，具有较好的强度和耐水耐腐性能，是中国南方最重要的建造用材。

值得注意的是，汉语中有多种以"杉"命名的树种，但在现代的植物学分类中，它们却分属不同的科属。

最常见的杉木（*Cunninghamia lanceolata*）属于柏科（旧分类法属杉科），在英文中常被俗称为"China-fir"。但值得注意的是，英文中的"fir"是冷杉，属松科。二者并不同科，在材性上有很大差异。一个有趣的细节是，在雷根斯堡项目中，前期当笔者与业主商定工程细节，业主对"China-fir"极为反对，直到我报出*Cunninghamia*他才放心认可。

闽浙木拱桥核心区正是中国重要的杉木产区。木拱桥主要构件都使用本地杉木。造桥匠人说，"杉木在南方就和大米在南方一样""杉木千年不烂""连棺材也要用杉木"[①]。

另一种常用木材是柳杉（*Cryptomeria fortunei*），本地称"榅木"，与杉木较接近。在地方文献中常见记载。

图5-21 雷根斯堡中国桥。德国巴伐利亚维森特尼泊尔园。栋（在此例中为脊檩下顺檩枋）上题写造桥信息。第一要位是上梁时间。此例中，建造者（笔者与张昌智等）的身份与姓名书写在同一根梁上）

---

① 生水塘田野笔记，2012.11。

桥上墨书常有以捐"楒"数根代替捐款。冯梦龙《寿宁待志》中"物产"一节未录杉木，而记"木，惟楒最大，似杉而松，非美材。植之易长，坟墓多用荫蔽，有大至数十围者"①。其比杉木更加速生、高直，然而也更松软，材料性能不及杉木。在今天的木拱桥建造中，只有在杉木不足或不够大的情况下，才使用楒木。

此外还有一种被匠人称作"油杉"的材料（油杉属 Keteleeria），较之普通杉木含油量高，因此建筑材性尤其是耐水性优于普通杉木，但较难干燥。

在匠人眼中，油杉优于杉木，杉木优于楒木。在结构中，更重要的构件使用更优质的材料。譬如将军柱因特殊的结构作用和柱身上繁多的榫孔，需要使用比拱架节苗更好的材料。在生水塘，桥拱节苗使用普通杉木，将军柱使用油杉；在东塘，因为没有足够大的杉木，桥拱节苗使用楒木，但将军柱仍必须用杉木。

(2) 牛头用材

编木拱中，牛头的选材极为关键。这些连接拱身节苗的横向梁木，梁身要开大量榫孔，容纳两方甚至三方构件节点，因此木材必须粗大坚韧。

牛头的材料中，松木是一种常见选择。现庆元县廊桥博物馆有根廊桥（黄水长桥）修缮时换下的旧牛头，就是松木。做牛头的松木必须要老树，百年以上树龄，年轮紧密。"外面皮很小，直接劈进去，里面都是'松筋'（松油）才好"。老松木很硬，"放水下千年不烂，不会被蚂蚁吃"②。过去做水坝，地基若不好，要先把老松打下去再垒石。桥基同理。2011年火毁的武夷山余庆桥在2014年重建时，绳墨郑多雄师傅告诉笔者，倒塌破坏的桥墩下露出了松木桩基。

松木之外，制作牛头亦常用硬杂木。在生水塘工地，村民们舍去现场已有的百年老松另寻锥栗。最终合适的锥栗数目不够，补用了一根毛栗。据言，锥栗材质更硬，更不易烂，在本地杂木中算最好，以前建房墙基全用锥栗。

但对桥匠来说——即使是在建造中使用松木或其他木料的匠人，牛头用材最好的仍然是杉木。"只是杉木找不到这

---

①
冯梦龙. 寿宁待志：物产[M]. 寿宁地方志丛书-寿宁待志校辑. 厦门：厦门大学出版社. 2012：119.

②
生水塘田野笔记，2012.11。

么大的，才只好用松木"（郑多雄，张昌智）。在屏南，黄春财师傅则坚持牛头也必须使用杉木，这份固执，自有屏南作为闽北最好的杉木产地为保障。

2. 木材处理

(1) 理想的伐木时间

"冬季木（*Winterholz*）"或早春伐木[①]在中国南方受到匠人普遍青睐。这一点与德语区[②]一样。这个时间段木材含水量最少，不仅有利于材料保存，并且木料更轻，便于搬运加工——对大多数普通匠人而言，做工省力有时比其他方面更为重要。

但木拱桥下拱结构的杉木则不同：冬、春的木料过干，缺少"树油"，容易开裂。闽浙桥匠认为八九月份砍木最好，此时树皮与边材之间没有"青皮"（内树皮），很好剥，而且起保护作用的内膜（形成层）贴在边材上，剥下皮的木料"光光的，就像脸上涂了擦脸油"[③]，保持水份在内，不易开裂。

(2) 干木与湿木

木材进场后，要架离地面晾晒一段时间。理论上所有的建造用材都应晾得越干越好。这对于木拱的节苗尤其重要。这些构件在结构中受弯，湿木受弯后会软下去变形，干木的强度则会高得多。桥匠认为，"同一根树，干的和湿的放上去，两码事了[④]。"（吴复勇）

传统社会的建筑工程中，木材往往提前一年即准备好，花上一年的时间用来干燥。这在今天难以做到也没有必要。板材仍会适当晾干，否则很容易变弯；而柱子甚至节苗这些圆形构件，大多一边砍树一边就加工了，只在加工周期中晾上几周。所以主墨在设计时要更保守，使用更加粗壮的材料。"过去用口径20（厘米），今天就用24[⑤]。"（吴复勇）

建造用材要晾干，一是强度考虑，二是防止开裂，还有就是防止材料收缩后榫卯变松。中国建筑的结构稳定性很大程度上依赖于榫卯节点自身的刚度（详见第364～365页），因此节点的严密事关结构安全。现今的建造大量使用湿木，

[①] 根据笔者在浙江、福建、四川、贵州的匠人采访。

[②] 在德语区大部分区域，理想伐木时间，对针叶木而言是9至12月之间，对阔叶木而言是1、2月间。
（Mooslechner W. Winterholz [M]. Salzburg: Verlag Anton Pustet, 1997.）

[③][④][⑤] 生水塘田野笔记，2012.11.

事实上不利于日后的结构维护。

但倘若询问匠人如何看待干木与湿木，普通木匠可能会从纯粹的加工便宜度上来考虑：湿的木头更沉，搬运困难，所以不如干木省力。与此相似，有些匠人会认为（同等口径下）生长时间短的木头比树龄老的材料要好，虽然从强度上说后者显然更优：木材越老则木质越紧，但是加工也越困难，越费力。

图5-22　生水塘工地。匠人用刮刀清理廊柱用材的表面

（3）去皮

新木到场后，先要剥掉树皮再晾干。去皮可用斧劈，也可用刮刀（图5-22）刮，或使用一种长柄铲刀（图5-23）铲除。铲刀可以铲小节疤，用起来轻省，但力道不如刮刀；而倘若杉木"出油"，用刮刀则会弄脏衣服。

山顶的木料因阳光多，材质坚硬。同一根木料向阳面更硬，树皮也难剥。长在背阴面的皮易剥，用铲即可以大面积掀掉；阳面的皮长得紧，需用斧砍并用刮刀刮除。

图5-23　东塘工地。匠人用铲刀去皮

杉木的树皮与边材之间，有一层薄薄的膜（树木的形成层），是木材防腐的关键。因此拱架的节苗剥去树皮即可，不能破坏这层薄膜。树木本来的自然形状要在结构中因势利导，切不可因追求形状的统一而削砍。略弯的木料用作拱架斜苗，将微拱的一面向上，有利于受力。有经验的匠人会在打墨线时加以计算考虑，使每一根自然形状的木材与其他的构件紧密地咬合（图5-71）。

（4）去疤

去皮之后，用斧砍掉节疤。阳光丰沛或向阳面的木材，材质坚硬，节疤也多。师傅们说，"杉木的节疤第一硬"，反倒是许多硬杂木的节疤更软。电锯电刨时代之前，主要靠斧小心地削掉；凿子和手工刨硬碰上去都会把刃口碰豁。今天遇到特别硬的节疤，可以先用电锯打碎，再上斧凿。

（5）木料朝向

在中国南方，包括木拱桥区域，木材的头尾方向在建筑上颇有讲究。对于庙堂或桥梁廊屋，柱子必顺应自然长势，以树根端（"脑袋"）落地，梢端（"尾巴"）向上；

① 但中国汉地工匠的"鲁班尺"可能指代多种不同形式、功能的规尺。譬如带有凶吉、堪舆信息的直尺。

梁则要以"脑袋"朝向中央的神明。若在当心间（屋宇正中一间，即神像所在的一间），则以主尊左侧为尊，即平梁的"脑袋"朝向神像的左手侧。即使木材已经加工得断面规整，分不出外形的大小，木匠仍然可以通过观察节疤的生长方向和树芯颜色，通过木料的外观直接判断树木的头尾。

桥梁结构则有另一套规矩。木材的头尾要与河流头尾一致（"脑袋"在水头即上游）。倘若出现两套规矩相左的情况，则以水为大。

3．基本木工工具

（1）丈量工具与尺度模板

鲁班尺

木工直角尺（carpenter's square）在中国通称"鲁班尺"①，以传说中的木工始祖公输班（鲁班，约公元前5世纪）为名。短边1尺，长边2尺。短边为方木，有尺寸刻度；长边为薄竹（或木）片，亦有刻度，但更粗疏（图5-24，图5-25）。

营造尺在清代（1644—1911）的标准长度为32厘米，自1919年后，统一被1/3米取代。但今天在闽浙地区——正如当地山区多变的方言，尺的长度并不统一，各县各地都有变化。笔者已采集有：

26.0厘米（福建省宁德市张昌仁藏，据称购自浙江）；
27.0厘米（"文成珊门角尺厂"生产，新，庆元县购）；
27.4厘米（浙江省庆元县大济村吴复勇用尺）；
28.2厘米（福建省寿宁县东坑镇小东村郑多雄用尺）；
30.0厘米（福建省周宁县礼门乡秀坑村张昌智用尺）；
33.4厘米（"文成珊门角尺厂"生产，旧，庆元县购）。

倘若师傅跨县去做工，并且与当地的师傅合作，遇到尺长不同的情况，则要以主墨的尺长为准。

今天的匠人早已接受了公制，做工时，构件长度、柱间距等较大的尺度，也多以公制设计并以钢卷尺丈量。但涉及榫卯等使用鲁班尺标画更为方便的细节，则仍然用尺制计算标定。所以事实上，闽浙匠人的建造实践，结合了两套不同的度量衡系统。

图5-24　鲁班尺、斧、墨斗。东塘工地

图5-25　一位匠人正使用鲁班尺在苗端标画。东塘工地

丈杆

"丈杆"或"槁丈",是建造房屋——此处为桥梁廊屋——使用的标尺。事实上它是丈尺、设计图与模板的结合。闽浙地区与中国南方大部分穿斗建筑地区相同,对于相对简单统一的房屋营造,唯一的图纸是平面图样(图5-2),通常无需绘制剖面图[①]。剖面图上表达的信息——柱位、梁位、柱高、榫孔位置等,通过心算,标定在一根或多根丈杆上。虽与木拱部分无关,但丈杆往往在木拱桥施工之初即已备好,扎以红绸,讨得彩头(图5-13)。

闽浙地区的丈杆为一寸见方的长木杆(图5-26),杆长要高过廊屋脊檩下皮(图5-27),总长要取吉祥数。有四个面可供书写标画。一般使用三面(图5-28)。第一面作丈尺,逐尺画线,并以吉语命名,如"地久、天长;壹富、贰贵、叁财、肆喜、伍福、陆寿、柒发、捌达、玖子、拾登科"(生水塘工地)。然后取丈杆垂直相交的两面,标志柱身垂直两向、榫接梁枋榫洞位置。檐柱和内柱高度不同,交接构件的榫口位置亦不同。匠人根据屋面的坡度、檩距,计算各柱的柱头高度与榫眼位置。如果屋面是直坡,计算还较简单。倘若屋面有曲线举折,则要略复杂。如果廊屋形式简单,主墨师傅可用心算完成计算。心算标定丈杆的方法,过去属于大木匠人的职业秘密之一:学会标丈,即可出师[②]。

[①] 中国南方穿斗建筑亦有剖面图绘制,有时绘在墙面上。但大部分构成简单、统一的房屋,则无需剖面图,仅凭槁丈即可完成建造。

[②] 吴大根师傅给笔者讲过一个故事,他学徒时,极为聪慧。在标丈的那天,他的师傅找借口把他支出门去,趁他不在完成标丈,他回来后看到,十分心急又找借口把标好的丈杆刨掉,师傅不得不当着他的面重新标丈,他从而学会,便出了师。笔者2013年于东塘造桥工地对吴大根的采访。

图5-26 丈杆在完工后由于迷信存放在屋顶结构中。福建省寿宁县小东村单桥(2013)

图5-27 丈杆高至脊部。上面的标记与梁、枋位置吻合。德国巴伐利亚维森特尼泊尔园,雷根斯堡中国桥工地(2015)

图5-28 东塘工地木拱桥廊屋丈杆模型,1:10。三面标记(模型的第四面为项目信息)。笔者在建造过程中依真实丈杆制作

复杂难以心算的情况，则先在墙面、木板或纸张上绘制简单的单线剖面图，再依图标定丈杆。

模板

木拱构件的制作中，因为榫卯尺度不一，且大部分带有倾斜角，需要使用多种模板，控制榫头、榫孔的统一加工。部分模板的倾角、大小可在设计中根据草图量取制作，另一部分则需在建造过程中在建成结构上现场量取。模板制作就地取材，木板、纸板均可，根据绳墨师傅的工作习惯，可简易（图5-29），亦可精致（图5-33，图5-70）。

篾尺

在施工过程中，若需从拱架上量取较大的长度数据，在没有或不便使用卷尺的情况下，可以使用细竹篾作尺（图5-30）。篾尺无伸缩变形之忧。此外木棍、竹杆等亦可信手取用。

图5-29　东塘工地。硬纸板制作的榫头模板

图5-30　篾尺。匠人使用两根竹篾测量、标定脚手架净高。东塘工地

图5-31　浙江省庆元县甘竹山某木拱桥工地。2013年11月。墨斗与竹笔

（2）绘线工具

在木构件上画线的工具是墨斗与竹笔。

前文已提及，墨斗（绳墨）是大木匠人的经典标志。墨斗一般为木制，中国南方其他地区也有竹制、牛角制以及近代的金属制。闽浙木匠的墨斗均为自制，根据个人喜好雕刻花样（图5-24，图5-31）。墨斗由手柄、斗腔、线轴构成。斗腔中放棉花，吸入墨水。斗腔两侧穿孔，棉线从中穿过，通过吸了墨的棉团浸饱墨汁，线的一头拴在一枚以牛骨或其他材料作柄的钉子上，用来固定棉线起点。起点固定后，匠人就可以手持墨斗——以食指按线、同时用小指控制转轴——走到木材的另一端，捏起绷紧的墨线再骤然松手，把一条垂向交线弹放、标记在圆木的不规则表面上（图5-32）。

a. 将棉线固定在木头上

b. 将墨线弹画在木材表面

图5-32　雷根斯堡中国桥工地。福建省宁德市。2014年10月

竹笔用于在木料上画线，可在施工现场根据需要随时制作：将一段竹片用凿子切作杆细、锋部宽的刀笔形状，再将笔锋碾展、削尖。因竹杆到笔锋上下是一个扁片，可以配合鲁班尺或模板在圆木上放样，所以对于圆木构件的加工，尤其是断面不规则的材料而言，实为方便法门（图5-33）。

在构件上题写墨书则使用普通毛笔和墨汁。

（3）水准工具

在编木拱施工过程中，三折边形的桥拱，拱身很容易一高一低不平衡，需时时检查、调整水平。检查大尺度结构的水平，今天常用透明塑胶水管（图5-34）。旧时则据说是用毛竹来控制：将一根竹子中间剖开，去掉竹腔隔膜并注水，端持以观察水平。

如果桥下水面比较宽阔，也可以从需要校核的位置悬尺向下，测量控制点到水面的距离，通过控制高度来控制水平。

竖直校准时则将墨斗作铅锤使用（图5-35）。

（4）加工工具

斧

对于中国木匠，斧（图5-24）是最通用的大木工具。伐木、裂解木板、粗凿榫孔、平整表面——近乎万能。所以有成语"班门弄斧"，而不是弄凿、弄锤、弄锯。电动工具出现之前的大木加工，斧头是一道优先工序，一切操作（分解、造形、平木、凿孔）先用斧做粗加工，再用其他工具（刨、凿）细致加工。

用斧平木是木匠的基本工。古时东家选匠人，只看他们"片木"的本领。大木师傅左右开弓，能用斧头准确片下不足1毫米的薄木片，把梁面片得不给刨子留什么活计。泰顺有名的年轻桥匠曾家快，即以"可以用斧子剥鸡蛋壳"而闻名。

据言浙闽一带今天最好的斧头来自龙泉宝剑厂。这使人想起日本匠人的传说：在武士制度被废除后，造剑的传统悄悄在木工工具制作中流传了下来[①]。

凿

在闽浙大木匠的工具篮中，大小四把平凿已足够日常使

图5-33 竹笔的使用。将扁平的竹笔直立，贴合模板边缘，沿着木材的表面运动，可以方便地将模板（或直尺）的垂线投影到不规则木材表面。图中，吴复勇师傅配合模板，在节苗上标画榫卯（鸭嘴）轮廓线。生水塘工地

图5-34 匠人使用透明胶皮水管校核构件水平。东塘工地

①
Zwerger K. Das Holz und seine Verbindungen[M]. Basel: Birkhäuser, 2015: 68.

图5-35 匠人悬吊墨斗墨线作为铅锤校核构件垂直。东塘工地

图5-36 典型闽浙大木匠常备凿。吴复勇赠予笔者

图5-37 典型闽浙小木匠的工具箱。福建省周宁县禾溪村木匠。钻、刨、直角尺、凿、锯

用（图5-36）。小凿较厚，用来凿钻打洞；大凿较薄，用来平整榫头榫眼，更接近于铲的工作。

刨

闽浙一带，平木不使用北方常见的锛，而是先用斧头"片"，之后用刨刨平。今天电刨普及后，工序不变，只是斧子一道可以做得粗糙些。

小木（门窗加工等）用刨的种类较多（图5-37），包括各种线脚刨。大木基本只涉及平刨。在木拱桥工地，刨主要用在廊屋梁枋的精加工上。而拱架结构中用刨很少：圆木构件不能破坏苗木的保护层，唯有牛头等构件可略加刨整，但对表面的平整度追求不高，常常亦省去这一道工序。

电力工具

即使在当代的闽浙造桥工地，现代工具也仅有电锯和电刨现身。虽然电力工具看似工作原理与传统匠作并无二致，但方式方法上已有本质变化。譬如圆木做方（将截面圆形的木料加工成方形），在没有电锯时，只能靠大斧一层层削剥，而在电锯时代，则可先用电锯将需要削掉的部分横"切"几刀，打断木纹，再用斧削，大为省力。

电动工具更大的优势在于凿打榫孔，尤其对于制作牛头而言：本来材料质地就非常坚硬，而一座桥中，各类榫孔榫窝有上百个，过去只能用凿子一点点打挖，最为耗时耗力。有了电钻后，可以直接将电锯伸入、锯通孔洞，再用不同型号的凿子修理平整。即使遇到榫孔宽度过小、电锯无法施展的情况，亦可先用电钻在榫孔的位置穿几个洞，再用大凿奋力将榫孔大体打通。

在传统手工锯的时代，这两种预加工都是不存在的。大锯的锯片细窄，预加工费时费力，还不如直接用阔斧砍削。而土钻的使用更加费劲。事实上传统中国大木匠人很少用钻，只有小木即家具、装修及各种细木工活才会用到。而打凿榫孔最为耗时耗力，是大木匠人最头痛的工作。

解匠/锯板师傅

在庆元县调研的三年间，笔者在三个不同的造桥工地都遇到了同一位锯板师傅——即古语中的"解匠"，而此时，解匠变身一间流动的机床工厂，专职开解木料。

木拱桥的板材主要用在桥面板、风雨板、橡板等。较薄的穿枋也会在此时锯解到合适厚度。

锯板师傅专事锯板,不做其他木工活。他根据邻里的需要,开着拖拉机改装的柴油大锯流动性地从事生产(图5-38),没有锯板生意时则务农。除去拖拉机的乡土气,柴油锯的原理与现代电力机械别无二致。他的工资按小时计算,一小时200块,等于本地大木匠一天的工钱。

图5-38 生水塘工地。拖拉机改装的电锯

(5)运输辅助
竹杖

木材以人力作短距运输,除去常见的以绳索、钉钩挑运以及用手推车推运,寿宁匠人为扛运木头,还在施工现场用毛竹自制了一种竹杖(图5-39)。

a. 竹杖顶端的形式　　　　b. 运输中停下时用于支顶

c. 运输中用于挑扛　　　　图5-39 竹杖。东塘工地

图5-40 兰溪桥。浙江省庆元县。落架移建后的兰溪桥，副拱上斜苗与主拱牛头之间的空隙中填入了垫块（2011）

竹杖有支顶与挑扛两用，根据各人身高协调高度，上粗下细。上端在略高于竹节处截断，这个部位的竹材最为粗壮坚硬。顶部削作凹形，突出两个尖锐支点（图5-39：a），在交接、休息时支顶木料（图5-39：b）。下方侧面将圆竹破开铲平，肩扛木料时从身后勾担，向两肩分担压力（图5-39：c）。

三、拱架结构的设计

1. 基本设计原则

编木拱最重要的结构特点是"编织"，即在主拱上"编入"副拱。木拱桥结构设计中最大的难点是如何确定各段节苗的长度，以使两套系统编织紧密。长度计算的失误会使两套系统分离，在岁月侵蚀与木材收缩下产生更大变形，使木拱成为可变的机构（即不稳定的结构），渐渐倾歪。事实上，许多古老的木拱桥都产生了或大或小的拱架分离（图5-40），但大部分仍处于结构完全范围之内。浙江省泰顺县文兴桥因其夸张的变形而闻名（图7-21~图7-24）。近年文物部门曾通过落架修缮，力图在维持一定倾斜外观的条件下控制结构继续变形，以保证结构安全。修缮后的文兴桥于2016年9月冲毁于洪水，次年重建。

正因如此，副拱系统的设计比例与施工方式是木拱桥营造的关键性秘密所在。木拱桥常见的跨度在20至35米之间，有限的跨度范围使匠人可以熟记一套或少数几套通用的比例，根据需要略作调整。各个桥匠家族甚至各位绳墨师傅各有其法，或依靠密不告人的比例关系，或依靠巧妙的施工控制。

在没有现代制图知识与绘图条件的时代，传统匠人只能使用"打样图"进行粗略的尺寸计算：用墨斗在地面、墙面、门板上打出墨线绘制结构的单线图（图5-41，图5-45），通常为1∶10的比例。只绘出节苗中轴线与关键节点，不表现构件宽度，不做准确的计算。一些构件长度需要在施工过程中一边测量一边下料。

今天有传承的匠人中，仍然使用这种"样图"的只有两个家族，他们也是木拱桥营造技艺传承最久的家族，下荐匠人即坑底匠人。桥拱的设计方法是桥匠家族的核心秘密之一。当坑底匠人吴大根向笔者展示设计方法时（图5-45），特意避开了其他的匠人。

近二十年来，现代制图方式通过基础教育与建筑企业浸染传统手工业后，更加准确的建筑图绘成为更多工匠最常用的设计方式，并在近年的造桥"热潮"中大大降低了木拱桥的准入门槛。这些"现代"匠人接触了当代建筑工程，绘制的图纸更接近建筑学制图，譬如将桥身纵剖面与廊屋轴测结合在一起，对形式的表现更加直观；同时，在用于拱架测算的剖面图中，绘出构件的宽度/直径，因此可以对构件做出更准确的计算，精准控制下料与施工（图5-42，图5-43）——事实上，只有不依赖家族传承的"现代匠人"才敢于、也能够声称对木拱桥所有构件进行精确的设计。闽浙之间木拱桥"真正"的匠作"传承"做不到先期的准确设计，拱身大量的构件要在施工过程中现场丈量确定，边造边做。

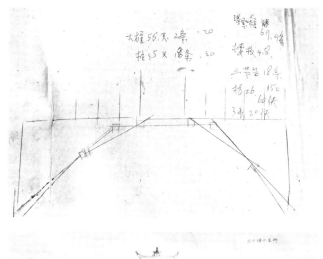

图5-41　"传统匠人"吴大根（坑底稠林山）的下料草图。东塘工地

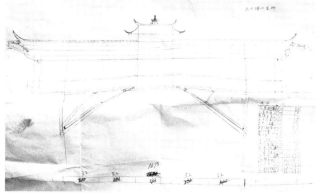

图5-42　"现代匠人"吴复勇的下料草图，桥身纵剖面与廊屋立面的结合。生水塘工地

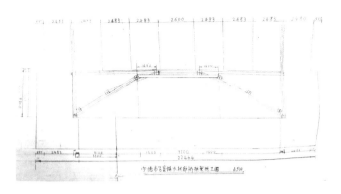

图5-43 黄春财的"拱架施工图"。黄春财是福建省屏南县长桥镇匠人,"长桥匠人"第三代桥匠。年轻时曾在工厂作绘图员,因此未从父亲手中学习传统木拱桥的设计经验法则,而是自觉使用工程制图术设计木拱桥(2012)

① 2011年11月笔者对吴复勇的采访。

对于新入行的桥匠,设计经验不足而桥梁尺度较小时,亦可在地上绘制1∶1的放样图,直接比照尺度下料制作、预先拼装(张以进,庆元县甘竹山造桥工地)。

但是即便在今天,现代的工程师、建筑师仍然很难取代或越过传统工匠对结构进行设计。当2006年庆元县城新建濛洲桥时,工程的设计师是县文物部门的职业建筑师。建筑师设计了大桥的整体形式和上部廊屋,而拱架仍交由匠人(吴复勇)设计施工。建筑师可以规定桥拱的跨度和拱高(正如传统社会中董事拥有的权力),但具体的构件尺寸、构造方式,仍必须由桥匠绳墨全权负责。濛洲桥的施工图上,在拱架尺度处,明确写作"根据工匠经验而定"①。

2. 物尽其材的艺术

自然生长的树木,直径不匀、弯直不一,不可能如设计图纸一般理想。而临水的潮湿环境则对树木有更高的耐腐抗虫要求。拱架结构建造中又当尽可地能保护木材自身的肌理,保留圆木外形,不破坏自然的植物组织,不修砍木材截面。那么,如何将数百根天然形态的苗木组织结合成紧密咬合的有机结构,就要考验匠师在设计与加工中的匠心与细致了。

许多匠人都意识到,木拱桥作为一种拱结构,倘若木料形态向上拱曲,将有助于结构的受力与稳定。尤其在副拱下斜苗位置,许多历史木拱桥上都可以明显看到对于天然曲木的应用。

图5-44 拱架节苗对自然形态曲木的利用。浙江省龙泉市屏南镇垟顺村顺德桥（2012）

将这类技巧应用得最为精到的历史作品，例如浙江省龙泉市山区顺德桥，由不知名匠师建造。拱架结构没有使用杉木，而用苦槠木制作。平苗笔直，但副拱斜苗的自然形态弯曲多折，各不相同，而设计者竟得以物尽其用，使每一根苗木顺应弧曲走势，与牛头贴合，浑然天成，宛如一件艺术作品，别有另样的审美趣味（图5-44，图7-11）。

3. 传统设计方法：打样图与经验法则

（1）"打样图"

确定桥基的位置、取得木拱桥的准确跨度后，即可着手计算桥拱诸构件的具体尺寸。

在下荇、坑底两支两百年传承的家族中，木拱桥的营造设计使用粗简的线图"样图"进行。样图不是绘在纸面上，而是"打"在地面、墙面或者门板上：用墨斗弹线，以竹笔作辅，为拱架的骨架结构定线，计算用料（图5-45）。桥拱的设计包括各个构件的长度以及榫卯的尺寸与角度。其中节苗的长度、它们的榫头的尺寸和角度以及它们在牛头中对应的榫孔的尺寸角度最为重要。打样图可以准确确定主拱诸构件的长度和角度，但对副拱系统仅作粗略估算。在绘图步骤与计算原理上（图5-46），下荇、坑底匠人使用的方法一致，差别仅在具体的数值比例上。

图5-45 在地面上打绘桥拱样图（1：10），并根据样图量取构件长度、制作榫卯模板。吴大根，东塘工地

① 极少的例外，木拱桥使用偶数根主拱节苗，往往来自于改造项目，或出于"外行"之手。譬如自景宁县移建至北京中华民族园的茶堂桥，主拱节苗为8根。此外地处木拱桥分布区域边缘的福建闽清合龙桥（详见第267页），亦使用8根主拱节苗。

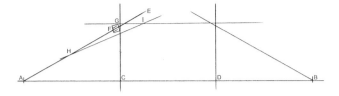

图5-46 桥拱传统设计图"样图"设计步骤

将坑底稠林山吴大根东塘回龙桥、下荐秀坑张昌智雷根斯堡木拱桥设计过程整合，翻译成几何语言如下：

① 首先用墨线弹一道水平线，它们代表拱脚平面。按比例量出净跨，以A、B两点标定好两岸基石的位置。
② 根据【经验I】，对净跨作三等分，标定C、D两点。通过C、D两点作垂线。
③ 根据【经验II】的主拱斜苗倾角（如"六分水"），从A、B两点出发，画出主拱斜苗的中轴线（AE和对斜线）。
④ 在斜苗轴线AE上，在C点垂线外侧，按照【经验V】的斜度，依比例画出主拱牛头，与AE相交于点F。
⑤ 沿主拱牛头上顶点G作水平线，即为主拱平苗上皮，亦即副拱上牛头底端高度。
⑥ 根据【经验III】确定副拱下牛头位置H；过主拱牛头下方，绘出上斜苗中轴线HI，HI与牛头之间需预留副拱上斜苗半径的厚度。
⑦ 校核副拱上牛头位置I【经验IV】，如不满足则进行调整。
⑧ 副拱上、下牛头位置决定后，即可依照样图制作构件模板，开始加工。

注：【经验】详见下文。

（2）主拱的基本尺度与倾角

主拱为第一系统，包括一对牛头、一对垫苗木（或基石）、两侧斜苗及中央平苗。主拱节苗永远为奇数：多为9根，小桥则使用7根，极少但也可见到11根（庆元县城关咏归桥）。这出于中国文化对奇数（阳数）的偏爱①。

主拱的设计，只需要确定节苗的长度比例关系（经验I）、斜苗的斜度（经验II）、牛头的大小与斜度（经验V），即在几何上确定了构件的关键数据。此处"经验"，即匠人家族的经验法则，一个匠人家族通常遵循一个或一套稳定的法则，因此可以视作技术谱系的要素。

【经验I】主拱斜苗与平苗的长度比例

对于大跨度桥梁，主拱的平苗和斜苗大体等长。因为它们均已接近自然木材的长度极限。坑底与下荐匠人使用的方法一样：首先将跨度作三等分，在等分点向外侧放置第一系统牛头，于是斜苗即与平苗长度约略相当（图5-46：①～④）。

但按照屏南长桥匠人黄春财的经验做法，平苗要长于斜苗。"倘若跨度20米，平苗8米多"（平苗长度为计入苗身与榫头的总长，约为两个牛头中轴线间距）。他评论景宁接龙桥（下荐匠人作品）比例不好，中间不够长①。主拱斜苗与平苗的长度比例一方面会在直观上决定木拱桥的整体视觉比例，另一方面与副拱系统的经验值密切相关。详见下文。

【经验Ⅱ】主拱斜苗的斜度（图5-46，第③步）

因主拱斜苗的长度已由跨度基本确定，其斜度就决定了编木拱的拱高。闽浙传统桥匠描述斜度的方式，与传统汉地工匠描述屋面坡度的方式一致，用"水"值描述斜角的正切，来定义坡度。将斜线在水平、垂直向作投影，令水平投影为10米，得垂直投影为N米，即称"N水"或"N分水"。

闽浙木拱桥常用的斜度在五至六分水之间。根据地域习俗、审美或有变化。例如浙江泰顺县的木拱桥较之其他区域要明显陡峻。当坑底匠人在泰顺建造薛宅桥（图4-6，详见第258~263页）时，也顺应了泰顺的一地之好，比他们在其他区域的项目更加陡高。

下荐匠人按五水定斜苗（张昌智用词是"百分之五十"），根据需要可作调整，从四五（4.5／10）到六都可以。

坑底匠人常用五五水（郑多雄）或六水（吴大根），最高到六八水。小桥需陡，否则拱架上部会相互冲突，编木无以实现。东塘木拱桥用到六水。大桥需缓，只能做五水，因为越陡需要的苗木越长，对材料要求越高；另一方面，倘若斜苗仍然做得很陡，副拱上牛头会与主拱牛头靠得太近，连在一起。斜苗平一点，可将副拱上牛头推远一点，对施工与受力都有利②。

在木拱桥营造技艺受到国际性的关注后，闽浙地区兴起木拱桥营造热潮，在一些沟壑甚小、原本不需使用木拱桥的场地，也会兴建尺度很小的木拱桥。当桥梁尺度显著小于常规时，传统的经验就不适用了。一个极端的例子是德国雷根斯堡木拱桥，净跨只有7.5米。张昌智师傅起初根据传统经验做了六水，但无法实现：起拱太缓，副拱上斜苗穿插到主拱平苗上之后，已经没有足够的空间容纳副拱上牛头与平苗。最终笔者不得不接替设计工作，使用AutoCAD绘图软件反复调整，使用悬殊的比例——斜苗接近七五水，平苗长达3.8米超过跨度之半，才得以实现（图5-59）。

使用现代制图术的匠人往往不记固定的分水，或者以

①
2013年12月18日笔者对黄春财的采访，屏南县城。

②
为了使编木"编"得更紧，在施工中，需要尽力将副拱上牛头推向主拱牛头。如果在设计时这两组牛头已经贴得太近，施工中就不再有多大"推紧"的余地，结构就容易松散变形。关于这个推紧的施工步骤（抽度）。

角度（这一西方几何学概念）来定义斜度。例如吴复勇称"不低于35°"。董直机称"最顺是36°、37°；平一点到33°；不能到45°"。

长桥匠人黄春财曾提及，他的父亲——万安桥的设计者，不画设计图，甚至连样图也不打，全部数据比例都是定死的。但虽是第三代传承人黄春财本人却并没有从父亲那里学习与继承经验法则。他年轻时曾在现代企业作制图员，使用现代制图术来做设计[①]（图5-43）。

（3）副拱（第二系统）的各部比例

第二系统即副拱系统，包括两对牛头、一对垫苗木、中央平苗及两组斜苗。其中副拱下斜苗与平苗，在位置上位于主拱斜苗与平苗上层，且与主拱平行，唯副拱上斜苗穿过主拱牛头下部，再由平苗之间穿出，实现"编织"的肌理。因此副拱斜苗与主拱斜苗位置交错布置，在数目上少一根，8根或6根，为偶数。

设计层面的问题与主拱相似，最重要的是节苗的长度比例，换言之即牛头的位置。如何确定副拱下牛头与上牛头的位置（经验Ⅲ、经验Ⅳ），正是下荐与坑底匠人在设计中均使用的经验法则。此外上牛头存在与主拱牛头相似的倾角问题（经验Ⅵ），下牛头与垫苗木则直接安放在主拱斜苗上，与斜苗贴合，没有角度设计问题。

【经验Ⅲ】副拱下牛头的位置

副拱下牛头的位置，表达为副拱下斜苗与主拱斜苗的长度比例关系。对于下荐师傅，这个比值当为2/3（张昌智）或6/10（彭佛党）。换言之，副拱下牛头位于主拱斜苗的中点偏上。他们解释说，斜苗的上部更细更软，因此"抽度"——将副拱上牛头尽力推向主拱牛头以实现紧密"编织"的过程（详见第203页）更容易操作——在这一步骤中，两个系统的斜苗（主拱斜苗和副拱上斜苗）要尽可能被拗弯。

对于坑底匠人，副拱下牛头的位置明显略低，即副拱下斜苗更短。据吴大根，两组斜苗的比值是1/3，东塘木拱桥即与此接近。在郑多雄家中，有一具自制的展示用模型（郑多雄言，传统大木匠不做模型，这个模型是近年专门做来展示给采访的人看的）。模型上，这个比例是3.6/10（图5-47，

[①] 2013年12月18日笔者对黄春财的采访，屏南县城。

AB/AC）。坑底匠人副拱下牛头位于主拱斜苗的中点偏下，因此可以将拱架顶部两组牛头（主拱牛头与副拱上牛头）安排得更近，以减小平苗跨中的弯矩。

　　从历史桥梁上来看，在比较下荐匠人与坑底匠人两百年间的桥梁项目时，我们会注意到，下荐匠人的木拱桥作品中，副拱下牛头的位置明显高于坑底匠人（对比图5-48与图5-49）。经笔者测绘的实例中，上述比例在下荐匠人的桥梁作品中分布在2/3上下，而在坑底匠人作品中分布在1/2至2/3之间（但今天坑底匠人所用1/3这一悬殊比例，却亦不见于这个家族的历史作品，成为一种极端）。这个形式特征差异可作为桥梁匠作谱系研究的参考依据。通过这一点，以及另外一些构造细节，我们可侧证例言中寿宁县杨梅洲桥拱架结构的真正绳墨，确是下荐匠人张学昶。

图5-47　坑底匠人郑多雄的木拱桥模型。副拱下牛头位置极低，副拱下斜苗极短（2013）

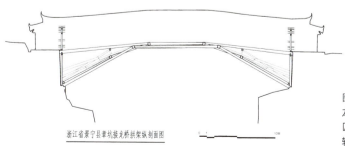

图5-48　景宁县东坑镇章坑村接龙桥拱架纵剖面图。1917年下荐匠人张学昶造。副拱下牛头的位置较高

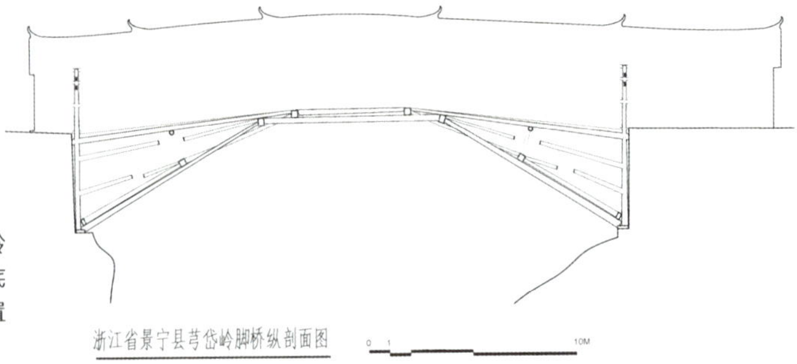

图5-49 景宁县家地乡芎岱村岭脚桥拱架纵剖面图。1883年坑底匠人徐斌桂造。副拱下牛头的位置略低

图5-50 东塘工地。坑底匠人方法。副拱下牛头使用竹钉和铁件临时固定在位,然后用长木杆(丈杆)确认副拱上斜苗的走向与副拱上牛头的位置

【经验Ⅳ】副拱上牛头的位置

副拱下牛头定位后,副拱上斜苗穿过主拱,其上牛头的位置,基本就由这些斜苗的直径决定了(图5-50)。但在设计中,编木拱上部的两对牛头(副拱上牛头与主拱牛头)之间的距离需要留意。一方面,两个副拱上牛头不可相距太近,导致副拱平苗过短,否则主拱平苗中间的弯矩太大,于受力不利;另一方面,副拱上牛头与主拱牛头的距离事关"抽度"的效果,上文已经简略提到,这是施工步骤中一个重要环节,将副拱上牛头尽可能地推向主拱牛头,令两系统"编织"紧密(详见第203页)。因此两个系统的牛头不可相距太近,倘若太近,施工上就没有再"抽"紧的余地。

根据吴大根(坑底匠人)所言,副拱平苗的长度当为主拱平苗的一半,即副拱上牛头处于主拱平苗1/4位置。副拱上牛头与主拱牛头的间距当不小于1.5米。在东塘,主、副拱牛头的间距被控制在刚好1.5米。

在这两支传统匠人的技术体系中，因为要在施工中尽可能推紧副拱上牛头，副拱上斜苗的长度要留有推压的余地，从而副拱平苗的长度亦无法提前计算精准，唯待推紧到位后，方能从结构上直接量取。

（4）牛头的尺寸与倾角

在设计中存在难点的牛头，是拱架顶部，亦即拱架中最大的两组牛头：主拱牛头（经验Ⅴ）与副拱上牛头（经验Ⅵ）。其余的纵向方木，包括副拱下牛头与垫苗木，均与主拱斜苗平行。但顶部两对牛头，不但自身位置带有倾角，内部还要含纳两或三组倾角各异的榫孔、榫窝，都要照顾周全。

【经验Ⅴ】 主拱牛头的斜度（图5-46，第④步）

首先来看主拱牛头。它的设计事关整体结构走向，因为主拱牛头担坐在副拱上斜苗苗身中央，它的尺度与角度制约了副拱系统的整体比例关系。

主拱牛头位置涉及多重角度问题，理解与分析起来较为复杂——甚至比它实际的应用处理更为复杂。

一个初识闽浙木拱桥的研究者，不免会想当然地认为，为了使结构的内力传递达到最佳，主拱牛头应该与它身下的副拱上斜苗紧密贴合。而副拱上斜苗的斜度，又将决定上下两套牛头的位置，进而决定副拱的整体比例关系。

而主拱牛头内部，一侧与斜苗直榫相接，另一侧与平苗燕尾榫相接，榫卯之间又有一道角度。榫孔在牛头中间的游走不仅要遵循几何定律，还要周全考虑木材材性的强度要求①。整个系统牵一发而动全身，如果要全揽全顾，做"理想"推算，即使使用计算机绘图，也不免反复调整修正，更不用说传统匠人在整个设计阶段，尚无法准确计算副拱构件的长度数据。因此，传统匠人使用一套"经验数据"来对应设计中的不可测细节，大大简化这一复杂几何问题的微妙变化。

首先，主拱牛头不需要与副拱上斜苗完全平行——如前所述，二者密不容缝的贴合在实际工程中几乎是做不到的，但它们又确实需要紧密地接触挤压，才可保证内力传递，形成编织拱机制。因此在设计中，仅需保证主拱牛头的内侧棱角（"下巴"）能够压在副拱上斜苗上（图5-51）。这样一来，无论桥的规模与总体走势如何，主拱牛头的斜率都可以使

① 榫孔不能离牛头边缘过近，距离当大于一寸。

图5-51 主拱牛头的"下巴"挤压在下面的副拱上斜苗上。东塘工地

用一个固定数字,只要保证它比副拱上斜苗平缓就可以了。

主拱牛头的固定斜率,坑底匠人设定为三分水。榫孔的走向在此基础上做图计算(图5-52~图5-54)。

而下荐师傅的家族经验,则无论桥梁的规模,对主拱牛头使用固定的尺寸及榫卯做法(图5-55)。

【经验Ⅵ】副拱上牛头的尺度与斜度

副拱上牛头与三种构件相交,开口最多。顶面两侧分别开燕尾榫榫窝,与副拱平苗及楼平苗交接;燕尾榫之间的侧面开斜向直榫,贯通牛头,纳入副拱上斜苗的直榫榫头。与主拱牛头相似,副拱上牛头有双重倾角问题:一方面它与透穿的斜苗榫头有交接角度;另一方面,它不一定是平放在平苗之上的——虽然从形式上平放更自然,也是更常见的选择,但如果平放,斜苗直榫的走向更陡,斜穿过去,需要牛头尺度更大。有些匠人会将副拱上牛头同样设计成斜置,内角上翘,外角压在平苗上(图5-56)。

对待这个问题,坑底匠人设定牛头平置,同时设定副拱上斜苗倾角为四分水(图5-57,图5-58),据此加工牛头。而在现实结构中,倘若副拱上斜苗的倾角与假设有出入,牛头则亦呈现略微倾斜之势。

a. 使用楔子垫块,将主拱牛头以三分水角度安放固定。这个角度与它在建成结构中最终的姿态一致。之后在断面上标画平行、垂直基准线与竖直、水平基准线

b. 以水平基准线为基础,绘出主拱斜苗的斜角(六分水),作出主拱斜苗榫孔轴线,再平行绘出榫孔边线。榫孔边线距离牛头下皮须大于一寸

图5-52 坑底匠人吴大根计算主拱牛头内部榫孔角度的方法。东塘工地

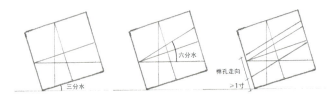

图5-53 坑底匠人吴大根计算主拱牛头中插入斜苗的榫孔角度的方法示意

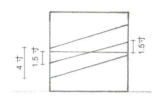

图5-54 主拱牛头在结构中。断面上可见计算榫孔位置角度的墨线。东塘工地

图5-55 下荐匠人张昌智、彭佛党计算主拱牛头中插入斜苗的榫孔角度的方法：取牛头断面边长1.2尺。首先平行于牛头边线绘一条中线，在中线两端上下各偏1.5寸[①]，连接为一条斜线，作为榫口中线。以宽度4寸绘出榫口边线

图5-56 浙江省庆元县南阳乡甘竹山造桥工地。副拱上牛头明显倾斜。此桥绳墨为庆元县张以进，非家族传承匠人，曾与吴复勇合作

图5-57 副拱上牛头中可见榫口走向墨线。坑底匠人做法。呈四分水角度。东塘工地

  而今天的下荐师傅则使用一刀切的方式设计：副拱上牛头无论断面尺寸或榫孔角度，使用与主拱牛头完全相同的做法。这相当于默认副拱上牛头斜置，但不管其真实角度，仅处理牛头与榫孔走向的角度。建成的结构中，副拱上牛头往往呈明显倾斜状（图5-59）。

  副拱上牛头的形态，下荐匠人更趋倾斜，坑底匠人更趋水平，从设计原理上，成为一种匠作谱系的特征因素，在两个家族的历史作品中有所表达（图5-60，图5-61）。但是，若非遇到个别副拱上牛头明显倾斜的案例，仅从建成的结构上，未必能够反推设计方法。同时这个因素在匠人家族的传承中并不是一成不变的，不能作为可靠的谱系认定因素。在下荐张氏家族，自清末张学昶开始的建造中使用了更加明确的倾斜牛头，而此前的建造则不显。

---

① 张昌智言1.5寸，彭佛党言1.2寸。二者所述在其余方法步骤相同。

① 如前所述，因为雷根斯堡中国桥尺度极端，张昌智等诸位师傅未能成功实现编木拱设计，由笔者接替完成设计工作。此时（2014年），笔者刚刚在前一年跟随坑底匠人完成东塘木拱桥实践，习得坑底匠人的设计方法，因此按照坑底方法设计了雷根斯堡中国桥的牛头角度。此桥的构造加工细节则仍然保持下荐匠人传统做法。

图5-58　副拱上牛头平置在平苗上。坑底匠人做法。东塘工地

a. 此桥为下荐匠人张昌智建造，拱架部分由笔者设计，使用了坑底匠人的设计方法，副拱牛头平置。为了保证直榫足够的空间，副拱牛头做成窄高形，格外高起[1]

b. 若按下荐匠人设计方法生成副拱上牛头，图中以白线标记：主、副拱两组牛头断面大小一致，与斜苗的倾角关系亦相同，则呈现图中白线所绘形态。副拱牛头与平苗呈明显夹角

图5-59　雷根斯堡中国桥拱架结构

图5-60　景宁县东坑镇章坑村接龙桥（1917年下荐匠人张学昶造），副拱上牛头（白色高光圈出）呈现明显的倾角

图5-61　景宁县家地乡芎岱村岭脚桥（1883年坑底匠人徐斌桂造），副拱上牛头平压在主拱平苗上，几乎没有倾角

（5）宽度规则

除了廊屋的平面图（图5-2）外，木拱桥匠不会在图纸上讨论桥身的宽度问题。事实上，拱架的宽度，正是由廊屋宽度决定的。建造宽阔高敞的空间显尽气派，还是宽窄适中的通道经济适用，更多是遵循业主的要求。桥梁建筑的等级越高，廊屋越宽，桥拱中使用的节苗数目就越多——只是一个简单的计算问题。

179

图5-62 拱架收分分析。福建省寿宁县坑底乡杨梅洲桥。杨梅洲桥拱架俯视图与拱架横剖面图叠合图中标红为将军柱位置。将军柱自拱架脚向上伸入廊屋，形成一对廊屋檐柱。因此廊屋宽度＝拱架平面处宽度＝将军柱距。除平苗部分外，拱架自主拱牛头向外扩张，至拱脚处，最外侧主拱斜苗苗脚距将军柱柱脚约50～60厘米。将军柱脚位于最外侧斜苗之内，紧贴第二根斜苗苗脚

图5-63 吴复勇的"木拱桥专用尺"。用于确定斜苗的收分。生水塘工地

图5-64 生水塘工地。因为主拱牛头的妨碍，楼平苗在主拱牛头的位置砍出凹槽

① 以杨梅洲桥为例，30米跨度的木拱桥，最外一根正拱斜苗苗身净长约10米，内外两侧轴线长度差距约2.5厘米。

闽浙一带木拱桥的宽度，大体在五六米间。节苗在此间均匀排布。节苗的间距，要允许副拱斜节苗从主拱节苗中间穿过，当略大于节苗直径本身。但亦不能过宽，之间的缝隙常塞入楔形木块，使构件相互靠紧，连成一体（图5-61）。

另一方面，为了拱架的侧向稳定，斜苗的排布要有收分，即拱架整体上窄下宽，在拱脚处，总宽大于拱顶。拱架的收分尺度受到廊屋与将军柱的制约，一般令将军柱落脚于外侧第一、二根斜苗之间的空隙（图5-62）。

原则上由于收分的存在，主拱斜苗不尽等长，外部的节苗略长，内部节苗略短，且榫卯节点略有角度。但几何上的差异在结构中并不明显[①]，一般匠人并不对此专门处理。笔者遇到的匠人中，只有吴复勇对此做专门考虑。为此他甚至自制"圆规尺"（图5-63）来控制各苗角度。

（6）楼平苗问题

在副拱的设计中，还有一个问题需要注意：关于楼平苗与拱架系统的交接关系。常见且结构最为合理的做法是，楼平苗要从桥台一直搭到副拱上牛头。而如果桥拱过陡，高于桥台过多，楼平苗就会受到主拱牛头的阻挡。一些桥梁不得不将楼平苗与主拱牛头冲突之处砍凹，事实上这削弱了楼平苗构件，对结构不利（图5-64）。

在追求高陡审美的泰顺，楼平苗只能搭在主拱牛头上（图5-65）。但这种做法对于结构整体稳定性的作用，不如与副拱上牛头相接的做法。编木拱两套系统年久变松后，副拱不再有效地制约主拱，有可能出现一肩高、一肩低的转动变形。楼平苗与副拱上牛头相接，即压住了主拱牛头，可以在一定程度上控制变形的幅度（当然若转动变形的力量过大，会将楼平苗顶开，使榫头脱离榫口。庆元县兰溪桥在经

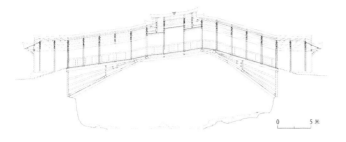

① 笔者对吴复勇的采访，2012年11月，生水塘造桥工地。

图5-65 浙江省泰顺县筱村文兴桥纵剖面图。楼平苗搭接在主拱牛头上
（图片来源：周淼，胡石，王际昕. 泰顺文兴桥木作技术研究[J]. 文物，2016（05）. 70-84.）

过落架移建后，因为移建过程的失误，即出现过这种"跳榫"变形。后经吴复勇修缮处理^①）。泰顺做法中缺少了这一层限制，有可能会产生较大的转动变形，泰顺县文兴桥是一个极端的例子（图5-65）。

四、拱架结构构件制作

构件加工中，最主要的问题是节点榫卯的制作。大体而言，纵向的节苗杆件两端出榫头，横向的牛头与垫苗木上开榫口，纳入节苗的榫头。榫卯主要有直榫与燕尾榫两种形式。直榫即杆件端部伸出长方形榫头，穿入另一方的方形榫洞，透穿则称透榫，不透穿则称半榫；燕尾榫则一方出倒梯形榫头，另一方开相应的榫窝（图5-66）。总体而言，平苗的两端为燕尾榫；斜苗的上端均为直榫，下端则视不同位置、不同匠人家族不一而论。匠人对榫卯形式的考虑与选择因素，将在本章结论部分探讨。此处仅讲解制作加工之原理。

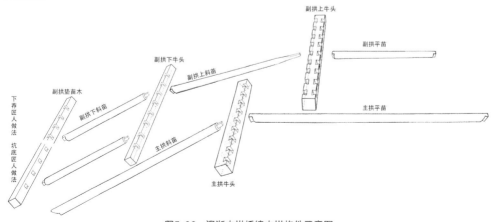

图5-66 闽浙木拱桥编木拱构件示意图

1. 节苗

加工节苗的第一步，是下料。迎面而来的第一个问题是：如何定义构件长度。编木拱的所有纵向苗木与横向牛头/垫木的节点都有斜角，因此一根杆件从不同位置量取，长度不一。

定义节苗长度的定位点，正是节苗的加工基准点。基本原则是：须位于节苗轴线上，并且与牛头上控制点相对应。所谓牛头上的控制点，即牛头棱线、轴线等标志性位置，往往正是牛头与节苗最重要的接触点，事关内力传递。节苗的加工基准点通常在顶面或侧面轴线上（图5-67）。

（1）主拱斜苗

主拱斜苗下端使用"鸭嘴"（L形卡口，图5-68）与垫苗木/基石相卡，上端使用直榫（图5-69），探入牛头内部。

主拱斜苗的基准点在苗身侧边的轴线上，即"鸭嘴"内角到榫头的"肩膀"中点（图5-46：AF，图5-71：b-L）。

加工中，首先在轴线上量取苗身长度，在苗木两端绘出两个基准面（垂直于四条轴线的垂面），然后借助模板（图5-45，图5-70），确认榫卯节点的倾斜角度，绘出节点外形（图5-71）。

其中模板的作用是提供榫卯外观的斜角。这些角度在设计中已经确定，只需寻找硬质材料（硬纸板或薄木板），

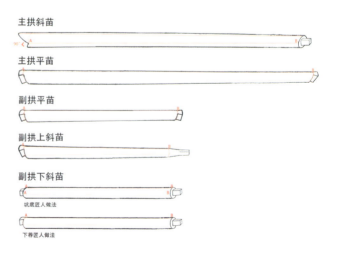

图5-67　闽浙木拱桥编木拱节苗制作的基准轴线与基准点

比对样图或根据设计的经验法则提前画定、剪裁，制成模具（图5-33）。

斜苗的用料可用弯木。借用自然形态，使构件向上拱起，有助于结构受力。但若如此，各根苗木直曲不一，需要考虑在它们与副拱牛头的接触位置，每一根构件都要平等地托顶副拱牛头。这就要调整苗身轴线的高低（见图5-71：a），考验匠人的绳墨经验。

图5-68　主拱斜苗下端的"鸭嘴"。东塘工地

图5-69　主拱斜苗上端的直榫及其"肩膀"。"肩膀"即榫头根部，圆木上的环状区域。东塘工地

图5-70　生水塘工地。吴复勇的主拱斜苗模板。模板两端是斜苗的榫头（左）及鸭嘴（右）的大小、斜度等信息。左右贯通的轴线表示斜苗身侧轴线。模板中央用于划线的斜槽表示主拱平苗燕尾榫的倾角

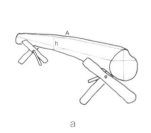
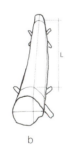

a.　将圆木架在"三脚马"上，用墨斗、鲁班尺、竹笔在两端面打上水平、垂直十字墨线，取得端面圆心（加工意义上的圆心，而非几何意义上的圆心），以及圆形端面的四个极点。用墨斗连接两端面对应的四个极点，即在梁身产生四条轴线，定义梁身的上、下、左、右四面
　　端面十字不一定画在正中，要根据木料的弯直情况作上下调整。倘若木料上拱，则水平线也要略向上偏。因为无论木材形状，墨线是构件的理论中线，两端的榫头是以墨线为基准线制作的。墨线位置的基本原则是，在主拱斜苗与副拱下牛头相交的位置A，控制墨线距构件顶面的高度h，各苗此处h应大致相等，才可保证副拱牛头与主拱斜苗各苗紧密接触
b.　用鲁班尺与竹笔在圆木两端垂直于四条轴线各绘一圈墨线。两圈墨线之间的长度是梁身的长度（图5-46 AF）。在它们之外，圆木两端剩余的长度当足够制作鸭嘴与榫头
c.　在圆木尾端依模板画出鸭嘴
d.　在圆木梢端依模板画出榫头肩膀的斜度
e.　用鲁班尺量、画，确定榫头位置与大小
f.　锯出鸭嘴和榫头，并用平凿修平

图5-71　主拱斜苗制作方法

（2）主拱平苗

平苗两端作燕尾榫，即榫头外缘外扩、根部收窄，如此可以防止榫头从榫口中拔落。

因为主拱牛头斜置，二者的交接亦非垂直。榫头与榫口之间，必有一者做出斜角。一般选择将牛头上的榫口做直（与牛头表面平行），而将节苗榫头做斜。一方面牛头开榫极多，容易崩裂，直角开榫可保护木纹纹理破坏最少；一方面榫口打凿较为费力，角度不好控制，而节苗的斜度一锯即可，操作方便；再有一者，榫头的倾角使平苗形成倒梯形形状（图5-72），在放入榫口的过程中会向两边推顶牛头，有利于节点紧密。

在平苗制作中，控制点在苗身顶部轴线上，苗身长度由两侧牛头的顶点间距决定（图5-73：a，b）。平苗的选料需尽量平直。

图5-72　生水塘工地。呈倒梯形的主拱平苗

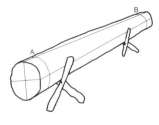

a. 将平苗安放在三脚马上，绘制两端十字交线、四边轴线。量取控制点间距（主拱平苗苗身长度），绘出垂直于轴线的控制面圆周

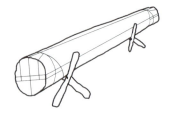

b. 从基准点向内侧做出榫头斜面。在端部绘出燕尾榫榫头尺寸

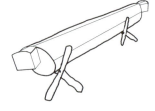

c. 根据参考线锯出燕尾榫头

图5-73　主拱平苗制作方法

(3) 副拱斜苗

副拱斜苗的做法与主拱斜苗相似。

其中副拱下斜苗最为简单，节苗与牛头、垫木均为正交，榫卯的交接面为垂直面，没有倾角的麻烦。上端全部使用直榫，而下端常见燕尾榫与直榫两种做法（此外泰顺有做鸭嘴例，较少见）。下荇匠人使用燕尾榫，坑底匠人使用半榫。这个特征差异贯穿两个家族两百年间的桥梁作品，直到今天（详见第215～216页）。

副拱上斜苗下端使用燕尾榫，上端为直榫。无论下荇匠人还是坑底匠人，上端直榫榫头必须要长，足够穿透牛头、并伸到牛头之外。副拱上牛头顶紧的过程，就是牛头与这一组榫头套合趋紧的过程。因此节苗苗身在最初可以做得略长，施工中一边推紧，一边修理"肩膀"。而坑底匠人在这个位置干脆不做"肩膀"，留下四寸的余量供"滑"动（图5-74）。牛头安装到位后，过长的榫头会被锯掉。

与主拱斜苗相似，副拱上斜苗担托主拱牛头的位置，设计加工得要小心。这个位置木材必须平直。此处若有节疤，不能用斧砍，而须用刨刨掉，防止劈裂。

(4) 副拱平苗与楼平苗

副拱平苗与主拱平苗相似而较短。楼平苗与牛头相交的梢端使用燕尾榫；外端则根据木材大小，平搭或做卡口搭在排柱的眉梁上。

因为设计与施工中的各种不定因素，副拱平苗的长度不能提前精确地计算，需要在副拱上牛头安装到位后现场测量，再制作榫头。楼平苗同理。

一边施工一边调整在传统营造上甚为常用。譬如桥基利用自然山体，两边岸基不平行或者山体石头鼓起，节苗长度就会不一样。所以现场控制甚为重要，榫头都要留待现场再锯。

2. 牛头与垫木

闽浙木拱桥的编木拱中，横向的方材有牛头与垫苗木两种，起到连接、固定纵向节苗的作用。通过直榫与燕尾榫相接（图5-75）。

图5-74 副拱上斜苗的榫头透穿副拱上牛头。不施"肩膀"。坑底匠人做法。东塘工地

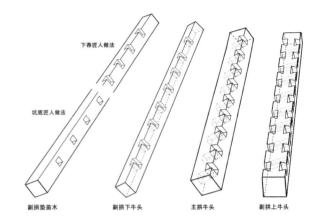

图5-75 闽浙木拱桥拱架牛头与垫木构造示意

主拱牛头内有两种榫孔：与主拱斜苗交接的斜向直榫榫孔、与主拱平苗交接的燕尾榫榫窝。两种榫口位置对应，在内部连通。

副拱上牛头开口最多：顶面两侧分别开燕尾榫榫窝，与副拱平苗及楼平苗交接；侧面开贯通的斜向直榫榫孔，分布在燕尾榫之间（图5-74）。

副拱下牛头一侧做燕尾榫，接副拱上斜苗，另侧做直榫，接副拱下斜苗。二者相通。

副拱垫木可做直榫（坑底匠人）或燕尾榫（下荐匠人）。这根构件尺度最小，可利用边料制作（图5-76）。

主拱牛头与副拱上牛头体量最大。牛头的截面大小，由受力需要与构造需要决定。主拱牛头作为第一系统主要构件，承载要求较高。而副拱上牛头开榫最多：上部内外两侧各开燕尾榫，纳入副拱平苗与楼平苗榫头；同时在燕尾榫之间斜开直榫贯通榫——由于孔洞过多，牛头在各向外力的作用下有开裂风险，因此截面亦应巨大。为了防止劈裂，牛头两端或中部常箍捆铁带、铁线（图5-77，图5-78）。为了避免施工中受力而劈坏，屏南长桥镇黄氏师傅在制作副拱上牛头时，事先仅开直榫，不开燕尾榫口，待安装到位后，在结构上现场凿制燕尾榫口[①]。

榫口的加工，无非打凿。若能先以电锯、电钻粗糙切割、打钻，则省去一些力气。此类无须多言。唯一值得一说者，因牛头多有斜走的直榫，在角度的控制上，有一些操作和控制上的技巧（图5-79~图5-81）。

---

① 黄氏匠人对施工的要求，与材料和施工工艺有关。如前所述，黄氏坚持用杉木制作牛头，而不接受其他匠人普遍使用的老松或硬杂木。杉木较软，而为了推紧拱架，黄氏使用"牛头撞"大力冲撞副拱上牛头，因此副拱上牛头面对更大的破坏风险。正因如此，在黄氏的设计中，副拱上牛头是截面最大的横向构件，要大于主拱牛头。其他匠人一般令二者等大，或主拱牛头略大。

图5-76 雷根斯堡中国桥。下荐师傅张昌智造。下荐师傅将这个构件称作"月半",使用小料制作,下角恰可卡入拱脚与立柱之间

图5-77 牛头用铁丝捆绑。东塘工地

图5-79 斜向直榫加工。东塘工地。吴大根将牛头依其设计角度倾斜放置,因此榫孔可以垂直向下打凿

图5-78 牛头用铁带捆绑。景宁县家地乡苇岱村岭脚桥

图5-80 斜向直榫加工,生水塘工地。吴复勇用长条木板标志榫口走向。匠人在打凿过程中据此比对校核

图5-81 榫口加工后,用形状相同的模板检核。生水塘工地

① 2013年12月18日笔者对黄春财的采访，屏南县城。

② 2016年9月薛宅桥水毁之后，一段由本地人拍摄、记录了桥被冲垮全过程的影像在社交平台广泛传播。

③ 2013年11月笔者对吴复勇的采访，生水塘工地。

图5-82　顺德桥。浙江省龙泉县。天然岩石桥台（2012）

图5-83　如龙桥。浙江省庆元县。卵石桥台（2013）

图5-84　杨溪头桥。福建省寿宁县。粗石桥台（2013）

3．其他支撑构件

拱架部分的其他构件包括剪刀撑与青蛙顶。它们可以在完成的拱架结构上量取准确尺度，然后再行制作。在此不赘述。

五、施工

1．桥台

在大木动工之前，桥址的选择与相应的石构工作至关重要。天然石基是最佳选择，有时，为了利用天然石基，哪怕河道更宽、更深，施工更困难，也在所不惜（图5-3）。若地基不够理想，则要打桩加固。木桩用松木或硬木。武夷山余庆桥焚毁坍塌后（图5-86），露出了桥墩下面的松木桩基。

桥台的位置、尺度由绳墨师傅定夺。造桥之前，绳墨要向当地人询问历年最高水位。台基的高度要保证拱脚位于最高水位之上。主墨告诉石匠石台的高、宽。讲究的石台要依木构做出收分。

桥台的建造，有专业的石匠。东塘回龙桥的石匠来自泰顺。无论卵形圆石还是粗琢的方石（图5-82~图5-85），岿然不动的桥台是木拱桥结构安全的基本条件。对木拱桥造成极大危险的洪水，往往是因浮木撞毁桥台而摧毁桥梁的——1952年屏南县万安桥被冲毁的两跨便是如此①，2016年9月泰顺县薛宅桥的水毁亦是如此②。

桥台的基本形制是外砌石墙，内填碎石（而不可填土。土会在河水的冲刷下渐渐流失）。整体相当于用石块砌造一个方形的盒子（图5-86，图5-87），盒子自身要足够坚固，每面石墙独当一面。当使用卵石或较小的方石，每面石墙都需要砌筑内外两层，相互倚靠，形成独立的墙体，切不可扶靠在台墩内的碎石上。据吴复勇言，庆元县兰溪桥移建时，新址的台基石墙只做了一层石面，倚靠在里面的填充材料上。建成不久桥台即鼓胀变形，不得不加固挽救③。

一般情况下，桥台完成后再做拱架。但坑底匠人的传统是，台基先做一半高度（图5-88），方便木料运输。待木拱完成再把台基补建完整。

2. 脚手架

（1）平台架

如果有条件建造"满堂红"脚手架（图5-89），或用密立的杉木或钢管，至少在河道中央区域搭建起一个施工平台（图5-90），是最稳妥的建造辅助。

这种平台式脚手架身兼二职，一方面在施工前段为尚不能自立的桥拱构件提供支撑；另一方面为工匠在河道中央提供操作平台。

针对第一项功能，平台架的位置与高度需要准确计算。平台顶部外缘横梁的位置尤其关键：在施工中，它要托住主拱斜苗，同时不可妨碍副拱上斜苗从其间穿过。最为理想的位置约在主拱斜苗和副拱斜苗的交点略偏下（图5-91）。如果不能对脚手架做如此准确的预先计算，就要宁低勿高。如果低了，在施工中可以加垫垫木抬升，但若高了，就会对施工造成妨害。

图5-85　大赤坑桥。浙江省景宁县。琢石桥台（2012）

图5-86　余庆桥。福建省武夷山市。火毁后的桥台内部。琢石墙体内填以碎石（2014）

（2）水柱架

而当桥梁建在高崖或深潭之上，密柱的平台架会因耗材耗力难以实现。有经验的桥匠会使用一种经济巧妙但却惊险的"水柱架"（下荐匠人叫法；董直机称之为"样井"）：仅使用四根杉木为柱。柱脚下至河底，柱顶高出拱架约两米。若在深涧悬崖处建桥，柱高可达三四十米。若杉木长度不够，可以两三根捆绑拼接，形成巨柱。四柱立在河中央，每侧两根，中间以横木相连，状如秋千架（或井架）。此外再以辅助性的撑木、揽风绳固定。

当下的木拱桥营造，除了演示性项目（图5-92，图5-93）或极小的桥梁（图5-94），极少有匠人仍然使用水柱架施工方式。这种方法尤其适合应用在惊险的桥址，涧高水深，负担不起密柱的平台架，是有限的环境与技术经济条件下逼迫出的"权宜之技"，越惊险的桥址，越近乎搏命。至晚在晚清至民国时期，两省之间，几乎只有下荐匠人的"集团军"敢于从事。但即使是下荐师傅，水柱架施工也可能付出生命的代价。张昌智讲述过他所亲历的事故：1964年周宁后垅桥施工时，水柱架的平梁做高了，因而妨碍了斜苗的安装，一

图5-87　东塘工地桥台建造

图5-88　东塘工地。桥台先砌至一半高度，等拱架完成，再补砌完整

图5-89 浙江省泰顺县龟湖镇木拱桥脚手架。绳墨吴复勇（2012）

图5-90 生水塘工地。河心钢管脚手架。连接两岸的线绳用来校核脚手架的高度

图5-91 东塘木拱桥脚手架，其外缘刚好位于主拱与副拱上斜苗交点上，可以同时支撑这两套斜苗。这个位置经过绳墨吴大根专门的计算，距离主拱牛头1.5米

①
仅制作了拱架，没有完成廊屋；拱架在节目拍摄后拆除。据言"连木料都是借的"。

②
吴大根师傅与郑家为姻亲（与郑多金的弟弟郑多雄为连襟），同样师承郑氏兄弟父亲郑惠福，又是杨梅洲桥的承建者吴大清的同宗兄弟。

位匠人（从外地入赘秀坑村的女婿）爬上架去调整，不慎掉下高崖摔死了。

至于水柱架自身如何建在河底，亲见1937年张学昶建造杨梅洲桥的董直机回忆说，"样井"是通过竹筏漂到清潭上，柱底捆了大石，将竹筏倾翻，柱脚即沉到水底。

如果基岸条件许可，也可以预先在岸上拼好柱架，整体用绳索拖到河心相应位置（图5-93）。根据张昌智叙述，后垅桥（1964）施工时，便是从一岸将柱架沉入水中。架柱底下不用绑石块，"上面（柱顶）一吊，底下（柱脚）就沉下去"。柱架顶端、底部都绑有绳索，从两岸四向拉拽绳索调整位置。

若桥下是巨石，为了柱架稳定，或可令石匠在岩石上打凿浅孔，纳放柱脚。值得注意的是，一些诸如此类的浅孔会被现代研究者混淆为普通桥柱柱洞，而误作木拱桥之前为多跨平梁桥的证据。

今天，经历过最后一次真正的水柱架营造的匠人（张昌智等）已经垂垂老矣，甚至目睹并讲述了1937年寿宁坑底乡杨梅洲桥"样井"建造的董直机已经仙逝。即使下荐匠人传承有续，也再不会再有技高胆大的"水兵"爬上水柱架应对惊险的工程。水柱架技术事实上已经失传。

（3）天门车

如说平台架身兼两职（构件支托、操作平台），那么水架柱便以一组极简的构成，结合了三种功能。除了支撑斜苗并允许匠人攀援行动外，"秋千架"本身还兼具吊车功能。

与水柱架配合使用的工具是天门车。基本原理就是一根转轴，将麻绳缠绕在上面收放。麻绳绕过水柱架顶部的圆木，可以从河道里面起吊构件。据董直机讲，杨梅洲桥一共用掉一千多斤麻绳。一根麻绳四五十斤，有四五厘米粗。

2001年，央视拍摄《虹桥寻踪》时，坑底匠人郑多金示范性地建造了一座木拱桥拱架①，其中包括一组制作精巧的天门车（图5-95）。然而同出一个家族的匠人、稠林山吴大根②则认为，郑多金示范的"水车"是匠人间的传说，真实的建造中不会有这样精巧的东西。大型桥梁，牛头极重，水

图5-92 十锦桥。福建省屏南县。水架柱施工。为营造技艺申请UNESCO非物质文化遗产名录的建造示范。绳墨黄春财
（图片来源：《中国·屏南木拱廊桥》影视材料，2009）

图5-93 水柱架施工。坑底匠人郑多金为央视纪录片《虹桥寻踪》示范性建造木拱桥
（图片来源：CCTV，2001年）

图5-94 雷根基堡木拱桥。在德国甲方提供的平台脚手架之外，下荐匠人张昌智又以简单的四柱水柱架支撑第一节苗系统施工

图5-95 天门车。郑多金为《虹桥寻踪》示范建造木拱桥时制作
（图片来源：龚健拍摄）

车"拗不动"。而郑多金的示范（图5-93）是"给电视台做样子的"，只搭了很小的一条桥，材料都小，才可以实现。吴大根认为，真正吊装大牛头时，可用一种与"水车"原理类似、更加笨重有力的做法：将绳子缠在大松木上，松木两头绞上铁索，压在巨石下固定。松木足够重，压得住。需要收放绳索时，用橇杠撬动松木来转动。绳索则不去绕经柱架横木的"滑轮"（以防拽偏柱架），而是在岸上另栽两棵柱子，柱顶做凹，保证绳索不会跑掉。①

① 笔者对吴大根的采访，2013年东塘造桥工地。

3. 拱架构件组装

（1）第一系统／主拱
平台架施工方式

生水塘与东塘两个小型项目，均使用平台架施工。第一系统的安装步骤原理一致，在施工手段上，依匠人的工作习惯略有差异。我们将二者做成图表（表5-1，图5-96～图5-122），对照参考。

表5-1 平台架施工编木拱第一系统安装布置

生水塘工地	东塘工地
1. 使用平台架施工,在安放主拱斜苗前,要先将主拱牛头运到架子上。为此,平台和桥台之间用圆木搭成轨道,供通行与运输	
 图5-96 牛头在绳索与木杆的帮助下,沿滑轨推拉,运至平台架上	 图5-97 牛头沿轨道手工翻转,运至平台架上
2. 牛头上架后,根据桥台上预先标记好的位置,将主拱斜苗放置到位。主拱斜苗上架时要注意顺序,拱跨两边、桥台两边相配合,不可集中在一侧施工,否则会将架子推歪	
 图5-98 桥台边缘处的圆木用作转轴,几组工人用绳索拉拽,将主拱斜苗苗脚转至拱脚垫木处	 图5-99 将主拱斜苗搬至平台架上
 图5-100 在绳索帮助下,将斜苗沿滑轨送至河心平台架	 图5-101 斜苗苗脚由绳索吊放到位

续表

生水塘工地	东塘工地
3. 斜苗到位后，将已在平台上就位的牛头套在斜苗榫头上	

 图5-102 将斜苗榫头与牛头上的榫孔对位

 图5-103 在安装牛头前，用丈杆、水管校核斜苗榫头位置

 图5-104 因平台架位置略低，用垫木、垫块将牛头抬高

 图5-105 在安装牛头前，用线绳校核斜苗榫头位置

 图5-106 用橇杠推动牛头，套放到榫头上

 图5-107 将主拱牛头套在斜苗榫头上，并推撞到位

续表

生水塘工地	东塘工地
吴复勇对于榫头制作控制较为精准，无需现场调整。	 图5-108　现场调整主拱斜苗榫头的"肩膀"与主拱牛头的交接位置，使二者嵌合紧密  图5-109　现场调整主拱斜苗榫头的"肩膀"与主拱牛头的交接位置，使二者嵌合紧密  图5-110　因为斜苗与平苗的榫口相通，斜苗榫头与平苗相抵，此时斜苗榫头的上缘会刺入平苗燕尾榫的榫窝里，须将它修平  图5-111　主拱平苗将在榫口内与斜苗相遇

生水塘工地	东塘工地
4. 调整、安装平苗	

图5-112　因脚手架的高度略低于所需，主拱牛头低于最终位置

图5-113　通过敲入楔形垫块调整牛头高度

吴大根对于拱架位置高度计算较为精准，几乎无须现场调整。

图5-114　首先安装边侧两根平苗

图5-115　首先安装边侧两根平苗

续表

生水塘工地	东塘工地
 图5-116 然后安装中央的一根	 图5-117 然后安装中央的一根
 图5-118 用锤、斧将榫头砸入榫窝。锤（木或铁）以两片竹片作柄身，借用竹子的韧性与柔软，发挥更大的力道	 图5-119 用撬杠推顶牛头，用木桩作锤，将榫头砸入榫窝
吴复勇对于榫头制作控制较为精准，无须现场调整。	 图5-120 现场调整榫卯

生水塘工地	东塘工地
5. 主拱合龙后，必须检查拱架纵直、水平，并作调整	
 图5-121　吴复勇校核拱架纵直的方法：两岸将军柱柱身上凿有安装栏杆的榫洞。它们与主拱外侧斜苗顶部的中轴当处于同一个垂直面上（参考图5-62）	 图5-122　吴大根（左）在使用水管校核拱架水平

水柱架施工方式

水柱架施工步骤在技术上的不同主要体现在第一系统的安装上。一旦第一系统合龙，它自身就形成了一个操作平台，作为后续施工的支撑。

前文已经提到，在危崖上利用水柱架施工，近一个世纪以来，闽浙之间仅下荐匠人一家绝学。这种技术太过危险，如今除了表演性质的小桥，已经没有匠人使用了。幸运的是，1937年杨梅洲桥施工时，当时作为学徒的小娃董直机曾用心地观察，留下了清晰的记忆，为笔者作出了生动的描述（详见第128～129页）[1]，当时的绳墨是下荐的高产匠人张学昶。这种技术的另一位亲历者是张学昶的后辈张昌智，他曾在1964年参与了后坑桥的建造。根据他们的叙述，笔者将用模型[2]复原展示了水柱架施工的基本步骤方法（图5-123～图5-130）。

---

[1] 2013年12月16日采访董直机田野笔记。

[2] 本模型收藏于南方科技大学人文社会科学荣誉学会。

① "拗"字描述的是扳动天门车的把手，绞拉麻绳，从而起吊节苗的动作。

据董直机描述，从事水柱架施工的匠人分作三班人马，一班专事下水，称"水兵"，一班专门上架，另一班在岸上加工。其中上架的人能力最强，既要敢于爬高，又要擅长游泳——施工中就算失足落水，也能游回岸上继续工作。"有七八个师傅做这个。要胆量大。岸边（东家）准备好红包，每个红包包着两个银元，（旁边放着）一瓶烧酒。谁去上架，（就领取）两块钱"。

董直机言：节苗用竹排放到水面，用麻绳绑好。工人从两边桥头用天门车"拗"①"一条一条拗上来。用绳索把尾头吊起来，再把脑头拗到拱脚。一天只能上两三条木头，工夫大得很"。

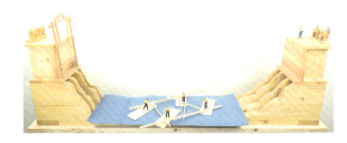

图5-123　建造水柱架：用竹排将"样井"的"秋千架"送至潭心。"样井"的柱脚用铁链捆着大石块，从水面翻倒竹排，石头拽着柱脚沉到水底

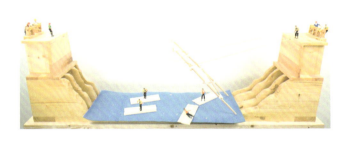

图5-124　建造水柱架：用绳索拉起

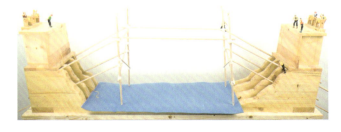

图5-125　建造水柱架：加入横梁、斜撑、缆风绳等固定

图5-126　运输牛头：用麻绳捆住主拱牛头，通过"滑轨"送至河心横梁上待命

图5-127　安放主拱斜苗：将主拱斜苗从基岸运至拱脚，使用绳索吊放至"样井"上

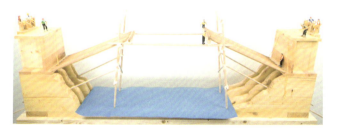

图5-128　将牛头套装在斜苗上

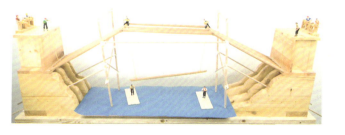

图5-129　安装主拱平苗：将平苗用竹筏运至河心吊装

图5-130 完成主拱：主拱自身形成可供通行的操作平台

图5-131 杨梅洲桥。福建省寿宁县杨梅州村。主拱斜苗上的竹钉为施工时匠人攀爬的落脚处

　　关于悬空作业，如何将沉重的牛头套到节苗的榫头上匠人亦有实用的技巧：套放之前，在牛头下面垫四根小木头，垫高四五厘米。因为牛头是斜放的，斜苗的榫头可以直接"靠"到牛头的榫洞里。待斜苗到位，把垫牛头的小木撤掉，牛头就自动落下来，榫卯就套进去了。

　　牛头到位后，斜苗"冲起来"，架子就不会晃动了。牛头足有50厘米宽，上面是平的，匠人可以在牛头上放心走动。此外，斜苗上也钉有竹钉，供匠人攀爬（图5-131）之后，中间的平苗从两个桥头用天门车拗上来。

　　"定水"：在安装平苗前，要进行一些关键的校核和测量：需有匠人从牛头位置向下放绳索，测量从牛头到水面的高度，再算出牛头到拱脚的高度。因为这个高度是设计中确定的，需作校核并调整（"定水"），并锁定天门车，把这个高度固定死。

其后，用竹篾测量牛头间距，即平苗长度，并相应完成构件的制作。

（2）将军柱/天门柱

将军柱，又称天门柱，是立在拱脚位置的柱子。第一系统完成后，将军柱柱架（将军柱、之间的眉梁、立柱、上部穿梁及廊柱）即要到位（图5-132），因为副拱的垫苗木要抵靠在将军柱上。因为将军柱架与主拱不相干涉，在必要的情况下（譬如生水塘工地"下土"的需要），也可以在主拱之前安装。

图5-132　生水塘工地。出于"下土"的需要，将军柱架先于下拱安放到位

将军柱一般是通高的，即从拱脚直通廊屋檐檩，在廊屋部分用作檐柱，是木拱桥中唯一连接下拱与廊屋的构件，有助于廊桥的整体稳定性。但有时，将军柱位置上的柱子也并非通高，而是结束于楼平苗之下，不妨称之为"半柱"（对比图5-133中将军柱，图5-134中半柱）。

半柱的使用可能有三种情况：第一种是建造桥拱与桥廊的匠人不同。当建造下拱的桥匠远聘自外地时，可能出现这种状况。但桥匠的分工并不必然导致半柱的使用。景宁接龙桥与寿宁杨梅洲桥均由下荐匠人负责拱架，而廊屋另由本地木匠建造，却仍然使用通高的将军柱。第二种情况是，将军柱要使用质量更好的木材，如果材料长度不足，也可能做成两段。东塘项目即是如此。第三种情况是桥梁经过历史改造。譬如如龙桥之例，将在第六章详述。

图5-133　生水塘工地。副拱垫苗木抵靠在将军柱上

将军柱架到位后，安入眉梁下面的小柱（图5-134）。

（3）第二系统/副拱

几乎所有的桥匠[①]都是从下向上安装副拱：首先是垫苗木，然后是下斜苗及相应牛头、上斜苗及相应牛头，最后为平苗。

在副拱的安装中，有一个至为关键的步骤，即将副拱上牛头尽可能紧密地套入副拱斜苗。下荐师傅称之为"抽度"，长桥师傅称之为"牛头撞"。其他匠人即使没有专门的称呼，也各有其方法措施：用大铁锤、大木锤敲击，用木桩撞，用撬杠撬，用绳索绑住再用木棍来拧，用铁链轱辘拉紧等。

图5-134　东塘工地。半柱的顶部设榫头，用以连接楼平苗的沿苗。眉梁下的小柱尚未到位

---

① 唯一的例外是吴复勇，详见第211页。

图5-135 垫苗木若使用方木,则将方木与排柱相接的棱角凿去,令贴合紧密。东塘工地

图5-136 副拱下牛头钉木销或木板固定住。牛头的位置略高于其最终位置。东塘工地

图5-137 安放下斜苗。坑底匠人在下斜苗下端使用直榫,插入垫苗木榫孔。在下牛头套装到位前,用小木棍支垫在它们的上部。东塘工地

图5-138 套装下牛头。东塘工地

图5-139 用橇棍将牛头节苗间的节点推紧。东塘工地

图5-140 锤紧节点。东塘工地

图5-141 下部构件到位后,现场丈量校核上斜苗所需长度、上牛头位置。东塘工地

图5-142 上牛头的设计位置用墨线标定。施工中以此为准。东塘工地

图5-143 安装上斜苗。斜苗顶部暂时以小木棍支垫。东塘工地

图5-144 套装上牛头。将上牛头推紧的过程,即"牛头撞"或"抽度"。以树桩为锤,大力撞击牛头。东塘工地

图5-145 上牛头推顶到预定位置后,现场丈量楼平苗的准确长度。东塘工地

图5-146 现场量取各平苗长度。因为拱架两边可能的些微不对称及榫孔加工误差,每一根平苗的长度都要具体丈量。东塘工地

典型的副拱施工过程如下（以东塘项目为例）（图5-135～图5-148）。

"抽度"与"牛头撞"

在第二系统乃至整个编木拱结构的施工中，将副拱上牛头安装到上斜苗之上，是最为重要的步骤。副拱上斜苗是整个编木拱系统中实际起到"编织"作用的一组构件（因此下荐匠人称之为"抽苗"）；而令上牛头尽可能地与之紧密结合，则事关编木拱的整体刚度和稳定性。有经验的木拱桥匠人会有特别的措施去推紧上牛头。譬如下荐匠人张昌智使用绳索将副拱上、下牛头拉在一起，在绳索中插入木棍，通过转动木棍绞动绳索来拉紧上牛头（图5-149）。橇杆、大锤与之配合。下荐匠人将这个步骤称为"抽度"。详见第209～210页的讨论。在生水塘工地，吴复勇使用相似的原理，但用现代的钢索来绞拉牛头（图5-150）。

同样的步骤，坑底匠人和屏南长桥匠人则更直接，使用木桩撞击副拱上牛头将之推紧。因为木桩撞击的力度极大，长桥黄氏匠人造桥时害怕凿过的牛头会被打坏，不会事先凿好副拱上牛头的燕尾榫，而是牛头到位后再现场打凿[①]。

在"牛头撞"过程中，长桥师傅黄春财有一种较为特殊而巧妙的校核方法：在拱架安装中，主拱斜苗与脚手架之间会垫有楔块，用以调整高度。在牛头撞的过程中，大木桩作撞锤，锤击上部牛头，编木拱被推紧，结构会些微顶高，于是主拱斜苗即脱离脚手架的支撑。此时垫在节苗与柱架间的木楔会落入水中，作为牛头顶撞到位的标志[②]（图5-151）。

①
同样使用撞击牛头的方法，坑底匠人可以事先打凿牛头上的榫窝，而长桥匠人则一定要留待事后，这是因为二者用作牛头的材料不同。坑底匠人通常使用硬杂木或百年老松制作牛头，而长桥匠人使用杉木。杉木相对松软，因此长桥匠人的操作更加保守。

②
本则信息最初在2009年由屏南县文体局苏旭东局长向笔者留述。另见周芬芳、陆则起、苏旭东. 中国木拱桥传统营造技艺[M]. 杭州：浙江人民出版社，2011: 111-112.

图5-149　用绳墨绞紧上部牛头。雷根斯堡中国桥工地。德国巴伐利亚。绳墨张昌智

图5-150　用滑轮绞紧上部牛头。生水塘工地。绳墨吴复勇

图5-147　制定并安装平苗。用木桩将燕尾榫锤入榫窝。副拱平苗完成后，编木拱完成。东塘工地

图5-148　拆除脚手架。编木拱完成后，脚手架要立即局部拆除，不再接触桥拱。避免大水冲击脚架时连带伤及桥身。东塘工地

图5-151　十锦桥施工。福建省屏南县。绳墨黄春财

（图片来源：修改自《中国·屏南木拱廊桥》影视材料，2009）

图5-152 苕岱岭脚桥。浙江省景宁县家地乡苕岱村。1870年坑底匠人建造。剪刀撑与青蛙顶。干净漂亮的结构说明其出自有经验的木拱桥匠人之手

图5-153 福寿桥。福建省寿宁县犀溪乡。三对剪刀撑

(4) 桥面与支撑系统

楼平苗即拱架两边连接桥台地顶的平苗，某种意义上可以视为木拱桥的第三层拱架。它在桥身最外侧的苗木（共计四根）称为"走沿"或"沿苗"（下荐匠人），要在剪刀苗之前安装。其他楼平苗则在剪刀苗之后就位。

楼平苗与编木拱之间有两套支撑体系（图5-152）。X形的"剪刀苗"连接牛头和将军柱，帮助结构整体侧向稳定性，数目视桥的大小而定，小桥做一对（连接将军柱与主拱牛头），最常见的情况为两对（将军柱-主拱牛头、将军柱-副拱下牛头），偶有极大的桥梁做三对（增加的一对连接将军柱与副拱上牛头，图5-153）。剪刀苗通常在现场丈量过后下料，以免相互碰撞妨碍（图5-158~图5-160）。

此外，在大型桥梁中，楼平苗自身的净跨较大，则在楼平苗跨中另补入一套交折的撑木，称作"青蛙顶"（或"马腿""蚱蜢脚""蝦蛄顶"，均为拟形描述），要在楼平苗完成后现场度量、制作，安装撑架。它通常包括顶部的圆形横木，称作"铁线苗"（下荐匠人）；一组接近竖直的排柱，一般立在副拱下牛头上；另一组两三根"下腿"撑在桥台上；最后"上腿"撑在主拱牛头上（图5-154）。视桥的大小，这些构件可以变异省略。在很小的木拱桥上，如生水塘之例，整个青蛙顶结构都被省去。

桥面与支撑系统安装步骤见表5-2（图5-155~图5-165）。

图5-154 青蛙顶的构成。东塘回龙桥

表5-2 桥面与支撑系统安装步骤

生水塘工地	东塘工地
1. 沿苗。沿苗以直榫穿透将军柱。若用半柱，沿苗则做成帽状，扣在柱顶	

图5-155 使用将军柱时，沿苗以直榫穿透将军柱

图5-156 使用半柱时，沿苗扣在半柱顶上。现场调整榫头

2. 剪刀苗

图5-157 在现代绘图技术辅助下，剪刀苗在将军柱的位置可以预先确定，因此可提前开凿孔洞

图5-158 将军（半）柱上的榫孔现场凿制，为半榫

图5-159 而剪刀苗与牛头上的榫槽，则无法事先精确设计，需现场丈量制作

图5-160 上端则扣入简单榫槽，榫槽现场打凿。之后要以铁钉加固

续表

生水塘工地	东塘工地

3. 安装剩余楼平苗。下拱合龙

图5-161　下部结构合龙

图5-162　下部结构合龙

4. 安装青蛙顶

生水塘观音桥没有青蛙顶结构

图5-163　楼平苗到位后，实地测量青蛙顶各构件

5. 完成拱架结构

图5-164　无青蛙顶结构的下部结构构件

图5-165　有青蛙顶结构的下部结构构件

4. 廊屋

楼平苗结束后，铺桥面板，钉风雨板，之后的廊屋工作与普通房屋庙宇无异，可以由普通大木匠完成。有时，建造拱架的匠师若来自外地，下拱完成后即可返乡，由本地木匠继续完成廊屋建造。

中国南方房屋的基本结构是穿斗构架。梁枋透穿柱身，沿建筑山面（横向）形成一片片框体（横架），横向构架在地面拼装完成，整体扶立。再用纵向穿枋将横架连接起来。

我们以雷根斯堡中国桥项目来解说廊屋的建造（图5-166～图5-171）。

图5-166　穿斗横架在地面拼装。雷根斯堡中国桥

图5-167　扶立横架。雷根斯堡中国桥

图5-168　连接纵向穿枋。雷根斯堡中国桥

图5-169　安装檩条。雷根斯堡中国桥

图5-170　铺装椽板。雷根斯堡中国桥

图5-171　钉装风雨板、完成瓦作，完工。雷根斯堡中国桥

六、匠人的思维方式

在具体的技术操作之外,笔者更为关注的是传统的木拱桥匠如何认识和理解他们手中的作品。尤其是与今天的结构工程师面对同样的对象时先入为主的观念相比,传统匠人的思维方式会有何种差异。以下总结的若干条目,是笔者作为受过系统结构科学训练的科研人员,在透彻理解木拱桥传统营造技艺之后,对木拱桥结构、构造特征以及工程技术原理,提取的最为关键的问题与要点;是以现代结构科学可以理解的语言,对传统营造的技术特征进行"翻译",将匠人头脑中的"宇宙"根据今天的学术需要进行解构与重构。

1. 匠人的结构理解

(1) 编木拱是"拱"吗?

"拱"的含义是多重的。结构科学中对于作为结构类型的"拱"有特定的力学判断标准与严格的定义。而日常用语中的"拱"的含义就宽松很多。在本书结论篇,我们会从结构科学的角度讨论不同类型的编木拱的力学特征。此处,我们想要了解在现代观念进入前,传统社会的匠人如何解释学者口中的"编木拱"。

今天的桥匠,包括坑底匠人、下荐匠人以及一些跟随他们工作过但没有家族传承的匠人,将木拱桥的下部结构称为"下拱"。甚至,以此对应,会将桥屋称为"上拱"。在福建省古田县亭下桥——一座1909年建成的历史桥梁上,墨书题字称造桥屋的匠人为"拱亭师"[①]。

(2) 编木拱两套系统的关系与术语

在木拱桥匠人的理解中,编木拱的两套系统(即本书的"主拱""副拱")有明确的主次之分。在下荐匠人的称呼中,分别称作"正拱""副拱"。

根据桥匠的解释,木拱桥的承载作用主要由主拱承担。主拱主要的作用是"顶"。副拱则不然:"五节苗(副拱)没有力。五节苗是拗住。没有推力,只有拗力"(董直机)。"正苗最吃力。副苗就是把它卡住,减少晃动"(张

[①] 宁德市文化与出版局. 宁德市虹梁式木构廊桥屋桥考古调查与研究[M]. 科学出版社,2006:62.

昌智）。"五节苗（副拱）可以分担三节苗（主拱）的力气。三节苗本来（承担）100吨，三个小牛头挑掉30吨的力。没有五节苗的帮助，三节苗肯定吃不消的"（郑多雄）。

需要再次提醒读者，本书对闽浙木拱桥编木拱的两套系统——即主拱、副拱称谓，是笔者整合各支匠人的理解而创立，有意回避了传统匠人使用的术语。三支传承超过三代的匠人，各自使用不同的术语命名编木拱，而他们的术语有相互冲突之处（比如坑底、长桥匠人口中的"三节苗"含义迥异）。

其中在今天传播力最大的术语来自坑底匠人一支。自本世纪初这一支匠人被"发现"以来，他们的术语一度被学术界采纳。坑底匠人将第一系统（三折边拱）称作"三节苗（系统）"，第二系统（五折边拱）称作"五节苗（系统）"，再分别用（上／下）斜苗、平苗指称系统中的节苗构件①。但另外两支有家族传承的匠人——下荐匠人和长桥匠人，都不使用"三节苗""五节苗"的说法。

其中下荐匠人，除以正拱、副拱命名两套系统外，以"正苗"统称正拱所有节苗，相应地，以"副苗"称呼所有副拱节苗。他们称斜苗作"陡苗"，平苗仍谓"平苗"。即主拱节苗为"正拱陡苗""正拱平苗"。而副拱中，下部斜苗为"陡苗仔"，上部斜苗为"抽苗"（"抽"字含义见下文）。

长桥匠人黄春财则完全不以术语区分两套系统，而是根据几何位置，以"一节苗"称呼正拱斜苗，"二节苗"谓副拱下斜苗，"三节苗"谓副拱上斜苗，并以"下平苗""上平苗"分别称呼两套系统的平苗。

对比三家匠人的术语体系（图5-172），下荐匠人的术语与其结构理解最为密切，他们亦有着传承最久的家族传统和最为精湛的技术。长桥匠人的术语最为随意、缺少系统性，很显然与他们仅仅三代的家族传承相关。可以想见，长桥匠人的第一代始祖很可能是以"自学"或者在传承关系中相对外围的身份进入桥匠行业的。

（3）"抽度"

通过推紧副拱上牛头将编木拱两系统"编"紧的过程，长桥匠人称之为"牛头撞"，坑底匠人没有特别的术语名

---

① 笔者过去的写作甚至本书的初稿中，也一度采用坑底匠人的术语系统。然而，这套系统虽然在"典型木拱桥"上可以自洽，但面对譬如第二系统仍然使用三折边拱的现象（如雷根斯堡中国木拱桥，另见265-267页），则会产生矛盾。

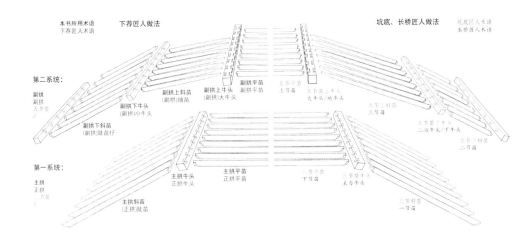

图5-172 下荐、坑底、长桥匠人编木拱做法与术语示意

称，而下荐匠人则称"抽度"，并相应地将副拱上斜苗称为"抽苗"。在向笔者解释这个术语时，张昌智用两臂做出一边拔、一边弯拗的动作。

汉语中的"抽"是一个动词，可理解为拉或拔，但更复杂。"抽"意味着将物体从包围它的环境中拔出来，并且这个包围的环境向它施以一定的反作用力，如推挤、摩擦力。我们说，将宝剑"抽"出鞘，将腰上的皮带"抽"紧，植物"抽"苗。当我们描述篮筐的编织时，我们"抽"住经线，同时压紧纬线。

下荐师傅对"抽度"的解释是"翘起来顶住"，而"抽"是"把绳子拉紧的意思，有力气"（张昌智）。相应的，在施工中，他们用麻绳拧、用橇杆橇，来拉紧正副两个牛头。

除了用"抽"来命名他们推紧牛头（纬线）、使节苗（经线）尽可能透穿的过程，下荐匠人同时使用了另一个动词"拗"。这个词可理解为弯折，但更强调压弯施力的方式：用外力施加于受弯梁木的端部。

（4）副拱上斜苗与下斜苗的关系

因为编织的作用，副拱的上斜苗（"抽苗"）是编木拱第二套系统中最重要的构件。相比之下，下斜苗就逊色多了。"下斜苗吃力比上斜苗小得多"（郑多雄）。"陡苗仔坏掉的话，（把它们）全部拆掉都没事。（它们上面）没有力气"（指的是全部拆掉并替换的过程不会出现结构问题），相应的，"上面的牛头受一点力。下面牛头不受力"（彭佛党）。

（5）吴复勇的方法

正因为上斜苗的关键作用，大济匠人吴复勇在安装副拱时，首先安装上斜苗及相应牛头（图5-150），之后是平苗，最后才装下斜苗。他解释说，上斜苗到位后，结构就稳定了（图5-173）。与施工步骤相应，吴复勇的桥梁作品中，下斜苗两端均施燕尾榫（图5-174）。这个构造特征不见于历史桥梁与当代其他匠人，是吴复勇的独创。

（6）节苗的"肩膀"与结构稳定性

我们在第三章中提到过，当唐寰澄复建虹桥时，曾遇到拱架的结构稳定性问题（图3-7）。他曾判断在闽浙木拱桥

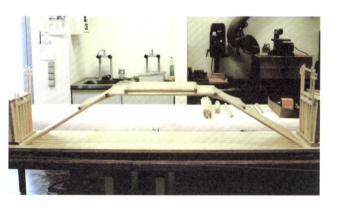

图5-173 编木拱模型。在上斜苗安装到位并受平苗固定后，拱架的"编织"肌理已经实现。结构自身独立，拱身会些微耸高。这一点在模型中得到夸张的体现：编木拱不再需要桥基支持，将自身拱脚从桥基上拔了下来。2011，于德国新伯兰登堡

图5-174 生水塘工地。吴复勇的施工步骤。上斜苗到位后再安装下斜苗。下斜苗两端为燕尾榫

身上,结构的稳定性由X形的剪刀撑提供。然而这个观点是不准确的。

对于闽浙桥匠而言,编木拱稳定性的一个最重要的倚赖是节苗的"肩膀",即梁木端部切割榫头(直榫或燕尾榫)余下的一圈梁身(图5-175)。因为榫头被称为"头",这个部位即被形象地称作"肩膀"。与人体肩膀一样,梁木的肩膀是构件上承载能力极强的位置。但它的结构作用却被现代研究者所忽视——工程师与建筑师只能看到榫头作为节点的作用,肩膀作为制作榫头的"剩余"而被自然无视。

正是由于肩膀对桥身的重要意义,吴大根才使用最大的木料制作主拱平苗,因为它们"苗大,肩膀也大,防止桥'走掉'(歪闪)"。两边的斜苗反正顶死在石基上,没有这个担心。

肩膀稠密地分布于结构中,使木拱桥不惧洪水的推力——洪水对木拱桥的真正危险,是对桥墩的破坏。"只要桥台在,桥就没问题。万安桥被冲毁的两跨(1952年)是因为上游大木冲下来砸坏了桥墩桥才垮"(黄春财)。这一点亦为2016年毁于洪水的薛宅桥所证明——桥的真正毁灭始于桥台的倒塌。

此外,拱架结构制作需有收分,即斜苗在布置上向桥身纵轴内倾。因此,当节苗的肩膀紧密顶贴在牛头上时,可有效地限制拱架的扭转变形,因而是拱架结构稳定的主力。

至于剪刀苗的作用,在匠人的眼中非常有限:"剪刀苗只有几根,一旦烂掉就没用了",而"肩膀多,肩膀挤住才

图5-175　东塘工地。主拱平苗的"肩膀"

不晃"（黄春财）。对于桥匠而言，剪刀撑的作用，"只是为人在桥上跑时桥不晃"（黄春财）。换言之，因剪刀苗连接拱架牛头与将军柱，它主要的作用是维护将军柱柱架及相应的桥面结构的稳定。对桥匠而言，剪刀苗无关拱架自身的稳定，至少不是设计时的考虑。

（7）牛头的作用

牛头是编木拱结构中极为重要的构件，往往需要选择特殊的木材。从外观来看，牛头夹在两个节苗之间，作为节苗内力传递的"中转站"，作为"拱"体的一个"砌块"，构件内会出现较大的压力。但这种粗浅的力学分析并不符合匠人的结构认知。

"牛头完全不吃力，只是起到'胶水'作用"（吴大根）。"力气不在牛头上，直接从平苗顶到斜苗上。牛头起到'抱紧'作用。不裂开就可以了。用铁箍箍起来"（彭佛党）。

将匠人的观点翻译过来，意即牛头最重要的作用不是用来传递拱压力的结构构件，而是一个"节点"。牛头所连结的两组节苗（如主拱斜苗与平苗），因牛头两侧的榫孔相通，节苗在牛头内部的榫头已经直接交顶在一起，节苗中的轴力可以在节苗之间直接传递，不需以牛头为中转。

另一方面，匠人也意识到，牛头并非完全不受压力。因为拱架顶部的牛头直接承托廊屋，而拱架下部的牛头经常承托排柱，一部分廊屋荷载会直接作用在牛头上；另外牛头仍然要分担节苗的压力——节苗"肩膀"要紧密贴合牛头，通过肩膀传递到牛头的力分担了榫头的负担，对相对细小的榫头也是一种保护。"大牛头最受力"（彭佛党）。"全部力气就靠大牛头（主拱牛头），尤其在'下巴'（肩膀的下缘，比较图5-51）上，木头的力气全在这里来了。挑子给它挑了一半，榫头就没力气了。免得榫头开裂。"（郑多雄）。正因如此，榫头制作中，肩膀的斜度要准确计算，确保"下口要眯"（董直机），即肩膀的下缘要顶紧在牛头上。

不同的匠人对于牛头大小的决定略有差异，并常以"大牛头""小牛头"作称呼。对于坑底匠人和吴复勇，"大牛头"均指第一系统的牛头，较其他牛头略大。对于下荐匠人，副拱上部及正拱牛头等大，通称"大牛头"，制作方法也很接近,"小牛头"则特指副拱下部牛头。对于黄春财,"大牛头"则是第二系统上部牛头,因为"牛头撞"的要求,这个构件甚至要大于第一系统牛头;第一系统牛头则称"主力牛头",以其在结构中受力最大;第二系统下部牛头称"二站牛头"(图5-172)。

2. 结点选择

当结构与建筑学者谈及榫卯的类型选择时,常以其力学性能为要义,即燕尾榫可以承受一定拉力,而直榫(透榫或半榫)——在没有销钉配合的情况下——无法受拉。

但对于闽浙造桥匠人而言,在节点形式的选择上,最重要的考虑是加工与施工的便利性。对施工而言,直榫与燕尾榫最大的差别在于安装时的操作:直榫必须沿其轴线插入榫孔,而燕尾榫则垂直于自身轴线,压入榫窝。

无论德语、英语还是汉语中,都有类似"直榫""燕尾榫"的专门称谓,来区别这两种节点形式。在闽浙木匠中,也有类似的称谓区别。其中对燕尾榫的称呼较为丰富,如黄春财称"耳把头",浙南称"牛吃水"——取自牛喝水的时候嘴巴张开的样子。唐寰澄在谈论闽浙木拱桥时称之为"刺猬榫"[①]。但下荐匠人对此则没有专门的名词,在描述燕尾榫时,他们谓之"扣下来的"或"打下去的",以区别"插进去的"直榫。

在没有电力工具的时代,榫孔完全以凿锤击打制。这种加工条件下,直榫的榫洞快捷省力,而"牛吃水"则比较费力。"现在用电锯,一切就到底了,显得牛吃水快。古代用手锯,牛吃水很费工"(吴大根)。因此如果构件安装对两种榫卯都不成问题,则坑底匠人倾向于使用直榫。

闽浙木拱桥编木拱中的大部分位置榫卯,在类型选择上已经固化。这是由施工步骤所决定的。譬如主拱与副拱的两组八字撑的顶部,斜苗与牛头使用直榫连接,因为沉重的牛头是要像盖帽子一样套到斜苗顶部的;而平苗在最后平放到位,两端也只能使用"扣下去的"燕尾榫。

副拱的下部各个榫卯位置,则会出现变通与选择的可能。这些选择与变通,会出现在不同的匠人群体之中;而在

[①] 中央电视台纪录片《虹桥寻踪》,2001。

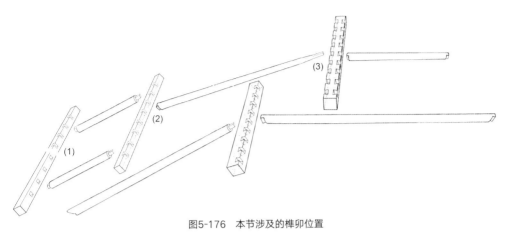

图5-176 本节涉及的榫卯位置

特定的匠人家族内部，则往往形成固定的偏好，历世不变。因为节点形式一旦选择，就会产生与它相适的一套施工方法。变化节点形式意味着变化施工方式甚至步骤，这在通过工程实践中的协作来传递家族技术的传统匠人内部是重大的变革。这种变化的出现，便意味着重要的技术演化，譬如与"抽度"技术相关的榫卯变化（详见第250~251页）。

正因如此，在某些特定的位置（图5-176），如果不同的匠人群体做出了不同的节点选择，则意味着他们在技术上多少有些差异。对榫卯类型的考察可以作为匠作谱系的旁证。

（1）副拱拱脚榫卯

在副拱拱脚，下斜苗与垫苗木的连接处，下荐匠人使用燕尾榫，坑底匠人和长桥黄氏使用直榫。这个技术特征在几个家族的两百年造桥传承中保持不变。然而在其他的匠人传统中，副拱拱脚有其他处理（详见第262~263页）。

坑底匠人吴大根对此处使用直榫的解释，是直榫好做，省工快捷。当被问及为什么其他匠人会使用燕尾榫时，他以燕尾榫便于施工做分析：副拱下牛头太重，安放下斜苗之前，就把它固定到位，"下斜苗上面（的直榫）钻进（牛头榫孔里）去，下面（的燕尾榫往垫苗木上）一靠就好了"。安装下斜苗的过程不用再移动调整牛头。如果拱脚用直榫，无论下斜苗还是下牛头的安装，都增加了麻烦。"以前用红

① 吴复勇使用半榫的原因是副拱上斜苗先于下斜苗安装，前面已经提及，此处不再赘言。

豆杉，重得不得了，肯定用燕尾榫，好放"（吴大根）。

"燕尾榫好放"不仅关系到牛头，同样关乎当事的斜苗。用燕尾榫，斜苗"一靠就好"，而用了直榫，就要先吊起来再塞进榫洞。前文172～173页已经提及，坑底匠人桥梁作品的下斜苗要明显短于下荐匠人的，因此更轻，这允许了他们选择加工简单但施工略为费事的节点形式。

对于长桥匠人黄春财而言，副拱下斜苗（黄氏所谓的"二节苗"）下面必须用直榫，绝不可以用"耳把头"（燕尾榫）。因为黄氏为了推紧拱架使用"牛头撞"，会产生巨大冲击，"否则上面一打牛头，它（下斜苗）会跳出来"。

在安装副拱上牛头时，坑底匠人也会猛烈撞击牛头（图5-144）。对这道工序，这两支匠人都更依赖木桩撞锤的使用，直榫同样保证了施工的安全。而下荐师傅"抽度"，虽然兼用撞打，但更多强调用麻绳拧，用橇杆"拗"，因此可以使用燕尾榫，而无须担心榫卯会跳出来。

因此在田野中，拱脚的榫卯是一个可将下荐匠人与坑底、长桥匠人的作品区别出来的可靠指标。（图5-177～图5-180）

（2）副拱上斜苗的下部榫头

副拱上斜苗的下端，（除吴复勇使用半榫外①）所有匠人都使用燕尾榫。而在这个位置，仅从受力和施工可能性上看，使用直榫亦可成立。

图5-177　仙宫桥。福建省寿宁县。1767年建。下荐匠人已知最早的木拱桥作品

图5-178　雷根斯堡中国桥。德国巴伐利亚州维森特尼泊尔园。2015年下荐匠人张昌智建

图5-179　小东上桥，福建省寿宁县。坑底匠人的已知最早作品。建于1801年。这座桥曾在1939年修缮。副拱拱脚原使用直榫。现在的副拱垫苗木上可见旧有榫孔。改造后，为方便对旧有材料的利用，副拱拱脚使用鸭嘴

图5-180　东塘回龙桥。浙江省景宁县。2013年坑底匠人郑多雄、吴大根建

当被询问为什么此处不做直榫时，吴大根用施工安全性来解释：虽然理论上也可以做直榫，但施工上要危险。牛吃水直接靠下去就行了，一个人可以操作。而如果用直榫，需要先将苗木推向前，再插进榫洞。万一失手，节苗会掉翻，而这根苗木是"编织"入主拱的，会同时把主拱"撬掉"。这根节苗的上端又极为关键，事关"抽度"/"牛头撞"步骤，如果装上后需要对上面的榫头做调整，又有拔榫的可能。如果下面的榫头拔脱出来，会直接把站在下面的人"刮走"。"（郑）多金爸爸也提醒过：'你们以后做这个五节苗最要小心，五节苗撬掉很多人'"（吴大根）。使用牛吃水一则安放方便，二则没有拔榫之虞。因此这个节点几乎没有例外地在一切历史桥梁中均呈现为燕尾榫。

（3）副拱上斜苗顶部直榫

今天三支有传承的（下荐、小东、长桥）匠人都强调副拱的上斜苗，上端直榫要做长，足够穿透上牛头。在"牛头撞"或"抽度"中，要将上牛头尽可能深地套入上斜苗。为此，坑底匠人强调此处直榫不做肩膀（图5-74），便于尽可能深地推紧；下荐师傅强调对肩膀做现场调整修理。

附录：结构科学眼中的闽浙木拱桥

1. 闽浙木拱桥的力学特征小结

（1）闽浙木拱桥的编木拱有主拱、副拱两个结构体系；副拱作用在于加固主拱。

（2）纵梁与横梁之间采用榫卯节点连接，即直榫和燕尾榫。节点本身具有一定刚性。榫卯的肩部，特别是平苗的肩部，对结构刚性和稳定性有很大的贡献。

（3）编木拱的稳定性主要由纵向苗木的收分（呈梯形布置）和榫卯肩膀的顶紧来保证。X形剪刀撑对编木拱的稳定性作用较小，而对连接廊屋的将军柱架的稳定性作用更大。

（4）编木拱整体结构主要是以压应力的形式传递荷载，但同时在纵向苗木上产生很大的弯矩。

（5）在抽度/牛头撞步骤中，通过用力推顶，令纵向苗木（特别是副拱上斜苗）拗曲，从而令主、副拱两个系统编织紧密。这种措施减小了拱的侧推力。因此抽度/牛头撞的作用类似于一种预应力。在建造完成后，由于木材的收缩和结构的逐渐松弛变形，预应力会随着时间的推移而逐渐释放。

（6）当主、副拱体系逐渐松弛后，在拱身一侧，两系统原本紧贴的苗木会分开，拱身另一侧则相互挤压得更紧，造成受力分布不均。历史上的桥梁都或多或少地存在这种变形。

2.《清明上河图》汴水虹桥与闽浙木拱桥营造技术对比

（1）构造原理与施工顺序

闽浙木拱桥的编木拱由两套基本结构体系构成，即主拱与副拱。副拱的作用是加强主拱。主拱即第一系统，首先建造，自成独立结构，并作为后续施工的支架。

虹桥不存在两套可以明确分割的系统，只有两组梁木在位置上交替布置。两组梁木在功能上没有明确差异，共同形成编织单元。没有任何一组梁木是独立的。在建造中，两组梁木必须同时安装，以两道编织拱形成轨道形框架，才可以进行后续施工。

与之相关的是作为拱骨的横木与纵木的差别。首先是归属性。闽浙木拱桥编木拱的横木具有明确的系统归属性。它们通过榫卯节点与特定系统的纵木交接，成为该系统的成员。在汴水虹桥中，横木与两组纵木不存在归属关系。横木夹在两组纵木之间，作用有如织物中的纬线。它们与纵木的节点并非榫卯，而是以铁钉贯通。因此虹桥的结构更接近织物。

闽浙木拱桥的原型是八字拱结构，正是主拱的形式。副拱的形式是对这个原型作重复或扩展，局部使用编木的手段交织在一起。而虹桥的原型是筷子桥游戏。

原型同样暗示着二者的施工顺序。闽浙木拱桥施工的第一步，是建成主拱（第一系统），包括该系统的横木与纵木，形成稳定的八字拱构架，作为后续施工的安全保障。而虹桥的第一步则是用全部横木和最少的纵木（两道编木"轨道"）形成完整的编木拱，后续的施工则是向其填充纵木的过程。

另外，在拱骨的整体安装顺序上，典型闽浙木拱桥的施工顺序为由下及上，最后安装顶部的平苗。而对于3+4木拱桥与虹桥而言，因为编织肌理的制约关系，拱架的顶部要优先安装，最后安装拱脚的纵木。

（2）设计方法与施工控制

闽浙木拱桥的设计，在传统匠人，对几何学与作图的要求非常低。主拱的三折边梁木基本等长，而副拱梁木与主拱间则按照比例关系或固定尺寸来记忆；牛头的榫卯加工也有固定的数字经验。数学史上一个公认的论断是，中国传统数学是"算术"的学问，而非几何。这在闽浙木拱桥的设计方法上体现得非常充分。

与粗糙的作图相应，闽浙木拱桥的传统营造方法，使得纵木的长度可以在施工中现场调节。许多构件无法提前准确预加工，而要在施工中灵活处理：一边搭建，一边现场丈量，一边制作。这尤其体现在第二系统。上斜苗的榫头要留有余地，一边推进一边修改，因而顶部平苗的准确长度无法准确预知，要留待其余构件都到位后现场量取。

而虹桥的形式于闽浙木拱桥正是"不利"的形式。虹桥的设计要求对构件进行相对准确的尺寸计算，纵木的长度、直径以及横木的五边形截面之间牵一发而动全身，需要准确的作图技术来完成设计。如果在设计中不能对一切细节尽善，在真实施工中，为了保险，虹桥在水上作业前，匠人们会将所有的构件预制完成，在岸上提前拼装，对构件作出调整，正如唐寰澄在金泽项目中所为。

（3）"预应力"施工

在闽浙木拱桥中，通过"牛头撞"或"抽度"的施工步骤在纵向梁木中施加巨大的弯矩，有如预应力。上文已经谈及，闽浙木拱桥的"预应力"增加了梁木内部的内力，但却减小了拱结构对于基础的侧推力，同时令拱架耸起、紧致，抵消结构的变形。

而以虹桥的结构形式与构造方式，施工中无法实施这样的步骤。

（4）侧向稳定性的处理

因为横纵木位置关系与地位之间的差异，闽浙木拱桥和虹桥在处理结构的稳定性上亦使用不同的构造手法。

我们知道，筷子桥游戏的结构，稳定性是极差的，侧向的推力可以轻易摧倒整个拱架。这是因为圆木形的筷子仅靠搭接，圆滑的表面没有制约结构侧向变形的能力。

《清明上河图》中的虹桥，则明显使用断面为方形的拱骨。相邻相接的构件因而紧贴在一起，没有变形的空间余地。整体形成近似壳体的结构。

而闽浙木拱桥的纵向虽然为圆木，但梁木粗大的"肩膀"与横木密切地顶压在一起，同样限制了拱架的侧向扭转。另外拱架的收分、纵向圆木的间隙处卡入木销等做法，亦有助于整体的稳定。

由此可见，虽然闽浙木拱桥与虹桥在形式上原理相似，但在具体的营造技术上有着本质的差异，是两种截然不同的营造技术。

第六章／如龙桥考古

下篇 闽浙编木拱桥

一、如龙桥

闽浙两省有明确纪年、现存最早的木拱桥是浙江省庆元县举水乡月山村如龙桥,建于晚明天启五年(1625),是今天遗存实物中,唯一的明代木拱桥。

如龙桥所在地月山村(图6-1)地处庆元、寿宁交界,北距庆元县城近60公里,南距寿宁界仅20公里左右。村中吴姓为庆元旺族大济吴氏分枝。村落位于两省通衢,明清之际得到发展,一度人丁兴旺,经济繁荣。明万历三十四年(1606)创建祠堂(吴文简祠),后遭兵燹,于清顺治至康熙间重建。举溪穿村而过,溪上桥梁错落,有"二里十桥"之誉。今天尚保存白云桥、来凤桥、如龙桥、步蟾桥四座古廊桥。其中白云桥为八字撑木桥,步蟾桥、来凤桥为石拱桥,而如龙桥为编木拱桥。

如龙桥座落于月山村下游。该村因月牙形小山而得名,如龙桥位于小山月牙尖端(图6-2),风水上认为是"龙头"之地。

该桥尤以廊屋建筑的复杂精美著称,北端建有钟楼,南端有桥亭,当心间重檐歇山顶(图6-3)。整体形态呈昂首弓身甩尾龙形。

根据桥身廊屋当心间梁底题写墨迹(图6-4),现存结构建于明代天启五年(1625)。当地宗谱亦记载了相同信息。这使如龙桥成为闽浙木拱廊桥有确切纪年者中最为古老

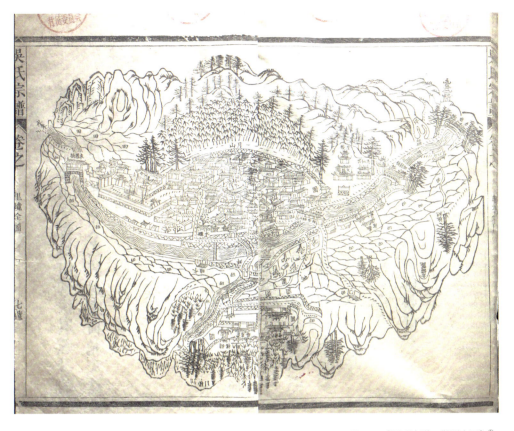

图6-1 《吴氏宗谱·举溪全图》[①]

的案例。

　　如龙桥的净跨仅约20米，几乎是典型木拱桥的跨度下限（图6-5）。倘若桥梁的规模更小，通常使用更加简单的八字撑木桥结构（以单独的三折边拱支撑平梁，图6-6）即可胜任。因此如龙桥在结构构造上，与前面章节讨论的典型闽浙木拱桥亦有区别。典型木拱桥中，编木拱由主拱、副拱构成，两侧有楼平苗，中部有辅助性支撑，楼平苗自桥台延伸到副拱上牛头，并与拱顶牛头通过燕尾榫交接。楼平苗与副拱平苗共同承担桥面。

　　而如龙桥跨度较小，使用了通长的楼平苗。七根楼平苗中的五根为20米巨木，直接跨过整个河道，连接两侧桥台（图6-7）。编木拱则位于楼平苗身下。因此在如龙桥中部共有三层水平梁木上下相叠，而典型木拱桥则只有两层。

[①] 《吴氏宗谱》（民国元年，1911），浙江省庆元县举水乡月山村吴德生收藏。

下篇　闽浙编木拱桥

图6-2　如龙桥周边环境。浙江省庆元县举水乡月山村

图6-3　如龙桥东侧

图6-4　如龙桥（浙江省庆元县）的建桥年代信息题写在桥楼中央顺脊梁枋上

图6-5 如龙桥（浙江省庆元县）下部结构（从北向南）

图6-6 升仙桥（福建省寿宁县）的典型八字撑木拱桥正面与下部结构

图6-7 如龙桥模型
（图片来源：于燕楠制作及拍摄）

此外，较之典型木拱桥，如龙桥的拱架更加低缓。拱架以"对抵式"（详见第247页）建造，副拱平苗与斜苗在位置和数目上一致。另外如龙桥未使用直通廊屋的将军柱，而用半柱支顶于楼平苗下。

以上述及的结构特征均对后续的复原讨论至关重要。

① 2011年12月笔者对庆元县文管所吴其林的采访。

② 结构南半侧由笔者测量绘图,北半侧由于燕楠完成。

20世纪70年代,月山村兴修水渠,曾将引水管穿过如龙桥南部拱架。溢水使南侧主拱的垫木、苗脚朽烂。1998年修缮时,清理了腐烂的垫苗木,截除了斜苗的腐朽端,并将截短的苗脚直接置于桥基上[①]。因此整个拱架向南端沉降,导致副拱上牛头与楼平苗分离。于是人们又在牛头上垫入短柱,撑顶楼平苗(图6-8)。由此,编木拱与楼平苗之间空隙之大,可容一个成年人匍匐通行。这使如龙桥成为闽浙木拱桥中,唯一不需要掀拆开桥面板就可以观察编木拱顶部构造的实例。

2012年,当笔者决意在闽浙木拱桥中寻找一个案例开展建筑考古学(Bauforschung)研究时,如龙桥因其重要的历史价值与幸运的研究便利成为不二之选。

现场测绘由两位研究者共同完成,除笔者外,还有当时正在德国新伯兰登堡应用技术大学攻读硕士学位的于燕楠。2012年8月至9月间,我们对如龙桥桥板之下的承重结构进行了为期26天的测绘考察,全程依照德国建筑考古学方法手工测绘:在结构中用线绳建立测绘参考线,用折尺现场测量,按1:20比例绘制在图纸上[②],并在计算机上利用图像处理软件拼合(图6-9~图6-11)及整理(图6-12~图6-14)。

图6-8　如龙桥的编木拱与楼平苗之间的巨大空隙

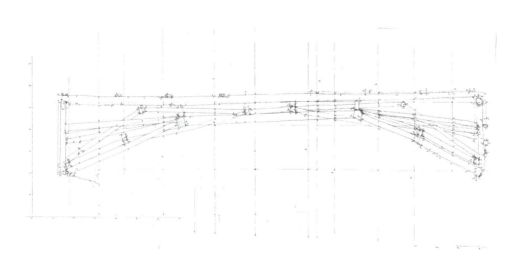

图6-9　如龙桥测绘图:东立面图

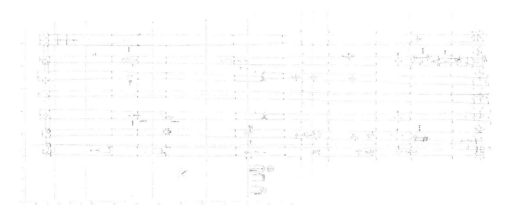

图6-10 如龙桥测绘图：楼平苗仰视平面图

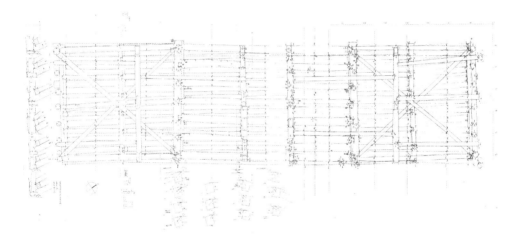

图6-11 如龙桥测绘图：拱架俯视平面图

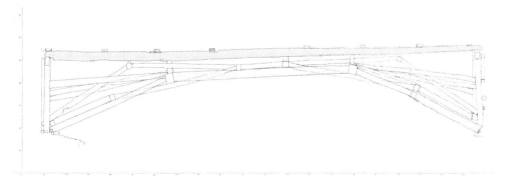

图6-12 如龙桥测绘图（整理）：东立面图

图6-13 如龙桥测绘图（整理）：楼平苗仰视平面图

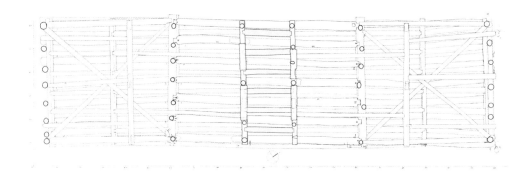

图6-14 如龙桥测绘图（整理）：拱架俯视平面图

二、拼图与解谜

最初的推测

在最初进入如龙桥拱架时，我们即注意到，诸多楼平苗上均可见斧斫痕迹，或在下皮，或被转至侧面（图6-15），分布在平面上大体相同的位置，于桥身南北两侧对称（图6-16）。

这些痕迹说明如龙桥在历史上曾经历改造。在斧痕位置，一定曾有一个垂直于楼平苗的水平构件（横木）支垫在楼平苗身下。因为楼平苗粗细不一，为了取平，直径较大者便被砍削。但现在这个构件已经不在原位，楼平苗也经过搬

图6-15 如龙桥的楼平苗上的斧斫痕迹

转，一些斫痕不在底面，而被旋转了一定角度。

这组斧痕几乎正好位于副拱下牛头的上方（图6-16）。在"典型木拱桥"中，这个位置是安放"青蛙顶"中央排柱与柱上横木"铁线苗"之处。如龙桥现状结构中（图6-17），"青蛙顶"不施排柱，铁线苗的位置更向河心，距离斧痕约有1米，仅由青蛙顶"上腿""下腿"支顶。其中"上腿"另一端撑在副拱上牛头上，"下腿"顶在桥台上。

根据这些基本信息，笔者对如龙桥改造前的结构做出推测（图6-18），认为斧痕是曾经的青蛙顶结构留下的痕迹：原结构中可能有一组排柱立在副拱下牛头上，其上架设铁线苗，顶在如今斧痕处。

图6-16 如龙桥。斧痕在平面图（上）与纵剖面图（下）中的位置

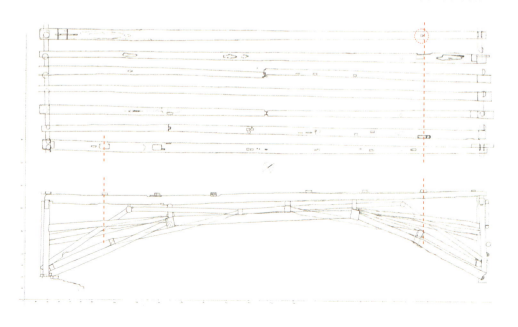

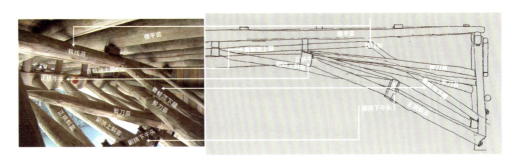

图6-17 如龙桥。"青蛙顶"结构,北侧

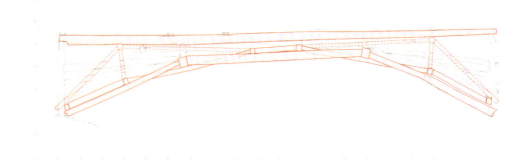

图6-18 如龙桥改建复原方案一

线索的转折

但是一个特殊的痕迹(图6-19,在图6-16:a中以圆圈标记)改变了我们的猜测。它并非斧砍所为,而明显是梁身表面留下的挤压、刮蹭印迹,当出自构件坚硬棱部的挤压。

但是"青蛙顶"上的铁线苗一定是小圆木,不会使用方木:方木需要从直径更大的圆木中斫成,而这个构件只起简单的支顶作用,并无如此大费周章的必要。方形截面的硬木在今天的闽浙木拱桥中,仅用于牛头与垫苗木——这些构件身上开的榫孔极多,需要使用更硬的材料,而为了榫卯交接的方便,会特意使用方木。但是,当我们将这样一对起"牛头"作用的方木复原到剖面图的对应位置(图6-20)时,桥身结构中便再无容纳编木拱第二套拱架的可能。如此,形成一个简单的八字拱结构,撑木约呈45度倾角,中央的平苗长达14米。

图6-19 如龙桥。楼平苗上的压痕

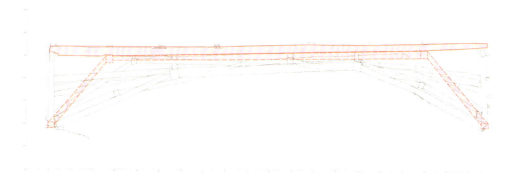

图6-20 如龙桥改建复原方案二

怪异的孔洞

在手工测绘过程中，我们发现了第二组重要证据，为如龙桥改造复原发挥了决定性作用：为了测量主拱平苗端部的燕尾榫，我们清理了燕尾榫榫头处的厚重淤土。在此过程中，笔者注意到平苗榫头内侧的积土出现凹陷。清理掉积土后，发现凹陷的位置实际是深入构件内部的孔洞，孔洞倾斜走向，指向榫头的外壁即牛头方向。孔洞被数百年淤土裹盖，倘若不是主动清刷，几乎没有机会发现。事实上，在此之前，我们已经在如龙桥测绘了近三周，多少次爬进爬出均擦身而过。

于是我们清理核查了拱架结构的全部构件，发现这种孔洞出现在全部主拱平苗的两端的燕尾榫榫头处，每根平苗南北两孔，无一遗漏。这些孔洞形状近圆略方，直径或边长约2厘米（图6-21），根据加工痕迹可以判断为凿制，或有可能打凿上部后辅以钻子加工。

图6-21 如龙桥。主拱平苗两端的孔洞

a

b

c

①仅最边侧一对平苗因外侧与鱼鳞板紧密贴合,无法判断。

我们使用中空、削尖的细竹杆掏清了孔洞内部的淤土,然后将钢尺伸入孔内,测量孔洞的斜角和长度(图6-22)。孔洞的倾斜角度各不相等,变化幅度较大。深度可达十余厘米,均透穿了平苗燕尾榫头。但晃动伸入的竹杆或尺子,可以感到孔洞尽头抵触到一面平整的壁面。于是可知,孔洞仅仅穿透了平苗燕尾榫,但没有继续深入对面的构件(我们知道,在主拱牛头中,平苗与斜苗的榫洞相通,这个位置的壁面,应当对应着斜苗的直榫榫头)。因此可以排除孔洞是钉梢遗痕的可能。进而判断,孔洞的作用一定发挥在平苗与牛头连接之前,即燕尾榫落入榫窝之前。换言之,孔洞的作用在于施工过程之中。

根据现有信息,笔者推测,这些孔洞用于穿绳索。而这个方向的绳索,只能是为了在施工中沿平苗轴线拖曳平苗;倘若沿其他方向拖曳平苗,只需用绳索捆住苗身即可。唯有沿轴线拖曳,绳索会沿苗身打滑,才有穿孔的需要。

这个推测可以通过一组细节得到旁证:两个孔洞的破坏形态(图6-21:c)。它们分别位于东侧第三根平苗南端(图6-22:a自上向下第5根平苗)、西侧第三根苗北端(图6-22:b自上向下第3根平苗)。孔道以上的三角形区域形成了一道细窄的贯通缝,符合绳索在拉力下"割断"榫头的破坏模式。

但即使这个推测在逻辑上成立,仍然令人困惑:在闽浙木拱桥的传统施工方法中,平苗的运输,要么以人力搬动到位,要么——若以水柱架建造——从跨中由水面吊装(图5-129)。后一种情况虽然使用绳索,却直接捆住苗身,将水平的平苗垂直上提(图5-129),并不需要凿穿孔洞。若要解释孔洞的存在,唯有从河岸水平拖曳平苗的情况。

水平拖曳平苗的假设又有平苗上的构造细节支持:几乎所有①主拱平苗均在端部身侧——单侧或双侧——钉有竹梢,其中一些竹梢仍保留原位,一些折断在卯眼中,另一些则仅余近似矩形的卯眼(图6-23)。如果拖曳平苗,则这些竹梢可以用作"把手",方便工匠接应操作。

但即使一切推测成立,为什么造桥匠人要不惜凿孔穿洞的麻烦、破坏榫头的危险,使用这种并不经济合理的施工方式呢?

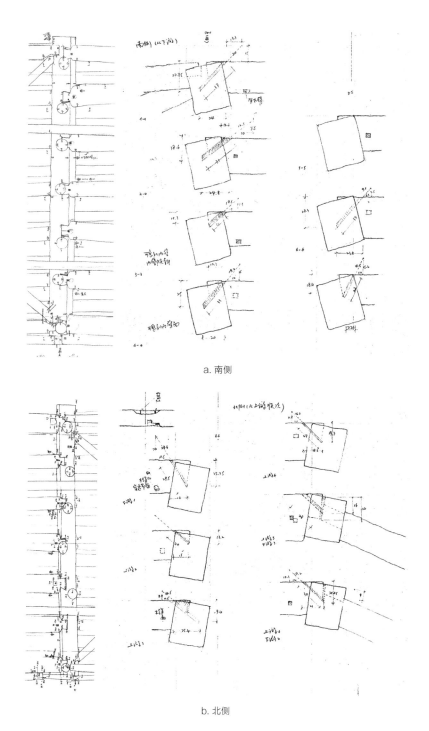

a. 南侧

b. 北侧

图6-22 如龙桥。孔洞大样图局部

图6-23 如龙桥。平苗侧面的竹梢或孔洞

a. 西侧第三组楼平苗

b. 东侧第三组楼平苗

图6-24 如龙桥。半跨长度楼平苗梢端的燕尾榫（其中两个榫头被孔洞洞穿）

证据的整合

前文述及，如龙桥楼平苗由巨大通长圆木直接连接两岸。但七根中只有五根如此。上游、下游第三根均非通长的独木，而由两根约略等长的圆木在跨中对接（图6-13）。最不寻常的是，这四根半跨长度的苗木，跨中相遇的梢端，均为略似梯形（燕尾榫）的榫头（图6-24）。其中两个榫头带有纵向穿孔。而其中一个穿孔出现与前述相似的被绳索割穿的破坏缝隙。

很明显，这四个构件均在如龙桥改造前有过其他营建历史。假如前述推测成立，它们会不会属于如龙桥在八字撑结构时期的遗存呢？如果它们确实属于如龙桥的前一期建设，那么根据节点构造规则，两端呈燕尾榫的构件只能用于八字撑中段的平苗。该平苗在结构中总长约14米。现有这四根各长10米许，梢端保留燕尾榫榫头。若如上推测成立，那么根部多余的4米就被截去另作他用了。

浙闽地区八字撑结构桥梁，楼平苗与八字撑的分布有两种基本形式：一种情况是楼平苗与八字撑分布规律，或数目相等，苗木一一对应，或相间而放，数目相差一根；另一种情况是，二者不呈对应关系，或是八字撑杆件细弱，因此排列密致；或是平苗粗大但跨度较小，于是随意地补充少量八字撑杆件。八字撑式如龙桥，从现存的四根较壮的八字撑平苗来看，显然不属于后者。为了对结构受力最为有利，原始结构最有可能为五（或四）根大平梁对应五组八字撑结构，在重建中，四根八字撑平苗被锯短后对置纳入新的楼平苗系统（图6-25），（若存在第五根，则）第五根因派不上用场而被移除。

燕尾榫上的孔洞显示，这些平苗也是水平拖曳运输到位的。如龙桥所处河道浅窄（图6-3），在20米宽的河道上，将14米长的巨木运输到河底再做吊装并非明智之举；河道中的脚手架更会增加运作困难。若在巨木下面垫设若干圆木作为滑轮，那么平拖巨木则远比搬运、吊装轻便。这种施工方式是有一定优势的。

至于为何四个构件中仅有两个穿孔，可以想见河道北侧紧邻山体，南侧是平坦开阔的小平原（图6-2），因此造桥

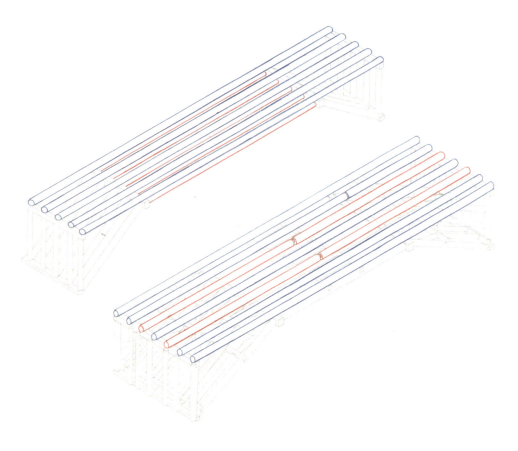

图6-25 如龙桥改建中对平苗与楼平苗的再利用示意（上：第一期建设；下：第二期建设）

（图片来源：作者与于燕楠绘制）

匠人自然会选择在南侧平地上备料、加工，并从此岸拖曳平苗就位。而平苗的排布一定是根、梢相间，若第一根以梢端向北，第二根必为根端向北。如果孔洞仅开在苗木前进方向的一端，结果便是两根开在梢端，两根开在根端，正符合今天所见，四个梢部，两个穿孔。

三、结论

根据以上全部分析，可以得出如下结论：

如龙桥曾经从一座八字拱木撑木桥改造为由主拱、副拱系统组成的编木拱桥。原初结构中有5根约20米长的通长楼平苗，八字撑呈三折边拱形式，有5（或4）根14米长的平苗。所有楼平苗都在改造中原功能利用，4根八字撑平苗被截至10米长度，两两相对排布于楼平苗之间。

改造的目的可能是增强结构承载力。原初的八字撑结构在20米跨度上可能会有承载力不足问题。

在两次建造中，三折边拱的平苗均由南岸借助绳索向河心水平拖曳。为此，匠人在平苗的端头凿穿孔洞，供绳索穿过。

这种施工手法在原始的结构中是有合理性的。14米长的中央巨木难以徒手搬运或运至河底吊装，但对于改造后的结构未必是最经济的。改造后结构的中央平苗仅长10米，凿孔费时费力而有破坏榫头之虞。事实上，仅仅为实现平拖平苗，除了凿孔外还可以有其他操作方式（比如在苗身开槽勒绳，或钉入销钉，以销钉勒绳）。因此第二次建造中凿孔拖曳平苗的施工方法，可能是对第一次建设的继承。这样一来，第二次建造的绳墨很可能目击了第一次建造，两次工程当在一代匠人的时间内完成，间隔不超过60年[①]。

在改造中，楼平苗由5根改为7根，楼面当有明显增宽，因此很有可能现在的桥屋是改造时新建。如此一来，廊屋中题写的1625年当为改造时间。

附录：如龙桥拱架结构树木年轮断年结果

为了校核如龙桥的建造年代，笔者对部分构件取样，在中国社会科学院考古研究所进行了树木年轮断年。如龙桥下部结构木材保存状态不甚理想，取得的样本较为有限，无法形成独立结论，但可以用于核验上述推测。另外，我国尚没有建立完善的树木年轮断数据库，只能取得样本之间的相对年份，而无法作出绝对年份的断年。此处，我们假设所取样本中的最晚一件为1625年（时间原点）砍伐树木，以此为基础推定其他样本的砍伐年代：

主拱系统构件样本
第三根平苗：1600—1618
第五根斜苗：1609—1623
第三根斜苗：1466—1503

[①] 如一个匠人在十余岁年纪参加了第一次建造，在七十余岁高龄主持了第二次建造。

北侧牛头：1434—1600

南侧牛头：1427—1625

楼平苗构件样本

第一根楼平苗：1502—1531

第四根楼平苗：1500—1578

（纵向构件自上游计数）

根据前述复原理论，楼平苗当全部来自第一期建设；主拱牛头当全部在第二期建设时新制；而主拱的斜苗则不一定，大部分当是第二期新制，但亦有可能由第一期的旧构件改制。

以上树木年轮结论，符合如龙桥在半世纪内完成两次建设的推测：现状测得全部两根楼平苗构件来自16世纪，其中最晚者伐于1578年（相对时间）。木拱构件除一个例外，均来自17世纪，最晚者为1625年（假设的时间原点）。但有一根编木拱斜苗（主拱从上游数第三根斜苗，相对时间1503年）与第一期建设时间吻合，很可能也是重建中的重复利用。

第七章／技术的流传

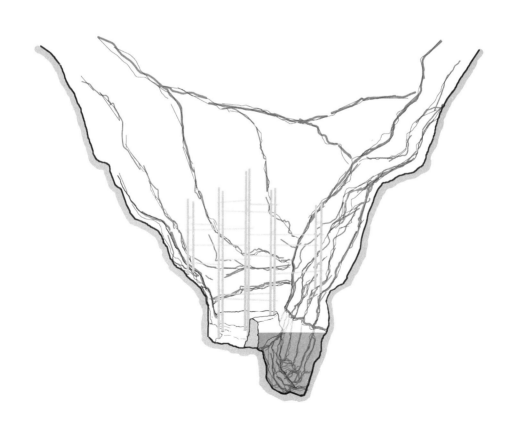

下篇 闽浙编木拱桥

一、技艺的层级

在前面的章节，我们已经看到，闽浙山区的木拱桥营造有着较高专业门槛，桥匠是一门相当狭窄的行业，有专门的家族与群体从事建造，有影响力的家族可以跨县、跨省承建项目，甚至（至少在大型桥梁上）形成某种程度的行业垄断。我们今天关于桥匠的知识，虽然对晚清、民国时期的木拱桥营造势力已经有了较为整体性的框架，但在木拱桥技艺迷雾般的发展史方面，还遗留着大量空白。

今天闽浙两省的木拱桥遗存中，最早的可考实例，是（改）建于明天启五年（1625）的庆元县如龙桥，没有留下桥匠信息。已知的桥匠家族，最早的成员与作品始于清乾隆时期（1767）。在两者之间的近一个半世纪中，两省之间亦不乏木拱桥工程，甚至不乏巨构建成[①]，但未有桥匠信息保留下来。甚至在已知的桥匠家族兴起之后，除了这些传承清晰的匠人群体，亦有大量木拱桥是由没有明确家族技术传承的匠人建造。即使晚至近代，除非基址过于惊险，两省之间还有难以计数的造桥匠人，或在一时一地电光石火，或在区域之内短暂传承；另有数不清的桥梁遗迹没有留下任何可考的匠人信息，成为无名匠师的沉默丰碑。事实上，现存历史木拱桥中，这些"非家族传承匠人"与匿名匠人所建桥梁的总数量，超过三个家族已知（现存）作品的总和。但这些匠人，无论是否昙花一现地在桥梁上留下自己的名字和籍贯，

---

① 闽浙两省的桥梁，往往在历史上多次毁于水火并经重建。但当地文献（地方志、家谱、桥上墨书）中通常只是历数史上"修"造，而难以判断实为修缮或是重建。其中一些在历史上曾建造为非编木拱结构的桥梁形式，如第四章中白鹤桥；另有一些，即使现存历史桥梁已是晚近的重建甚至已经无存，由环境、道路与桥址视之，或佐证文献，仍然可以判断其前身也很可能是木拱桥，如第四章中的永安桥（谢桥）。

便随即——或在孤立的作品之后,或在短暂的活跃之后——便消失不见,没有形成家族性职业或地区性事业。

如果我们将"三代以上传承"作为一条"行业认证标准"的话,在两百余年的时间内,除了早已占据行业顶端的两个群体("下荐匠人"与"坑底匠人"),只有一支("长桥匠人")成功实现了"行业认证",跻身于家族传承的桥匠队伍,并延续至今。更多的匠人,在短暂的尝试甚至成功造桥之后,回归于普通(造屋)木匠的队伍,退出了木拱桥营造的行业。

这个现象正是我们想要在本章中追问的问题:闽浙木拱桥营造技艺,依靠什么样的技术知识结构与传承传播模式,可以在超过两百年的时间内,在极为有限的匠人群体中,形成一股难以动摇与挑战的家族力量,作为地域性中坚,代代相续;而另一方面,又允许不断有新的力量涌入这个行业市场,却大多数昙花一现,不能留下传承?

成为桥匠的途径

(1)家族继承

桥梁工程需要一支不小的团队协同工作,因此较为成熟的桥匠群体往往来自相邻村落,由数个家族跨越代际联盟合作。这种家族联盟中,会体现明显的匠人身份等级,包括掌握关键技术知识的"核心成员",以及不触及关键技术知识的"外围成员"。

掌握全部技术知识的核心成员往往出自一两个紧密联系的家族。核心家族会历数代人之久保持这种领导地位(譬如下荐张氏匠人家族),但也会出现因家族人口衰减等原因,而转移到其他姓氏家族的情况(譬如坑底匠人的技艺从徐氏转移到郑氏)。由这种家族联盟匠人承建的桥梁项目中,"绳墨"团体(包括主墨与副墨)均出自核心成员。

联盟中的外围家族或成员在项目中是普通建造者。他们能够掌握具体的施工技术,在操作层面形成相互间的默契配合,熟练参与建造运转,但并不能接触设计方法等秘密信息,而要在核心成员(绳墨)的指导下进行加工和建造。组织最为成熟的木匠群体,如民国时期杨梅洲桥营造时的下荐匠人团队，能够在极端条件下搭建桥梁，建造者被组织成训练有素的团队，分工明确，包括水工、高空工作、脚手架工作和普通木工工作等。

（2）非家族师承

除了由血缘、姻亲关系维系的天然师承关系，没有亲属关系的桥匠，也可能（正如普通大木匠行业一般）通过拜师方式进入桥匠行列。但因为没有纸质或其他形式的证据能够证明师徒关系的存在，这类案例多为田野采集的桥匠口述。第四章中，杨梅洲桥项目中董直机向吴大清拜师的故事就是此类。

有时，当普通的大木师傅勇于挑战木拱桥项目，在工程中途遇到难以克服的困难，也会外聘有经验的老师傅前来救场以至拜师。在笔者的田野采集中，据屏南县造桥匠人韦顺岭自述[①]，其家族从父亲韦万会始做木拱桥，第一个项目为屏南县金造桥，因为不会造，从古田花70石粮食请了一位师父过来教。师父待了20来天，指点了一下就离开了，韦父继续完成项目，此后继续建造过另外三座木拱桥，并传艺于儿子。有趣的是，这类关于造桥半途搬取救兵的传说，在两省之间多地流传，但往往在当事双方的后人口中呈现"罗生门"局面。譬如仍然是韦万会建金造桥事，据同县的匠人（"长桥师傅"）黄春财述[②]，桥梁初成、拆除脚手架时结构出了危险，又包了红包请了黄父前去校正，方才化险为夷。而韦顺岭的版本，则是韦父独力建好，不但没有外人相救，并且在建成之后，当地财主还赠送韦父一柄（纯钢打制）的"金斧头"，以表彰工程的成功与匠师的技艺。

以这类方式缔结的师徒关系中，技术知识的传递因人、因事而异。保守的师父可能并不会将全部营造秘密合盘托出。而为时较短的师徒关系，技艺特征的传递亦没有家族事业那般稳固。技术的传承模式可能与下述"合作"关系更为接近。

（3）合作

一个工程的建造，有时由一个桥匠群体完整承包，有时则需要外来的专业桥匠与本地普通大木匠人合作。有时外来桥匠完成下部的拱架，而本地普通匠人完成廊屋（如接龙桥

[①] 笔者对韦顺岭的采访。2012年12月2日。

[②] 笔者对黄春财的采访。2012年11月30日。

与杨梅洲桥)。

更多的情况是,当远聘的桥匠与本地大木师傅合作时①,有心的"拱亭师"甚至帮工,也可以在项目中熟悉营造木拱桥的基本流程与操作。这种情况在今天的市场中更为多见,是雨后春笋般涌现的桥匠之主体。笔者熟悉的匠人中,仅在2013—2015这短短两三年内,与(庆元县)吴复勇师傅合作后自立门户承建木拱桥项目的师傅就有两位。

核心家族可以将设计方法保密,但不能隐藏施工步骤。参与建造工程的每个人都有机会在实践中学习。全程参与了建造的匠人,如果足够有心,便有可能"偷师"习得木拱桥的基础技术。类似的情况亦发生在联盟成员的外围成员之中,用更加便利的方式"偷师"之后,他们可能会脱离原有团队"单飞",独立承建小型桥梁项目。

在这些情况下,学生将能够学习施工原理和过程。他们的作品将与他们师傅的作品在构造上相对一致。但是,由于没有得到核心的设计知识,这些"新血脉"桥匠的作品,与他们从师或"偷师"的专业桥匠会在形式细节上有所不同。

政和县交龙桥(图7-1)正是这样的例子。该桥建于清道光十五年(1835),跨度只有约13米,而桥拱比例悬殊,拱身陡峻,平苗短小。匠师来自与桥址直线距离仅约10公里的寿宁县上禾溪村。绳墨为一对林姓兄弟,为首者名为林士光。而这不是他的第一座桥梁作品。

早在4年前(清道光十一年,1831),林士光的名字便出现在另一个桥梁项目中:寿宁县里仁桥②,距离他的家乡禾溪村直线距离约20公里。在这个项目中,林士光仅作为普通木匠列名③。绳墨名肖朱锋,来自相邻的宁德县坑头村,距此地约45公里。尽管这位肖姓匠师与已知的匠人家族没有任何亲缘关系,但这座桥显示出了一些与坑底匠人相似的技术特征。

林士光的作品向我们展示了如何通过参与与观察成为一位木拱桥匠师。无论是否是特意为了学习(甚至"偷师")木拱桥营造技艺而加入第一个项目(里仁桥),他无疑通过参与营造,在观察与实践中习得了关键技术。即使并没有得到某些秘密知识(譬如设计方法)的"真传",他亦可以在后续的独立实践中摸索出自己的方法。

---

① 桥屋墨书中,除了"绳墨"外,常另题有"木匠",正是本地负责廊屋建造的师傅。有时本地的木匠首领也会名列"副墨"之末(如第117页薛宅桥例)。

② 龚迪发. 福建木拱桥调查报告[M]. 北京:科学出版社,2013:208。

③ 在里仁桥上,其名字写作"林仕光"。

图7-1 交龙桥。福建省政和县澄源乡大梨溪村。据桥上墨书，此桥建于清道光十五年（1835），"寿邑上禾溪都墨林士光、林士炳"等。桥拱比例悬殊，陡高（2013）

（4）"无师自通"

有时，聪明的木匠会在没有专业桥匠指导的情况下，通过自学开展桥梁建设。善于思考的大木匠，哪怕从未亲临建造现场，也可以通过细心观察而尝试上手。他们会考察甚至测量周边的旧桥，弄清基本的构造原理，并摸索出一整套施工步骤。我们在田野中不时会遇到这样的故事。譬如寿宁县南阳镇回澜桥（图7-10），绳墨龚若岩本是普通大木工匠，在本村商议建桥时，自荐绳墨，观摩同村的木拱桥而无师自通，率领村人建成回澜桥[①]。这座桥在技术上有若干"不成熟"做法，后文将会详述。此外，甚至今天闽浙地区若干具有"非物质文化遗产传承人"身份的匠人（譬如泰顺县省级传承人曾家快），事实上也是这种没有家族传承的"自学成材"者。

大部分无师自通的匠人的作品，均为和缓水道上的小型桥梁。但亦有例外。一个非常突出的例子是政和县龙滩桥，1962年由当地大木匠人杨显华建造。桥梁净跨23米，规格虽然仅为中等，但因建在悬崖险滩上而格外抢眼。匠人选择冬天枯水季，充分利用了地形中的浅滩，架立五排柱架做为桥梁的脚手架实现建造[②]（图7-2，对比图5-123~图5-130下荐匠人四柱"水柱架"技术）。

不难想象，一旦通过自学形成了自己的完整技术手法，匠人亦有可能开启自己的家族传承。

不同技术"出身"的匠师，建造的桥梁会呈现各种差异。小到榫卯做法，大到桥身比例，都在默默透露着匠人

---

① 龚迪发. 福建木拱桥调查报告[M]. 北京：科学出版社，2013：216-217.

② 悬崖险滩建廊桥[N]. 闽北日报（2013-03-14）.[2020-12-19]. http://fj.sina.com.cn/city/nanping/picture/2013-03-14/13332707.html access: 2020.9.16.

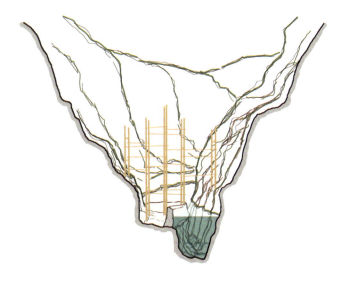

图7-2 杨显华建造龙滩桥施工复原
（图片来源：作者根据《闽北日报》的报导绘制）

的技术谱系。成熟的匠人群体会形成内部的特定做法，并通过世代积累贴近结构与建造上最为高效的设计方法与施工做法，因此，不同匠人家族的桥梁作品，会在形式上整体相似，而构造上细节有异。

没有家族传承，通过观察和合作习得造桥技术的匠人，作品虽然在整体上与"成熟结构模板"相近，但常常会在细节上表现出不尽合理的设计和构造。如果匠人足够聪明和细心，他们的桥梁会看起来与经过家族熏陶的专业桥匠相当相似。但无论多么小心，仍然会有一些特定的技术细节暴露他们的"出身"。下文中我们将对若干关键技术因素做出分析。

"秘密"与"绝活"

泰顺岭北的董直机13岁在杨梅洲桥工地向坑底匠人吴大清拜师，亲历下荐匠人张学昶造桥传奇，80岁高龄建造泰顺同乐桥、温州琼华桥，2009年被评为国家级"非遗"传承人——但在本书的匠作谱系中，他属于"非传承"类型的木拱桥匠人。

这一分类绝非"歧视"匠人的家族"出身"。"传承"二字，意指传递、继承，师徒两代之间意志明确的知识与技术的传授与接收。董直机虽然在工地现场依靠聪慧习得了木拱桥营造的步骤和形式,却并没有习得对于家族传承桥匠而言最为关键的技术手法。

在木拱桥营造的全套技术方法中,操作性的步骤、结构与构造上的特征,是无法在旁观的外人面前隐藏与"保密"的。而无须展现于外人的非操作性知识,尤其是拱架的设计方法与比例算法,是桥匠家族赖以维系自身权威的技术秘密。这类知识秘密(核心知识),即使在已经形成密切合作关系的联盟中,亦不会传示于大部分外围工匠,只有核心成员才可传习"真传"。但设计中所使用的经验法则是缺少精确制图等数学工具的时代的权宜之法,是传统社会的特殊知识,在当今世界已是明日黄花,已非安身立命之本。而确立桥匠行业地位的核心技术,是娴熟地掌握与应用一整套周全完整的构造与施工技巧,干净利索地处理诸多交织复杂的结构构件,令之紧密坚固,其中涉及多种带有秘密性质的关键手法,将在下文详述。在此基础上,将经验法则修炼到炉火纯青,得以在最为艰险的自然环境下实践营造大跨度结构的水柱架技术,是身处行业金字塔顶层的家族维护其行业垄断地位的"绝活"。

在有家族传承的桥匠群体的核心技术中,一个最重要的技术手法,是将编木拱的两套系统尽可能推紧的施工步骤,即下荐匠人所称的"抽度",或长桥匠人口中的"牛头撞"。我们已经在第五章中看到,"抽度"通过将节苗顶弯为拱架施加一定"预应力",一方面立竿见影地令拱架结构自立,摆脱对脚手架的依赖;另一方面在后续的岁月中抵消结构的松驰变形,保证拱架长久的稳定性,是今天有家族传承匠人的技术"标配"——虽然各支匠人在具体操作方法上略有差异。事实上,是否掌握这项技术,正是本书判断木拱桥匠作技术成熟与否的一个关键指标。而对于一座早已建成的历史桥梁,我们无法回到久远之前的施工现场去考察他们是否使用了抽度工序;只要观察实物结构上的构造特征,仍然可以通过外观特征,利用构造细节反推技术做出判断。

在营造中使用抽度或牛头撞技术的木拱桥,其副拱上斜苗必须透穿上牛头。而副拱上平苗则不得不与斜苗交错布置,于是平苗与斜苗在位置与数目上并不一致。这种形式在下文中简称"**抽穿式**"(图7-3,图7-4)。出现"抽穿式"

的榫卯形式，未必能保证建造者在施工中掌握了"抽度"做法；不过，但凡牛头未被透穿，则一定不能在施工中调整牛头的位置推紧拱架，则一定不曾使用"抽度"工序。

将副拱自身的平苗与斜苗在位置上一一对应，与主拱形式统一，数目规整，是直观而自然的设计产物。这种构造方式几乎是一切初入此行者的选择。现存的历史桥梁中，早期案例（17、18世纪案例）几无例外[①]（图7-5～图7-7），而最早摆脱此种做法的，正是下荇张氏家族的技术创新（见下文）。在这种形式中，第二系统上斜苗的直榫榫头与平苗的燕尾榫榫头在牛头中抵触。这种形式在下文中称为"对抵式"（图7-3～图7-5）。在今天热闹的造桥行业中，几乎所有无师自通的木拱桥匠人都以这种"不成熟"形式起步。董直机的作品（图7-8），以及前文提到的、泰顺县内另一位自学成材的巧匠曾家快（图7-9）的作品，都属这一类型。

另有一种例外，如上文提到的由"无师自通"匠人龚若岩建造的回澜桥，桥梁拱架模仿了"抽穿式"节苗交错布置的形式，但榫头却没有透穿牛头（图7-10），当然亦无"抽度"的施工处理。这种形式在下文中简称作"交错式"。

木拱桥拱架的"抽穿式"取代"对抵式"，即"抽度"做法的出现，代表了闽浙木拱桥营造技术的成熟，以施工手段强化控制，解决桥拱设计精度的问题。在早期的"对抵式"桥梁中，桥拱的变形屡见不鲜。因拱木长度设计失误，编木拱的两套系统分离。最常见者，是一侧的主拱牛头脱离副拱斜苗，桥身整体作"耸肩"态，其中最夸张者为泰顺县文兴桥的巨大变形（图7-21，图7-22）。另一种变形，则因副拱斜苗过长，将副拱下牛头推离原位，如景宁县建于17世纪末（康熙二十八年）的东坑下桥（图7-7）。

①
包括庆元县如龙桥（1625）、景宁县东坑下桥（1689）、寿宁县仙宫桥（1767）、庆元县袅桥（1769）、寿宁县登云桥（1773）、屏南县广利桥（1774）、寿宁县升平桥（1778）。

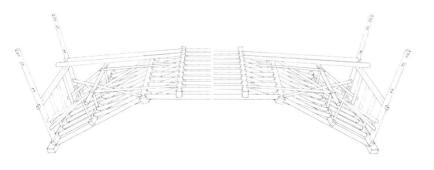

图7-3 "抽穿式"（左）与"对抵式"（右）结构对比

下篇　闽浙编木拱桥

图7-4　芎岱岭脚桥。浙江省景宁县。1870年坑底匠人建造。"抽穿式"（2012）

图7-5　袅桥。乾隆三十四年（1769）建。浙江省庆元县。"对抵式"（2011）

图7-6　东坑下桥。浙江省景宁县东坑镇。康熙二十八年（1698）建。"对抵式"（2011）

图7-7　东坑下桥。因编木不紧，副拱下牛头被推离（2011）

图7-8 同乐桥。浙江省泰顺县岭北乡。董直机2004年建。"对抵式"（2012）

图7-9 曾家快木拱桥作品。浙江省泰顺县雅阳镇秀涧村。"对抵式"（2011）

图7-10 回澜桥。福建省寿宁县南阳镇。1964年由本地自学而成的大木匠人造。"交错式"（2013）

需要说明的是，本书中对于技术成熟的定义，在于技术史的演化序列，而非品评个体匠人的技艺水平。我们亦可以在历史上看到一些案例，虽具有"不成熟"的结构谱系特征，但仍然表现出高超的技艺。一个极佳的例子是第五章中提及的龙泉县垟顺村顺德桥。根据下荐张氏家族保存的一件桥约，1840年张氏兄弟（张成君、成济）曾为这个村子建造木拱桥。但今天傲然飞虹的桥梁来自1915年重建，很可能建在同一位置。现状桥梁采用"交错式"拱架结构，匠人未知，很可能来自本地。显然，1915年垟顺村民决定重建廊桥的时候，他们没再求助于两百公里路程之外的职业桥匠，而是决定通过研究旧桥自主建造。自然，本地匠人模仿了的梁木交错的排布，却未能体会抽度技术。但即使如此，这座桥梁的拱架结构仍体现了高超的构造艺术：木材未用杉木，而使用了较为少见的杂木（当地人称为苦槠木），木茎天然盘曲，而匠人令弯木服服帖帖地与牛头编织紧密，整个结构整洁优雅，宛如一件艺术品（图7-11）。

下篇　闽浙编木拱桥

图7-11　浙江省龙泉县垟顺村顺德桥。"交错式"（2012）

"抽度"技术演化

"抽度"技术的出现，与今天势力最大的桥匠家族"下荐匠人"的早期发展密不可分。事实上，"抽度"技术很可能正是由这个家族的先祖"发明"和传承下来的。

下荐桥匠家族的地位与影响，前面章节已经详述：不仅是晚清以降两省之间一枝独秀的技术霸权，并且是现存桥匠家族中传承最古者。家族已知最早的作品，是寿宁城关（罗阳镇）仙宫桥。仙宫桥的故事，第四章中已经提及（详见第122~123页）。其绳墨由主至次分别题名李秀壹、吴圣贵、张新祐。其中张新祐为今天下荐张氏家族之祖，张姓第一代桥匠。而李秀壹可能与张氏岳翁家族相关（亦或无关），是张氏造桥技艺的来源。可考材料中，张新祐与其子侄一共营造了6座木拱桥，除寿宁县仙宫桥（1767，图4-13）外，还包括周宁县石竹坑桥（1779，无存）、政和县赤溪桥（1790）、庆元县兰溪桥（1794）、庆元县亨利桥（1797，无存）、景宁县梅漈桥（1802，无存）、景宁县莲川大地桥（1803）等桥梁。最后一个项目为1803年。张新祐以降，秀坑张氏世代造桥，直至今天。

我们无法得知李氏家族自何时开始营造木拱廊桥。但似乎在营造仙宫桥（图7-12）时，其造桥技术尚未臻纯熟。该桥跨度约23米，主拱五分水，使用副拱斜苗与平苗对顶，即

"不成熟"的"对抵式"。

此后20年中，李氏、张氏家族没有确定纪年的桥梁遗存。但直至1790年张新祐作为主墨建造政和县赤溪桥时，仍使用"对抵式"做法（图7-13）。而在1794年之后，张新祐、李正满的木拱桥实践（庆元兰溪桥1794（图7-14）、政和后山桥1799、景宁梅漾桥1802、景宁莲川大地桥1803）便使用了"成熟"的"抽穿式"做法。作为一位高产的木拱桥匠人，张新祐在其活跃期似乎已经体会、发展出了"抽度"做法。

张新祐的子侄——"成"字辈年轻桥匠在初期项目中跟随新祐、正满造做，自19世纪初开始独立承担项目。这一辈匠人似乎经历了抽度技术的反复。如1827年，张成德、成来兄弟建造寿宁张坑桥（图7-15）时，使用副拱上斜苗与平苗相抵的"对抵式"做法。但此前1820年兄弟二人修建的屏南千乘桥、此后1836年的周宁登龙桥，以及成辈其他兄弟的可见作品，则又使用"成熟"的"抽穿式"。

成字辈之后，礼门匠人的技术特征基本保持稳定，下荐匠人之后的桥梁作品，直到今天的匠人张昌智，保持了"抽

图7-12　仙宫桥。福建省寿宁县。1767年建造。"对抵式"。下荐匠人已知最早的木拱桥作品（2013）

①

王志明. 政和县古廊桥概述.政和县博物馆内部资料。

图7-13　赤溪桥。政和县澄源乡赤溪村。1790年建。"对抵式"。绳墨张新祐、新会，副墨张成官、吴圣增

（图片来源：王志明）

图7-14　兰溪桥。浙江省庆元县五大堡乡西洋村。1794年。"抽穿式"。绳墨张新祐，副墨李正满、张成观（2011）

图7-15 张坑桥。福建省寿宁县芹洋乡尤溪村,1827年建。"对抵式"。张新祐之子张成德、成来的桥梁作品(2013)

穿式"形式以及与此相应的"抽度"技术。

有趣的是,坑底小东村、稠林山村匠人不但同样在今天的营造中强调"抽度"或"牛头撞"这一步骤,而且已知的最早作品即出现了与"抽度"技术相应的构造特征。那便是位于小东村本村内的小东上桥(图4-8),建于1801年。

这座桥相当小巧,跨度仅16米。廊屋内部斗栱猫梁,雕刻精美。它的下部结构在1939年经历改造,拱架下部一些构件经过替换,譬如副拱的下斜苗和拱脚垫木。修缮使用的资金是建造杨梅洲桥的余款[①]。小东上桥的拱架使用了"透穿式"构造,或当是建桥之初的构造。

除此之外,今天两家的技术传承思路一致,步骤统一。虽有比例数据、榫卯细节的微小差异,但原理与方法同出一辙。尤其通过墨线在地面打样图估算节苗长度的设计方法(图5-46),仅有数值的差别,而"解题步骤"完全一致,符合通过"师承"或"合作"方式互相联系的技术传承模式。这些技术特征,显示两支匠人队伍在技术谱系上枝叶相连。而二者之间可能的联系,我们将在下一章中再做分析。

"泄露"身份的技术指标

大体说来,整个闽浙地区的木拱桥营造技艺,虽然已经无法找到一个确定的"根源",甚至连其出现的时代亦难以详考,但可以认为,所有技术都是同一棵大树的开枝散叶。在技术的散播与传承中,变与不变之因素,是匠人谱系中最值得考量的技术指标。

在第五章的技术讨论中,我们已经分析了成熟木拱桥

[①] "国币壹佰壹拾元整"。杨梅洲桥建桥总额两千余元。见小东桥、杨梅洲桥桥屋墨书。

的若干技术因素，可理解为家族传承内部的"稳定因素"，因此可以作为匠作谱系分析的参考指标。其中，拱架整体比例（及倾角）是一个相对稳定的特征。对于大型桥梁而言，受限于天然木材的材料特征，木拱的比例与倾角存在一个最为经济、高效的域值。对于小型桥梁，较少受限于天然木材的生长能力，桥拱的设计从理论上自由度更大。有传承的匠人群体会使用经过历史检验、适用于大型桥梁的尺度比例（以"五分水"至"六分水"之间最为常见）作为通用设计比例，应用在他们全部的桥梁设计中，因此其作品呈现相似的沉稳风格。但初次尝试建造小型木拱桥的"非传承匠人"则较少受制于"标准做法"的限制（或得益于"标准做法"的指导），做出不同于"成熟"形象的桥梁作品。比较典型的案例包括上述禾溪匠人林士光的作品（图7-1，拱架陡峻），以及现存最古木拱桥——庆元如龙桥（拱架平缓，见第六章）等。但除了"新手"之外，还会有其他因素影响桥拱的比例与倾角。譬如泰顺地区热衷高耸的拱架（后文中图7-27～图7-32）。而当桥拱净跨过小时，亦会出现不同寻常的苗木比例（后文中图7-19）。

　　除拱架整体的倾角，牛头的倾角亦是一个特殊的技术秘密。我们在第五章已经看到，主拱牛头的理想设计应该与副拱上斜苗保持近乎平行走向，并以"下巴"即内棱卡顶在斜苗上皮。这将有助于编木的紧密，保证最优的内力传导，并以较小的牛头截面实现复杂的构件交接。为了实现这一目标，有经验的匠人各有各的处理方式。我们已经在第五章中讨论过下荇、坑底两支匠人的不同设计、加工方法和形式特征，其中副拱上牛头是否呈现（与主拱一致的）倾角，可以作为区别两个家族的特征，亦是两个家族稳定的技术指标（详见第175～179页）。没有家族传承经验的匠人则可能在技术实验中使用其他方式。譬如上文已经提及的、由匠人"无师自通"承建的寿宁南阳回澜桥（图7-10），主拱牛头在结构中呈现水平状，没有倾角，显然匠人并不知道如何处理结构复杂的角度计算问题（图7-16）。因此，如果说桥拱比例上的差异并无对错、优劣之分，仅能作为匠人谱系的参考，并不能判断匠人技术的成熟与否，牛头角度的处理则可以透露匠人对于木拱营造的经验与设计能力。

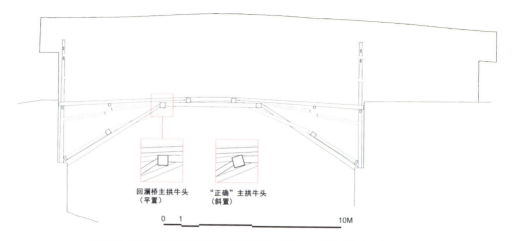

图7-16 福建省寿宁县南阳镇回澜桥拱架纵剖面图。主拱牛头为水平向，无倾角

副拱的比例（即副拱上、下斜苗的长度比）亦是一个可以辅助区分不同家族的指标。在传统社会没有现代制图术的时代，匠人内部通过记忆固定的长度比例来完成设计，因此不同的家族会因比例的选择而烙上各自烙印。我们已经在第五章（详见第172~173页）中讨论过，副拱下牛头的高度可以相对有效地区别下荐匠人和坑底匠人的作品：坑底匠人的桥梁，尤其在晚期，下牛头的位置显著低于下荐匠人作品。

榫卯形式的选择是一个极为特殊的技术"签名"，因为其事关施工步骤，是匠人家族身体力行的传承方式最直接的表达，极少在家族内部产生变异。一旦产生变异，就事关营造技术的重大改变——正如"抽度"技术的发明。而如副拱拱脚处直榫与燕尾榫的区别，是区分下荐与坑底匠人的近乎保险的指标（详见第215~216页）。当然，除本篇至此已详细解读的"成熟"形式特征外（图7-17），尚有大量的桥梁实例不属于这几个最为强势的家族。这些没有留下匠人名姓籍贯的技术结晶，正是通过它们所使用的"非典型"的构造方式，宣示着它们不同的"出身"。

"成熟"木拱桥构造

根据上述分析，我们可以图示性地展示出下荐匠人与坑底匠人最具有代表性的技术特征对比（图7-17）。倘若忽略

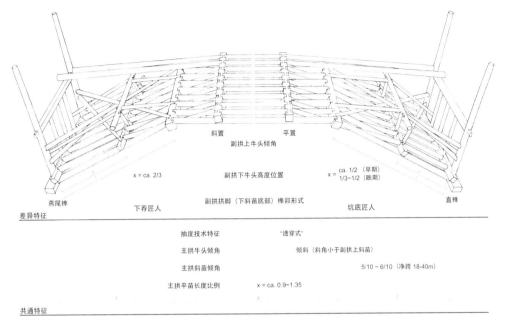

图7-17 家族传承匠人群体典型木拱桥技术指标

两个家族之间的细微技术差异，他们的通用做法集合便可以划定一个区间，代表了成熟状态的典型木拱桥结构构造，即经过世代实验、筛选、沉积下来的技术成熟、比例适中、构造合理、符合现有通用施工要求的结构形式。

技术的发展序列

过去曾有学者统计过现存木拱桥的整体尺度比例，结论认为，闽浙木拱桥的桥拱尺度、比例在时代与地域上"无规则"可循。本书行文至此，读者已不难理解，如果将现存所有历史桥梁一视同仁地放入一个数据库中，在年代、尺度等数据轴上衡量，那自然只能看到相对无规则的数据分布。事实上，木拱桥的尺度比例与构造规律，并非没有时间与地域规律，但并非简单依从时间线或桥梁所在地理位置，而是依从匠人家族线和匠人的技术知识层次。

因为闽浙木拱桥存在技术门槛与技术机密，同时，在木拱桥区的内部与外缘，不断有新匠人加入造桥实践，他们步履不同的路径成为桥匠，便呈现各不相同的技术发展程度。而正因如此，当我们以技术特征来分析闽浙木拱桥的发展史时，便不可将全部历史实物放在单一的时间线上考查。即使在晚近，甚至今天，还有大量桥梁以相对不成熟的结构特征建造。闽浙地区木拱桥技术的发展轨迹，必须在造桥匠人群体内部进行观察，将历史桥梁与匠人谱系密切结合。

出于同样的原因，层出不穷而又形式各异的"不成熟"案例，纵然时代晚近，仍然可以为我们提供一部"平铺的历史"，揭示一些闽浙木拱桥在技术演化早期所经历的可能探索。

二、特例

虽然有传承的匠人在木拱桥的设计与构造上越来越趋同，我们仍然能在田野中看到大量与"典型"做法不同的木拱桥。有时，未受到职业传统制约的"非传承"匠人，会做出与"典型"结构相差悬殊的结构。这些"非常规"的手法，一些是技术不够娴熟的青涩表现（譬如上文提到的不寻常的拱架比例、不适恰的牛头角度等），亦有一些是大胆而积极有效的创新。

大济村双桥

浙江县庆元县大济村有两座历史桥梁，村中为双门桥（图7-18）、村尾为甫田桥。二桥俱始建于宋，重修于清同治七年（1868），规模相似，跨度仅十米有零，是闽浙乡间木拱桥历史桥梁中最小的案例。从结构承载能力而言，这个跨度本是一道粗壮的平梁即可跨越的距离。而为了在如此窄小的空间内安置编木拱，在副拱顶部，两道牛头比肩而置，几乎已经没有安置平苗的空间，只是卡入一组长度仅约10厘米的圆木充当平梁，圆木与牛头间未做榫卯（图7-19）。

两座小桥在同治之前的形制已不可知。但可以想象，在二者第一次作为木拱桥修建时，绝非出于结构材料的负荷要求，而是"为了木拱而做木拱"，以编木拱作为修建要求或者追求，并且还为了建造木拱而专门从外邑延请匠师。双门桥的匠人并没有留下记载，但甫田桥桥屋中有关于绳墨的题

图7-18　大济双门桥。桥廊两侧各竖立一具门楼（2011）

图7-19　大济双门桥。净跨11米。副拱两牛头间仅存一缝，顶入极短的平苗（2011）

字墨书："木匠景邑正墨项树本，木匠寿邑副墨项高尧、本邑副墨关上口"，一具小小的木拱，绳墨匠人竟然分别包括景宁、寿宁与庆元本地师傅三方。

关于大济村这两座木拱桥，有一些观点需要特别做出辨析。今天有一种常见观点，将大济双桥尤其是双门桥视作宋代即存在木拱桥技术的证据，甚至将双门桥视作中国木拱桥之最古者，但事实上，这种认识颇不可取。

大济村比邻今天的庆元县城，是闽浙木拱桥核心区（今天的行政区划中，两省交界的"景泰庆寿"及闽北的周宁、屏南、政和等诸县）中，开发相对最早、文化发展最盛之地。庆元宋代即已设县。大济村吴氏于晚唐迁入庆元，北宋景德元年（1004）迁入大济。落地之后，耕读传家，宋清之间涌现进士二十余人，举子百余众，于是该村被称为"进士村"。而其中宋时吴毂、吴毂两兄弟先后折桂，"一门双进士"，吴家将村中一桥加筑双架门楼，称"双门桥"以资纪念。今日桥屋中，有1992年墨书题字"大宋天圣三年甲子年吴毂公、毂公兄弟二公仝建双门桥"书于金檩。但是，大济村吴氏兄弟"一门双进士"虽然不假，但吴毂于宋天圣二年（1024）中第，而吴毂于景祐元年（1034）登科，双门桥的建立自然不会在天圣三年。

康熙十一年（1672）《庆元县志》载："双门桥，以吴毂、吴毂兄弟联登，竖两门于桥侧，故名。里人叶坞倡首重建。隆庆元年（1567）吴道揆重修"[①]。而光绪《庆元县志》"双门桥"下则有"同治七年（1868）建"之语[②]。1567年的双门桥格局不可考。那个时代闽浙地区大约已经出现木拱桥技术传统，但对于双门桥这样一座以普通的八字撑，甚至

① 程维伊, 吴运光. 庆元县志（康熙十一年）：卷一·津梁·页十五. 出自：中国方志丛书. 浙江省庆元县志. 台北：成文出版社. 1983.

② 林步瀛, 史恩纬, 史恩绪, 等. 庆元县志（光绪）. 出自：中国地方志集成-浙江府县志辑66-光绪庆元县志. 上海：上海书店出版社. 1993.

较为粗壮的平梁结构即足以胜任的小桥，我们并不能有信心地推测在其营造史的早期已经使用了木拱。今日所见编木拱形式的双门桥，确定的历史不过一百五十年；而今日所见之双门桥实物，则是1992年倒塌后文物部门原样修复的成果。

大济双桥使用编木拱，虽然在建造需求上全无必要，但在晚清（1868）这一时间点，却可能是出于社会需求——当编木拱成为一种地方时尚，便有可能在本无必要之处"为编木而编木"。这种需求不难理解——今天闽浙之地大量的新建项目都属于此。第五章中笔者参与的三个项目中，两个本土项目同样是从结构理性上说"无须"使用编木拱的小桥（14米与16米跨度），同样都是毁失几十年后原地重建，与真正起到交通作用的水泥桥梁咫尺之遥；而笔者主持承建的海外项目，更是在7.5米的跨度内克服重重困难，才勉强"塞"下一座"非典型的"（3+3）编木拱桥。在今天的文化语境中，无论政府的推动还是民间的自发，木拱桥都被认为是一种最高级、最显赫的桥梁形式，"建造一座木拱桥"成为项目的核心意义：对于政府，编木拱桥成为民族文化遗产的象征；而对于乡间不知"UNESCO"为何物的乡民，募资恢复或建造一座"老祖宗那样的"桥梁，仍然是自身的功德、村落的风水和子孙的兴旺之所赖。

编木拱桥在闽浙山区的地方知识中，从未得到知识阶层的书面提及，甚至在普通民众中都不曾有过明确的称谓，但这片土地却对它形成了一种普遍的价值认同：超过了结构、功能的需求，而作为关系地方风水、民众气运的精神寄托。这种认同，至晚在清代晚期——大济村重建双门、甫田二桥时（同治七年，1868），已在闽浙山水间成为文化传统。

泰顺的区域特征

我们在第四章中已经讲过发生在咸丰七年（1857）浙江泰顺县三魁镇惊心动魄的造桥故事（详见第113~117页）。而同一年中，泰顺县境内事实上建成了两座木拱桥（图7-20）。其一正是已经详述的三魁镇薛宅桥：最初交由福建省寿宁县坑底匠人吴光谦承建，第一次建造失败后，改由吴光谦的同乡、绳墨徐元良、徐斌桂父子建成；另一座南距薛

图7-20　浙江省泰顺县木拱桥分布（深色标记为泰顺县木拱桥，浅色为相邻县市木拱桥）

（图片来源：作者基于google map绘制）

图7-21　文兴桥因巨大结构变形而闻名。浙江省泰顺县筱村

（图片来源：胡石，2009年，摄于修缮前）

宅桥仅约15公里，在今天或许更为出名——因巨大结构变形而知名的文兴桥（图7-21）——我们在第五章中亦已数次提及。

关于文兴桥歪斜的原因，当地传说，是同时承建的两支匠人从桥拱两头分别向中央搭建，双方竞强争胜，才形成一高一低。但只要了解木拱桥的设计施工方法后，自然知道这无非是乡间怪谈。文兴桥的结构失误在于两套拱架系统的比例失调：副拱上斜苗（抽苗）过长，没有形成紧密的编织，致使主副拱两系统分离①（图7-22）。系绳墨师对于桥拱设计与施工缺乏经验——其拱架为"对抵式"亦可侧证这一点（图7-23）。此外，这座桥的木拱节点与已知匠人家族及泰顺县其他桥梁都有诸多不一致处，例如榫孔采用扁方形（而不是常见的正方形），侧证其并非其他已知桥梁的匠师作品。而文兴桥榫孔与榫头形状不一致（图7-24），如果不是来自历史上的（未知）修缮，便是匠人经验不足、规控失序的另一个侧证。

图7-22　文兴桥西侧结构。第二系统上斜苗与第一系统牛头分离

（2009年，作者摄于修缮前）

①
结合多位桥匠访谈与作者的分析。

图7-23 文兴桥东侧结构。"对抵式"构造
（2009年，作者摄于修缮前）

图7-24 文兴桥。浙江省泰顺县筱村。内部构造特征。两个系统的节苗榫孔都呈扁方形，并且对于榫头而言过大。有经验的大木匠人会避免榫卯的不精确
（2009年，作者摄于修缮前）

2016年9月，文兴桥与薛宅桥同时毁于台风莫兰蒂引发的洪水，不久后分别重建。

薛宅桥与文兴桥共享同样的寿数，匠师却有着巨大的差异。但两桥的命运却可侧证，至少在清代末期，泰顺县内已经没有本地木拱桥匠人传统，倘若不从邻县远聘，就要交给经验不足的匠师。但是泰顺县的特殊，却在于此地留下了若干技术成熟的早期作品，其技术特征不同于我们今天熟悉的几家。如果上述以技术特征区别匠作技术家族谱系的观点成立，我们则有理由相信，至晚在清中期，浙南一带曾存在另外的匠人群体，但随后消失在历史迷雾中。

泰顺境内木拱桥首先在造型上独具特色：总体上更高耸、飘逸，形成鲜明的地方美学特征。因拱架高起，桥面陡峻，结构上亦不得不做相应处理。第五章中已经提及，为顺应陡峻的拱身，泰顺县木拱桥的楼平苗无法搭接在副拱上牛头上，而只能搭放于主拱牛头（图5-65）。

这种特征性的地方审美，几乎仅存于泰顺一地。唯一的例外是寿宁县大宝桥（图7-25，图7-26），坐落于小东村——坑底匠人的家乡，建于1878年——薛宅桥之后20年，绳墨正是建造薛宅桥的副墨徐斌桂。大宝桥在形式与结构上与薛宅桥非常相似。但这种极具泰顺特征的审美与构造，再未见于坑底匠人的其他已知作品。

泰顺县现存六座木拱桥（图7-20），薛宅和文兴在其中属最晚者。已知最早的一对桥梁是同在泗溪镇上的溪东桥与北涧桥，二者位置毗邻，风格相近，称"姐妹桥"（图7-27，图7-28）。因水火侵害，两座桥都经数次"重建"或"重修"。如北涧桥建于清康熙十三年（1674），桥屋另有"嘉庆八年（1803）修造""道光廿九年（1849）重修"的题记；而溪东桥始建于明隆庆四年（1570），桥屋有"乾隆十年（1745）九月初八吉时建造"及"道光七年（1827）九月廿五卯时修造"的墨书。本节对于构造特征的讨论，皆保守地以最后一次建造时间为准，即认为两桥均为道光年间作品。

与高耸的拱架相应，两桥的副拱均使用较长的下斜苗、较短的上斜苗，第二系统下牛头位置很高。正、副拱斜苗的长度比，与小东匠人所建薛宅桥有显著差异。在典型木拱桥中，"青蛙顶"中部排柱会立在下牛头上，而在这里却不适

图7-25　大宝桥。浙江省泰顺县小东村。1878年徐斌桂建（2013）

图7-26　大宝桥高陡的桥面，站在廊屋一侧无法看到桥对面的来人（2013）

图7-27　溪东桥。浙江省泰顺县泗溪镇（2012）

图7-28　北涧桥。浙江省泰顺县泗溪镇（2012）

合，只好为此另架横木（图7-29）。同样的比例另见于泰顺一座早期（1806）木拱桥仙居桥（图7-30）中。

泰顺木拱桥的另一个特征是拱脚的处理（表7-1）。溪东桥、北涧桥以及年代相近的三条桥（图7-31），在副拱拱脚处均使用鸭嘴（图7-32）。这种做法不见于泰顺之外地区[1]。而最特殊的则是溪东桥拱脚：主拱各节苗与石质圆柱形石础推行搭掌相接，拱下另凿石块相扶（图7-33）。这种大费周章的处理，可能是后期修缮所致。

---

[1] 副拱鸭嘴做法，泰顺之外，唯在寿宁小东下桥有见。而小东下桥的副拱拱脚为修缮中的权宜处理，原作直榫，改造时为利用旧料，改作鸭嘴，改造痕迹清晰可见。

图7-29 北涧桥。浙江省泰顺县泗溪镇。第二系统的下斜苗明显长于上斜苗，因此下牛头极高。青蛙顶中部排柱立在额外增设的横木上（2012）

图7-30 仙居桥。浙江省泰顺县仙稔乡。修缮后。第二系统下牛头位置极高。上斜苗明显短于下斜苗。1806年建成，净跨34.5米。尽管形式上采用了"不成熟"的"对抵式"，但其结构是成功稳定的。此桥在2001年经过落架大修（2012）

①
刘妍. 浙闽木拱桥类型学研究——以桥板苗系统为视角[J]. 东南大学学报（自然科学版），2011（03），430-436

图7-31 三条桥。浙江省泰顺县垟溪乡和洲岭乡交界地。建造者不详。副拱拱脚使用鸭嘴。此桥在楼平苗与拱架的关系等构造特征上亦显示独特性①，暗示其特别的匠作来源（2012）

图7-32 北涧桥。浙江省泰顺县泗溪镇。第二系统拱脚的鸭嘴（2012）

图7-33 溪东桥主拱拱脚的处理：节苗与石础搭掌相接，另凿石块相扶（2012）

表7-1　泰顺县木拱桥技术指标

桥名	最后建成时间 / 年	跨度 / 米	副拱形式	副拱下斜苗与主拱斜苗长度比	副拱拱脚榫卯	榫孔形状
仙居桥	1806	34.5	对抵式	8.6/11.7 = 0.74	燕尾榫	正方
溪东桥	1827	25.2	抽穿式	6.2/8.6 = 0.72	鸭嘴	正方
三条桥	1843	21.7	抽穿式	5.7/9.0 = 0.63	鸭嘴	正方
北涧桥	1849	31.1	抽穿式	7.5/10.7 = 0.70	鸭嘴	正方
文兴桥	1857	30.7	对抵式	5.7/11.1 = 0.51	直榫	扁方
薛宅桥	1857	27.5	抽穿式	6.3/10.4 = 0.61	直榫	正方

对比泰顺县木拱桥与下荐、坑底两支匠人群体的技术特征，可以推测18—19世纪在泰顺一带或有一支甚至多支成熟的木拱桥匠团队。他们有能力（至少在相对和缓的河道）建造30米跨度的木拱桥梁。他们共同的重要技术特征是，为建造陡峻的拱架，令桥板苗搭接在主拱牛头上；为了将拱架编织紧密，在副拱中使用较短的上斜苗，即下牛头位置较高。这一批桥梁的榫卯等做法并不统一，似乎暗示建桥技术仍然在探索与博弈中：或是同一支匠人团队尚在尝试不同的构造与施工方式，或是出自不同匠人之手。

不知何种原因，这群不知名的桥匠在此后即消失了。1857年薛宅桥的建造不得不从寿宁县延请绳墨，而同时的文兴桥项目则交与经验不足的匠人。此后直到新中国成立，在闽浙其他地区层出不穷的桥梁营造同时，泰顺境内再未有过木拱桥的营造。

犀溪福寿桥

除了由于缺乏经验和地区偏好而导致的变化之外，还有一些桥梁通过独特的方案解决特定的问题。一个典型的例子是福建省寿宁县犀溪乡福寿桥（图7-34），建于清嘉庆十九年（1814），跨度约为31米。拱架相对较陡高，为了解决与泰顺的大型桥梁面临的同样施工问题，福寿桥采用了一种特殊的解决方案：在主、副拱平梁之间，增加了第三层水平梁木（图7-35，图7-36）。这座桥已经使用了新出现不久的"抽度"技术，而对于这座桥的结构而言，"抽度"在施工

图7-34　福寿桥。福建省寿宁县犀溪乡（2013）

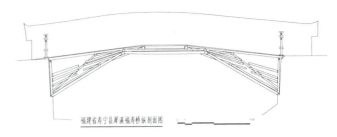

图7-35　福寿桥纵剖面

图7-36　福寿桥的三梁平梁与三层剪刀撑（2013）

过程中对于推紧拱架具有更显著的意义。这座桥没有留下匠人信息，但考虑到"抽度"技术和干净利落的结构，他们一定是当时最有经验的桥匠之一。

三、形式变异

正因为匠人谱系与地域的多样，闽浙木拱桥在形式与构造上存在多种变异。而越趋地理分布的"边缘"，传统的"世家"鞭长莫及，结构形式的变异性就越大。我们以上的讨论，即使有诸多比例与构造的明显差异，仍然不出"三折边拱+五折边拱"的基本形式（3+5木拱桥）。但在木拱桥分布区的边缘地带，更多样的形式涌现了出来。

闽浙木拱桥的构造原理，以相对独立的三折边拱为主系统。以此为基础，次级系统可以产生一些形式变化。理论上可以产生3+2、3+3、3+4、3+5木拱桥。在闽浙地区，这些理论上的变体都有出现，但它们都分布在木拱桥分布区的边缘甚至外围（图7-37）。

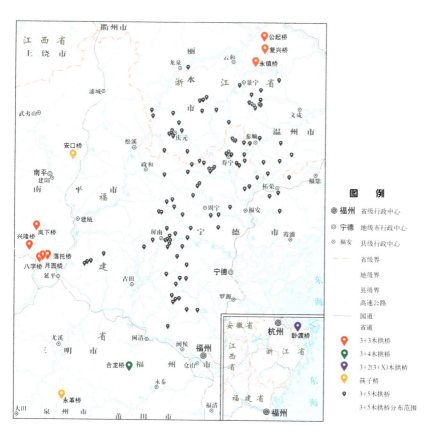

图7-37 木拱桥类型分布（椭圆形灰色区域为典型3+5木拱桥分布区。非典型木拱桥以色彩标志）
[审图号：GS（2021）5389号]

3+3木拱桥：作为3+5木拱桥的变体

3+3木拱桥分布在闽浙木拱桥区的北缘（图7-38）与南缘（图7-39，图7-40），在典型木拱桥分布区之外。现存3+3木拱桥的时代全部较晚，最早的建造于19世纪70年代（图7-40，图7-41），大部分建造于20世纪30至40年代[①]。

这些晚近的3+3木拱桥与3+5木拱桥在设计思路与施工方式上最为接近，可能是自后者发展而来。设想3+5木拱桥在副拱下牛头处做截断，或者在3+5木拱桥的设计中将副拱下牛头推至拱脚，下斜苗缩短为零，即可实现3+3木拱桥。因此理论上，当木拱桥的跨度足够小，即存在出现3+3木拱桥的合理性。在德国的雷根斯堡中国桥项目（见第五章）中，小桥跨度仅7.5米，无法实现3+5木拱桥，因此笔者将其设计为3+3木拱桥。现存的3+3木拱桥跨度在15~23米间。其中最大者永镇桥（图7-38）跨度22.5米。

①
苏旭东，刘妍."双三节苗"木拱桥——木拱桥发展体系中的重要形式[J]. 华中建筑，2010（10）：39-42.

图7-38 永镇桥。浙江省景宁县徐山村。位于闽浙木拱桥区北缘（2011）

图7-39 月圆桥。福建省南平县。位于闽浙木拱桥区南缘市延平区洋安村。（2009）

图7-40 岚下桥。福建省南平市顺昌县岚下村。3+3木拱桥。光绪三十三年（1887）建。拱跨15.8米（2009）

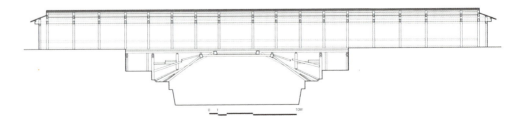

图7-41 福建省南平市顺昌县岚下桥纵剖面图
3+3木拱桥的主、副拱拱脚之间有较大间隙，因此顶入了撑架，用于卡紧两套系统

因3+3木拱桥出现在木拱桥区域的边缘，虽然毋庸置疑也会受到核心区的技术影响，但在构造上有一些不同的探索。譬如位于木拱桥区北缘的浙江省景宁县徐山永镇桥（图7-38），副拱平苗使用直榫（而非更常见的燕尾榫）与牛头相接[①]。这暗示施工中，在安装平苗时，使用了不同于常见方法的步骤和手法。

3+4木拱桥：作为3+5木拱桥的"补丁"

与3+3木拱桥的自然演化形式不同，偶数节苗数的第二系统对于闽浙木拱桥来说是不稳定的。如第五章描述，在典型木拱桥的建造中，第二系统中央平苗的长度须在建造中现场丈量确定。构件长度在施工中的可调节性是保证木拱桥编织紧密的关键。倘若第二系统没有中央平苗，建造中很难做到时时调整和精确控制。而取消了中央平苗后，上斜苗与顶部跨中的牛头必须先于下斜苗安装——否则跨中牛头是装不进去的。这给施工也带来更多难度。

今天中国东南只有一座3+4木拱桥[②]，分布在典型木拱桥分布区的外缘，较之3+3木拱桥更向南端，位于福建省闽清县省璜镇（图7-37下方的绿点），名合龙桥（图7-42，图7-43），建于民国时期1927年。它是一座双跨桥梁，较大的一跨使用传统的3+5结构，较小的一跨使用3+4结构。两跨木拱均在第一系统使用了8组纵木，第二系统7组。这一数字规则不符合木拱桥的传统（在典型木拱桥中，出于中国文化对奇数的偏爱，第一系统永远为奇数组纵木），或正暗示桥梁"出身"并非有传承的木拱桥匠。本世纪初调研时，当地老者回忆，桥匠来自古田，但无更进一步的信息[③]。

① 永镇桥主拱平苗榫卯形式没有条件观察，未知。

② 一些作者将德化永革桥亦计入3+4木拱桥之列，但笔者并不认同。详见下文271页起。

③ 宁德市文化与出版局. 宁德市虹梁式木构廊桥屋桥考古调查与研究[M]. 北京：科学出版社，2006：132.

图7-42　合龙桥外观。福建省闽清县省璜镇（2016）

为了解决上述施工顺序问题，两跨编木拱在节点选择以及相应的建造方式上也不同于典型木拱桥。副拱上斜苗在上端使用直榫，下端为燕尾榫；而下斜苗则正相反，在上端使用燕尾榫，下端使用直榫。垫苗木处并排使用两根垫木（图7-44，图7-45）。因此可知，相应的施工顺序是：

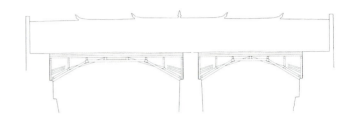

图7-43　合龙桥。福建省闽清县省璜镇。纵剖面图

图7-44　合龙桥拱架构造。福建省闽清县省璜镇。副拱上斜苗下端燕尾榫；下斜苗上端燕尾榫，下端直榫。在副拱拱脚，使用了两根垫苗木。外侧一根可能是最后安装的——通过挤入第二根（外侧）垫苗木将编木拱挤紧（2016）

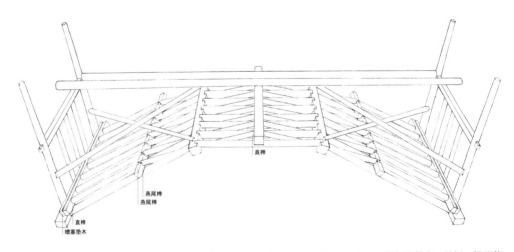

图7-45　合龙桥拱架结构示意。下斜苗晚于上斜苗安装。在第二系统的拱脚，使用了两根垫苗木。外侧一根可能是最后安装的——通过挤入第二根（外侧）垫苗木将编木拱挤紧

① 安装第一系统。
② 第二系统上部：将副拱上牛头放置在跨中下牛头就位，上斜苗上端插入上牛头，下端扣入下牛头。
③ 第二系统下部：垫木就位，并安装下斜苗。先将下斜苗下端插入垫木中，然后再将上端扣入牛头。牛头与垫木要有足够的间隙来调整各构件的角度和位置。
④ 向上推紧垫木，并塞入第二根附属垫木，将拱架挤压紧密。

3+2木拱桥：作为木拱桥的问题形式

如上所述，偶数节的第二系统，因为难以通过在施工中调整平苗来控制结构中的紧密性，并不适用于闽浙木拱桥。由典型木拱桥演化的3+2木拱桥，笔者在闽浙地区仅见一例，是2013年一个新建于浙江省景宁县东坑镇的项目（图7-46）。绳墨来自景宁本地，自述此前没有造桥经验。拱架的第二系统以"错误"①的方式将上部两个牛头并置在一起，或可称"没有平苗的三折边拱"（省掉一根平苗的3+3木拱桥）。

3+X木拱桥：作为木拱桥的一种原型

虽然"三折边拱+二折边拱"并非闽浙木拱桥的理想形式，但是编木拱桥可能以另一种"3+2"形式实现结构稳定。

①
小东匠人吴大根语。2013年12月13日，吴大根与笔者一同考察了这座当时廊屋部分尚未完工的新桥。

图7-46 一座营造中的3+2木拱桥。景宁县东坑镇。两根并置在一起的牛头（2013）

泰顺匠人董直机——那位曾经在杨梅洲观摩造桥的13岁小童——在近80岁高龄时制作了一个理论模型（图7-47）"实验性结构"——"最基本"的编木拱，为一个3+2式结构，由一组三折边拱与一对X形斜梁咬合。

这种出自个人巧思的模型结构并不见于闽浙木拱桥地区的建筑实物，但在今天木拱桥分布区向北200公里处，浙江北部的宁波奉化市袁家岙村，有一座编木结构桥梁使用了类似的3+2（或3+X）结构，名卧渡桥（图7-37中紫点，图7-48），建于1921年。卧渡桥在构造方式（图7-49）上，与闽浙木拱桥有诸多差异，构造尚不成熟略显繁冗，当未受到闽浙交界桥区的直接技术影响。

3+5木拱桥：主流选择

3+5木拱桥——而不是形式看上去更加"简单"的3+3或3+4——成为闽浙木拱桥的主流或"成熟"状态，是因为这种结构其实具有最方便的操作性和最灵活的规模能力。副拱的五节边中，有三节与主拱平行，仅上斜苗出现角度变化。上斜苗的准确尺寸虽然难以事先精确计算，但只要在施工中留有余地，有平苗作为可调节因素，便可大大减小设计的难度。而一旦取消平苗，两根编织肌理的上斜苗在顶部通过牛头榫卯相接，便对设计有较严格的精度要求；而副拱则不得不从上向下施工（如在闽清合龙桥例中），增加了施工的难度。至于3+3木拱桥，对桥梁的跨度规模有限制，一旦超过限制，编织机制便会受到影响。

今天位于木拱桥分布区边缘的3+3或3+4木拱桥，在形式上可称"异数"，在时代上均较晚近，它们更像是模习核

图7-47　董直机的木拱桥模型。浙江省泰顺县岭北乡（2012）

图7-48 卧渡桥。浙江省宁波奉化市袁家岙村（2015）

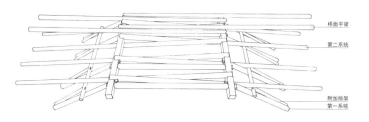

图7-49 卧渡桥下部结构示意

心区木拱桥而产生的尝试，而非成熟木拱桥的"原型"或演化先驱。

筷子桥：游戏式结构

中国东南地区木拱桥中还有两个极为特殊的案例，或可为木拱桥的技术起源提供一定启示。

永革桥（亦名山茶桥，图7-50）是两省木拱桥分布最南的一例（图7-37中位于下方的绿点），位于福建省德化县上涌镇山茶村，建于民国37年（1948），拱跨约20米。

永革桥下部结构，或可以强硬解读为使用3+4编木拱（如第一位注意到它的作者所定义[①]）。但这座桥的拱架，纵木与横木之间不做榫卯，纵木头尾相对，横木夹于其中，纵横木间以铁螺栓贯穿连接（图7-51，图7-52）。因此并不存在主、副拱之分。虽是编木拱桥，但在形态、结构、节点等诸个层面，与闽浙之间所有的编木拱桥均具有本质的区别。

永革桥的建桥工匠是当地（上涌村）木匠黄以柱（1917—2009），据其自述，他原本不会建造木拱桥。项目

---

① 苏旭东，陆则起. 永革桥的结构和技艺流播[C]. 2010年古桥研究与保护国际学术研讨会，2010.

① 苏旭东, 陆则起. 永革桥的结构和技艺流播[C]. 2010年古桥研究与保护国际学术研讨会, 2010.

② 又写作"饭筷桥"。"饭箸桥"之称为龚迪发告知笔者。在此致谢。

图7-50　永革桥。福建省德化县三涌镇（2016）

图7-51　永革桥。福建省德化县三涌镇。下部结构（2016）

图7-52　永革桥。福建省德化县三涌镇。下部结构使用螺栓固定（2016）

董首郭振华此前曾在寿宁县任县长，郭振华为这个项目找到黄以柱，并教给黄"没脚的桥"的建造方法①。

一位文人如何教会一个木匠造桥？

文人自然不必教授匠人具体的建造技术，而永革桥在构造技巧（图7-53）的层面上与郭县长故地之物亦仅有形态原理的相通。若理解永革桥的结构正是一座放大的"筷子桥"（图7-54，图3-5），一位文人官员使用十数根筷子向一位木匠演示编木原理，而木匠直接将筷子游戏原理放大成桥梁，而游戏不能稳固的交接处，直接用这个时代随着工业传入而新生的螺栓铆固其间，那么一切便皆顺理成章！

第二个例子则更加明确地展示了木拱结构与筷子游戏的关联。福建省南平市建阳县安口桥（图7-55），建于1964年。廊屋下的拱架结构几乎完美复刻了当地百姓的筷子桥游戏（图7-56），苗木间仅使用最简单的直榫插接——如果这还不够说明问题，这座桥在当地的俗称"饭箸桥"②，则确定无疑地证明了筷子桥游戏与桥梁结构的渊源。

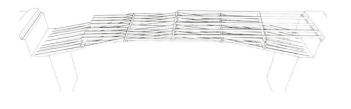

图7-53　永革桥。福建省德化县三涌镇。结构示意

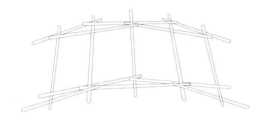

图7-54　永革桥拱架结构的筷子桥游戏原型

图7-55　安口（饭箸）桥。福建省南平市建阳县安口村，建于1964年（图片来源：应嘉康）

图7-56　福建省南平市顺昌县岚下村岚下桥，一座3+3木拱桥。一位当地居民在桥屋中向我们演示"跟我们这座桥一样的"筷子桥游戏（2009）

　　永革桥与安口（饭箸）桥两个例子，几乎是对筷子桥游戏的直接模仿：他们几乎是游戏的一对一实现，用原木代替了游戏中的木棍。此外，尽管这两座桥在历史时序中出现得很晚，但它们与结构原型的密切关系，代表了编木拱建筑实践更为初期的阶段。虽然桥梁可以在结构形式上借鉴游戏的逻辑，但真实的建造中仍然要面对更加现实的建构问题：节点。永革桥与安口（饭箸）桥分别采用了不同的探索。永革

桥借用了新兴的现代技术，而安口（饭箸）桥巧妙地发挥了传统节点技术的可能。

四、结构演化路径

我们已经看到木拱桥营造技术如何在匠人群体之中传承与发展，又看到木拱桥区域边缘之外一些在技术手法上稍欠成熟的结构构造形式。现在，我们有条件重新审视闽浙木拱桥的技术演化路径了。

在闽浙山区，除了木拱桥外，还有三种基本的木构桥梁类型：平梁桥、水平伸臂叠梁的伸臂桥（图9-23），以及以一套三折边拱配合平梁作支撑的八字撑木桥（图6-6）。

平梁廊桥（使用通长的大木跨过河流）的最大跨度约为10米，加入一套八字撑后，跨度极限约可达到近20米——如龙桥案例可见。如果继续增大八字撑结构的跨度，会出现两种结构问题：八字撑（三折边拱）自身的承载力问题以及桥面平梁的长度问题。

榫卯节点，尤其燕尾榫，并不是刚性节点，而是具有一定程度的转动变形能力。独立的八字撑因此成为可变结构。若在八字撑上部施用通长的桥面平梁，将有效约束八字撑的转动变形。而当跨度继续增大，找不到通长的巨木，使用两段或更多段梁木相续，多段的梁木将很可能无法约束八字撑的转动变形，导致整个桥身的变形。

闽浙地区所有的编木拱结构，无论3+2、3+3、3+4还是3+5编木拱，都有一个共同的结构目标：加固可变的八字撑（三折边拱），即第一系统。通过"穿插别压"引入第二系统，用"编梁"（即下荐匠人口中的"抽苗"）卡紧三折边拱的横纵木，限制其转动，实现三折边拱自身的稳定。

远在木拱桥区域之外，宁波奉化市的卧渡桥（图7-48），从形态与构造特征看，与闽浙木拱桥大约没有直接的技术互动，而是呈现出木拱桥发展的早期阶段特征：别入的"编梁"（第二系统）与八字撑结构形成编织肌理，但为了控制它们的位置，保证编织体系的紧密，编梁下部增加了一套排架，支顶编梁。生成的结构虽然有效，但不够简洁，排架作为结构的"补丁"，显得拖泥带水。编梁拱架之间使用简单的卡口搭接。

　　类似的"补丁"作用的排架，在上述德化永革桥中也有使用。永革桥是典型的"筷子桥"观念影响下的探索期结构（图7-53），整体布局更加琐碎繁乱，拖泥带水。

　　卧渡桥与董直机3+X木拱桥模型（图7-47）之间的区别，正是构造成熟与否的差异。但董直机的3+X木拱桥模型作为一种理论模型，并非结构发展的雏形，而是建立在成熟的3+5木拱桥技术基础上的理论提炼，结构构造相当精简。这其实也正说明，编木拱桥技术的发展，因此，并不在于形式的扩增（编木数目的线性增加，即从3+2到3+5的线性增长路径①），而在于提高结构和构造手法的效率（即结构的整理简化和构造手法的改良）。

　　3+3结构的编木拱桥可能是成熟木拱桥出现之前的一个过渡形式。它在形式与构造上都极为直观，是对既有八字撑结构的直接借用、强化和改良。在初期的建造尝试中，第二套八字撑会面临与卧渡桥相似的问题：为了形成稳定紧密的编织肌理，作为"编梁"的斜苗未必可以刚好位于主拱的拱脚之处，而是需要额外的基础处理或支撑（譬如增加卡顶其中的排架作为"补丁"）。南平顺昌岚下桥正是这样两套拱脚错开、支垫额外支撑的3+3木拱桥（图7-41）。该桥建于清光绪三十三年（1887），是南平地区五座3+3木拱桥中最早的一例②，体现不够娴熟的设计处理。而更加成熟的3+3木拱桥（图7-38，图7-39），在结构处理上更加干净利落，有如在恰当的位置截取一座成熟的3+5木拱桥。正因如此，它们也可能是成熟的3+5木拱桥出现后，借鉴其技术手法而成的产品。

　　岚下桥之例，正可代表早期编木拱桥在结构上的青涩：尚不能在设计层面实现完美（简洁而稳定）的编木，不得不补入拖泥带水的构造来弥补设计的缺陷。而3+5木拱桥可以有效化解其中的尴尬：在两套拱架的交叉点上，将第二套八字撑的斜苗截断，补入与第一套八字撑平行的下斜苗，并用与八字撑相似的节点方式连接第二系统的各个部分。3+5木拱桥于是具有了方便可控的尺度关系，更加简洁清晰的构造关系，从而奠定了通往成熟编木拱桥之路的方案基础。此外，3+5木拱桥具有更大的跨度能力，可以迎战最大的环境

① 譬如第三章中赵辰的类型学理论（详见第95~98页），以及笔者早期（2010—2011）的观点。

② 苏旭东，刘妍."双三节苗"木拱桥——木拱桥发展体系中的重要形式[J]. 华中建筑，2010（10）：39-42.

挑战，亦是它通往木拱桥结构演化顶峰的决定性原因之一。

结构选型确定的同时，建造一座真实的木拱桥需要提供一套完整的构造方案。首先是一套节点做法。最初，增加的第二套系统自然而直观地完整复制了原始的第一套系统（八字撑结构）的榫卯方案，包括平苗两端的燕尾榫、斜苗与牛头的半榫（"对抵式"）和拱脚的鸭嘴（泰顺地区早期结构做法）。但很快，匠人在施工过程的磨合中探索出了更加便利的构造措施。榫卯选择的意义，远不仅仅是保证建成结构的坚固稳定，更重要的是在相对简陋的施工条件下，保证每一步施工进展的可操作性与稳定性。我们在早期木拱桥上（如泰顺地区做法）看到了相对多样的榫卯形式，但晚期木拱桥的榫卯方案相对定型——正是构造层面的多种方案可能性在艰险的建造施工环境中适者生存的结果。闽浙木拱桥技术发展的最后一步，"抽度"或"牛头撞"，正是通过榫卯形式与施工手段的配合，解决编木拱最根本的结构稳定问题，达到成熟木拱桥技术的真正顶点。

将上述技术演化路径做一个总结：① 八字撑木桥，此时当已具有水柱架式脚手架施工技术的雏形；② 当八字撑木桥跨度增大时面对稳定性问题，利用编木技术制约节点的转动（这种八字撑+编木技术，以3+X木拱桥为最成熟状态）；③ 两套八字撑系统形成的编木拱桥（3+3木拱桥）；④ 原始形态的3+5木拱桥（对抵式），早期的编木拱桥会出现交织不紧等问题，因此桥梁比例与节点形式会在频繁的建造实验中不断探索，随着桥梁跨度的增大，水柱架施工技术亦有所发展，趋向成熟；⑤ "抽度"技术。

木拱桥技术的诞生，是形式的探索、构造的实验与配套的施工手段密切结合的产物。

我们在晚明至清乾隆年间的桥梁实例中，还可以寻迹这条技术演化流线的后半程，即从原始形态、构造问题重重的3+5木拱桥，到节点、比例成熟的木拱桥，以及作为木拱桥技术演化顶点的"抽度"技术。但这条演化链条在真实的历史进程中并不是线性、单向发展的。在不同时期、不同地区的匠人群体中，技术的探索会退回不同的起点，探索的焦点亦表现为不同的走向。我们看到，在清乾隆年间，下荠匠人短短两代人、约半个世纪的历程中，即实现了"抽度"这一关键的技术发展，但也看到自晚明到今天，"原始"形态的构造特征不断被"没有家族传承的匠人"重复，甚至更加"早期"的链条不断出现于边缘地带的晚期建造实践中。而这种在整个地域范围内、在时间上"非线性"的技术发展特征，是由技术的传承与传播模式所决定的。

五、技术的传承与传播

从匠人获取知识的渠道上，不难看出，技术与知识的"传承"与"传播"是两种不同的传递方式。技术知识在有限的（家族）联盟成员内部，在受到保护的条件下"传承"，而在非联盟的外部世界则分层次"传播"。为了更系统地理解营造技艺是如何被保护、传承和传播的，我们将所涉及的技术知识分为五个级别，分别与五种有条件接触他们的匠人形成映射关系（图7-57）。这里"知识"表示非操作性的抽象信息，"技术"指称操作性方法与技能。

核心知识：最秘密的知识，决定桥梁

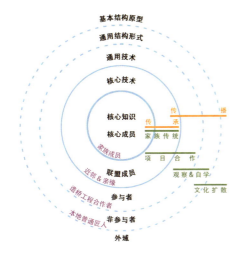

图7-57 闽浙木拱桥营造技艺的技术知识结构传承与传播模式图表

建造的成败。它主要在于编木拱的设计规则（确定结构构件的比例、尺度、角度等经验方法和关键参数）。核心知识仅在核心成员之间共享。由于该知识大部分应用于设计过程中，所以对于不属于该群体的人来说是不可窥见的。因此，它是木匠家族或群体中最受保护的职业秘密，仅可传授给选定成员（后代或亲戚）。

核心技术：核心技术是具有较高的技术门槛和执行难度，因此很难被复制（或"偷师"）的技术手段。使用简单的水柱架在陡峭的山谷或深潭之上建造桥梁正是最典型的核心技术。形成长期联盟关系的所有联盟成员共享核心技术。他们的组织和分工也包含在核心技术之内。与核心知识不同，核心技术通常不能使用语言或绘图来传授，而是在实践中习得。

通用技术：即基本营造技术，包括正常的工作流程和施工方法，在施工现场可见，任何粗通木工的人都能理解。在大多数桥梁项目中，均由外来的专业桥匠负责桥面下部承重结构，由当地普通木匠充当助手，并（有时）负责建造桥廊。这些参与建造的普通木匠（参与者），有可能借机观察和学习专业桥匠的建造技术，掌握基本工序，并且有可能在之后独力从事较小和较简单的项目（如果那样，他需要自创一套属于自己的"核心知识"）。

"抽度"技术，作为木拱桥技术发展的关键一步，位于核心技术与通用技术两个级别之间。对于非"联盟成员"，即处于外围观察位置的普通匠人来说，在事先不了解"抽度"技术的情况下，纯粹通过观察来理解其作用与重要性，从而吸收和掌握，需要一定的匠作经验、洞察力与智慧。譬如年幼的董直机，即使目睹了杨梅洲桥的建造全过程，也未能够领会这一技术的意义（毕竟我们不会苛求一个幼童）。

通用结构形式：桥梁建成后，在其整个生命周期中都可以被观察和研究。所有可见的构造形式、比例尺度均属于此种级别。即使没有看到施工过程，优秀的普通木匠也可能根据自己的经验和对大木技术的理解，独力琢磨出一套可行的建造方案。在这种情况下，这种不曾参与建造的普通匠人（未参与者）会错过一些关键方法和技术（例如抽度技术）或忽略一些次要的技术特征（例如牛头角度），并造出具有不同建筑特征的结构。

基本结构原理：编木拱原理，即使用梁木交织、互锁组成拱形结构，以实现较大跨度桥梁的构造原理。在闽浙木拱桥的传统分布区域之外，出现过与闽浙木拱桥在构造上极为不同，甚至不使用榫卯的编木拱桥梁。这类由区域外部匠人建造的桥梁，不是造桥技术传播的结果，而是编木拱结构原理（通

下篇 闽浙编木拱桥

过一种近乎游戏性质的介质）传播的结果。

在这个结构体系中，前两类知识技术对应的匠人，形成了地区性的家族技术传承，他们是闽浙地区木拱桥延续不断的根本，亦通过对核心知识与核心技术的垄断保证了自身的统治性地位；第三、四类对应的匠人形成了木拱桥行业中层出不穷的新生力量，他们通过在项目内、外的观察与自学掌握了木拱桥的基本原理，实现了木拱桥营造的技术传播，但往往只能在较为平缓的河道中建造小型桥梁。如果有合适的机会得到更多的项目任务，他们也可能通过经验积累形成自身的营造秘诀，从而形成家族传统，在数代积累之后提升项目能力，从而晋升为家族传承的桥匠。今天所谓的第三个"世家"——屏南县长桥黄氏匠人，正是从民国时代如此进入桥匠职业，开启家族传统的。而即使是今天传承最久的两个家族，也曾经在两个世纪之前经历如此青涩的起步。而最后一类匠人，事实上已经脱离了木拱桥营造技术传播的范畴，而是借助编木拱构成的基本原理启发，通过匠人自身的创造力，将这一技术原型以文化传播的方式映射到远方。

闽浙木拱桥在前工业时代如此有限的桥匠数量，正是缘于门槛极高的核心知识与技术：行业秘密性质的设计方法，与高危、高难度的建造方法。

在营造方法上，闽浙木拱桥的主要结构体"编木拱"是一种构成结合上非常复杂的结构形式，所有构件之间相交支撑，相互制约，牵一发而动全身。如有设计不慎，则构件之间或者互相妨碍"打架"，不能成形，或者过于松散，易于垮塌。在没有几何工具的时代，传统工匠依靠历代积累的工程经验，总结记忆一些数字性的比例、尺度规律来进行设计，并在施工中使用一些构造"窍门"辅助设计中的不足。这一类"诀窍"类的经验秘密，是匠人群体中核心成员的核心秘密，即使是在同一工地上一起做工的普通匠人也无法"偷窥""偷师"，保证了技术的不外传。

在建造方式上，闽浙地区地处深山，大量桥梁以30米甚至40米巨距横越高山深涧。而闽浙桥匠使用至为简单、原始的脚手架，以搏命的技术，在水上凌空完成结构的建设。这一点，必须有一支分工明确、训练有素的匠人群体才可能实现。下荐匠人正是这样的群体，也正是因此成为至晚在晚清至民国间，闽浙两省唯一有能力在惊险条件中建造大跨度木拱桥的匠人，对两省的大型桥梁实现了垄断式的行业占有。而这样的施工能力，正是其家族两百年间长盛不衰、一枝独秀的基本技术原因。

我们已经谈及，今天可见的闽浙木拱桥营造技术，可以看作一支技术传统的开枝散叶。其根源本是同宗，可向前追及下荐匠人建造仙宫桥之事。这个家族最早的若干作品体现了与今天相异的早期技术。而后通过一代人的密集实践，摸索出了至关重要的施工技术（"抽度"），在其技术能力的巅峰，形成了一支训练有素、分工明确的"集团军"。晚清-民国时期，下荐张氏垄断了闽浙之间的惊险大桥建设，以简陋的设计工具与施工设施，在悬崖深涧上构建了一道道惊虹。

然而，闽浙间有能力建造大型木拱桥的匠人团队，却并非仅仅存世可见的这一支。泰顺早期的桥梁体现出不同的技术特征，而下荐匠人的技术亦是另有所出。当张新祐跟随李氏前辈初入木拱桥行当、建造寿宁城关小桥仙宫桥之时，邻省的庆元县早已有了如龙桥；如龙桥体现出了一些不够成熟而略显繁冗的施工技术。而在如龙桥之前半个世纪，景宁县早有雄跨悬崖的巨构（谢桥，详见第110页）。直到近代，甚至今天，两省之间不断有新的匠人加入木拱桥营造的行列。他们从较小规模的桥梁做起，在初期的项目中表现出了一些笨拙甚至失误。在木拱桥区的外围，亦有不同于典型木拱桥的其他形式的尝试。令两省间的桥梁实践呈现良莠不齐的技术表达和复杂纷繁的技术特征。

这些不断涌入的匠人，也在不断退出或消散，大部分建造过木拱桥的匠人并没有留下家族传承。而因为山地发展总体的贫寒艰难，匠人群体难出望族大户，即使一些能力至强的家族，也会因子嗣断绝而断了传承，或在传承之中改宗换姓（譬如下荐匠人与坑底匠人，都曾通过姻亲与亲缘关系将技术传入异姓）。闽浙之间的木拱桥技术，即以技术的本土性和秘密性，保持了一道不高不低的技术门槛，在这山地之间保持着一股涓涓细流，虽不断改径，分化，融合，却保持了数百年的连绵不绝。

那么问题来了，张氏家族的"抽度"技术，是他们自己的发明，还是向前辈同僚承袭而来？闽浙间木拱桥匠之沉浮，真的是如进化般的发展，还是一个个周而复始、失而复兴的循环？那么真正的源头又在何时何地呢？

——这是一个无法回答的问题，但又是一个值得探讨的问题。

尽管在时间的迷雾中，我们几乎没有任何信息可以了解该技术最初究竟是如何出现的，以及其发展的最初阶段是什么样貌，但是我们今天可以观察到的内容仍然可能包含有关过去某些隐藏要素的线索，图表（图7-57）中显示的知识水平和工艺水平也可能代表了技术发展的不同阶段。从局外人成为桥匠团队核心成员的途径，可能正类似于从早期实验到成熟的"高科技"桥梁技术之间的历程，一代又一代的演化。在这片群山之中，甚至历经数个世纪，直到今天，这种技术仍在以相似的方式在本地匠人中试验、创新、传承和传播。

我们要追问木拱桥技术的"源头"，并不是要为"诞生地"的"头衔"寻找归属，更不是为了证明文明或技术的源远流长。对"源头"或"源流"的追问，是为了更加深刻地理解研究对象的技术特征，以及地方的历史地理与社会发展。通过讨论木拱桥在人类建造传统中的呈现与演化模式，探讨这种结构与其社会土壤之间的磨合与互动，来更加深刻地认识一种建筑与一个地区。

在下一章中，我们将继续分析决定桥匠家族的盛衰与造桥技术发展的社会层面因素。

第八章／匠人、家族、地方

下篇 闽浙编木拱桥

一、材料与概念

我们已经在第四章对闽浙山水与匠人世界有了一些直观的感受，在第五至第七章对于木拱桥营造技艺有了详细的了解。在这一章，我们将要探讨一些更加深广而入微的问题。我们将铺开时间与地域之网，对技术和它的生长环境进行一些分毫析厘的剖析。在此之前，我们需要厘清一些关键的概念，并铺垫一些有助于后文讨论的基础共识。这些概念与知识在前文的叙事中已经以自然的状态大量出现。在这里，我们需要对它们的内涵与边界做出更清晰的定义与限定。

造桥文献

如果我们想要了解一座历史桥梁的建造信息，最直接的文献就是桥屋墨书，即建造桥梁时在桥屋梁木底面的题字。闽浙现存历史桥梁中，尚有一部分桥梁墨书可以辨认，甚至保存清晰。但也有相当比例的情况，无论缘于地方的装修习惯、修缮改造或是岁月的冲刷，已经无法再从现场提取到这一项宝贵的信息。有些桥梁廊屋保持着干净无字的梁木表面，有些则已经涣漫难辨。

墨书中最常见的信息为造桥时间、项目的董事与大额捐资人、桥匠名单、书梁（墨书抄写者）、克择（择日师）。各项的重要性从其题写位置可见一斑。

所有墨书信息中，不可或缺的是建造时间（一般为廊屋的上梁时间），往往以最隆重的方式题写在当心间正中栋梁或栋梁正下方的枋木上。一般而言只要有墨书存在，便可以找到建造时间。即使在墨字保存状况不佳的桥梁上，相对其他信息，建造时间往往也最容易辨认。

排位第二者，是造桥的董事团体和大额捐资人，后者往往是当地官员或乡绅。这类信息常常使用较大的字体题写在当心间金檩或下方枋木。

重要性排位第三的是功能性人群，包括克择、书梁以及桥匠。匠人的信息在不同的桥梁上繁简不一，有时包含籍贯，有时只见姓名；有时会将匠人按工种分开详列，有时仅一二绳墨出场。功能性人员的信息有时题写在当心间两侧的横向梁木上（图4-7，图4-10，图4-21），有时则如其他墨书一样题写在纵向梁枋上（图4-16）。由于岁月与地方习俗等原因，桥匠，尤其是绳墨信息，虽然对我们而言极为重要，但在今天大多数历史桥梁上已难寻见。

最后一项，是数量繁多的普通捐资人，题写位置根据捐资数目和籍贯抄写在其他梁枋上。

桥梁周边有时可以找到桥碑，碑文内容包括造桥纪事、捐资人，或是与桥梁相关的田产/林产/地产公约（见第四章永安桥碑文实例，详见第111~112页）。有时一座桥边会存有不同时代、数次营造的碑文记录。关于营造本身，碑文或可提供时间、倡建者等信息，但往往不会提及桥的形式和匠人。

关于营造，另一个重要的信息来源是桥约，即承建桥梁的责任桥匠（绳墨）与董事之间的合同书，一式两份，分别保存于桥匠与董事之手。桥约中提供的信息包括建造地点、桥名、责任桥匠（主绳）姓名、董事与桥匠双方的义务和责任等。福建周宁下荐张氏家族保存了三十余份桥约，是今天两省桥约最主要的一批材料来源（图4-20，图5-1），今天保存在寿宁县博物馆。桥约涉及的部分桥梁依然存在；部分桥梁又在其后经历过改建，因此个别桥梁会保存两份不同时期的桥约；此外有相当比例的桥梁今已无存，甚至个别连粗略地址都已无考。

据坑底匠人郑多雄言，郑家也曾有桥约保存，在"文化大革命"中被家中兄长烧毁。今天我们可以见到的桥约，除了下荐张家的家传,还有寿宁博物馆前馆长龚迪发在民间收集到的几件,即建桥董事方所存的文档。有趣的是,这些零散的收集,无一例外都属于张氏家族的项目。换言之,我们今天见到的所有桥约,无论桥匠家传还是民间收集,全部属于下荐张氏家族主持的项目。

第四、第五种来源均是书面文献,分别为官方文献——地方志,以及民间文献——家谱。地方志中的地理、水利等卷会有"桥梁""津梁"等章节,录有重要桥梁的桥名、地址、规模等信息。但地址记载往往相对粗略,仅提及都图(行政区域)所属,难以定位。而规模项,对于廊桥,有时会以廊屋间数(楹)来计数,有时也会出现直接的桥长尺寸。部分重要桥梁还会录有建造始末、相关传说、诗文等。此外艺文卷有时会包含重要桥梁的建造纪事。这类文献多以赞颂桥梁的壮丽、褒扬主事者的品格为主,技术层面信息不多。

家谱中记录的造桥事件更少,对于村落的重要桥梁项目,有时会有类似地方志艺文的文章,极难得的情况下,会出现相对具体甚至精彩的造桥事件,譬如第四章中泰顺县薛宅桥的建造(详见第113~116页)。

最后一个来源是匠人的口述史,为当代学者采访所得。包括前辈学者发表的资料以及笔者的一手采访。这类信息也非常有限。一方面口述史往往只能回溯最近两代匠师的事迹,除此外只有第一代从事匠作的先祖的故事有可能在家族内部流传;另一方面,匠人有可能夸大自己家族的事业,或者,无论出于表述的失准还是记录的失误,会将修缮项目当作建造项目列入家族成就。譬如寿宁县飞云桥,根据坑底匠人口述,是其家族长辈徐泽长主绳建造的作品[①],但从各项技术指标来看,都与坑底匠人非常不同。笔者不得不将其移出坑底匠人的作品列表。再譬如一些作者会将杨梅洲桥列入坑底匠人徐泽长主持的作品[②],而我们已经从前文知道,徐泽长只是作为普通工匠参加了那个项目。

建造时间

闽浙山间的木构桥梁,受到火灾、洪水的威胁,潮气的腐蚀和岁月的摧残,一般历时不久,需要不断维修或重建。

---

① 龚迪发. 福建木拱桥调查报告[M]. 北京:科学出版社, 2013: 18, 21.

② 周芬芳, 陆则起, 苏旭东. 中国木拱桥传统营造技艺[M]. 杭州:浙江人民出版社, 2011: 48.

现存最久的历史桥梁，庆元县如龙桥，根据桥屋墨书建于明天启五年（1625），已保持近四百年历史。而大部分的桥梁则在几十年间便需修缮，百年左右便经历一次重建。木拱桥可能存在的频繁改造和极为稀少的文献为我们对历史桥梁的断代带来极大的困难。譬如在第四章中，我们已经得知杨梅洲桥分别在18世纪前期和1791年两次建造，在1841年修缮，1869年改造，1937再次重建。而这个改造史时间序列，是我们收集汇总了墨书、家谱、桥约等各类文献才得以拼合完整——甚至很可能仍然不尽完整。

另一个棘手的困难是，传统文献中关于桥梁建造的术语不甚清晰。"创建""建""重建"等词语，可以相对安全地判断为一次从搭建脚手架开始的建造行为，但频繁出现的"重修"一词却相当含糊。在古汉语中，该词不但指"修理"，还可指"修建"，那么它既可以是一次小规模的翻新，亦可能是一次大规模的重新改造行为。

本书对于桥梁建造时间的判断，与前人发表的成果有一些不同，将尽可能通过文献与实物的互证，来判断每一个案例的建造史。

因为本书的研究重点在于拱架，所以以拱架的建造来定义一座桥梁的建造时间。

在一座桥经历的所有改造中，如果只对桥梁局部进行了修缮、替换，或仅对廊屋部分进行了重建，而没有对拱架做出重大的改变，我们便定义这是一次修缮。在当代保护修缮项目中，有时会将桥梁"落架大修"，即拆掉包括拱架在内的完整木构架，复制替换破损的构件，重复利用另一部分原有构件进行安装，整个过程没有改变桥梁的旧有结构形式，因此仍然是一次修缮。

当然，总是有些情况介于二者之间，譬如在个别特例中，修缮者改变了局部的构造形式（比如榫卯形式）或重要建筑形式特征（譬如在迁建中改变了跨度，从而改变了桥梁的外形比例），那么我们就需要对这座结构的历次建造行为进行具体的分析，将不同时期的历史结构进行复原，在讨论不同的技术问题时分别对待。

正是因为永续不断的改造过程，木构建筑的断代，永远是一个相当复杂的问题。但在我们的讨论中，始终需要一个标签式的时代断语。简而言之，我们对于一座桥的断代，始终在技术问题的语境下，选取最具技术意义的代表性特征，以它形成的时代来定义这座桥的建造时代。

桥匠

我们已经在前文广泛地使用了"桥匠"一词来指代建造木拱桥的职业木匠，并对其概念进行了简单的定义与界定。这里，需要更加明确地做出一些约定和辨析。

首先，在本书中，"桥匠"特指有能力建造木拱桥的职业木匠。其他形式桥梁的造桥匠人不在本书的讨论范围内。而且，唯有有能力建造编木拱拱架的匠人在本书中才被称为"桥匠"。木拱桥营造项目中，会有一些普通的大木匠人参加合作，负责桥身廊屋的建造。但因为桥廊与普通房屋在结构上无异，这类仅参与廊屋建造的匠人不计入"桥匠"之列。

其次，关于"传统桥匠"与"现代桥匠"，我们在例言中已经提及，在木拱桥营造技术受到世界级关注以后，闽浙两省间（乃至更大范围内）产生了巨大的市场，大量普通木匠加入到造桥事业中来。而受益于当代的科技传播与工程条件，匠人使用现代制图术进行设计，使用便利的工程器械进行建造，大大降低了木拱桥营造技艺的准入门槛，事实上消解了传统木拱桥营造技艺的技术核心。今天一些县市将部分优秀的"新生"桥匠也申报为"非遗传承人"。但在本书中，"传统桥匠"特指1980年之前即已从事木拱桥建造的桥匠。而"非遗"时代之后新生的木拱桥匠，一般以"现代桥匠"视之。

此外，有能力建造木拱桥的匠人还有"职业桥匠"与"临时性"造桥匠人之分。职业桥匠是以营造木拱桥作为专门本领的匠人。所有家族传承的匠人均属于"职业桥匠"。他们在没有桥梁项目的日常也会从事普通房屋建造，但在职业生涯中普遍参与过不止一次木拱桥建造。而另一些匠人则一生仅从事过一次木拱桥建造，多为本地项目，带有模仿性质的试水之作，成功或不甚成功；他们在完成一次性的任务之后，便没有再接到木拱桥项目——而倘若有了后续，他们则有可能步入职业桥匠之伍。我们在第七章中已经看到了类似的案例（如寿宁回澜桥）并详细讨论过造桥匠人的不同层级。

桥匠中地位最高者是"绳墨"，即一个项目的负责人或负责团队。"绳墨"的本义，是木工画线工具，代表对工程的设计与建造现场的掌控权力，类似英文中的"ruler"①。绳墨有主、副职位之分，称为主绳/主墨、副绳/副墨。一些文献中还出现另外的类似称谓，如"都绳（墨）"。桥屋墨书中，有时将绳墨与普通木匠分开来写，后者即称为"木匠"。但也有一些墨书用"木匠"指称绳墨，不再列出普通大木匠之名。

家族辈字

对于有家族传承的匠人，我们经常需要判断他们的族群身份与家族辈分。这里要对传统中国乡村宗族内部的取名规则做一简单说明。

以血脉维系的宗族社会，使用族谱/家谱来记录家族内部的历代成员。在缺少其他文献档案的乡村社会，家谱中的名字几乎就是一个普通乡民曾经存在于世的唯一证据②。

家族成员的辈分会表达在名字上，相同辈分的家族成员，会使用相同的"辈字"（或称"派字"），一般为名字的第一个字，即全名的中间字。派字一般会取用有正面意义的文字或文字段落，不同的家族会使用不同的派字行第，早在族谱初创之时即对后世数十代的派字做出规定。也就是说，一个人在出生时，姓名的前两个字早已被规定好了。真正可以自由命名的名字，只有派字之后、姓名中的最后一个字。一般而言，在一个家族中，会极力避免同名成员出现。例如一个王姓家族，派字行第"甲乙丙丁……"，那么第一代成员均名为王甲某，第二代名王乙某。因此从一个人的姓名，即可以大略判断一个人出身的家族，及其在家族内部的辈分。

根据家谱派字规则而取得的名字，称为"谱名"，可以视为家族内部的"正式称谓"。而在现实中，许多人还有不同于谱名的"乳名"或"原名"。这里的"乳名"并非幼时昵称，而是不同于谱名的日常"俗名"。在登录家谱时，家

① 兼含"标尺"与"统治者"之意。

② 在北方平原地区，家族墓与墓碑可能成为另一个定位家族成员的媒介，但这在闽浙一带亦为困难。一方面，历史久远的墓可能被荒弃，更重要的是，闽浙山民往往并没有家族固定的墓地选址，而会为每一代老人在较大的山地范围内勘察风水、寻找良穴。讲究的家谱中，则会记录历代祖先墓穴的地理特征。因此，倘若没有家谱辅助，特定祖先的墓穴所在亦难寻觅。

族成员均以谱名入谱，即使他生来从未使用过谱名称呼。他的乳名以及其他使用过的称谓（字、号等）与生卒、婚配、子女信息、科举、官位乃至重要事迹，有时会标注在谱名旁边。有耕读传统的大家族，重要成员甚至会有专门传记。但这类"附加"信息，在教育传统不足的闽浙乡村家族中，往往并不齐全匠人家族亦更为简陋。闽浙桥匠家族的常见情况是，大部分成员只有名字录入族谱。

闽浙地区在唐宋之际即有少量聚落定居，明中期之后经济和人口得到较大发展。家族规模扩大之后，一部分成员就需要搬出村落，另觅他地开荒定居，形成新的村落。早期这类村落以单姓村为主，即单一家族开荒定居的聚落。随着地区的发展，更多姓氏混合居住，出现多姓村落。新生的家族分支，会与最初的祖源地（大家族村落）保持联系，建立自己的"分谱"，在家谱中追溯祖先渊源，每隔几代人便回到原先的村落续谱（即将分支家谱信息录入总谱）。因此有的分支家族会在分谱中延用总谱的派字辈分，另一些家族则会在分谱中产生自己独立的行第派字规则。总的说来，家族分支越久远，分谱的独立性越高。此外，也有一种常见的介于中间的情况：分支家谱中保留总谱的派字行第，但日常生活使用本地独立产生的派字规则。这类家谱中，谱名与乳名会出现两套规律性的派字。

闽浙地区拥有漫长的移民开发史，因此每一个村落的家谱中都记载着漫长的迁居跃阶。若地理环境山高路艰，山民群体教育匮乏，家谱的延续性则相当有限。有着血缘关联的两个村子，距离越远，派字行第的一致性往往越低。下文我们将看到，在下莽地区，相邻的同姓村落，虽然使用相同的谱名行第，但已经产生了各自的乳名派字规则，而与十公里之外的宗族祖源村落相较，则连谱名都不同了。

在第四章中我们已经看到，本书的研究方法，经常要在桥梁墨书中寻找桥匠名姓，循其籍贯地寻找族谱，核对匠人的家族身份。在墨书中，如果一个人不是来自本地，往往会在录入姓名的同时题写籍贯。籍贯有时会具体到村落——这对我们的研究极有帮助；但也经常只写到郡邑——这时便需要在一个区域内撒网查询。

行第命名规则给我们的研究提供了极大便利。我们知道，因群山的分割，闽浙地区的同一个姓氏，只会在很小的地域范围出现相同的行第派字，那么确定了籍贯属地之后，只要找到了行第派字相符的家族分支的村落，核对家谱便基本可以确认该人所出。换句话说，只要籍贯相符、时代相符，在一个已知匠人群体定居地附近，如果我们在家谱中找到了与某座桥梁匠人署名一致的名字，几乎就可以确认此人的身份，而不需要考虑重名的可能性。

但即使如此，核对匠人家族身份的工作亦不轻松。由于当代社会乡村的现代化进程，地处偏僻的村落多已空心甚至荒弃，原住居民散入城镇，不易找到保存家谱的家族成员。个别村子甚至已经找不到村民。

即使可以寻访到家谱，也并不一定能将所有匠人在谱中定位。一些匠人，即使我们有几乎确凿的证据，知道他出自某一个特定村落或家族①，仍然未必能在家谱中找到他的名字。原因或有多种。首先，我们今天能够找到的家谱不一定能够覆盖完整的家族范围，可能缺失部分支系成员的信息。此外，前述乳名与谱名的差异是一个很大的问题：很多普通乡民一生中几乎没有机会知道自己在家谱中的"正式称谓"，谱名只有在撰写家谱时才使用唯一的一次。如果一位匠人在他建造的作品上题署的是日常的称谓，而这个"乳名"并没有被录入家谱，我们就失去了能够证明他出身的唯一证据。

除了乳名，有时匠人还会以其他字号称谓留墨梁上。譬如张氏第一代匠人、张新祐的族弟张新会，在不同的桥梁作品上，有时以名字"新会"题署，有时则以号"茂成"题署。

另一个经常出现的情况是同音字混用，而方言中的同音字，为并非本地的研究者带来了更大困难。譬如张氏名匠张学昶在杨梅洲桥即被写作"张鹤昶"（图4-21）。但反过来，我们又不能仅仅因为两个名字同音，就判断它们背后是同一个人——家谱中同一代成员使用同音名字又太普遍了。

甚至有时，名字的不同只是简单的错记。我们在125～126页中看到，下荐第一代桥匠张新祐的妻子李氏，在张家和李家的族谱中，就分别写作"李正凤"与"李正玉"。婚嫁问题还可以检验两方文献互证，但如果是桥屋题字错了一个人的名字，我们几乎是无能为力的。

① 譬如这位匠人与另外一些得到确认的匠人保持长期的合作关系，共用同样的行辈派字。

①②
宁德市文化与出版局.宁德市虹梁式木构廊桥屋桥考古调查与研究[M]. 北京: 科学出版社, 2006.
龚迪发. 福建木拱桥调查报告[M]. 北京: 科学出版社, 2013.

综上，当我们在辨认匠师时，以一个特定的姓名，在一个范围确定的较小区域内寻找家族归属时，如果不能在家谱上找到完全一致的名字，我们仍然有可能粗略判断这个名字大概率属于某个特定家族，甚至大概率正是族谱中一个用字有异的成员——如果它能够符合以下若干判断条件——我们将之简称为"辈字原理"，包括：

必备条件：A.籍贯相符；B.姓氏与辈分派字（谱名或乳名）相同；C.时代相符。

选备条件（需包含以下至少一项）：D.同音形近字或当地书写中经常混用的字；E.生平事实相符（如生卒年、婚配信息）；F.符合所属匠人群体特性；G.其他事迹相符。

匠师辈代

此外还需要说明一点，本书对匠人辈代的定义，与现有文献存在差异。譬如下荐张氏家族，按宁德地方学者的统计[①]，至20世纪70年代共有八代匠人传承，但按本书的计法，只有七代；坑底匠人，地方学者称有七代[②]，本书计为六代。其中的缘由在于计数的依据是师承关系，还是家族辈分。两种方法各有长短。

人类的适育年限，要长于传统上两代人之间的时间区段，这会在同一家族、同一辈分内部形成可观的年龄差异。而随着世代的积累，这种年龄差异可以叠加到巨大。在某一个时间点，同一个家族中的同龄人，很可能根本不是同辈人。一个家族中，兄长的幼弟，可能比兄长自己的儿子出生更晚。如果这位兄长同时向幼弟和子侄传授技艺，那么幼弟和子侄之间就从血缘上的叔侄，变成了师承上的同辈。我们已经在坑底匠人中看到，建造了小东上桥的吴光福和建造薛宅桥失败的吴光谦，其事相隔了半个世纪（详见第113～122页），而这期间其同僚徐氏匠人已经走过了两代人的历程。

确实，中国传统的匠艺师门是以师徒关系而非年龄或血源，来定义成员之间的长幼关系，但这在以血缘家族为土壤、以实践授业的桥匠群体中，并不是那么清晰。一则，匠人群体不是武林门派或僧侣团体，并没有严格的师徒序列。我们很难弄清匠人家族内部的师承关系，尤其是早期成员——很多人连生卒年都未知。我们能够查阅的证据只有家族血缘辈分。二是，造桥事业往往一个家族祖孙三代同时上阵，成员之间没有一一对应的师、徒关系，或者即使确有名义上的师徒，技艺的传递却是在群体的实践之中，跨越师徒限定，从年长者向年幼者传递。这可能是匠人家族的工作常态。这时再谈论传承辈代，就已经拆理不清了。

前代学者使用师承关系作为匠人的辈代划分依据，其中一个原因是要满足现代社会对传统营造技艺进行断代的要求，甚至是为了适应"非遗"时代新生匠人的情况。"非遗"热潮兴起后，为了复兴濒临失传的技艺，上了年纪的老匠师召回业已壮年、从事其他行业的弟弟，令其学习造桥技艺（譬如坑底匠人郑多金与郑多雄兄弟，被分别视作其家族的第七、第八代传承人）；而为了应对"非遗"传承人申报程序的行政手续，每一位申报人必须阐明其师承关系，兄长就得在申请表格上担任"师父"的角色。

为了回避匠人关系中这些难以理清的复杂关系，在本书中，对于从事造桥人数较多、辈代连续的匠人家族（下荸张氏、坑底徐-郑氏，他们是各自匠人群体中的核心家族），我们简单以家族血缘辈代关系来计算匠人辈代，即将使用同一派字的匠人视为同辈。同时，在这个核心家族周边、同一个匠人群体中处于边缘地位的其他家族，则以核心家族的代际为标尺来核定其代际关系。

举一个最典型的例子，从民国至今，坑底匠人的核心家族徐氏、郑氏家族经历了徐泽长（1892—1951）、郑惠福（1895①—1978）、郑多金（1928②—2021）、郑多雄（1954—2021）四位匠师的匠艺传承，其中徐泽长与郑惠福为表兄弟关系，郑多金、多雄为亲兄弟关系。前辈学者以师承关系将其定义为四代人，而本书则以血缘关系将之定义为两代人。坑底地区的另一支家族——稠林山吴氏，建造杨梅洲桥（1937）的吴大清（1899—？）与建造东塘回龙桥（2013）的吴大根（1962—　）为稠林山村吴氏同宗兄弟，按照血缘为同辈人，而吴大清与徐泽长、郑惠福为同时代人，吴大根与郑多金、多雄为同时代人，那么，以核心家族为标尺，我们将他们划为两代匠人（图8-6）。

① 或1900，见第116页注。

② 《东山楼郑氏族谱》记为1929年（民国己巳年，藏于福建省寿宁县坑底乡东山楼村村民郑多雄）。

家族与群体

在例言中我们已经提及，过去的研究中，前辈学者较为重视技艺传承的家族脉络，对于较为强调传承最久的三个匠人家族，称之为三个"世家"。本书行文至此，通过下荐与坑底匠人的故事，已经不难看出，这些技术能力较强的匠人团体，并非单个家族的独力之功，而是以一两个强势家族为中坚力量，结合周边若干不同姓氏家族而形成的聚合体。甚至（"非遗"热潮前）仅有三代传承的长桥黄氏家族，也与周边其他姓氏的匠人建立了合作，只是因为传承尚短，尚未显现稳定的家族联系。因此在本书中，我们的目光不局限于同姓氏匠人家族内部的传承关系，而着眼于一个地域内部的多家族匠人群体，甚至更大范围内的匠人行业的行动模式。因此，我们不以"世家"为单元，而以家族群体作为观察单元。

不难看出，下荐匠人、坑底匠人、长桥匠人，这仅有的三个传承稳定的桥匠群体中，位列第三者，无论在延续时代、匠人规模还是作品数量上，都无法与前两个群体相提并论。因此在本章中，我们将着眼点落在前两个家族群体上。而当我们将前两个群体已知的桥梁作品，依据时代和地理坐标标定在地图上时（图8-1），又不难发现，二者的实力对比极为悬殊[①]，无论以时间还是空间衡量，下荐匠人都是无可争议的行业霸主。匠人家族群体的规模、能力或者说势力范围，在层级上呈现断崖式分布。这个现象的成因，将在本章中得到剖析。

二、匠人与家族

下荐

我们在第四章已经讲述了秀坑张氏匠人家族的开端：张氏家族已知的桥匠生涯始于乾隆三十二年（1767）寿宁仙宫桥的建造。在这个项目之前，张家没有可知的匠作经历，而在这项工程之后，张家诞生了木拱桥营造的家族传统。

在仙宫桥项目中，张氏第一代匠师张新祐位居三位绳墨之第三位，在一位李氏匠师李秀壹和一位吴氏匠师吴圣贵之

---

① 前文已经提及，因为现存桥约全部出自下荐匠人项目，当我们对比下荐与坑底匠人的家族"实力"时，数据对下荐匠人更为"有利"——因为下荐匠人的数据中包括了仅存桥约而桥已无存的项目，坑底匠人则没有这部分数据（为了平衡这部分数据，我们在地图上使用了三种图标来表示桥梁存续状态）。而即使承认下荐匠人在数据上的优势，在坑底匠人的状态面前，下荐匠人的压倒性优势仍然是一目了然的。

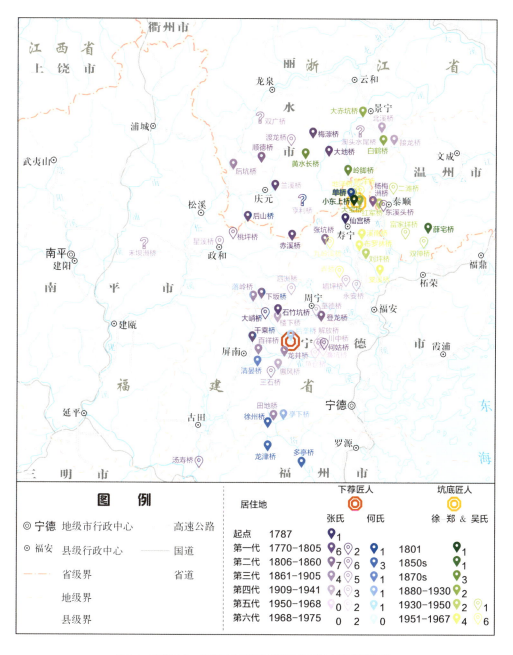

图8-1 下荐匠人、坑底匠人已知桥梁作品分布图（含已毁作品）
（实心—现存；空心—不存；问号—位置不详。匠人家族用图标颜色示意，建造时代用颜色深浅示意）
［审图号：GS（2021）5389号］

后。根据匠师的名次排位，我们判断李、吴二人在辈分或技术上高于张新祐，李秀壹很可能是整个项目的领导，甚至有可能是张新祐的师父。

我们在礼门乡的境域内寻访各个李氏家族的宗谱，最终在咸村镇王宿村找到了与张新祐兄弟子侄密切合作的匠人李正满，并对照双方的家谱，证实他正是张新祐的妻弟。但我们没能在任何一部族谱中找到李秀壹的名字，或者任何可以满足我们的"辈字原理"最低要求的名字——在这些家谱中，甚至没有"秀"字辈分派字。

李秀壹到底是何人？诚然，正如前文分析，我们无法因为名字不在，就完全排除其人以另外的名字存世于同一家支的可能性。但这里，李秀壹的身份并没有更为实在的证据。王宿村的耕读-经商传统，似乎也并非孕育桥匠的沃土。"李秀壹"很可能是下荐秀坑张氏造桥技术的源头，但他的真实身份已经消失在历史的迷雾之中。

仙宫桥的另一个匠人吴圣贵很可能是下荐附近的居民。在他之后不久，张氏两代匠师还与一位名叫"吴圣增"的匠人合作建造过一座桥（政和县赤溪桥，1790）。在19世纪前半叶，还有另外两位吴姓匠人位列副墨名录，但在此之后则淡出了下荐匠人的营造事业。

自18世纪90年代开始，另一个姓氏成为张氏匠人的密切合作对象——何：

嘉庆二年(1797) 张新祐、何开发、何仁明、何子明，建庆元县亨利桥（据《范氏家谱》①）

嘉庆四年（1799）张新祐、李正满、张成官、成德、何开极、开发，建政和县岭腰后山桥（据廊屋墨书）

嘉庆十一年（1806）张成德、张成来、何仁口、张成隆等，建古田县公心桥（据廊屋墨书②）

嘉庆二十五年(1820) 张成德、张成来、张茂江、何开发、何奶兴等，建屏南县千乘桥（据廊屋墨书）

……

这份列表还可以继续延伸。事实上，张、何两个姓氏的合作，自18世纪末到20世纪70年代从未间断，持续出现在每一辈匠人的作品中。我们重点标出了何氏匠人中的仁字辈成员，他们属于何氏第一代桥匠，后文还会出现。

①
龚迪发. 福建木拱桥调查报告[M]. 北京：科学出版社，2013: 10.

②
龚迪发. 福建木拱桥调查报告[M]. 北京：科学出版社，2013: 60.

张氏家族迁入下荐地区的时间是明嘉靖年间（1522—1566），此时，何氏家族已于此繁衍了数个世纪。何氏在宋末迁入下荐地区定居，主要散布在周边肥株洋（肥猪河）、厚隆（后垅/后垄）、洋坪、梅度等四个村庄（图8-10）。几个村落同出一支，共同的祖源位于北边十余里路外的首洞村。因为分支较早，下荐地区几个村庄族谱中的命名行第，已经与祖源首洞村不同了。几个村庄之间，虽然宗谱指派的行第相同，但各代子弟的乳名已有明显差异。

明嘉靖年间，当张氏始祖进入这片地域时，河岸低处易于开垦的土地早已被占据，因此张氏兄弟便在半山凹地开拓奠基（图8-2），称秀坑，即"小坑"义[①]。毫无意外，张、何两个家族间建立了密切的姻亲关系。不但肇基秀坑的张氏始祖娶了何姓女子，历代张氏后人都有相当比例与何氏联姻。

我们寻访到后垅、洋坪、梅度三个村子的族谱，在里面找到了大部分后世各代何姓桥匠的名字——在三个村庄都有出现。何氏不仅作为张氏桥匠的副手，还曾多次独立作为绳墨主持项目，甚至作为首席绳墨带领张氏匠师工作，包括建造后垅村惊险壮美的后垅桥（图8-3）。自下荐第一代桥匠的时代开始，下荐地区各个村落的何氏家族就与秀坑村张氏建立了密切的联系。他们的桥匠生涯虽然不如张氏家族的成功显赫，但亦具有独当一面的能力。

下荐匠人中，最成功的仍是张氏家族。仙宫桥十余年

[①]《张氏宗谱》，藏于福建省周宁县礼门乡秀坑村村民张昌智。

图8-2 秀坑村与后垅村俯瞰（2019）

图8-3 后垅桥。福建省周宁县礼门乡后垅村（2014）。1964年下荐匠人何天舵、彭伏党为绳墨，张氏家族张昌云等参与建造

后，乾隆四十四年（1779），新祐的一位同宗堂弟张新会的出现（周宁县石竹坑桥），标志着这项事业成了张氏的家族事业。至晚自乾隆五十五年（1790，政和赤溪桥）起，张新祐的子侄便开始加入这项家族事业。

张新祐的活跃期持续到了嘉庆八年（1803，景宁莲川大地桥）。他一生共建造了8座（已知）桥梁作品，并在大部分项目（6座）中位居主绳之首。张新会的活跃期持续到了嘉庆二十四年（1819，双凤桥、昌梓桥，位置不详，仅存桥约），已知共有7座桥梁作品。除了与新祐合作的2座外，在其余5个项目中他均排位首席。

新祐与新会虽为同宗，亲缘关系却较远，分属两个远房亲族，分支远在迁入秀坑之前。新祐与新会的直系子嗣均延续不长。新会生二子，两子均未能娶妻生子，亦未在造桥事业中留下痕迹。新祐生四子，其中子加入了家族事业，仅有一子留下子嗣延续（民国后断嗣）。张氏家族最成功的分支来自新会堂兄弟的子嗣。这一支后代中诞生了已知15位桥匠，其中6人做过首席主绳。令人遗憾的是，这些在清代中晚期活跃的匠人大多子嗣不旺，如果新中国成立后修订的家谱没有遗漏任何的分支，则所有在有清一代建桥事业中留名的匠人，几乎都在民国之前断嗣。在清末民国之交，张氏家族有整整一代（世字辈）没有产生一位匠人，至少没有留下任何文献。民国成立之后，在新祐、新会家支之外的一支远房族亲接续了桥匠职业的香火（图8-4）。

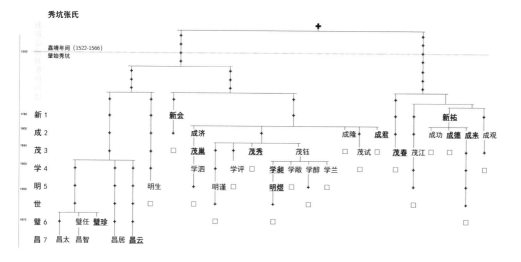

图8-4 下荐秀坑村张氏家族桥匠宗族谱系
（图片来源：作者根据秀坑村《张氏宗谱》整理。"+"为有（非桥匠）成员的世代，"□"代表断嗣）

坑底

坑底匠人的桥匠世系虽然传承了相近的世代，涉及的家族成员脉络却简单得多。我们已经在第四章中对坑底诸家族匠人的故事有所熟悉：清嘉庆六年（1801），小东村的匠人徐兆裕与附近村落的吴光福①共同主持建造了小东村口的小东上桥。半个世纪后，吴光福的族弟吴光谦到泰顺三魁镇为薛氏家族建造薛宅桥，发生了重大工程事故，而徐兆裕的儿子徐元良带着儿子徐斌桂接替他完成了工程。徐元良没有更多可知的桥梁作品，徐斌桂则建造了若干座大桥。斌桂育有四子，其中三人成了桥匠，而再下一代，民国时期的泽字辈中，却只有一名子孙继承了匠业。这位徐泽长一生未婚，如是，差不多就在下荐张氏匠人莫名中断的同时——清末民国之交这一代人的时期，匠艺的传承在徐氏家族结束，而由徐泽长传递到同辈表弟、东山楼村的郑惠福，继而在郑氏家族中延续两代至今（图8-5）。有趣的是，徐泽长、郑惠福以及郑氏年幼的儿子郑多金，同时参与了杨梅洲桥的建造，该项目由吴光谦的侄孙吴大清主持，却不得不远求下荐张氏匠人救场。

①
第四章（118~119页）已经提及，根据派字与时代推测（"辈字原理"），吴光福当与光谦属于同一宗族，但我们未能在稠林山现存吴氏族谱上找到与"吴光福"完全一致的名字，因此无法确认吴光福出自稠林山或是其他周边村落。

下篇 闽浙编木拱桥

① 藏于福建省寿宁县坑底乡小东村村民徐启光。

② 藏于福建省寿宁县坑底乡稠林山村吴氏祠堂。

新中国成立后，年轻的郑多金曾在父亲的项目中作为帮手，未及独立负责绳墨，传统的造桥事业就中断了。后来，他在"非遗"时代"复出"主持过一些修缮与新建项目，又因为"非遗"传承的需要，将技艺传授给原本作石匠的弟弟郑多雄。而在笔者田野调研的时代，与郑多雄联手主持工程的，是他的连襟、吴大清的族弟吴大根。

坑底匠人的传承模式，与下荐匠人有较大不同。在徐、郑两个核心家族，体现在绳墨身份上的核心匠艺，稳定恪守在直系亲属内部，若非遇到没有子嗣可以继承的情况，不与其他家族分享。而吴氏家族内部，虽然在两代血缘世系之间出现了四位具有绳墨身份的匠师，但四人身上并没有纵向的家族内部传承迹象，似乎都是平行与徐、郑家族合作，似乎又都对待桥匠职业有些漫不经心。吴光谦唯一的造桥工程是一次巨大的失败，而吴大清唯一的造桥项目不得不外求下荐匠人救场。另外两人，吴光福与当代的吴大根，则都作为徐、郑匠人的副墨出镜。

在坑底乡坑底村，另外定居着一支徐氏家族。据其家谱，其自西汉末年避王莽之乱即南下进入浙江，不断南迁，其中十九世在宋代从泰顺境内迁居今天的景宁县（景南乡）渔溪村定居，这里与坑底的直线距离已经只有14公里。此后这支家族西迁不远处（景宁县家地乡）的谢坑村，定居六世后，于万历四十年（1612）翻越浙、闽之间的隘口迁入坑底定居。

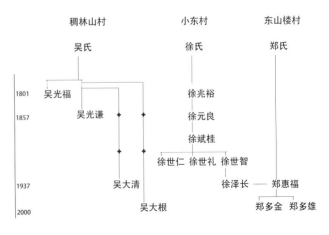

图8-5 坑底桥匠宗族谱系
（图片来源：作者根据小东村《徐氏家谱》①、稠林山村《延陵邑吴氏宗谱》②及当代材料整理）

这支徐氏家族迁居坑底后，分布在今天坑底乡城镇主要道路交会处，西通寿宁，东通泰顺，向北翻过青草隘则入景宁，占据本地较为中心的市镇位置。其家族自称"东海徐氏"，族谱形制较之一般乡村所见更加精美隆重[1]，家族人数众多，至今仍是坑底乡的大姓。但徐氏匠人家族却与之关系甚弱。

为与坑底村大族"东海徐氏"区别，我们将这支从事匠作的徐氏家族根据其所在村落称为"小东徐氏"。当代后人简陋抄写的家谱（图8-6）中，称家族支系繁多，散居各地，难以查考，将可考的先祖追溯至泰顺仙居，后迁景宁鱼（渔）际（漈）村（第一世），此后辗转迁徙，第八世启仁公有徙居芋漈（具体位置不详）的记载，此后第九世即为徐兆裕，第十世徐元良，第十一世为徐斌桂及兄弟。根据这份家谱，第十一世徐斌桂时家族迁居小东。但我们已经知道，至晚于第九世徐兆裕时，这个家族已经在小东村口建造了小东上桥。鉴于家谱自身叙事的简陋模糊，我们倾向于是后代记错了迁居世代，而不是徐氏前代匠人跨省跋涉到未来的定居地造桥。那么小东一支徐氏匠人迁入的时代，大约正是徐兆裕时期。

由此可见，东海徐氏与小东徐氏在祖源上属于一支，均在景宁渔漈村定居。而东海徐氏约在元末明初即迁至谢坑，万历年间即入主坑底。而小东一支，直到清代中期方有徐兆

[1] 《东海郡徐氏宗谱》，藏于福建省寿宁县坑底乡坑底村村民徐允年。

[2] 藏于福建省寿宁县坑底乡小东村村民徐启光。

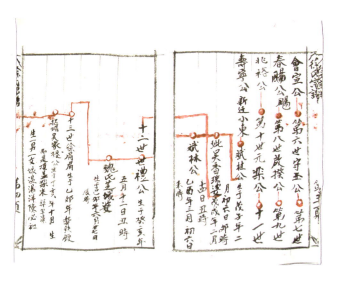

图8-6 小东村《徐氏家谱》[2]。可见"第九世兆裕公、第十世元梁（良）公、十一世寿宁公新迁小东，斌桂公、斌林公……"记载

裕孤身外来，寄居在早已攀不上亲戚的同族外缘，并进入了木匠行当。徐兆裕的独子继承了父亲的行业，并传给次子徐斌桂。徐家的匠业成就随着"斌""世"两代后人的子嗣旺兴而上升，但在短暂的扩张之后，又随着子孙人口的衰落而结束。而这个家族对于技艺秘密的吝啬守护，也正是小户寡族生存压力的反照。今天保存着家谱的徐氏后人，是桥匠徐世礼的后代。这一支家支，在世礼之后，就没有人造桥了。

我们根据各宗族谱，将坑底地区几支核心家族的迁入时间标注在地图上（图8-7）："鳌阳盛族"（家谱语）稠林山吴氏（耕读+桥匠家族），北宋时即自庆元松源（即大济双门桥之吴氏，详见第256～258页）迁居稠林山；东海徐氏（居坑底村）万历四十年（1612）迁入坑底；玉壶吴氏（居坑底村）清雍正七年（1729）肇基坑底；东山楼郑氏（桥匠家族，称"桃源吉际郑氏"），明代入闽，辗转迁居后，于乾隆四年（1739）迁入"寿邑西门东山楼"；小东徐氏（桥匠家族），与东海徐氏同出景宁渔溽，大约在清乾隆末或嘉庆初（1800年前后）迁入坑底。由此可见，家族入迁是以作为"盛族"的稠林山村为中心，入迁越晚，越在外围。而家族的兴盛，亦大体以时代为准绳：最晚迁入的徐、郑两支，位置最为边缘，家族势力最为薄弱，亦成为区域内最为稳固的桥匠力量。

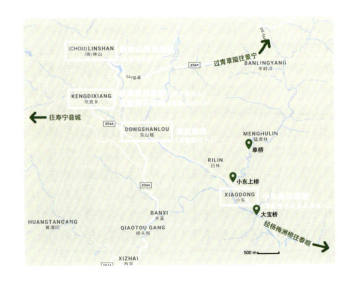

图8-7　坑底地区桥匠家族与桥梁分布

（图片来源：作者基于google maps、天地图·福建及各个家族族谱绘制）

下荐-坑底

前文说到，坑底匠人已知最早的作品是建于1801年的小东上桥，匠师是迁居坑底不久的徐兆裕和本地大族吴氏家族成员吴光福。

这座小桥并非直接跨越小东溪，而是位于一条更小的溪水汇入小东溪的入口处。同一条小溪上游约600米处（图8-7），还有一座规模、形式相近的小桥，称作单桥。今天的单桥重建于民国二十八年（1939），绳墨是小东村匠人徐泽长[①]。龚迪发在20世纪末调研时，曾见桥内悬挂一面清乾隆五十七年（1792）的题缘匾。木匾长191厘米，宽59.5厘米，厚5厘米。题缘匾右题"今将新造单桥各村捐题姓名列后"，最后左边署"时龙飞乾隆五十七季七月念八日谷旦建造"。匾上书写董事成员、附近村落捐款人姓名金额等，另有匠人名姓"木匠何仁衍、何政德，石匠徐茂祥"[②]。惋惜的是，这块匾在今天已经失踪不见。

两个关键信息吸引了笔者的注意力。一是建造时间。1792年，仅先于小东上桥的建造9年而已。二者的地理、水文如此接近，规模、功能几乎一致。前者对后者难免不会产生影响。

二是桥匠的名字。单桥题缘匾并不是"何仁衍"这个名字唯一一次登场。其第二次出现，远在百余公里之外的福州府侯官县（今属福州市晋安区）。时隔约二十年。

多亭桥（店坂桥）位于今日溪镇店坂村，建于嘉庆十六年（1811），墨书有"缘首古邑善德村副举人□□□"。相传古田一位雷姓书生进京赶考。至此遇山洪阻遇，于是跪下许愿称，进京考试若中举便建一座桥。后溪中飘来一木，使其得以过溪。中举返乡后，他便多处化缘募建店坂桥。此外，廊屋墨书并留下桥匠信息："木司宁德何仁衍、何仁□"[③]。

此处宁德为清代福宁府宁德县，在寿宁东北滨海，较之今天的宁德县范围更大。下荐地区正位于宁德县境内北端，靠近寿宁县界。

同时，我们已经在前文（详见第294页）看到，同一时期，下荐张氏匠人多次与何姓匠人，甚至仁字辈匠师合作建造木拱桥。

[①] 梁上墨书写作"徐择祥"。

[②] 龚迪发. 福建木拱桥调查报告[M]. 北京：科学出版社，2013：204-205.

[③] 龚迪发. 福建木拱桥调查报告[M]. 北京：科学出版社，2013：164.

我们细查了下荇三个何姓村子的族谱，在后垄村的族谱中，找到了1792年建造单桥的匠师何仁衍——更准确地说，根据我们的"辈字原理"，找到了一位高度疑似何仁衍的何家成员。

因为此人过于关键，所以需要对何仁衍的身份确认做一些说明。在族谱中，我们找到的名字并非准确的叫作"何仁衍"，而是"元鈗，乳元衍"，生于乾隆甲戌年（1754），娶余家山余氏。但他所在后垄村族谱中的"元"字辈，普遍在同一家支中，同时使用"元某"或"仁某"为行第作乳名。尤须指出，"仁某"并未在下荇其他村子或祖源首洞村出现。譬如何元衍的二弟，谱名元锋，乳名仁芳（图8-8）。那么何元衍，会不会在日常或特别的场合中，被称作"何仁衍"？谱中"何元衍"的生年（1754）与何仁衍的活跃时代（1792—1811）亦相符合。若此，他便是在38岁盛年建造单桥，在57岁壮年建造多亭桥。而他本人未与张氏联姻，亦可理解——他的已知作品都是与何氏子弟合作，未与张氏直接进行过合作。

从现有的材料来看，虽然我们并不能百分之百确认这位"何元衍"就是单桥与多亭桥的建造者何仁衍。但反过来设想，在有限的一代人时间内，在宁德县有限的区域内，要找到另一支以"仁"为行第的何姓人群，使用"衍"这一并不常用的字为名；而最为重要的是，建造木拱桥这种有着相当技术难度和秘密属性的匠人职业，在宁

① 藏于福建省周宁县礼门乡后垄村村民。

图8-8　后垄村《庐江堂何氏宗谱》①：何元鈗，乳元衍；何元锋，乳仁芳

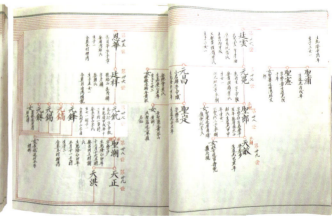

德县已经有了下荐地区声望在外的桥匠同时，再产生另外一支桥匠，有能力纵横南北接到不同的外县项目，并同时满足上述姓名条件——这一切，出现的概率实在太微小了。我们基本可以安全地推断，单桥与多亭桥的建造者，正是来自下荐地区的何氏家族。

回到我们的时间线：1767年，宁德县下荐张氏家族出现了第一代造桥匠人，开启了下荐匠人的家族事业。在1792年之前，张氏家族——以及邻近村落其他姓氏的匠师一同，在寿宁、宁德、政和等不同县域建造了至少三座桥梁。1792年，同属下荐匠人的何氏匠人从宁德县赴寿宁县坑底地区，在小东村附近建造了一座小桥——单桥。9年之后，小东村徐兆裕、吴光福在同一溪流下游600米处，建造了一座相同规模的木拱桥，由此开始了坑底地区的桥匠传统。下荐匠师与坑底匠师，是整个19至20世纪，闽浙地区影响最大的两个桥匠家族，亦是现代学术界进入这个地区之前，仅有的两个传承超过三代的匠人家族。

我们已经在第七章看到，事实上，即使不去追溯家族发端，这两组匠人亦已以其技法更直接地讲述了同一故事：下荐和坑底匠人的技术手法高度一致，仅有的区别仅在于细节。最重要的是，他们在设计上遵循几乎相同的方法，仅在有限的参数上存在差异（图7-17）。这种技术特征，符合我们"技术知识结构传承与传播模式"（图7-57）中的核心匠师与"参与者"之间的关系——而单桥，恰好为坑底匠人"参与"下荐匠人的项目工程，从而习得木拱桥营造"通用技术"，甚至接触"核心技术"乃至触碰"核心知识"提供了一个机会。

单桥并不是两个家族区域的唯一一次相遇。一个多世纪后，下荐匠人再次远赴坑底地区，带领坑底匠人完成了另一座木拱桥——我们已经非常熟悉的杨梅洲桥。这一次，下荐匠人完整展示了在深险惊人的水域利用水柱架进行施工的高超技术。而这一次，参与项目的坑底匠人包括壮年期的徐泽长、郑惠福与吴大清。换言之，这一次项目，是坑底匠人向下荐匠人切磋、摹习"核心技术"的关键机会。坑底匠人在近代以后呈现的匠作技艺，正是如此不断地从下荐同僚身上学习，并通过自身的实践磨合、调整的结果（图8-9）。

下篇 闽浙编木拱桥

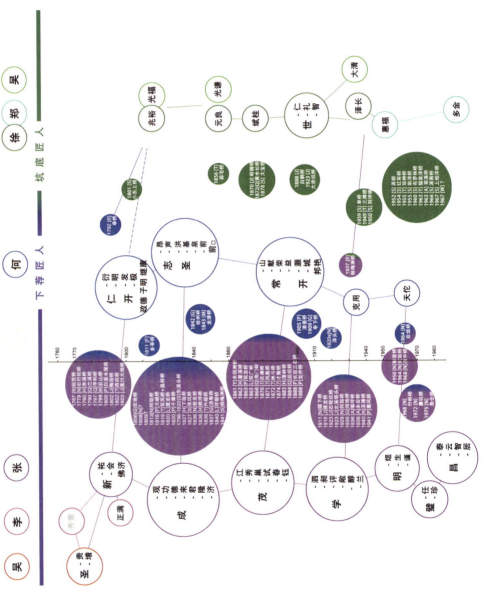

图8-9 下荐与坑底主要匠人家族作品关系图

三、技术与地方

在这两个传承最为久远、匠作最为发达的桥匠群体中，我们已经看到了四个匠人家族的兴衰起伏——仅就技术层面而言。虽然，受限于木拱桥的特殊性，这份样本数量并不充分，但是对比下荐、坑底两个地区，我们仍然可以做出一些总结：什么样的家族内部会生成相对稳定的造桥传统，换言之，为什么木拱桥营造技艺"选择"了这样的家族来扎根存活。

在前面章节的叙事中，我们对闽浙山林社会的俯瞰追随着匠人家族的事业线索，用余光看到了匠人周边的地理、宗族、社会环境。在本节中，我们将视点抬到高空，在更大的地理区域内观察这些家族与他们所生长的地域。

下荐

下荐在今天的周宁县礼门乡秀坑村、后垅村一带，历史中"下荐"地区的边界不详。在本文中，约指以后垅村为中心，将周围洋坪、梅渡、秀坑村包含在内的小片区域。后垅村在后垅溪边，占据一块相对平坦的山脚。它对面的山坡上，山的阳面半山腰处是梅渡村，沿一条小溪走进山谷即是洋坪村，后垅村背后的山上，山的阴面半山腰是秀坑村（图8-2，图8-10）。

图8-10 下荐地区桥匠家族分布与交通图

（图片来源：作者基于google maps 及后垅村《庐江堂何氏宗谱》绘制）

在溪谷处的后垅村，海拔只有200余米，几乎是礼门乡最低的地方。礼门乡政府所在地海拔近1000米，从下荗走陆路去最近的市镇（即礼门乡政府），要翻过高逾千米的重重高山。直到新中国成立后改革开放前，当地百姓仍然要用一天时间步行往返礼门送粮[①]。

虽然陆路交通极不方便，下荗地区却有一条溪流贯穿。后垅村边的后垅溪，是一条宽处近百米、窄处也有数十米的大溪。今天雄跨高崖的虾菇桥建成于1964年，为本地何姓匠师主持。在其之前，历史上亦有几番重建。在虾菇桥未通或失火烧毁时，两岸以渡船往返，从桥下清潭摆渡过河。在北岸，古渡头岭古迹今日仍存[②]。

溪水向东南注入霍童溪，再向东长驱入海。宽阔的河滩告诉我们，今天可见的水面已较从前大为缩水。溪流在上游被水坝截了流。后垅溪的宽度在闽浙山间可算不小，但却并非一条可以通船的水路。从这里到海岸只有40公里的直线距离，却要通过重重断崖下降二百余米高差。

虽不通船，后垅溪却成为下荗地区的重要经济脉络。过去上游屏南白水洋一带砍伐的竹木，可以沿后垅溪放排，一路东下，经过商业重镇霍童镇，再通至福安、宁德等沿海地区的集散中心。下荗地区难以出产经济作物，竹木运输是百姓补贴生活的重要经济形式。新中国成立后，后垅设镇，设立林业局，成为林木货物的集散地。

直到20世纪末，每个冬季，在没有桥梁营造项目时，木拱桥匠师都会从事放排。由于溪流在某些地方比较狭窄，因此树干不能像在其他地方那样被绑在一起做成木筏，而是逐根丢入溪流，在河道中头尾相接漂浮而下。放排的人站在一根树干中央，手持一根竹竿保持平衡，随着木头顺溪而下，纵然遇到一两米高的小瀑布，也要就势冲下。这种"独木冲浪"（图8-11），今天在下游的蕉城区一带已经成为非物质文化遗产与旅游业表演项目[③]。2019年1月，张昌智在秀坑村接受笔者采访时，甚至夸口说，即使到了现在（以其71岁高龄），只要在溪流中央放一根树干，他仍然可以稳稳地站在上面控制它。

在闽浙山林经济萌兴之前，早期的定居者依靠开荒耕作为生。下荗地区最初的开荒定居者是何氏家族。根据家谱，

---

① 根据后垅村何氏族谱《庐江堂何氏宗谱》（2017重修，藏于福建省周宁县礼门乡后垅村村民），在改革开放之前，后垅村桥头有供销社，周屏宁三县山村的日用品农产品食品等交易点有林业站，专门由溪水运输木头毛竹等货物往来，把三县农资搞活，木材毛竹用人工送到宁德三屿还粮站，专收征购粮，发放回销粮，一度工作量极大。农民除无偿地把征粮肩挑到礼门贡川，还有部分有偿挑送往礼门贡川，一天一来回。

② 据《庐江堂何氏宗谱》（2017重修）。

③ 关于"独木冲浪"在蕉城一带作为旅游表演项目重兴，参见地方新闻：大梦蕉城."中华一绝"独木冲浪绝技再现宁德蕉城古村[EB/OL].[2020-12-19]. http://fj.sina.com.cn/news/s/2019-08-14/detail-ihytcern0614450.shtml

图8-11 霍童溪流域"独木冲浪"

何氏远古属西晋永嘉时期"衣冠南渡,八姓入闽"之一。家支可追溯的祖先于元代泰定二年(1325)迁至宁德。家谱记载了其开荒创业事迹①:

"我祖越公派徙居河洋荼党,置庄屋,居住守屯为业,累世相承,寖昌寖炽,传至十世神迎公弃河洋荼党,时年五十七岁,于泰定二年(1325)上元甲子挈家至长溪,即宁德东洋居焉。初至咸村,用钱并黄麻布五百疋买得咸渺两村汤李二姓地界。

因近始祖文达公招赘节度使黄七公为壻,谋下咸源世界,公叹曰:势败奴欺主,休恋故家风,自此迁居下荐肥株洋,又恐生齿滋多,蜂台日促,再往山头坂架造房架,开辟池塘田山等业,自柯漈及院洋为界,尽是何家山地,并无异姓驳杂其间,但此处安居不隐。

我始祖四公寻至梨村,望见龙盘虎伏,水秀山奇,取名主峰,俗曰首洞,即是唐巷里白箬湾上宅开基是也。四水归流俱是文达公亲手开创之地,遂于宝祐六年(1258)将山头坂房屋折回首洞开基。越二十年,度宗咸淳二年即至元元年②(1264)八月分房,其山头坂鱼塘田地充为始祖大四尊公蒸尝之需,子孙轮庆赞诞辰,流传至今。

及至元二年(1265),长房纪公即居梨村,次房平公散居梨洋下洋,三房安公入赘七步不回,四房妥公分居产洋,五房贱公原分居产洋坑尾,后迁宁德八都何厝及金牌头,帮众山名为五祖山场。其寔三房均分。五祖山场任许子孙安坟造葬,

---

①
后垅村何氏族谱《庐江堂何氏宗谱》(2017重修),"何氏得姓迁源洲改"篇。

②
此处纪年或有误。宋历咸淳二年为1266年,元历至元元年为1264年。

开田创业,并无干碍,不许外姓造坟开垦,流入混处,以起侵占之端。今后子孙散居各处,统归三房主管,兹厚隆一房系我梨坪太祖平公之孙、荫次公次之子流派也。荫公生政、德、仁、善四公,德公居次,自延祐六年(1219)分入六甲,迁居下荐洋垟,至沛七公复迁厚隆,传世至今。"

在何氏定居下荐三个世纪之后,明嘉靖年间(1522—1566),张氏兄弟二人迁入此地。根据《张氏宗谱》,其先祖唐宋间因剿黄巢由中原入闽,辗转繁衍省内各地,其中一脉在屏南境内不断分支,其始祖于明嘉靖年间(1522—1566)迁居宁德十九都洋尾,即今天秀坑村。在张氏家族迁入时,沿河便于开垦的低地区域早已被何氏占据,因此在半山的凹地开拓奠基,并历代与"原住民"何氏家族保持着密切的姻亲关系。

在张氏定居下荐两世纪后,第一代桥匠张新祐出生于清康熙后期,并于乾隆时期开始从事桥匠职业。

在张氏家族的传说中(详见第125页),第一代桥匠张新祐本是武师出身——这虽未必是严肃史料,亦自有其社会根源。整个闽北地区地处南少林传说的影响之下,亦是流民、匪盗不息的边地,民间习武之风甚为盛行,而对于帝国的统治者而言,桥师家族乡里一带,所居亦绝非温良平顺之辈。

周宁在民国之前并未建置,今天属于周宁的地界,在民国以前分属寿宁县南端与宁德县北端。作为闽浙地区最晚置县的区域,意味着距离政府、王权及教化最为遥远。

周宁县最为"响亮"的历史,正是震动了明王朝政权的矿变核心——"浙闽民变"的起源地。与明王朝对抗的矿民,将宝丰银场视为己方力量的根据地,曾投牒有司器挟"留宝丰场听我采取,不然杀人"(详见第106页)。而宝丰银场之所在,与下荐地区直线距离仅约十公里。

至晚明,在寿宁作知县的冯梦龙曾对泗洲桥作出"民极顽、欠粮、拒捕、窝盗、贩盐,无所不至"的评价[1]。泗洲桥就在当时寿宁与宁德的南界,今天周宁县的中心。在闽浙边界诸县市中,周宁县设县最晚,亦是其为顽悍飞地的一个侧证。

---

[1] 冯梦龙. 寿宁待志: 都图[M]. 寿宁地方志丛书-寿宁待志校辑. 厦门: 厦门大学出版社. 2012: 170.

坑底

类似以宝丰银场为中心的周宁，寿宁县的历史亦与银矿密切相关。

在坑底乡与大安、犀溪交界处的官台山（今寨宝尖），是大宝银场的所在地。而大宝银场是与宝丰银场并称的闽浙四大银场之一，亦是闽浙民变的重要根据地之一。明嘉靖二十年（1541）《建宁府志·建置沿革》载："寿宁本政和之东北里，及福安之十一等都地。国朝景泰六年析置。编二十二图。先是，境有大宝坑银场，每为温、处流民盗采，并肆剽掠。景泰初，洞蛮郑怀冒（茂）率众啸集于官台山作知，朝廷命都御史刘广衡发后剿之"。清康熙二十五年（1686）《寿宁县志》载："有郑怀茂者，正统末拥众数千，据官台山作乱，剽掠旁县，民不聊生"。除官修方志外，民间族谱文献亦对大宝银场动乱有深刻记忆。南阳龚氏《义房家乘》称郑怀茂据官台山"处州流贼，借开坑名色来劫"，坑底地源《吴氏家谱》则载："景泰癸酉（1453）……官台山郑怀茂、王孝心、吴田七等结党于斯……景泰已亥（1455）中秋初乘月进兵而行，殄灭群恶，得民妻女一百七十余，皆温处人也"①。事实上，"景泰寿庆"因镇压矿变而建置，而其中寿宁的置县，直接目的正是为了控制大宝银矿。民国《福建通志·山经志》有更明确的说明："初属建宁府，本政和、福安二县地。明景泰六年，金事沈讷以其地险远，有大宝坑银场时被温处流民盗采，因肆剽掠，且不便征输，请析置寿宁县治杨梅村。"

晚明冯梦龙《寿宁待志》则见证了大宝银矿的衰灭："寿县银坑凡七，或绝或禁。惟大宝坑离城四十里，在十一都，近泰顺，设县时尚行采取。置千、百户各一员，旗军二百名。弘治间裁革百名。嘉靖中封闭，军尽撤回，止留十名看守。以远戍劳苦，独给全糈。然卫中岁行空文关知捕厅而已，县不与闻。余察之，实无一军至者。"②

明中晚期银矿罢停之后，地方山林经济萌发，而较之下荇地区，坑底的地理区位，以及随之而来的社会发展，要相对优越。

坑底镇位于寿宁县北端、"犬牙"尖端的小盆地中，三

---

① 以上三则转引自：叶树根. 明朝官台山郑怀茂领导的农民起义[C]. // 中国人民政治协商会议福建省寿宁县委员会文史资料编辑室. 寿宁文史资料（第3辑），1987：93-97.

② 冯梦龙. 寿宁待志：兵壮[M]. 寿宁地方志丛书-寿宁待志校辑. 厦门：厦门大学出版社. 2012：105.

面被浙江三县包围，东至泰顺，北达景宁，西抵庆元，直到20世纪末仍在地方交通中居于要地。在1990年《寿宁交通志》中，历数"县际古道"5条，其中"西路：出西门后经后墩的飞云桥，折北过六六溪，越下马庄岭，经前西溪、伏际、西宅抵坑底，长40华里。坑底是浙江景宁、庆元、泰顺三县的交界地，为闽浙通途的要冲。这里有三条支路通往邻县，一是坑底往景宁。从坑底往北经（稠）林山、浩溪、上村，过青草隘往浙江景宁县城170华里；二是坑底往泰顺。从坑底向东经东山楼、小东、地头、司前、新亭、王沙坑、铜坑亭，过黄阳隘至浙江泰顺县城，全程60华里。抗日战争时期，江西省广丰一带民众，均沿此道前往泰顺、瑞安，贩运食盐，行人络绎不绝。现周围各地公路畅通，但爱走捷径者，仍从此路通行；三是坑底向西经当归洋，通往浙江县的江根乡，长20华里，至庆元县城130华里。闽浙边界两地的住民，从此路来往频繁。"[1]

作为交通枢纽，纵然偏处深山，坑底地区亦较早即得到社会和经济的发展。此地宋代即有成规模的寺院记载（小东寺）。晚明冯梦龙的记载中，坑底所在的政和里十一都，虽并不富沃，却已经能够承担耕读的生活模式："二甲：西门，住小东入林村，离城三十里。民耕读，女绩。田中下，粮少。"[2]因此，我们在第四章稠林山吴氏家族的兴衰史中看到，其在清代中期的耕读传家、农商相协的生存模式，正是地方经济数个世纪积累的结果。

下荐—坑底

虽然下荐与坑底匠人都扎根于银矿产区，甚至都与闽浙山区最有影响力的银场相邻，但两支匠人群体与银矿产业均没有直接的关系。两组匠人中的核心力量，下荐张氏与坑底徐-郑氏，均在矿业罢停数世纪后才迁入当地，而作为匠人群体中的次级力量，下荐何氏与坑底（稠林山）吴氏早在宋元时期即扎根本地，维系着与土地的密切关系（如何氏族谱中的详细记录），并借助土地的优势，维系着家族的地方优势。

当我们对比桥匠群体中的核心家族与次级家族时，不难发现，下荐与坑底的匠人组成，共享着某种相同的结构。在

---

[1] 寿宁县交通局. 寿宁交通志[M]. 寿宁：[出版者不详], 1990: 18.

[2] 冯梦龙. 寿宁待志：都图[M]. 寿宁地方志丛书-寿宁待志校辑. 厦门：厦门大学出版社. 2012: 177.

下荮，经历数世纪繁衍的何氏家族，早已在河谷、山阳坡地占尽地利，但在桥匠事业中居于次位；晚至而不得不定居于山阴高处的张氏成为桥匠群体的领袖与中坚力量。在坑底，匠艺最为成功的徐氏同样迁入最晚，地处最为边缘，在家族子嗣的繁衍上处于弱势，甚至在断嗣后不得不传艺于同样相对晚至而边缘的郑氏。家族势力最为强盛的稠林山吴氏，则在桥匠技艺的传承上，体现出一丝漫不经心的随意。家族兴旺与桥匠能力之间似乎形成一个跷跷板，此消彼长。

  如果我们还记得木拱桥，尤其是大型桥梁的水柱架建造有多么危险，我们便不会因这种地方职业分配的"自然选择"而感到惊讶。有着更多农耕资源的家族，可以享有相对安稳的生活状态，若是再有商品经济的加持，强盛的家族便有能力积累财富，开创耕读传统（如稠林山吴氏家族）。在这种情况下，人们可以在教育、农业和各种手工业（正如匠人吴光谦和他的兄弟们做出的不同选择）之间做出人生的选择。而即使是选择了以匠业为生的成员，亦不必将匠业视为唯一的生命线。只有那些没有更多资源与选择的山民，才会以搏命的姿态将技术的演化推向极致。

  因此似乎可以做出这样的理解：即使是在王朝教化最为偏远的省界山林，无论匠作对于日常行居多么重要，仍然被排挤在耕读世界的边缘。而营造木拱桥这种高难、高危行业，则成为在宗族、土地上处于劣势的家族专属。木拱桥结构的特殊性使得其知识与技艺带有秘密性，又确保了职业桥匠家族内向的封闭性。正因如此，闽浙木拱桥营造技艺的传承一方面相当稳定：它会在数百年时间内、在极有限的匠人家族内部代代相续；但同样又很脆弱：它会随着匠人断嗣而中断或外传，也会因为家族生存条件的好转而淡出。

  根据这个思路，由于劣势的定居点与社会地位，农耕宗族社会中处于劣势的群体，出于无奈，不得不更稳定地依赖匠艺为生，从而"被迫"发展出更精湛的技艺与更稳定的传承；那么当我们将讨论的人群单元从家族之间扩大到地域之间，亦不难理解，为何是地理区位上更加偏僻、资源与交通更加匮乏的下荮地区——而非交通节点上发展更早、机遇更多的坑底地区——孕育出了最成功的匠人群体。

  坑底的居民拥有相对更多的耕地，更方便的对外交通，资源更加丰富，并且有机会通过商业积累财富。因此，势力较大的家族甚至有条件形成有规模的耕读传统。而在下荐，开荒耕种虽然可为本地提供足够的粮食，但地理的偏僻、交通的闭塞，使山民并没有更多的资源来换取其他类型的生活必需品。甚至运输杉木的副业，在下荐地区也只是清代之后的产物（详见下文）。在此之前，甚至直至晚明，下荐一带的山民均以盗贩私盐为主要副业。在冯梦龙的记述中，（与下荐相邻不远的）泗洲桥，正是县内私盐盗运的主要节点：

"凡私贩者，皆从宁德小路直走七都泗洲桥。负担络绎，党众力强，有司且不敢问"①，形成帝国行政难以控制的飞地。在这种背景下，木拱桥匠行业中占据统治地位的匠人群体，诞生于行政区划建置最晚、最为动荡之地的最为顽悍的山民之中，并非意外之事。

艰涩的山地成了孕育匠人群体的土壤，而下荐地区的另一个地理条件则为他们出奇制胜的桥梁技术提供了另一种直接的启发——杉木种植带来的木材水运。

下荐地区并非杉木的主要产地，后垅溪以及下游的霍童溪却是上游屏南县杉木外运的主要水道。在闽浙山区，这类水面宽阔、足以放排的溪流，并非随处可见。这一带虽然溪谷密布，但多是细流在山涧岩石间跌落，难以形成水运的条件。木材在窄狭山道的运输，需要用肩来扛。坑底小东村的单桥，廊屋在桥头位置缺少了半根桥柱，据当地村民说，正是因为过去扛木材的山民在桥头窄路难以转身，才将柱子截去了大半。杉木经济兴起之后，下荐山民傍守的宽阔溪面，以及他们因此而习得的水性与平衡能力，可能为他们的营造技艺埋下了伏笔：一木过江的技术与勇气，成为敢于使用至为简单的水柱架，在险域水境建造巨构桥梁的根基。

如果观察一下古时的木材采办，就会发现不只踏木"冲浪"，深山采木在技术手法上与木拱桥的水柱架技术还有着千丝万缕的联系。明嘉靖时，在四川地区负责皇家工程木材采办的龚辉以一部《西槎汇草》，记录了木材采伐与运输的技术情形，书中含十五幅图绘，细述了采木、运输的流程。其中最有代表性的譬如《吊木悬崖》《天车越涧》（图8-12），生动刻画了在相同的崇山深涧、高崖急流中，悬吊巨木、天门盘车、拖曳越涧的场景——与下荐匠人的水

---

① 冯梦龙. 寿宁待志：盐法[M]. 寿宁地方志丛书-寿宁待志校辑. 厦门：厦门大学出版社, 2012: 116.

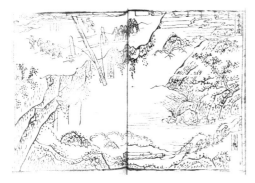 

图8-12 《西槎汇草》中的采木图

（图片来源：美国国会图书馆[①]）

柱架施工技术何其相似！

行文至此，通过我们一层层铺陈渲染的历史图景，已经可以回答前文提出的问题：为什么闽浙木拱桥的营造技术集中地以秘密的形式保存、流传在极为有限的匠人群体之中——既没有失传，又没有实现大规模的传播扩散？而同时，为什么是下荣匠人而非任何其他匠人群体，得以自其诞生之时即占据桥匠层级金字塔的顶尖，不容动摇，无法挑战？以上两个问题，可以用木拱桥建造技术知识的门槛与传承、传播模式，以及匠人家族的社会、经济地位来回答。但我们的追问还没有结束。我们已经跟随张氏家族的先人，目睹了这一支匠人队伍从初兴走向极盛，又在现代化的世界中暗淡再重兴的历程。但是，这一支清代中期方才兴起的匠作家族，可以在多大程度上代表闽浙山区木拱桥技术完整的技术史呢？换句话说，在已知匠人群体兴起之前，木拱桥技术在闽浙山区的演化传承，该如何去挖掘和理解呢？

四、闽浙木拱桥传统究竟有多久？

关于闽浙木拱桥的技术起源，我们已经在第三章中看到了一些前人观点，做出了一些辨析。我们的一个主要观点是要区分（难以追溯的）游戏式结构概念的源头，与（作为建造实践的）技术发展源头。在这种观念下，我们在第七章中，在匠人的技术知识体系与传承传播模式（图7-57）中定位了二者。本章我们对于闽浙木拱桥技术起源与流传的讨

[①] Gong H. Collected Essays on Timber-Felling in the Western Region [A/OL].[2020-12-19]. https://www.wdl.org/en/item/4696/.

下篇　闽浙编木拱桥

论，限定于真实的桥梁建造实践，而不讨论游戏式原型在民间的传播。

当我们想要讨论闽浙木拱桥的技术源头时，首先面对的问题是，在没有桥梁实物遗存的情况下，什么样的证据才可以证明一个特定时代中确有木拱桥技术的存在？

文献

一些经常被用来历数闽浙木拱桥早期历史的文献，事实上并不是关于木拱桥的记载。诚然，闽浙山区早在千年以前即随着一浪浪的移民得到开发，并伴有桥梁的兴建，一些重要的桥梁也在地方文献中留下了溯及唐宋的记载，但这类记载并不足以证明编木拱桥的出现。

当我们在地方志中看到一座桥梁"始建于唐"的记载——往往只能告诉我们一座同名桥梁在某地的存在，但几乎不会出现关于桥梁结构形式的描述[①]。

最典型的例子是我们在第七章中看到的大济村双门桥（图7-18），虽然很可能正如文献所载，北宋时期即已创建，但十米有零的跨度，根本无须使用编木拱桥甚至撑木结构，只要一组粗壮的平梁即可胜任。

规模过小的桥梁，可以相对稳妥地排除使用了木拱桥的可能；但对于文献中规模较大的桥梁，仅凭规模记录，亦不足以证明桥身结构使用了编木拱。历史桥梁的规模，一般采用桥长（多少丈）或桥屋间数记录。二者描述的都是廊屋的长度，可能与跨度正相关，但未必代表桥下结构的规模。最典型的例子是庆元县黄水长桥，以约17米跨度越过小溪，却在旱地蔓延54米、21间廊屋。

一般而言，早期桥梁跨度在25米之内，都不足以判定为编木拱桥。一个典型的例子是泰顺县三条桥，桥长约26.4米，净跨约21.7米，是一个因有早期文献而曾被用来论证木拱桥技术起源的实例[②]。清同治《泰顺分疆录》提及"三条桥，在七都。此桥最古，长数十丈，上架屋如虹，俯瞰溪水。旧渐就圮。道光二十三年（1843），里人苏某独力重建，折（拆）旧瓦有贞观年号"。此外20世纪末地方学者在考察中，又在桥上发现上有宋绍兴七年（1137）的瓦片[③]。然而建造桥梁时

[①] 地方文献中，唯一可能暗示木拱桥结构的术语是"虾菇桥"——以虾子卷曲的形态描述木拱，但此语在文献中的出现较为晚近。除此之外，"木桥""蜈蚣桥"（描述灰色狭长的廊屋形态）均不能确认为木拱桥。

[②][③] 张俊. 泰顺木拱廊桥发展历史探讨[J]. 小城镇建设，2001（09）.51-54.

使用了唐宋旧瓦,并不能证明唐宋时期此地即有桥梁(瓦片有可能来自其他建筑,并可能经过不止一次的重复利用)。更何况,在三条桥上游十余米的岸侧,巨石上有规则排布的方、圆柱孔,上排斜向方孔,下排竖向圆孔(图8-13)。据此可推测其早期的结构形式为撑木桥(图8-14)。

即使河道宽度超过25米,我们仍然不能直接判断河上的桥梁即为木拱桥。在河道较宽但并不深险之地,一些今天的木拱桥,早期都曾在河中央建有桥墩或桥柱,以多跨平梁或叠梁拆解跨度。我们已在第四章的故事中看到两个这样的案例:景宁白鹤桥(图4-3)河道中央的柱洞,提示它在早期的形态为三跨平梁桥;而泰顺薛宅桥留在族谱文献中的记载(详见第114页)揭示,直到清乾隆四年(1739),它仍然是一座多跨平梁桥。该桥成为木拱桥的历史不早于咸丰六年(1856)。

类似的资料提示我们,编木拱桥在闽浙山区的普及和流行,可能远远晚于人们曾经的理解。在清代中前期,闽浙木拱桥在两省山地间所有桥梁类型中的比例,可能远远小于我们今日所见——大量今天呈现为木拱桥的案例,都曾在早期有过类似的改造史。甚至,屏南著名的长桥万安桥,留在

图8-13 三条桥上游岩石上的柱础痕迹。浙江省泰顺县(2012)

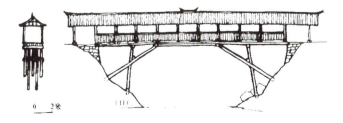

图8-14 唐寰澄"泰顺唐代三条桥复原想象图"

(图片来源:唐寰澄. 中国科学技术史·桥梁卷[M]. 北京:科学出版社,2000:457.)

下篇 闽浙编木拱桥

图8-15　万安桥19世纪90年代影像（拼合）
（图片来源：© 2008 Peter Lockhart Smith[1]）

①
Covered bridge in Tong Kio Ping Nang, Fuhkien [A/OL]. [2020-12-19]. https://www.hpcbristol.net/visual/ba02-14.
Covered bridge at Tong Kio Ping Nang, Fuhkien[A/OL]. [2020-12-19]. https://www.hpcbristol.net/visual/ba02-21.
根据"闽浙木拱廊桥申遗"公众号，万安桥的这两份影像由宁德蕉城区文史爱好者李伟首度注意到。

②
周傑，嚴用光. 景宁县志（同治十二年）：卷二·桥梁·页廿六. 出自：爱如生中国方志库.

19世纪末期的西方人镜头中的影像，仍然是一座多跨叠梁桥（图8-15）——这个时期，长桥镇黄氏桥匠家族尚未兴起。

正因如此，纵然地方文献中记载了为数不少的早期桥梁——其中一些今天已经呈现为木拱桥形态，我们并不能由此推断木拱桥的技术起源。事实上，单纯以文献为依据，只有一种极为苛刻的条件——建在悬崖或深涧之上、桥廊十一间以上的大型桥梁——可以让我们判断木拱桥的应用。满足这个条件的材料，笔者目前找到最早的文献，正是第四章中引用过（详见第110页）的、不晚于万历七年（1579）的景宁东坑永安桥（谢/射桥）："永安桥，距东阬五里，在白鹤溪下游，原名谢桥。康熙三十一年重建，凡十五槛。道光十年燬于火，十二年里人倡捐，始筑以石，改今名，倚壁如虹，颇为冲要"②。这则文献提及了改造为石拱桥的事件，确认此前为木桥，规模十五间，而桥梁建在悬崖（壁）之上。我们在第四章寻找永安桥的历程中，已经亲见永安桥旧址今天深没水库之下险地，可知至晚于明万历年间，闽浙山中已经有了成熟的木拱桥营造技术，甚至是水柱架施工技术。永安桥的文献，将木拱桥技术的确史自如龙桥向前推进了半个世纪。但，只是半个世纪而已。

技术演化

来自文献的证据，受限于闽浙地区自身文化开发的后进与材料的稀疏，并不能提供编木拱桥存在于晚明之前的证据。我们不免要将目光投向技术本身，期冀从技术的演化路径中得到一点历史提示，然而此间的收获仍然有限。

我们已经了解，闽浙木拱桥的诞生，以本地的撑木拱技术为必要先决条件：即闽浙地区首先出现了使用一套折边拱的桥梁形式——它的节点特征与施工手法，奠定了以两套折边拱形成编木拱桥的演化基础。由此看来，如果我们可以确定八字撑桥技术成熟于闽浙地区的时间，至少可以划定闽浙编木拱桥诞生的时代上限。

然而，在闽浙乃至中国的桥梁史中寻找撑木拱桥的踪影，却并非易事。

首先是实物的稀缺。木构建筑较难保存，木构桥梁又集中于湿润多雨的南方，再有洪水、火灾的威胁，更难长存。我国现存最古的木构桥梁实物，是福建省建瓯市迪口镇值庆桥，据载建于明弘治三年（1490），是一座伸臂梁桥。伸臂梁是中国乃至亚洲历史悠久的桥梁形式，早在6世纪即有文献见证（详见第346~347页），也是我国南方最为常见的木构桥梁形式之一。而在值庆桥之后，我国第二古的存世木构桥梁，即是1625年从八字撑改造为编木拱的如龙桥了。

明代之前的桥梁形式，我们主要依靠历史绘画得以认识。历史桥梁图像最丰富的载体，包括汉画像石、唐经变画、宋代界画，直到明清山水画等种种不一。中国木构桥梁在历史图像中的结构，主要包含三种形式：

① 桥墩支持的平梁桥（最为简单的桥梁形式）。

② 门式栈架支撑的梁柱桥，整体可呈平桥或折边拱走向（自汉画像石大量出现，并有汉代考古遗址确证，贯通中国桥梁史始终）。作为其变体，宋以后山水画中以及中国南方实物遗存中，极常见一种斜柱门式栈架支撑的梁柱桥，整体可呈平桥或折边拱走向。

③ 弯木形成的木拱桥（唐代佛教经变画、北宋《金明池夺标图》中的骆驼虹桥、山西大同华严寺薄伽教藏殿辽代天宫楼阁之虹桥式复道，以及山西晋城泽州小南村二仙庙宋

下篇 闽浙编木拱桥

① 唐寰澄. 中国科学技术史·桥梁卷[M]. 北京：科学出版社，2000：449.

代天宫楼阁虹式廊桥等）。这种木拱桥在宋金之后即消失不见于中国，却在随佛教于唐代传入日本后，作为"太鼓桥"传统在那里保留了下来（详见第40~41页）。

在中国南方广袤的土地上最常见的伸臂桥与各式撑木桥，反而罕见于图像文献。我们今天能够在南方各地看到的各式撑木桥结构，明代以前的考古与文献证据却是匮乏的。即使如前述三条桥，纵有相对明确的早期结构基础遗存，亦并不能就此确定其时代范围。

其次，大量出现于闽浙之外的中国南方各地、建造于晚清至民国的撑木拱桥，虽然形态各异，但总体而言与闽浙撑木拱桥在技术上仍有区别。

闽浙八字撑木拱桥，在桥面系统之下形成了完整的八字拱，即三折边拱，平梁以燕尾榫与撑木的横木相接，因而在营造初期（撑木拱初成之时）即可方便地形成一座稳定的八字形拱桥作为后续施工的脚手架，使艰险环境中的营造成为可能。正是这种三折边拱在构造与施工上的特征，奠定了编木拱的基础。

而中国其他地区的大部分撑木结构，从原理上则可以划分为两种：一种作为斜柱，平托上方梁木，正如北宋范宽《秋林飞瀑》图中木桥[此例在赵辰（图3-16）与唐寰澄①的类型学中均被视作典型撑木拱结构]，本质上是斜向布置的门式栈架柱梁结构。因为斜向布置，需要从桥台伸出梁木从后方拉住斜柱，这与八字"拱"斜向受压从而实现自身稳定完全不同。另一种是支顶在上方结构之下的辅助结构（譬如在云南可见的撑木与伸臂梁相结合），在施工上撑木可以晚于上方结构安装。因此这两类结构在构造与施工步骤上——从而在技术亲缘上——与闽浙八字撑木拱桥均有明显差异。

八字拱式撑木构架可以视为中国撑木桥梁的第三种原型，它虽并非闽浙地区特有，却在闽浙地区体现出了普遍性与技术的成熟，呈现出强烈的区域特色，甚至影响了当地的石构桥梁。闽浙地区的八字撑木桥技术，一方面成了孕育编木拱结构的土壤，另一方面又可能反过来受到编木拱结构的规范——这可以使我们更好地理解编木拱桥诞生的技术根源。但从技术上分析，我们今天所能确认的撑木技术，并不能从时代坐标角度推进我们对于编木拱的认识——今天可以确证时代的最早的八字撑木拱桥,仍是如龙桥在明天启年间改造之前的结构(第六章)。

社会土壤

什么样的社会形态适于催动编木拱技术的发生与发展?回答这个问题,我们需要对比编木拱桥不同于其他本土桥梁(石拱桥、木伸臂梁桥与撑木拱桥)的功能优势与技术要求,并结合闽浙地区的社会历史发展,通盘梳理。

技术层面的论断我们已经熟悉:闽浙木拱桥较之伸臂梁桥与撑木拱桥具有更大的跨度能力,以及跨越悬崖深涧的建造可能,而木拱桥——体现在水柱架技术上——是一种以最小的资源(木材)消耗与最少的人力成本为条件、通过高超而近乎搏命般的技术实现的垄断性技能。正因如此,在晚清至民国的闽浙乡土社会中,专业从事木拱桥营造的匠人族群,往往在农耕社会中处于边缘地位,以行业的风险换取生存的资本。

从社会发展的需求看,在闽浙地区密布的溪流谷壑之中,当既有的传统桥梁已经可以满足基本的交通需求时(正如我们看到的,许多今天呈现为木拱桥的桥梁,都曾在历史上以其他结构形式建造),木拱桥作为一种技术门槛极高的大跨度桥梁,若想成为一种成熟的匠艺传统扎根,需要有足够的功能需求作为动力,并需要有限但却充分的社会财富与社会稳定性作为基础。

带有这样的基本判断,我们再来重新审视闽浙山区的发展历史。这一地区的社会史可粗略依据其资源开发切分为三个阶段或层次:早期移民,通过山林开垦形成的农耕社会;宋至明中晚期,与本地农耕传统并行的银矿产业;明后期至近代,银矿罢停后、山林经济萌兴之后的农耕社会。我们将依次检视这三种社会环境土壤与木拱桥技术的可能联系。

早期移民农耕社会

与中国南方整体发展浪潮一致,闽浙山区的发展史,是一部随着中国历史上北方政权的动荡、北方汉人南迁移民潮而震荡的历史。我们已经在坑底与下莒两地数个家族的历史

下篇 闽浙编木拱桥

溯源中，看到了中国历史上数次重要移民的影响。

泰顺《分疆录》："唐以前僻在荒服中，多老林，供郡国材用而已，实闽括间瓯脱也。至唐，始有山民烧畲辟壤，渐兴赋役。"

移民群体的涌入，自北向南、自沿海向内地、自大河（瓯江、闽江）流域向山地缓慢推进。通过开荒垦山，早期移民首先占据山地之间的河谷平原，沿河谷走向形成早期道路网。在接下来的数世纪中，不断繁衍的人口缓慢地逐步渗透、扩散进入山林深处。我们在下荐何氏家族的早期历史中（详见第307页），看到了这个家族以数代人之久，通过垦荒，从沿海区域一步步迁入深僻山地的历史。

今天山区各地的较大城市、交通节点、尤其各县治所、市镇，往往正是早期居民的定居点。山地社会的定居与发展时序，亦与各县建置时序正向相关：今天木拱桥分布地核心区的诸县市，以庆元县发展最早，南宋庆元三年建置（以年号命县名），是木拱桥核心区的第一个行政建置。其他各县则多始于明中期矿变之后的景泰建置甚至更晚。而在以"耕读传家"为正统的传统农耕社会，将科举的繁荣视作判断社会发展的指标，庆元县亦是木拱桥核心区域最早形成发达宗族势力的地区，北宋时期即已出现有影响力（"一门双进士"）的文人家族（庆元松源吴氏，见第257页）。

我们对明以前闽浙山地的宗族社会所知不多，但在宗族社会与桥梁建造的关系上，我们在前面章节中所看到的明清以降的例子——无论光宗耀祖的双门桥、具有公益性质的白鹤桥、作为家族项目的薛宅桥，还是下荐、坑底乡里本地的营造事业，桥梁的经营通常与这些在地方上有影响力的家族密切相关。有地位的乡绅更有可能出面作为项目的倡筹者，而这些相对有财力的家族则提供了项目的"启动资金"甚至资费主体。

但是从另一个角度来看，除了较早发展的庆元一县，木拱桥区域的大部分土地，即两省交界的深山在明中期之前都可约是帝国政权的"飞地"。迁入山地的一浪浪移民——逃避北方动乱乃至政府税收的"避世""难民"，在山林中开荒，定居，不求通达于外域。正因如此，闽浙之间的下一次重大社会发展，已在两个多世纪之后，即平定银场"矿乱"的结果。而亦因如此，在明代矿变的时候，"盗贼"才可以"跳穴其间"，内聚糇粮、下伏弓弩，急可远遁，缓可剽掠①。

这个时期，山林地区有限的交通"刚需"，可以充分利用传统交通方式：浅窄的水面，可使用方便简单的叠梁、撑木桥，或传统成熟的石梁、石拱桥；宽阔的水面，可通过加建桥柱、桥墩切割桥长，或索性利用摆渡跨越河面。

因此总体来看，我们虽不能断然排除明以前（乃至宋以前）闽浙山水间即存在木拱桥技术的可能性，但这一漫长阶段的山林农耕社会，尚未到达孕育木拱桥技术诞生的最佳时机。

矿业与矿变

幸或不幸，在耕地与山货之外，闽浙山地曾富藏一种更为重要的资源：矿产。东南山地矿产种类众多，金、银、铜、铁、铅等各类矿藏都有产出。而银矿的开采与罢废最具有代表性，甚至可以说，定义了闽浙山林社会数个世纪的命运走向。

闽浙山地至晚于唐代，已经有银矿开采。宋代，矿业已经成为国家经济支柱。而进入明代，则有矿工动乱撼动朝野。中晚明之后，大部分矿场随着矿脉断绝而逐渐关闭。对于这个历史轮廓，我们已经在第四章中略有所知，这里，我们将通过更多的细节来认识矿业与地方、与百姓的关系。

闽浙山区矿产的大规模开发始于北宋。王安石变法时，指出开矿为富国之路，大大促进了全国的矿场开发，闽浙两省尤甚，成为有宋一代居龙头地位的银产区。淳熙年间，福州的地方志《三山志》记录了矿产开发在福建的普及历程："坑冶，自国初至祥符（1008—1016），闽惟建、剑、汀、邵有之。天禧中，州始兴发。至皇祐，银才两场尔，铁独古田苴溪仅有也。嘉祐之后，银冶益增。熙宁间，铜铅乃盛。崇宁，用事者仰地宝为国计，检踏开采，所至散漫。政和以来，铁坑特多。至于今（淳熙，1174—1189）矿脉不绝，抽收拘买，立数之外，民得烹炼，于是诸县炉户籍于官者始众云"②。根据当代学者的统计，有宋一代，福建路有文献记载的银矿共计72座，占全国37.5%，排名第一，而其中绝大部分集中于闽北③。

到明代，随着白银的货币化和朝野对于白银经济的倚

---

① 《明史纪事本末·卷三十一·平浙闽盗》。出自：爱如生中国基本古籍库。

② 梁克家《三山志》卷一四，页21。转引自：徐晓望. 宋代福建史新编[M]. 北京：线装书局，2015.

③ 徐晓望. 宋代福建史新编[M]. 北京：线装书局，2015：161.

赖,浙闽两省作为帝国的重要银产地,山区各县银矿得到了全面的开发,大小银坑数不胜数,品质良莠不齐,官方采办与民间私盗角力,动乱频发。正统年间,以叶宗留、邓茂七之变为代表的"浙闽民变"被镇压后,朝廷在两省交界先后建立多个新县,包括木拱桥核心区的"景""泰""寿"诸县。此后矿坑时开时禁,晚明嘉靖至万历时银业再度大兴,民间动乱再度频发,银矿之乱一直断断续续地持续到清代初期,待大部分矿坑"矿脉断绝",方才真正平息。

宋明之间数个世纪,闽浙地区的银矿开采、冶炼技术没有本质上的变化。关于宋代的采矿方法,宋人赵彦卫《云麓漫抄》录有详细流程:"取银之法,每石壁上有黑路乃银脉,随脉凿穴而入,甫容人身,深至十数丈,取所银矿皆碎石,用臼捣碎,再上磨,以绢罗细,然后以水淘,黄者即石,弃去;黑者乃银,用面糊团入铅,以火煅为大片,即入官库,俟三两日再煎成碎银……它日又炼,每五十两为一锭,三两作火耗。坑户皆为油烛所熏,不类人型;大抵六次过手,坑户谓之过池,曰:过水池、铅池、灰池之类是也。"①

关于明代的采矿技术,宋应星《天工开物》中对各矿产区有所概述,而闽浙地方文献中,亦保留了本地采矿与冶炼工序的详细记录。明初闽人王梦祥《采银歌》有载:"洞宫山中秋八月,银气夜腾光烨烨。良工望气凿山寻,剗开石崖成巨穴。高穿绝顶低黄泉,入如蚁行行不绝。翻沙出土坑转深,椎声铮铮石擘裂。矿脉横斜若树枝,色异铜锡与铅铁。七十二品种种殊,自非良工孰能别。良工操椎断山骨,担向溪傍捣成屑。载洗载抟投猛火,鸡卵出窠包紫缬。杂铅同炼作圆陀,虾蟆蚀后黑光月。聚灰平地中开池,炽炭旁围红焰烈。圆陀融就一泓水,灰池滚滚金波热。金波翻动百珠通,少顷珠尽良工悦。冷泉挥洒银自凝,耀彩扬光比霜雪。捧出千人万人喜,尽夸乾坤气凝结。古人修道亦如斯,若未成功向谁说。"②

《采银歌》虽以祥和赞叹的口吻写作,但结合宋人"坑户……不类人型"的描述,亦不难侧见采矿行业的辛苦艰难。闽浙矿业的艰危,另有清人笔记追忆。清人宋起凤描述万历矿务大兴时写道,矿工"终岁腰斤锥凿,首戴火炬,足踏流泉,不知天日阴晴寒燠,其人竟同罗刹鬼蜮,惟日给食米黄齑充腹而已。"③

① [宋]赵彦卫《云麓漫抄》卷二,页27-28。转引自:徐晓望,徐晓望.明清东南山区社会经济转型:以闽浙赣边为中心[M].北京:中国文史出版社,2014:161-162。

② 黄裳,郭斯垕修纂.政和县志(永乐):卷三·坑冶[M].出自:政和县地方志编纂委员,校点.厦门:厦门大学出版社,2015:84-85。

③ [清]宋起凤《大茂山房合藁》(《四库未收书辑刊》第7辑第19册)卷6《矿害论》,834。转引自唐立宗.坑冶竞利:明代矿政、矿盗与地方社会[D].台北:国立政治大学历史系,2011:96。

宋时银矿的出产，主要为官营民办形式，即民间出资开采，官方收取分成："与坑户三七分之，官收三分，坑户得七分。铅从官买，又纳税钱，不啻半取矣。"[1]宋代矿场中相对成功的正是民营矿场。[2]

明代（尤其是明早期）因为白银产量关乎帝国命脉，银矿开采主要为官办生产，即由官方经营，制定课税额度，同时指派矿区坑户或动员人力进行开采，带有劳役性质。而由于课税采用固定额度，产量未达标时，地方就要设法摊派，转移到田赋或其他赋役中去，给地方造成极大负担，对坑户极不公平。[3]

明弘治时（1488—1505）在温州任知府的文林赴泰顺县督檄银课时见到："暑月使泰顺，清晨备结束，仆夫艰负戴，舆马苦踯躅。复岭蹑回冈，山势多起伏。升高如梯云，或下入深谷，或坦如周行……山人走相诉，连岁苦不熟，宿逋未能偿，薪欠已相续，昨日卖一男，今并妻女鬻，尽断骨肉恩，不救诛求酷。"[4]

因此，开明的地方官员与缙绅多次上书奏请减免银课甚至停罢银场。如《明宪宗实录》录有"正统十三年（1448）二月，监察御史王珉奏：奉敕巡视银场，据福州等府宁德等县民五千余人诉，先因侍郎焦宏定岁课银二万八千二百五十两后，会同本处司府县官从公堪实，准令尽力煎办，止得银一万三千四百两，已行解官，今复追补宏所定数。缘各坑矿脉微细，各民家道艰难，无从陪纳，乞赐分豁，如虚，各甘籍没家产。臣以为民窘如此，若复追并，恐逃窜为非，乞依御史冯杰所定数煎办。上曰：银课数已定，民何得妄诉，若复不定，并珉执罪之。"[5]

正是官办矿业的压迫，推动民间私采盗采大兴，因之而来的矿民动乱尤以两省交界山地为核心与高潮。而"浙闽矿变"最为激烈的核心区域，以叶宗留、邓茂七之乱为代表，正与数世纪后的木拱桥分布区重合。

中国东南沿海地区普遍产矿，而唯闽浙山区矿乱最甚，究其根源，明人冯时可上呈朝廷的《议停止采矿状》中，作出了中肯的分析。在谈及浙江全境仅处州（略同今天丽水市，亦正是浙江境内的主要木拱桥分布区）一境矿乱频发时，他说这是因为省内"十郡之民皆通商，而处（州）独无

---

[1] [宋]赵彦卫《云麓漫抄》卷二，27-8. 转引自徐晓望. 宋代福建史新编[M]. 北京：线装书局，2015：161.

[2] 徐晓望. 明清东南山区社会经济转型：以闽浙赣边为中心[M]. 北京：中国文史出版社，2014：162.

[3] 唐立宗. 坑冶竞利：明代矿政、矿盗与地方社会[D]. 台北：国立政治大学历史系，2011：190.

[4] [明]文林《文温集》（《四库全书存目丛书》集部40）卷1《郡檄督泰顺银课》，275. 转引自唐立宗. 坑冶竞利：明代矿政、矿盗与地方社会[D]. 台北：国立政治大学历史系，2011：358.

[5] 《明英宗实录》（台北1962年影印本）卷一六三. 转引自唐立宗. 坑冶竞利：明代矿政、矿盗与地方社会[D]. 台北：国立政治大学历史系，2011.

商。十郡之民皆力田,而处(州)独少田。生计鲜少,救死不瞻,故相习盗矿以自糊其口。然所称五十一处,皆系铅铁铜锡,而银矿百无一二,采取无利,徒众难解,因而为乱"。①

矿民,尤其是胆敢与朝廷对抗的"矿徒",在官方叙事中,皆是无业闲散的亡命之徒。如宋人杨时称,"凡坑户,皆四方游手,未有赍钱本而往者,全藉官中应付,令烹炼到银铜入官,而钱不时得,则坑户无以自给,散而之地,此岁课所从耗失也"②。而明清官员对于矿乱的共识,则谓"闽之昔者凿坑之徒,悉属亡命,偶而获则肝脑涂地亦不惮,不获则哨众劫夺,遂流而为矿盗"③。这种叙事虽然出自统治阶级的视角,但亦揭示了闽浙边界成为矿变核心区域的一个基本原因:山僻地贫,维生艰难,沦为坑户者,均是难赖田产生存的底层百姓。而当一地的开采不能为继时,矿徒转而成为"流民",流窜闽浙赣三省山地矿场觊觎利润,继而成为呼啸山林、骚扰村落的匪徒。

除了穷途末路的流民,亦有通过私采银矿而暴富成为地方豪横,于是对抗官府的力量。如嘉靖二十年(1541)十月处州府松阳县八都人窝主叶浣聚众盗矿,"倚山豪横,专招聚坑贼,资助油粮,坐分矿利,兴放私债,出入四轿,及窝藏歇案强盗奸徒,作为羽翼,起灭词讼,浸润官府"④。但此类毕竟是极少数。采矿正像一场赌博性质的投注,尤其至明中期后,富矿已近脉绝,而贫矿开采又往往面对地下水涌、矿坑坍塌等风险,再加盗徒的劫掠,矿场的投入已无产出之利,"凿地穿谷,燃油布以明火,置盘车以导水,穷数百金之费,而所得不能十余金,其矿寇盗挖亦仅只分毫"⑤。明代景宁县人潘琴对于矿工生态环境的描述更为形象:"往者督办官局,功多而利寡,固无足论。今则逐利之家,募人穴山而取矿,烛导蛇行,以椎凿分寸而斫之。坚者则腐之以火,火烈石爆,时有糜烂立毙者,或陷土石而葬其中,或无二之祸,而坐立粪坏寒水之中,以为常形貌。饮食殆与猿猱、蛇虺无异,冒冷烟、毒雾、疲蚀而死者不计也。……倾数载之资,少有得,或稍赢焉,而有力者已睥睨其旁,百计而渔侵之,或直攫之而不惮,使人饮恨扼腕而不之恤。"⑥

---

① [明]冯时可《超然楼集》卷10《议停止采矿状》42b-43a。转引自唐立宗. 坑冶竞利:明代矿政、矿盗与地方社会[D]. 台北:国立政治大学历史系,2011:351.

② [宋]杨时《龟山集》卷4论时事,转引自胡小鹏. 中国手工业经济通史·宋元卷[M]. 福州:福建人民出版社,2004:163.

③ 顺治《龙泉县志》《稀见中国地方志汇刊》第19册,卷四货食·坑场,1240。转引自唐立宗. 坑冶竞利:明代矿政、矿盗与地方社会[D]. 台北:国立政治大学历史系,2011:321.

④ [明]朱纨《甓余杂集》卷5《荄除累年矿患地方宁谧事》146。转引自唐立宗. 坑冶竞利:明代矿政、矿盗与地方社会[D]. 台北:国立政治大学历史系,2011:352.

⑤ [明]冯时可《超然楼集》卷10《议停止采矿状》46a。转引自唐立宗. 坑冶竞利:明代矿政、矿盗与地方社会[D]. 台北:国立政治大学历史系,2011:353.

⑥ [明]潘琴《送曾二尹致仕序》,收入[明]万历戊子《景宁县志》卷4秩官。转引自唐立宗. 坑冶竞利:明代矿政、矿盗与地方社会[D]. 台北:国立政治大学历史系,2011:95.

正因如此，正统年间，朝廷在应对浙闽矿变之时，对于受人"引诱"而裹挟踏入盗矿之途的"流民"部分采用了安抚的态度。如正统八年（1443）五月，英宗下诏称："浙江、福建等处军民，先因窘于衣食，被人引诱偷采银矿者，亦有事发供报在官，畏罪投窜者，诏书到日，悉宥其罪，军还原伍，民复原业，所司并免追究。"①这种策略被证实是具有成效的。正统十一年（1446）十二月，户部郎中杨谌上奏："比因福建复设场，闽浙流民盗矿劫掠，命臣同御史等官设法抚捕，受命以来，夙夜靡宁，躬冒矢石，已招抚附籍复业流民三千五百三十九户，男妇共八千三百九口。"②

又如正德十二年（1517）四月，开化知县马性鲁发现浙江、江西交界采矿者"负固哨聚逾万人"，便采用规劝方式，让矿徒理解采矿不比种田来得稳当，因为采矿"有偶获数倍者，有终日淘取空回者"，反不如"如田无祸"，且能使"一家子女骨肉团圆"。在马性鲁的担保下，矿工愿意接受招抚，"各焚茅窝，荷锸散去"。③

银矿开采是劳动密集型产业。寿宁县芹溪村的谱序记载，宝丰银场"井下三千采矿工，井上一万过路客"④。在这番图景下，可以想象，宋明时期几世纪内，尤其在明代中前期，在有限的农垦之外，闽浙山地间有相当比例的人口卷入了银矿开采行业（及其附属服务业）。官方眼中所谓的矿徒"流民"，其实正是闽浙省交界的山民。其流窜范围无非浙南闽北之地的矿场之间，唯因跨越省际，不在户籍，不能在行政上得到官府的掌控。而作为大规模聚合的、有组织的"产业工人"，矿工具有更强的军事行动能力。这是"浙闽民变"给明王朝的统治带来剧烈震动的原因之一，而在矿变平息、矿场闭绝之后，仍然留给山林子民长久的风俗遗产。

矿业工作环境险恶，矿民常置身于绝地，再加上矿盗武装力量的威胁，闽浙山区民间遂形成习武风尚以作防御，形成了彪悍民风。譬如戚继光抵御倭寇之时，即以"处州兵"的骁勇名传天下。戚继光《纪效新书》总叙有言："处州为乡兵之始，因其山矿之夫，素习争斗，遂以著名。及其用之杀倭，不过仅一二胜而已，以后遇敌辄败，何也？盖处兵性悍，生产山中，尚守信义，如欲明日出战，先询之以意，苟

---

① 《明英宗实录》（台北1962年影印本）卷一〇四。转引自唐立宗. 坑冶竟利：明代矿政、矿盗与地方社会[D]. 台北：国立政治大学历史系，2011.

② 《明英宗实录》（台北1962年影印本）卷一四八。转引自唐立宗. 坑冶竟利：明代矿政、矿盗与地方社会[D]. 台北：国立政治大学历史系，2011.

③ [明]马一龙《玉华子游艺集》卷17《考妣年谱》，而617-618。转引自唐立宗. 坑冶竟利：明代矿政、矿盗与地方社会[D]. 台北：国立政治大学历史系，2011：355-356.

④ 转引自周秋琦，罗建华，陈扬州. 宁德古建筑[M]. 福州：福建人民出版社，2014：265.

力不能敌，即直告曰：不能也!如许我以必战，至其期必不爽约，或胜或负，定与寇兵一相接刃。但性情不相制，胜负惟有一战，再用之痿矣，气勇而不坚者也。此兵著名之时，他兵尚未有闻及。"直到今天，在闽浙两省，民间武术仍然是地方的重要文化遗产。甚至下荐匠人的家族传说中，亦将桥匠的家族起源与开授武馆的先人联系在一起（详见第125页），而下荐张氏匠人所居的秀坑村，今天则有一项"虎桩拳"列入"非物质文化遗产"。

回到本书所关注的问题，银矿的广泛开采，是否会催动木拱桥技术的诞生和发展呢？

诚然，矿产外运对于道路交通有所需求；银矿带来的财富，可能为桥梁营建提供必要的资金，譬如景宁县即有乡民开采金矿后建造桥梁的记载："沈庄桥，明隆庆间（1567—1572）邑民黄五得瘗金而筑。"① 但是，这种需求和财富，并不代表着孕育一种精密机巧的新技术的温床。一方面，矿产的外运，连接无非数十个官办矿坑与外部通衢，完全可以通过前述传统交通方式实现。更关键的是，采矿业自身的行业性质：如蝼蚁般的密集型劳动、对矿工的劳力乃至性命毫无怜悯地压榨、对山林资源毫无节制地掠夺（采矿业，尤其是矿石冶炼对于木材的消耗，对于周边山林的摧毁，是迅速而彻底的。在建宁府松溪县瑞应银场，"初，场之左右皆大林木，不二十年，去场四十里皆童山"）——这与我们对木拱桥营造的行业特性——以机巧而高超的技术，在最节制地利用资源与人力消耗条件下实现的营造——恰恰形成两个极端。尤其在官、民争利的时代，深险的山林为私采矿产的山民提供天险保障，逃避官兵的需求远远大于对外交通的需求，桥梁技术的发展更非一个动荡社会的必需。因此，再一次，纵然我们无法断然排除木拱桥技术诞生于矿业发展时期的闽浙山间的可能性，但总体说来，此时尚非一片沃土。

山林经济

自明中晚期，官府对于闽浙矿业的态度几经摇摆，部分矿场时开时禁，嘉靖至万历时期仍有多次矿乱爆发。但总体而言，至明代末期，大部分矿坑都因矿脉断绝而彻底封闭了。清初以后，银矿开采业基本退出了闽浙山区的社会经

---

① 周傑，嚴用光. 景寧縣志（同治十二年）：卷二·津梁·页廿二. 出自：爱如生中国方志库。

济。因而在一两个世纪之内，闽浙山林需要"消化"掉过去数个世纪因采矿业的发达而积聚的人口。晚明至清代初期，山区经历了重大的社会经济转型，开始萌生多样的山林经济，涌起小商品经济浪潮。①

山林经济萌生于明中后期的另一个历史因素是，山区的一些优质特产，在宋明之间作为官办，缴纳沉重赋税，而在明朝中叶与罢矿制度相应，纷纷闭停。譬如闽北贡茶即关闭于明代中期。而地方经济自此后进入民营时代。②

明清之际闽浙山区发展起来的主要经济作物中，与我们的桥梁建筑关系最为密切的物产，自然是杉木。

虽然在清以后杉木已在中国南方民间营造中占据统治地位，但在明中期以前，杉木并没有得到广泛的种植和应用。

闽浙一带的杉木种植在明代中后期方始兴起。宋明之间，闽人大面积种植树木的记录多为松木。如宋淳熙初，韩元吉任建宁知府，"于北冈栽松一万五千株"③。明时霞浦县城北部龙首山，"多赤土，不利居民。明正德初,知州刘象令民种松万株，以为民荫，名曰松城"④。松木生长周期长，实用性和经济价值相对略小。自明中后期，插杉技术的普及使得杉木于闽浙山区大面积人工种植。杉木速生，最短十余年即可成材，而且作为营造佳材具有广泛的市场，在占领了山区林木栽培市场后，即成为闽浙山区最重要的经济货物。万历年间，闽北《邵武府志》有云："杉，旧本地少种之者，故郡之老屋犹多用松木为栋梁。近三四十年来，郡人种杉弥满岗阜。公私屋宇悉用之，皆取给于本土而足。且可转贩以供下四府宫室之用。盖浸浸乎与延（平府）、建（宁府）之杉等矣。郡人所谓货，此其最重者也。"⑤虽同在闽北，但邵武的交通、经济远胜于木拱桥分布区，而在木拱桥核心区，杉木的普及尚略慢一步。崇祯时冯梦龙《寿宁待志》中，"物产"一节对于木材仅言及槠木、黄杨、杨柳三种，尚未谈及杉木。⑥而在清康熙时期的《寿宁县志》，"杉"已经成为特产"木类"排名第一的树种，位于松、柏之前。⑦

---

① 根据徐晓望（徐晓望. 宋代福建史新编[M]. 北京：线装书局，2015：158-159.），早在宋代，随着商业的发展和人口压力的增大，经济作物便开始在农业生产中占据重要地位。但在闽北山区，山林经济直至明中后期矿业罢停之后才得到萌生与发展。虽然山林环境天然地拥有多样性种植的地理优势以及"地狭民稠"压力下的经济需求，经济作物的种植却受到严厉的排斥和禁止。如此的规定出于粮食安全的考虑：闽北山区交通不便，主要依赖闽江运输物资，而由于急流和高差，粮食、物资顺江而下易，逆江而上难。一旦发生天灾出现缺粮的情况，外粮不能及时运来，便会引发社会动荡。因此山区的乡绅格外注重农业的经营管控，以维护社会的稳定。

② 徐晓望. 明清东南山区社会经济转型：以闽浙赣边为中心[M]. 北京：中国文史出版社，2014：208-209.

③ 熊克《修北冈水道记》，载康熙《建宁府志》卷四十二，第866页。南平地区方志委1994年点校本。转引自徐晓望. 商品经济与明清以来福建自然环境的变更[J]. 中国历史地理论丛（03），2000：68.

④ 乾隆《福宁府志》卷四《地理志·山川》。转引自：同上。

⑤ 韩国藩. 万历《邵武府志》卷九，物产，明万历四十七刊本胶卷，第31页。转引自徐晓望. 宋代福建史新编[M]. 北京：线装书局，2015：109.

⑥ 冯梦龙. 寿宁待志：物产[M]. 寿宁地方志丛书-寿宁待志校辑. 厦门：厦门大学出版社. 2012：119.

⑦ 赵廷机，柳上芝. 寿宁县志（清康熙二十五年）：卷三·物产·页十九[M]. 中国方志丛书. 福建省寿宁县志. 台北：成文出版社. 1974.

① 龚用卿《云冈文集卷一五.明封奉政大夫吏部郎中翠屏李公墓志铭》，清光绪二十九年刊本。转引自徐晓望. 明清东南山区社会经济转型：以闽浙赣边为中心[M]. 北京：中国文史出版社，2014: 22.

明清山区的杉木运输亦与近代相同，采用顺江放流之法从山区运往沿海地区。在木拱桥核心区的下游地带，建安县"地产杉木，岁所伐以亿万计，狼籍溪涧，遇雨，木辄奔放，陂坝尽绝。客商利速，农之氓苦之"。①

除了杉木种植采伐业，闽浙山区在明中后期至清代迅速发展起来的货品还包括茶叶、油、红曲、苎麻、靛蓝等经济作物，以及香菇、笋干等山货。近者销往周边闽粤等省；远者，如武夷茶，赢得国际声誉，远销海外——奠定了我们今天对于两省山地物产的基本认知。相对而言，群山最深处的木拱桥核心区处于两省交通网最为偏远的位置，虽经济远远落后于交通更为便利的周边山区，却仍然得到了可观的发展。因此我们看到交通节点上的坑底家族得以通过商业收入奠定小有成就的耕读传统，而下荐诸家族可以通过林木运输挣取生活补贴。

正是明中晚期银矿业的罢停、民间经营的兴起和山林经济的发展，使受到银矿吸髓食骨数世纪之久的闽浙山区社会得到复苏。民间财富的积累，为桥梁等公共建筑的大量兴建提供了物质与资金基础；在经济增长的情况下，山区人口与聚落得到扩张，道路交通网更加密集，而山林货物外输的需求，使对道路、桥梁的需求大为增加，桥梁的数量有显著的提升。仅以景宁一县的桥梁数量为例：万历十六年（1588）、乾隆四十三年（1778）和同治十二年（1873）的《景宁县志》，列举的桥梁数分别为24、42与99座。虽然这可能与晚近的方志查遗补漏有关，但仍然以数倍的数字差异说明了乡村社会的发展。而山区社会中，种植与手工业的发展、分化，职业的细化，亦为职业桥匠的成熟提供了土壤。在这种环境中，更可能催生我们所总结的以机巧和高超的技术门槛为特征、以最小的资源与劳动力消耗为代价的桥梁营造技术。

小结：编木拱桥工匠传统的社会

我们可能永远也无法找到一个确定无疑的答案。我们并没有任何证据或足够的信心，去坚持闽浙木拱桥有着悠远的技术渊源。但是，如果我们接受上述分析，从社会土壤上判断，闽浙木拱桥技术的诞生与发展，更可能孕育于明中晚期山林经济的发展，那么，我们则可以进一步将已有各类证据材料整合在一起。

元明两代，闽浙地区多灾多舛。明初的瘟疫曾荡闽北一带近乎绝地，国家的白银开采虽然一定伴随着道桥建设，但明前期的银课令边地毫无生机，而明中期的矿变洗掠历时近十年之久。明中期罢废银矿之后，百姓始得喘息复苏，政治与文化建立控制，山区经济得到开发，闽浙一带开始遍植杉木，为木拱桥的盛行提供了建筑材料基础，而多种经济作物的发展，为桥梁的大面积营造提供了基本的经济土壤。随着王朝之鞭深入边地，再加上经济货物外输的需求，道路交通建设最为迫急。

在道路交通需求增长的条件下，山民对于桥梁跨度规模与营造环境的要求越来越高。对于25米以上的桥梁，传统的撑木与伸臂梁桥就有压力了。若要达到30米以上的跨度，在中国东南地区的营造土壤中，若无木拱桥，唯有石桥可以一试。但石桥的建造需要密集的劳动，需要建造密致稳定的脚手架，在石拱合龙之前托撑拱券组成中的每一块巨石。而若于悬崖险地建造大型桥梁，近乎要以密布的支架布满深涧，对于原本并不富庶的山区，并非优选。

而编木拱桥最为可观的技术特征是，只要以寥寥数根支柱、平梁托住两排斜苗，结合绳索起吊等手段，即可以最为经济的材料消耗，完成惊险环境中"不可能的任务"。这种脚手架技术一定早在编木拱桥出现之前即已广泛应用于八字撑木桥，为编木拱桥的诞生与发展铺平了技术道路，而后在编木拱桥身上，通过至为艰险的挑战练就至为过硬的技术神功。

因此，作为八字撑木桥的加强与改进——并很可能结合了业已存在于民间的筷子桥游戏的原理——编木拱桥的雏形诞生于山林经济复兴的初期。而随着山林经济的发展对交通的需求，丰富的工程项目为木拱桥技术提供了演练场与实验钵，使其在短短几个世纪内达到成熟。

而木拱桥营造技术在闽浙矿变的核心区域得到发展与发扬，亦不是历史的巧合。数个世纪以性命相搏、生死系于苍天的产业，"盗匪"动乱的法外之地，彪悍尚武的民风，都在为木拱桥的诞生铺垫道路。木拱桥建造是一门胜在惊险的技术。就匠人个体而言，是一种近乎危险的体术运动；

就匠人团队而言，需要高度的组织分工。矿民子弟的胆量与组织性，为后世的匠人传统提供了顺利驾驭木拱桥营造之巨大危险与挑战的遗产。

桥匠所继承的技术遗产不只来自矿业，山林新兴的杉木种植与采木业，在丰富的建筑材料之外，亦提供了重要的技能。采木与木材运输中涉及的技术手法，无论崖壁悬吊巨木的方式、用"水车"拖曳梁木的措施，还是踏木溪上的水性，都与木拱桥营造绝技中的水柱架技术密切相关。

所有这些因素汇聚在一起，历史的巧合性与必然性交织，使木拱桥技术诞生在了闽浙两省交界最偏远的山区、孕育于农耕经济与宗族社会边缘的匠人家族。

上述的历史分析并不能为木拱桥技术的演化盖棺定论。我们以一种历史"侧写"（profile）的方式，分析描述了最适合于孕育与刺激木拱桥技术规模化发展的历史土壤。但同时我们亦已分析，编木拱技术机巧但简单的原理，容许这种结构概念在不同的历史时段，以不同的特征细节不断被重新"发明"或"发现"。

确然，有宋一代，随着宋室南迁，北人南下，东南地区文化大盛。闽浙山地虽地处偏远，但身居浙、闽两个文化中心之间，亦得到空前发展。无论朱子之学还是建造式样，都在两省之交深刻印迹。在建筑上，浙江景宁时思寺、福建寿宁报祖祠，均为元明甚至清时建筑，但以浓郁的宋元风格与精妙繁复的建筑形式，提示着宋元时期闽浙山区对外部文化技术的吸纳与逝去的荣光。中原文化进入山地的途径，在第三章中唐寰澄先生已经提及了诸种可能，包括商旅往来、官员宦居、文人行旅；此外，本地的文人举子亦可能入京出仕并归养家乡。任何一个类似的契机都可以让虹桥的原理——很大的概率是以"筷子桥"游戏的形式——进入闽浙山区。

传世的虹桥文献（11—12世纪）与可见最古的闽浙木拱桥（16世纪）之间有数世纪之隔。我们无从知道在这期间，"筷子桥"游戏或编木拱原理在多大的地域范围内以什么样的路径得到传播。我们亦很难推测，今天闽浙木拱桥的在地传统可以上溯到什么时代；在这期间，无论何地，是否曾有类似的桥梁昙花一现。只要有游戏存在，就埋藏着实验性建造的种子。只要有游戏存在，便总会有一两个头脑灵活而大胆勇进的木匠，在特定的时机与环境下，尝试用这种方式来建造一座真实的桥梁。而只要有足够的社会需求作为土壤，便有可能重新孕育出一种营造传统。

　　作为一种思维游戏，我们亦可设想，倘若一种原理近似的编木拱技术确曾出现于明代之前，甚至曾在宋代随着东南地区的开发而落地山间，只要山地间有一座历史遗构幸免于历代兵燹，就算曾出现数世纪之久的技术断层，在社会经济土壤复苏的时机，只要有一位有心的匠人对之学习揣摩，就可以令失传的技术得到复兴。当没有桥梁经验的匠人步入木拱桥匠行业，从"不成熟"的技术开始自己的尝试时，假以足够的工程机会与时间，他们亦或重新探索出抽度的方法与相应的设计、施工方法，重新发展出成熟的木拱桥营造技术。

　　不过，即使闽浙木拱桥当真与汴水虹桥有着直接或间接的概念层面的渊源，闽浙木拱桥有别于汴水虹桥（"筷子桥"）形式的技术方案才是决定了其技术成功的关键因素，这一点却是清晰的本地创造：筷子桥的启发至多是一朵轻微的火花，更重要的是深深根植于当地的成熟八字撑木桥技术——木拱桥不但在结构构成上重复八字撑的形式，并且技术成功的关键是借用和发展八字撑的节点构造与施工技术。正是这些技术层面的方案细节，令闽浙木拱桥有别于人类历史中任何其他的编木拱案例，形成了真正成熟而独树一帜的技术传统。

　　因此，我们可以确定的是，在没有直接的技术传播的情况下，仅以游戏式编木拱桥概念的启发，编木拱桥的每一次被重新"发明"，都一定存在着形式与构造上的差异，深刻烙印着当地环境、历史的影响，因之应被视为一次全新的技术演化。正如我们看到的，闽浙的木拱桥与汴水虹桥、与中国西北以及中南地区的编木拱案例（详见第92~94页），有着鲜明的形式和构造差异。这正是因为每一次木拱桥的被"发明"，这颗种子的发芽，都要从本地的地理、历史、社会环境中吸取营养，从而生长出（有可能全然）不同的形貌。技术史的起源问题，从来不仅仅是形式上的现身，而一定是本地经济史与文化史的一个组成单元。

　　第七章中永革桥的例子（详见第271~272页）提供了另一个代表。即使与闽浙木拱桥在空间、时间及关联人物上的联系如此之密切，它实践编木拱概念的手段仍然表现出了如此巨大的差异——倘若永革桥的历史背景不曾被中国的现代化打断，那位创造了用铆钉固定编木拱手法的黄姓匠师，会不会在福建的中南部地区发展出另一种形式的、由钢铁节点改进的编木拱桥传统呢？

下篇 闽浙木拱桥编

表8-1 下寿匠人"非遗"时代前已知桥梁作品[1]

辈代	编号	时间		绳墨群体	县	桥名	性质	信息来源	存否	外部出处
一	1	乾隆三十二年	1767	李秀壹、吴圣贵、张新祐	寿宁	仙宫桥	造	墨书	存	龚迪发，2013：280
	2	乾隆四十四年	1779	张新祐、张茂成、张新会（新会）	周宁	石竹坑桥	造	墨书	1987拆	—
	3	乾隆五十五年	1790	张新祐、张成观	政和	赤溪桥	造	墨书	存	—
	4	乾隆五十七年	1792	何仁衍、何政观	寿宁	单桥1	造	墨书	已改	龚迪发，2013：204~205
	5	乾隆五十九年	1794	张新祐、张成观	庆元	兰溪桥	造	墨书题缘簿	存	—
	6	乾隆二年	1797	张新祐、何开发、何仁明、何子明	庆元	亨利桥	造	范氏家谱	无	龚迪发，2013：10
	7	嘉庆四年	1799	张新祐、李正满、张成官、何开极、何开发	政和	岭腰后山桥	造	墨书	存	—
	8	嘉庆五年	1800	张成成（新会）	屏南	白溪水尾桥	造	墨书	无	—
	9	嘉庆七年	1802	李正满、张成德、张成观、张祖极、张新官、张成功、吴天良	景宁	梅崇桥	造	墨书	无	唐寰澄，1986：108
	10	嘉庆七年	1802	张新会	不详	西坑桥	造	桥约	存	—
	11	嘉庆八年	1803	张新祐、张成君、张成德	景宁	莲川大地桥	造	墨书	已改建；见下	—
二	12	嘉庆十一年	1806	张成德、张成来（何仁口、张成隆等十一位工匠）	古田	公心桥/田地桥1	造	墨书	不详	龚迪发，2013：60
	13	嘉庆十三年	1808	张成君	周宁	不详	造	桥约	不详	—
	14	嘉庆十四年	1809	张新会	不详	不详	造	桥约	不详	—
	15	嘉庆十六年	1811	何仁衍、何仁口	福州晋安区	多亭桥/店板桥	造	墨书	存	龚迪发，2013：164
	16	嘉庆十八年	1813	张成济	周宁	何姑桥1	造	桥约	1962焚毁	—
	17	嘉庆二十一年	1816	张茂成（新会）、张成济、张陈连、张成君、何继康	屏南	大峭桥1	造	桥约	无	—
	18	嘉庆二十四年	1819	张新会、张佛济	不详	双凤桥	造	桥约	不详	—
	19					昌梓桥	造	桥约		
	20	嘉庆二十五年	1820	张成君	龙泉	渡龙桥	造	桥约	1952洪水冲毁	—
	21	嘉庆二十五年	1820	张成德、张成来、张茂江、何开发、何奶兴东盘黄荣成	屏南	千乘桥	造	墨书	存	龚迪发，2013：220~223

[1] 表8-1与8-2参考了龚迪发《福建木拱桥调查报告》第15~16页及21页对两个造桥"世家"所造桥梁的统计表格，但依据笔者的田野采集，并依据本书的技术特征分析和

续表

辈代	编号	时间		绳墨群体		县	桥名	性质	信息来源	存否	外部出处
	22	嘉庆年间	1796—1820	张成君		寿宁	东溪头桥	落架大修	桥约	不详	—
二	23	道光九年	1827	张成济、张成隆、何圣昂、何志声		政和	下坂桥	造	墨书、桥约	存	—
	24	道光九年	1827	张成来		寿宁	张坑桥	造	墨书	存	—
	25	道光十六年	1836	张成来、张成德、叶光盛、龚正桢、李光彩、吴秉学、何圣基、肖奶忠、叶祥腾		周宁	登龙桥	造	墨书	存	龚迪发，2013：17
	26	道光十六年	1836	张成济、张成君		政和	桃坪	造	桥约	无	—
	27	道光十六年	1836	张成君		不详	兴福桥	造	桥约	不详	—
	28	道光十七年	1837	张成君		古田	汤寿桥	火焚重建	桥约	无	—
	29	道光二十年	1840	张成君		龙泉	洋顺桥	造	桥约	改	—
	30	道光二十一年	1841	张成济		寿宁	杨梅洲桥1	落架大修	桥约	存	—
	31	道光二十二年	1842	何圣泉、何圣前		古田	徐州桥	造	墨书	存	龚迪发，2013：247
	32	道光二十三年	1843	后坡何□□、何前□		闽侯	龙津桥	造	墨书	无	龚迪发，2013：166
	33	咸丰二年	1852	张成君、张茂巢、张茂秀		屏南	大哨桥2	落架大修	桥约	无	—
	34	咸丰十一年	1861	张茂秀		建阳	禾坝洲桥	造	桥约	不详/无	—
三	35	同治元年	1862	张茂巢、张茂秀		政和	皇溪桥	造	桥约	1926焚燬	—
	36	同治二年	1863	张茂来、张茂秀		屏南	双龙桥	造	桥约	不详/无	—
	37	同治四年	1865	张茂巢、张茂秀		龙泉	竹森后村双广桥	造	桥约	无	—
	38	同治七年	1868	张茂巢		庆元	角门岭	造	桥匠信	无	龚迪发，2013：15
	39	同治九年	1870	张茂巢、张茂试		不详	庆澜桥	造	桥约	不详/无	—
	40	同治十年	1871	张茂巢、张茂秀		不详	凤凰桥	造	桥约	不详/无	—
	41	同治十一年	1872	张茂巢、张茂秀		不详	林斗桥	造	桥约	不详/无	—

续表

辈代	编号	时间		绳墨群体	县	桥名	性质	信息来源	存否	外部出处
三	42	同治十三年	1874	张茂巢、张茂秀	不详	吴暦坪才聚桥	造	桥约	不详/无	—
	43	光绪九年	1883	何常山、张茂秀、张茂试	政和	杨源路嶺桥	造	桥约	存	—
	44	光绪十年	1884	张茂秀、张茂春	庆元	后坑村后山桥	造	桥约	无	—
	45	光绪十四年	1888	张茂秀、张茂春	屏南	长桥三石桥	造	墨书	存	龚迪发，2013：225
?		光绪十四年	1888	主绳宁邑□□	屏南	龙井桥	造	桥约	无	—
	46	光绪十五年	1889	张茂秀、张茂钲、张学泗	周宁	泗洲桥	造	桥约	存	—
	47	光绪二十一年	1895	张茂秀、张茂钲、张茂春	屏南	百祥桥	造	墨书	2006焚毁	—
	48	光绪三十一年	1905	张学昶、张学评	景宁	澳头水尾桥	造	墨书	不详/无	—
	49	光绪三十一年	1905	何邦山、何邦艳、何开灏、何常献、何常荣、何常益	屏南	清晏桥	造	墨书	存	龚迪发，2013：233
	50	宣统元年	1909	何邦艳	古田	亭下桥	造	墨书	存	龚迪发，2013：248
	51	宣统三年	1911	张学昶、何常盛	周宁	楼下桥	造	墨书	存	龚迪发，2013：17
四	52	民国五年	1916	张学昶、张学敏、张学兰、张明谨、张学醇、张明燈	景宁	章坑接龙桥	造	墨书	存	—
	53	民国十二年	1923	不详	景宁	杨畲石砚坑桥	不详	招标书	存	—
	54	民国十二年	1923	张学昶、张学兰、何克用	寿宁	北溪塔头桥	造	墨书、桥约	存	—
	55	民国十八年	1929	张学昶	周宁	何岯桥2	重建	桥约	无	—
	56	民国二十四年	1935	张学昶、张明燈	古田	公心桥/田地桥2	重建	桥约	存	—
	57	民国二十五年	1936	张学昶、张明燈	福安	墙坪水尾桥	造	桥约	无	—
	58	民国二十六年	1937	张学昶、张明燈	寿宁	杨梅洲桥2	落架大修	墨书、桥约	存	—
	59	民国二十七年	1938	张学昶、张明燈	福安	湖后永安桥	造	桥约	无	—
	60	民国二十九年	1940	张学昶、张明燈	周宁	七步至德桥	造	桥约	无	—
	61	民国三十年	1941	张学昶、陈昌排、张明燈、张必珍	屏南	洋地惠风桥	造	墨书	存	龚迪发，2013：231
	62	民国中期		何天佗	周宁	七步乡洋头桥	造	墨书	无	龚迪发，2013：9

续表

辈代	编号	时间	绳墨群体	县	桥名	性质	信息来源	存否	外部出处
五	63	1950	张明燈	周宁	咸村下坂迴龙桥／解放桥	造	桥约（？）疑为桥匠回忆	1982改石拱桥	龚迪发,2013：13
	64	1964	何天舵、彭伏党	周宁	后坑桥	重建	墨书	存	—
	65	1964	张明燈、张必珍、张昌云	周宁	何姑桥3	重建	桥匠回忆	无	—
	66	1968	张明燈指导张必珍；张昌居、张昌泰、张昌云	周宁	咸村川中桥	造	桥匠回忆	无	龚迪发,2013：16
六	67	1968	张昌云	周宁	竹岭桥	修缮	桥匠回忆	无	—
	68	1972	张必珍、张必任、张昌泰、张昌云	蕉城区	柏步濂坑桥	造	桥匠回忆	无	—
七	69	1975	何天佗指导彭伏党；张必珍、张昌云、何常云	蕉城区	洪口鱼仓桥	造	桥匠回忆	无	—

表8-2 坑底匠人"非遗"时代前已知桥梁作品

辈代	编号	时间		绳墨群体	县	桥名	性质	信息来源	存否	外部出处
一	1	嘉庆六年	1801	徐兆裕、吴光福	寿宁	小东上桥	造	墨书	存	—
二	2	咸丰六年	1856	吴光谦	泰顺	薛宅桥	失败	薛氏家谱	塌	—
	3	咸丰七年	1857	徐元良、陈泽应、郑起鑑、薛思年	泰顺	薛宅桥	造	墨书	存	—
三	4	同治九年	1870	徐斌桂	景宁	弯岱岭脚桥	造	墨书	存	龚迪发,2013：17
	5	同治十一年	1872	徐斌桂、陈口口、魏文康、魏正口	庆元	黄水长桥	造	墨书	存	—
	6	光绪四年	1878	徐斌桂、胡口口、胡灵口、叶祥熙、魏正汉、叶祥赖	寿宁	大宝桥	造	墨书	存	—
四	7	光绪十四年	1888	徐世智、徐世仁、徐世礼	景宁	白鹤桥	造	墨书	无	龚迪发,2013：18
	8	民国十二年	1923	徐世智	景宁	大赤坑桥	造	墨书	存	龚迪发,2013：21

续表

辈代	编号	时间		绳墨群体	县	桥名	性质	信息来源	存否	外部出处
五、六	9	民国二十六年	1937	吴大清、郑惠福	寿宁	杨梅洲桥	造	墨书、桥匠口述	存	
	10	民国二十八年	1939	徐泽祥（泽长）、吴口龙、吴茂盛、叶若康	寿宁	坑底单桥2	重建	桥书	存	龚迪发，2013：21
	11		1949	郑惠福、郑多金	泰顺	三滩桥	造	桥匠口述	无	
	12		1950	徐泽长、郑惠福	寿宁	刘坪桥	造	墨书	1999拆	
	13		1952	郑惠福、郑多金	寿宁	凤阳乡弄桥	造	桥匠口述	1981拆	
	14		1954	郑惠福、郑多金	寿宁	犀溪乡红军桥	造	桥匠口述	存	
	15		1955	郑惠福、郑多金	泰顺	仕阳双神桥	造	桥匠口述	1989拆	
	16		1955	郑惠福、郑多金	寿宁	坑底前洋桥	造	桥匠口述	无	
	17		1960			南阳布乡罗林桥	造		1998毁于龙卷风	
	18		1963	郑惠福、郑多金	泰顺	福家洋（富家样？）桥	造	桥匠口述	无	
	19		1963	郑惠福、郑多金	福安	潭头镇棠溪桥	修缮	桥书	存	龚迪发，2013：27
	20		1965	郑惠福、郑多金	寿宁	下党鸾峰桥	修缮	墨书	存	
	21		1965	郑惠福、郑多金	寿宁	九岭溪桥	造	桥匠口述	1973拆	
	22		1966	郑惠福、郑多金	寿宁	南阳溪南桥	修缮	墨书	存	
	23		1967	郑惠福	寿宁	杨溪头桥	修缮	墨书	存	
	24		1967	郑惠福、郑多金		坑底上地洋桥	—	桥匠口述	无	
	25		1967	郑惠福、郑多金	文成	城郊上口桥	—	桥匠口述	无	

结论篇　反思

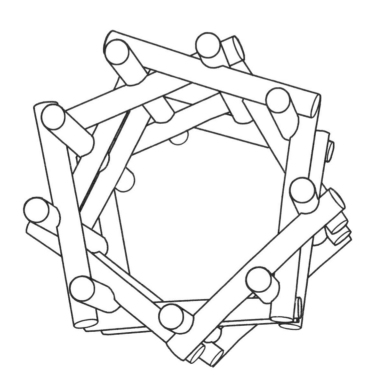

尾声／结构思维与建筑文明

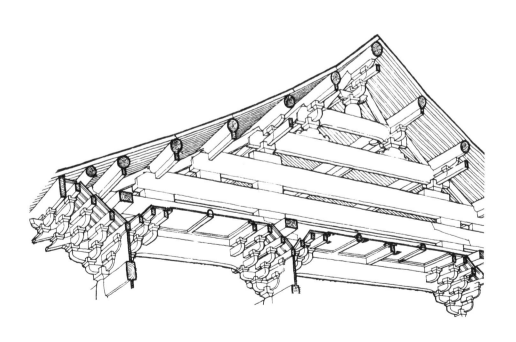

结论篇 反思

① 在德语中，"故事"即是"历史"（Geschichte）。

② 唐寰澄. 中国古代桥梁[M]. 北京：文物出版社，1957: 27-29.
唐寰澄. 中国木拱桥[M]. 北京：中国建筑工业出版社，2010.
Hirahara N. From Japan to America: The Garden and the Japanese American Community [M]. // Li, T. June. One Hundred Years in the Huntington's Japanese Garden: Harmony with Nature. San Marino, Calif.: Huntington Library Press, 2013: 94-107.

③ Thönnissen U. Hebelstabwerke: Tradition und Innovation [M]. Zürich: gta Verlag, 2015: 46.

④ 然而在史料可证的范围内，汴水虹桥的影响在地域上不曾超出中原，在时间上不曾超过一个世纪。

⑤ 唐寰澄. 中国木拱桥[M]. 北京：中国建筑工业出版社，2010. 详见第94~95页。

一、普世的独特性

全书行文至此，我们已经深入认识了四种不同的编木拱桥：诞生于意大利战争工程中的达·芬奇桥、日式园林艺术装置小品圆月桥、服务于国家运河命脉的汴水虹桥和它的当代复原作品，以及在帝国的角落为山民生计而奋身的闽浙木拱桥。四个故事发生在四种全然不同的文化背景中，创建者的身份亦各有不同：罗马与意大利或辉煌或困顿的军事工程师，美国东海岸的第一代日裔移民，帝国朝廷命官，民族文化自觉中的中国建筑史学者以及深山高壑中的乡村匠人（图9-1）。

虽然所有的故事①都共享同一个高度相似的内核——编木拱，但是全书有意地维持了每一部分叙事的独立完整，努力不在故事之间产生勾连搭枝的议论。做到这一点并不困难——这些故事本来便是如此独立。但这个高度相似的内核曾经困扰着过去的建筑史学者：用梁木形成"编织"肌理的构造是如此巧妙而不同寻常，常常被本土的研究者视为独一无二（one-of-a-kind）的创造②；而这种非同寻常的结构又孤立地出现在世界的不同角落，令人对其间的技术传播路径浮想联翩。无论东西方学者，都倾向于——甚至在没有证据的情况下——猜测，譬如达·芬奇在"东方"（实际仅至近东地区）的旅行中或曾受到来自"东方的"虹桥的传播影响③④，以及试图为闽浙与中原之间寻找传播媒介⑤。

a. 达芬奇编木结构之一（第一章）
b. 汉庭顿圆月桥（第二章）
c. 清明上河图（第三章）
d. 饭箸桥。福建省南平市建阳县安口村（第七章）
e. 岚下桥。福建省南平市顺昌县（第七章）
f. 筷子桥游戏（第七章）

图9-1　不同文化中编木拱结构的高度一致性

这两种观点——无论认为探讨的对象是独行于世的创造，还是执着地寻找技术传播的源头与路径，其实可归统为同一种观点：编木拱结构太过特殊，难以在不受外界影响下独立创造。

然而编木拱或许并非——像我们这些受过现代建筑学与结构科学训练的工程师所理解的那样——那么"独特"。除了已经详细解剖的案例外，人类的文明中还曾闪现过更多编木拱桥实例。这些尚未着墨的案例，史料稀疏，材料有限，难以像前面章节一般全面铺陈叙事，但同样有助于我们对人类建造文明的丰富性与创造力加深理解。

二、编木结构的类型

以所有已知编木拱历史[①]案例通览观之，历史中出现的编木结构分为两大门类：第一类，桥梁主体结构为纯粹的编木结构，以筷子桥为极端代表。这一类型的桥梁可以视为放大的筷子桥游戏，包括达·芬奇的编木结构设计、汉庭顿圆月桥以及汴水虹桥等。第二类，桥梁主体结构为编木构造与其他结构形式的组合。这一类型桥梁目前仅见于中国，将编木原理与本土既有桥梁形式（"基底"）相结合，而对后者

---

① 此处"历史案例"指建造或发生在20世纪80年代之前的案例，即编木拱桥成为学术问题之前。

进行强化改进。根据作为改进基底的既有形式，这种编木结构存在不同的子类型。

根据这种分类思路，已知历史桥梁可以归纳为以下四种：

类型一：放大的筷子桥

我们判断一种编木拱桥是以"筷子桥"为原型，有两种基本标准：① 桥梁结构与"筷子桥"高度相似，未发展出成熟的构造措施，呈现为游戏的放大；② 桥梁所处的文化土壤中，没有相似的初级结构作为"基底"，游戏式的筷子桥于是横空出世。在这两种标准下，除了上文提及的案例（虹桥、圆月桥、达·芬奇桥以及闽浙木拱桥中身处外围的饭箸桥与永革桥），还有另一些实例可以归入此类。

（1）山野虹桥

《清明上河图》中的汴水虹桥并非编木拱桥的唯一宋代图像（图9-2）。近年建筑史学者注意到同时期画作中的另一座同类桥梁。[①] 这是一座山野环境中的小桥，位于《江山秋色图》卷尾。画作者赵伯驹（1120—1182）为南宋画院画

① 刘涤宇. 历代《清明上河图》——城市与建筑[M]. 上海：同济大学出版社，2014.

图9-2 《江山秋色图》与"山野虹桥"

（图片来源：故宫博物院）

家。《清明上河图》则是北宋晚期（12世纪初）作品。两位画家均供职于宋代宫廷画院。两幅画作同出于12世纪，《江山秋色图》略晚几十年。观察画中所绘山林风景、建筑样式，可以判断绘画表现的是中国北方景色，因此这座"山野虹桥"的原型大约不出前述汴水虹桥的传播范围，即中原文化圈。通过结构的相似与时代地域及绘画者身份的相近，可以判断两座虹桥具有无可怀疑的亲缘关系。

"山野虹桥"中，三折边拱两侧的梁木极短。如果将它们延长，并在另一组梁木中相应增加一对纵木，即得到汴水虹桥的造型。但在"山野虹桥"中，三折边拱的这对短斜梁并未形成"编织"机制。它们立脚于河岸，顶部简单地搭靠在桥中横木上，而没有支撑任何横木。结构的第二组纵木自成"人"字拱，直接撑顶在河岸岩石上。如果桥中的横木可以通过什么方式固定在位，这一对"并不重要"的短斜木是可以取掉而不影响结构稳定的。如此形成的结构，正是"山野虹桥"的基本编木原型，并且可视作筷子桥游戏的直接放大（图3-5：b，图9-3）。

（2）卧龙桥

另一个筷子桥类型的实例来自于日本。很可能是一座建成的实例，但已经历改建。编木拱形式的桥梁结构如今仅有图像文献予以侧证。白岩卧龙桥（卧竜橋），位于日本本岛东北部山形县寒河江市。最早的卧龙桥建于1744年，1827年被洪水冲毁后移址重建。新结构长度40余米。关于这一次建设，当地两个匠人家族保存了两套当时的设计图纸，提供了两种版本的桥梁设计，各自描绘了一座由横向悬臂结构和跨中的编木拱组成的木构桥梁。

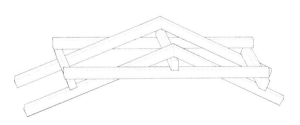 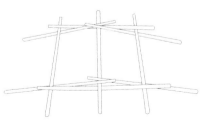

a. "山野虹桥"编木体系　　　　　　b. 对应原型：筷子桥游戏

图9-3　"山野虹桥"原型分析

结论篇 反思

① 寒河江市教育委員会. 寒河江市史編纂叢書（第三十二集）. 白岩臥竜橋関係資料（工藤善兵衞家資料・鈴木修助家資料・渡辺半右衞門家資料），1985：78.

② 寒河江市教育委員会. 寒河江市史編纂叢書（第三十二集）. 白岩臥竜橋関係資料（工藤善兵衞家資料・鈴木修助家資料・渡辺半右衞門家資料），1985：26-27. 另见：日塔和彦. 日本の歴史の木造橋（刎橋を中心に）. 木の建築フォラム [M] // 岩国. 現代に生きる伝統技術，2004：75-91.

③ Modell Garyu-Brücke[A/OL]. [2020-12-19]. https://digital.deutsches-museum.de/item/2017-299T2/.

　　渡边为夫保存的设计图由匠人石川右平次设计，图幅宽90厘米，长2.1米，由包括平面图、立面图和透视图等不同层次的多层图纸裁剪拼接叠合而成的"三维图纸"（图9-4：a）。

　　铃木修助提供的图纸是由其家族的一位祖先（铃木熊五郎）设计^①，图幅设计与前者相似，描绘了一座结构类似的桥，唯有跨中的编木拱结构更简单（图9-4：b）。这一家族的收藏者还向研究者展示了一份同年的建桥材料记载。在这一历史文献中，提到该桥为悬臂桥（刎桥）。

　　1827年的真实建造选用了哪个方案，今天已经不可能查明了。无论如何，编木拱版本的桥在建成后，多次受到洪水的破坏并多次修缮，终于在1858年改建为悬臂桥。^②

　　笔者根据石川氏图纸制作了1：50的木构模型，今天保存在德意志博物馆（德国慕尼黑^③）（图9-5）。这座结构的中央部分显然是一座筷子桥，其纵向梁木斜置，搭放在横梁上，横梁断面作五边形，与纵梁角度正相应。通过模型制作可以体会，卧龙桥的编木部分难以通过木构自身稳定咬结，

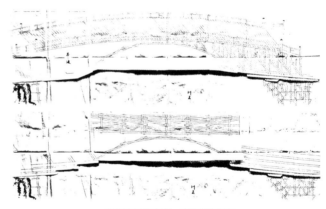

a. 石川右平次方案。渡边家族保存

b. 铃木熊五郎方案。铃木家族保存

图9-4　白岩卧龙桥历史图绘。建于1827年
（图片来源：日塔和彦提供，作者拼合整理）

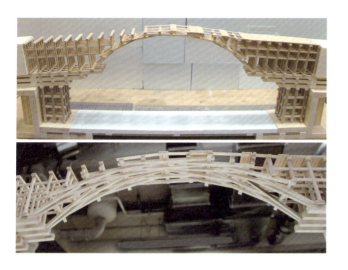

图9-5　白岩卧龙桥模型，根据渡边氏所藏石川氏图纸
（图片来源：作者制作、拍摄。现收藏于德国慕尼黑德意志博物馆）

横纵梁间很可能是用铁钉而不是木构节点固定的。铁制构件是日本传统桥梁结构中的常见元素。铃木氏保存的备料单中，也包含了铁钉等金属件。

卧龙桥两套设计之间的关系，类似于《清明上河图》虹桥及"山野虹桥"之间的关系。两个方案的编木拱结构可以理解为筷子桥游戏的两个步骤：铃木氏的设计采用了最简单的筷子形式（图3-5：a），而石川的设计虽然更复杂，亦不过是同种原理的扩展。

细心的读者可能已经发现，白岩卧龙桥的建造时间仅比汉庭顿圆月桥（第二章）早了不到一个世纪，汉庭顿圆月桥也是由日本木匠建造的，而那位匠人的岳父，恰巧正是一座桥梁工程师，在横滨有一些项目（详见第39页）。但是，如果我们想要因此推断出这两座桥梁具有关联，还为时过早。首先，山形县和横滨市相距甚远。横滨位于本州中东部的港口地区，而山形则位于西北部的山区。在19世纪末的钢铁时代，一名身处城市化较高区域的现代桥梁工程师，并不需要去了解一座建造于落后山区的木桥的信息。实际上，直到今天，日本建筑史上仍然很少提及白岩卧龙桥。

（3）"所谓的高加索桥"

第三个案例来自德国。在一部1895年出版的德语木工手册（*Zimmermannsbuch*）中，梅耶（Meyer）教授在《园林

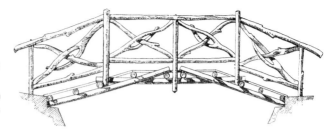

图9-6　19世纪末德语木工手册中"所谓的高加索桥"

[图片来源：Meyer F S. Zimmermannsbuch [M]. Hannover: Th. Schäfer GmbH, (1895) 1981: 358.]

建筑——自然木材营造》章节下，提及了一种"所谓的高加索桥"（sogen. kaukasische Brücke，图9-6）。结合原书的配图，这描述的是一个类似于十根筷子搭桥的游戏（图9-1：f）结构。作者提及它极小的跨度（4米），更暗示了游戏式小品结构的属性。

"一种被称作'高加索桥'的桥梁结构。结构不错，轻巧并令人愉悦，而且有某种不同寻常的特征。必要的建造条件是极其坚固的基岸，因为桥身所谓的"膝盖"（Knie）要作用在上面并施加水平推力。如图所示，它的跨度可至4米。撑木结构（Sprengwerk）的纵木须尽可能牢固地与横木相连，并以锚栓锚固。桥面板作三段折线。在转折点，或最好在它下面，以金属片加固保护。外侧的栏柱夯入地下。中央的三组栏柱较小，固定在桥身承重木结构上。桥的形式导致它不可能从结构上显著强化（否则中部会过高），所以必须使用尽可能坚固的木材。"[1]

类型二：握桥——改进的伸臂梁桥

一个有趣的现象是，当中国之外的学者看待编木拱结构时，他们常常将其视作一种特殊的伸臂梁结构（multi-angular soaring cantilever）。20世纪70年代，李约瑟（Joseph Needham）将汴水虹桥释作"多角度伸臂桥"，视之为中国南部尤其西南地区普遍使用的伸臂桥的一种特例[2]（图9-7）。日本学者描述其本国的卧龙桥时，亦将其作为日本本土的伸臂梁（刎橋）的特例[3]。

形成这种观点的一个可能原因是，将大木水平或倾斜布置、层层相叠出挑的伸臂梁桥主要见于亚洲。关于这种桥梁的最早记载来自6世纪的中国文献——段国《沙州记》，

---

[1] Meyer F S. Zimmermannsbuch [M]. Hannover: Th. Schäfer GmbH, (1895) 1981: 358-359.

[2] Needham J. Science and Civilisation in China, Vol. 4: Physics and Physical Technology, Part 3: Civil Engineering and Nautics[M]. Cambridge: Cambridge University Press, 1971: 162-167.

[3] 日塔和彦. 日本の歴史の木造橋（刎橋を中心に）. 木の建築フォラム [M] // 岩田. 現代に生きる伝統技術, 2004: 75-91.

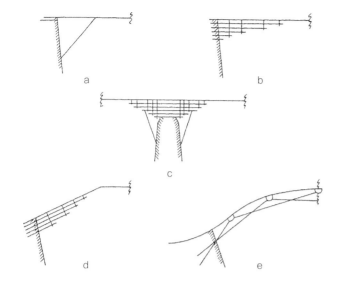

图9-7 李约瑟对中国伸臂桥的类型分析
（图片来源：Needham J. Science and Civilisation in China, Vol. 4: Physics and Physical Technology, Part 3: Civil Engineering and Nautics[M]. Cambridge: Cambridge University Press, 1971: 163.）

并为《水经注》所引："吐谷浑于河上作桥，谓之河厉。长百五十步，两岸垒石作基阶节节相次，大木纵横，更相镇压，两边俱平，相去三丈，并大材以板横次之，施钩栏甚严饰。"吐谷浑是当时的游牧民族，活动于今天的中国西北。

这种类型桥梁的踪迹，西至土耳其，东至日本，在欧洲大陆大面积空缺，然后又出现在偏远而（历史上）欠发达的北欧。在欧洲桥梁技术发达的区域——譬如德语区，木构桥梁也会使用伸臂叠梁构造，但很少使用纯粹的伸臂梁桥，而是将这种元素作为辅助结构配合桁架使用。纯粹的伸臂梁桥在欧洲的实例，目前仅知出现于北欧——木材丰沛、经济欠发达，但因为采矿业而产生路桥需求的山区。在这里，伸臂梁桥与桁架、撑木桥等多种桥梁形式共存，甚至结合使用（图9-13），并非最具代表性的桥梁形式，甚至很少见于常规的桥梁史文献。唯有在亚洲，伸臂梁桥在木构桥梁中占据统治性地位。在中国，伸臂梁桥是除闽浙木拱桥外，唯一可以达到30米以上跨度的木构桥梁类型，更在19—20世纪吸引了西方旅行者的注意（图9-8）。因此当人们站在更大的视野内来观察欧亚大陆的桥梁形式时，会认为伸臂桥梁有某种显眼的"亚洲"属性。如此，在桥梁史研究者眼中，它与东亚的编木拱实物之间可能的关系就被凸显了出来。

结论篇 反思

图9-8 四川杂谷脑地区伸臂梁桥。中国西南地区，1917—1919
（图片来源：Sidney D. Gamble Photographs: Vol.1[M]. 1908-1932）

a. 群策桥周边环境　　　　　　　　　b. 群策桥下部结构，可见梁端固定用的木销

图9-9 湖北恩施群策桥
（图片来源：吾超摄，2016）

①
两桥"卧""握"亦可混用。兰州握桥今天已改建为水泥桥。

此外，又因为伸臂梁桥在中国的普遍应用，中国内地确实存在与伸臂梁桥紧密结合的编木拱结构。在中国中南部，湖北恩施群策桥（图3-13，图9-9），以及中国西北部，甘肃两座发音为"wo桥"的案例：渭源卧桥（图9-10）与兰州握桥①。这两个区域均位于西部民族走廊，有深厚的伸臂梁桥营造传统，尤其是斜上方层层伸臂的拱形桥梁。"握桥"之名非常形象：两侧层层出臂的大木，在顶部跨中，通过编木构造互相连接，握合在一起。

类型三：挪威夹式桥——加强的撑木桥

到目前为止，我们所讨论的欧洲编木拱桥案例——达·芬奇桥和德国文献中的例子——与当地的造桥实践并没

图9-10 渭源卧桥

（图片来源：唐寰澄.中国科学技术史·桥梁卷[M].北京：科学出版社，2000: 492.）

有紧密的联系。达·芬奇的发明是受到罗马时代先例的启发而应用在战争上的，而德国的例子则表明了是一个舶来品，仅作为装饰性的园林小品。然而，在欧洲的另一个角落，我们确实发现了一个扎根于当地建筑实践的例子。

这组引人入胜的桥梁来自挪威中部。这里有丰富的山脉、山谷和木材资源，亦有悠久的木构建造传统与高超的木构建造技术。这个地区在17世纪之前仅有少量的萨米人居住。而18—19世纪的采矿业大发展带来了大量木构桥梁，涉及丰富的桥梁形式：伸臂梁、各种桁架、八字撑，以及各种混合式木构桥梁。其中撑木拱与其他形式的组合极为常见（图9-11~图9-15）。在平梁下加入三折边拱的撑木桥，与中国闽浙地区的"八字撑"式撑木桥在形态上极为相似。唯有节点处理更加粗糙，极少使用榫卯，而以铁件固定构件。

① Gammel og ny bru over elva Vinstra ved Loholet i grenda Ruste i Nord-Fron kommune, fotografert høsten 1959. SJF.1990-04737 [A/OL].[2020-12-19]. https://digitaltmuseum.no/021016555236/gammel-og-ny-bru-over-elva-vinstra-ved-loholet-i-grenda-ruste-i-nord-fron.

图9-11 挪威Røros镇历史桥梁。八字撑木桥，施剪刀撑（2017）

图9-12 挪威Loholet, Nord Fron地区历史桥梁。八字撑木桥

（图片来源：Sparby, Kaare/Anno Norsk skogmuseum①）

① Sleggbrua, Hyttelva og Malmplassen sett fra sørøst. RMUB.000168 [A/OL]. [2020-12-19]. https://digitalmuseum.no/021016631215/sleggbrua-hyttelva-og-malmplassen-sett-fra-sorost-ovre-del-av-kurantgarden.

② Bru, elv. Klemmet brua i Einunddalen. MIN0.038966 [A/OL]. [2020-12-19]. https://digitalmuseum.no/021016387398/bru-elv-klemmet-brua-i-einunddalen.

图9-13　挪威Røros镇历史桥梁，伸臂梁与两套撑木相结合（2017）

图9-15　挪威Rondane地区历史桥梁。八字撑木桥。八字撑的节点位置有加固处理。有斜撑（2017）

图9-14　挪威Røros镇历史桥梁。两层八字撑与斜撑、桁架相结合
（图片来源：Musea i Nord-Østerdalen）

图9-16　挪威Einunddalen地区编木拱桥。原照题作"Einunddalen地区的夹式桥"
（图片来源：Musea i Nord-Østerdalen②）

　　因三折边拱容易变形，为了解决其刚度问题，这类桥梁常在节点处钉入短木加固（图9-15），手法粗糙而有效。其中最为奇特的案例，则见于一幅题作"Einunddalen地区的夹式桥"（"Bru, elv. Klemmet brua i Einunddalen"）的老照片（图9-16）。同样是处理八字撑的刚度问题，这个案例使用了非常类似于编木拱的构造措施。

　　桥梁的结构形态与《江山秋色图》的小型"虹桥"（图9-2）及德国木工手册中的"高加索桥"（图9-6）略近。但虽然形式相似，挪威的"夹式"木拱桥却与本地既有撑木桥有着清晰的亲缘关系，明显是针对后者面对的构造问题做出的结构改进，对撑木节点刚度问题的直接应答。而虹桥与"高加索桥"则以"筷子桥"为直接原型，在自身的文化土壤中并没有演化基础。

类型四：闽浙木拱桥——改进的撑木桥

闽浙桥梁的建筑背景和结构挑战与挪威相似，均是以撑木桥作为编木拱结构发展的基底，并通过叠加多层撑木或撑木拱来加强结构，满足桥梁跨距增大时的承重能力。同时随着桥跨的增大，无论叠加多少层支撑，都存在另一个结构问题：节点刚度不足导致结构变形。

正如我们在前几章中所看到的，闽浙地区的各类编木拱桥，无论是形式上的3+2（3+X）、3+3、3+4还是3+5木拱桥，都具有相同的三折边拱（八字撑）作为基础系统。而三折边拱的撑木桥正是闽浙山区的常见结构形式。

木构节点，特别是燕尾榫，本身并不是刚性连接，在结构意义上是半刚性、可部分旋转的节点。因此，三折边形的撑木拱结构自身是可变形的。如果顶部沿桥身方向压覆一层连续的桥面梁，例如像早期版本的如龙桥（图6-20）一样，上方沉重的梁木则会压制撑木拱的转动趋势。而当跨度增大、超过单根树干的长度时，桥面梁仅能覆盖局部跨身，则无法制约下方结构变形。而编木原理则可以通过构件的锁合加固节点。卧渡桥（图7-49）准确地表达了3+2（或3+X）木拱桥的构想。从这种3+2形式，直到最为成熟的3+5木拱桥，构造的逻辑都是相同的：加固、增强这个基本的三折边拱系统。

三、从概念到技术

编木结构的两种原型

原型一：被揣摩的节点

恺撒的军事工程师与中国东南、挪威中部山地的匠人都在思考同一层面的问题：如何加固一个三折边拱形结构的节点，使之具有足够的刚度，能够独立用作桥梁下部的支撑

结论篇 反思

①
柏庭卫. 杠作：一个原理、多种形式[M]. 北京：中国建筑工业出版社，2012.

结构。古罗马的军事工程天才发明了一组叫作 fibulis 的节点构造，在"门"字形的构架中卡入销锁，咬合夹持相交的梁柱；中国闽浙地区与挪威矿区的匠人则在三折边拱中卡入交织的梁木，别压与锁勒可能产生扭转变形的节点。

对节点的推敲正是通往编木拱结构的一种设计起点，而这，正与编木结构的特性强烈相关。正如达·芬奇的桥梁设计（图1-9、图1-19）所显示的那样，编木拱结构本身即是对 fibulis 节点这一设计的放大。现代一些结构设计学者也曾用更明晰的方式提出这个概念。柏庭卫总结了"杠作"（或"互承结构"，编木拱结构属于这种门类之下）结构的设计理论，其中一种方法正是用构件的互锁来取代节点[①]。编木原理——或更广义的杠作或互承结构，正是用结构形式（承重构件的几何关系）来化解节点构造（承重构件的交接关系）的问题：令梁木之间相互制约，从而不再需要额外的连接件便能结合为一个整体。

原型二：被"游戏"的结构

当编木拱的结构原理在筷子桥游戏中呈现时，对游戏的把玩与推敲就可能成为设计的起点。我们看到，本书的众多编木拱桥案例，都与模型研究或游戏式的把玩有着密切关系。

达·芬奇利用模型来研究编木结构，并留下草图记录了他的推演思路；虹桥的文化土壤和其结构自身都带有鲜明的筷子桥印迹；日本案例圆月桥与卧龙桥全然是简单放大的游戏构造，而建造了圆月桥的匠人曾在家中利用模型来琢磨他的设计（详见第67页）；闽浙地区的匠人和普通百姓相信，他们的桥梁与游戏有着天然的关系；民国时期的福建官员很可能借助游戏向木匠传授了造桥技术（德化永革桥，详见第272页）；甚至在当代中国学者（唐寰澄、路秉杰）讲解虹桥结构时，也不约而同地使用火柴或筷子作为模型道具（详见第82页）。而在圆月桥与"高加索桥"的案例中，不仅桥梁的结构正是放大的游戏，桥梁本身作为园林的小品，其建造亦被作为一种游戏，在景观中被游赏。正因为编木拱结构的奇异特性，模型尺度的"游戏"被用来揣摩与理解结构的可能性。"游戏"成了建造技术的启发点或传播的媒介。

概念与技术之间的鸿沟

游戏的传播影响并不一定带来编木拱桥梁的创造。同时，并不是每一个实验性的结构都能通往成熟的桥梁技术。那些呈现为"放大的筷子桥"形式的编木拱桥，都没能在当地留下长久的造桥传统。它们全部随着时间的推移而消失了。少量幸运地留下图像线索的例子——我们在本书中看到的仅有的图像——多数是晚近的例子。而编木拱桥曾有多少次如昙花般闪现又消失于历史之中，我们已经无从知晓。

若要从一件游艺般的园林小品变成一座真正的桥梁，形成有生命力的传承，必须跨越"技术的鸿沟"。而"技术"，远非形式的达成，而是将概念转化为建造实践的一整套手段和方法。一种新技术若想被一个地区的建筑传统所接受，必须与当地既有时技术条件互相适应。

编木拱桥为桥梁技术的课题提供了许多新的挑战。在一个"纯粹"的互承结构中，由于结构构件的相互支承（即所谓"互承"），一个构件的失效将导致整个框架的失效。以筷子桥为极端的例子：去掉其中任何一根杆件，整个桥体都会坍塌。这个问题在闽浙木拱桥中通过一组苗木的排布（重复的冗余元素）得到了部分解决，但设计、加工、施工的精度要求仍然是不见于任何其他同类木建筑的首要挑战。首先在设计上，结构元素之间涉及的众多角度、构件之间的相互依赖性所带来的计算问题，即使在今天，对于一位大学生甚至工程师来说，都并非轻易之事[①]。虹桥的技术之所以失传，部分原因很可能正是难度太大。

其次是施工难题。并不是所有的桥都能像达·芬奇的可运输式战事桥梁那样在陆地上安装，也不是所有的桥能像园林小品那样在宽松的环境中搭建。对于需要水上作业的环境，构件之间的相互支撑、制约的构成机制又需要特殊的方法来测量控制确保安全。在这个意义上，木拱桥的建造与石拱亦有共通之处。在石拱中，直到最后一块"拱心石"到位，整个结构才组合成一个整体，在此之前，整个拱身都是不安全的。因此石拱（券）的建造，需要通长的木拱架（"鹰架"）支持整个施工过程。编木拱与之相似，直到"互承"的每一个构件到位之后，拱架才可以作为一个有效

① 正因如此，它才会在许多高校中意外成为建筑学的教学对象。其中包括普利兹克建筑奖得主王澍在中国美术学院、东南大学等校进行的一系列教学实验（2009—2010），以及笔者在南京大学参与的教学实验（2017）。

的结构体摆脱对脚手架的依赖。正因如此，编木拱桥对于施工条件的要求非常苛刻。当然，为了保证施工的安全，类似于砖石拱桥的满堂红脚手架同样适用于编木拱桥。然而，编木拱桥的营建场所，往往正是无从进行石拱桥营造的施工环境——正如汴水虹桥所在的繁忙运河以及闽浙山区的深谷高壁。换句话说，如果当地有建造石桥的条件，那么人们就已经建造了石桥——石桥的稳定持久在大多数文化环境中都具有稳固的社会根基——而无须再去费心发掘建造木拱桥的可能性。之所以能有施展空间留给编木拱桥，恰恰正是因为施工条件艰巨的技术挑战。

汴水虹桥确曾成功矗立了相当一段时日。建造虹桥的匠人一定摸索出了一套计算和管理施工的方法，但正如史料所载般耗资巨大，涉及复杂的技术手段。到了我们的时代，在桥梁工程师唐寰澄根据宋代的技术能力建造金泽桥时，为了确保设计和施工的准确性，他不得不两次建造：先在陆地上建成一次，然后拆解，再到河面上重新组装[①]——那只是一条相当浅窄的平静小河。若是建造都城（北宋东京汴梁城）的门面工程或其他政府工程，这种复杂的技术和耗费的成本倒是可以接受（甚至连汴河无脚桥也曾因成本过高而半途罢止，详见第77页所录《宋会要》引文），毫不意外，这种技术很快就在王朝末期的动荡年代中消失无踪了。

相比其他昙花一现的编木拱桥实践，闽浙木拱桥成了唯一一个能够成功发展为地区传统、留下匠作传承的编木拱桥品类。这正是因为它跨越了概念与技术的鸿沟，从一套"游戏"性的实验发展出了一整套高效的技术手段，包括：

① 地域性的构造方案。以本地成熟的八字撑木桥营造技术为依托，大大降低了闽浙木拱桥技术发展的起步门槛。

② 流程化的设计方法。使用可记忆的数字"密码"（比例、尺度、角度），将先期的尺度设计与现场的丈量定夺有机结合，将编木拱复杂的几何问题化解为一套有操作性的制作程序。

③ 险峻环境中便利经济的施工手段。与构造形式配合密切的施工方式，尤其是在险峻的环境中使用至为简陋的工具、脚手架、至为简省的材料进行施工的技术能力。

这一整套近乎工业化的技术手段，深刻根植于本地营造

---

① 唐寰澄. 中国木拱桥[M]. 北京：中国建筑工业出版社，2010：115.

技术传统，既程式化——因此便于传承，又具有密码性和操作难度——因此便于垄断，从而可以在特定的匠人群体中如涓涓细流般绵延不绝。

四、结构思维：东西方的跨度应对之道

为什么尽管编木拱结构曾经出现在如此众多的文化之中，却唯独在中国出现了丰富多样的形式，得到了最大化的探索？而即使在中国，并不是每一次编木拱桥的营造尝试都成功地流传了下来：虹桥传统消失了，中南和西南的编木结构以特殊的个例存在。而又是为什么，除了前述的技术原因，在中国这么广袤的土地上，编木拱只在东南深山地区得到稳定发展，形成一种成熟的建筑结构，发展出稳固的匠作传统？

为了回答这两个问题，在本书的最后一节，我们将深入到幕后，看看在诞生了编木拱的不同建筑文化中，人们是如何应对跨度挑战的。而在这之前，还有一个基础的，但并非不证自明的问题：我们都接受编木拱桥是一种不寻常的结构，但为什么我们会认为它如此特别？

暧昧的身份

一个非常重要的原因，是编木拱在结构科学的分类上的暧昧不明。

科学式思维，是一种分析式思维，将复杂的现象分解为可以清晰介定的元素，分别攻克并讨论元素间的相互作用。在现代结构科学中，构件在受到外部静力的作用后产生于内部的力，可以分为拉力、压力、弯矩、扭矩、剪力等基本形式。

编木拱桥被当代建筑学者另眼看待，除了因为它在人类建筑实践中的稀见，很大程度上，亦因为它的力学特征复杂而不明朗。尽管本书通篇都将讨论的对象依据其弓形的外形称为编木"拱"——毫无疑问，它是拱形的，在一般人的理解中以及中国东南造桥者的表述中，都可以称之为拱（详见第208页）；但是"拱"这一术语，在结构科学上有其特定定义。

在现代结构学中，"梁"和"拱"是一组对立的概念，分别代表两种不同的结构内力模式。梁是受弯构件，通过内部产生弯矩和剪力来传递外力，轴力可以忽略不计。受弯的本质是材料的一侧受压一侧受拉。而拱结构的本质是受压构件，以压应力作为轴力来传递外力。理想的拱结构通过合理的拱轴线设计，可令结构中仅存有压应力而不存在拉应力，因此亦无弯矩。

此外，拱结构会对外产生侧推力，即在拱脚与地面的接触位置，会对地面形成外向的推力，拱脚处需要足够牢固的基台，提供与之相反的内推力，拱身砌体才不会坍塌。当拱高度下降时，其推力也会增大，亦会需要更强大的反向推力作支撑。

如果两侧拱脚处有基台，可以限制其变形并提供推力，编木拱便会表现出拱结构的受力模式，即沿拱身轴线传递压力，拱脚产生拱推力。但其结构内部的各个构件中却存在巨大的弯矩。梁木正是通过编织关系相互别压、制约，每一根"编织"姿态的纵向梁木都是受弯构件。结构的内力以弯矩的形式分担在编木拱的各个构件成员上。弯矩对于拱身的内力矩与侧推力的内力矩一致，因

此弯矩的增大会减小拱推力，即减小编木拱对于墩台侧推力的需求。在极端的情况，当施加的弯矩足以抵消拱的推力时，编木拱即化身为一根曲形的梁（图5-173）。

在闽浙木拱桥中，"抽度"或"牛头撞"步骤，正是在梁木中施加弯矩的过程。此时弯矩近乎一种预应力。所谓预应力，是结构施工中，对构件施加作用力，令它与结构在后续的使用中承受荷载的作用相反，因此可以抵消部分荷载，减小使用中的变形。闽浙木拱桥的"预应力"增加了梁木内部的内力，但却减小了拱结构对于基础的侧推力，同时令拱架耸起，紧致，抵消结构后期的变形。

当结构老化变松后，编木的两套系统局部分离，桥拱产生变形，压向一侧。挤倒的一侧内部弯矩增大，另一侧则因为构件的分离使弯矩消失。这些产生于施工过程、不断变化的内力，是采用现代结构理论对木拱桥进行结构计算与分析的难点。准确的计算需要建立在对结构现状的细致考察与密切监测上。

关于弯矩与拱推力之间的转化，筷子桥游戏是一个极端的例子。在游戏中，筷子桥搭建在平滑的地面上，梁木之间仅作搭接，沿拱身方向，相邻的纵木相互不接触，只是并排搭压在横木上。纵木内，沿拱身方向的轴向内力只能通过横纵木间的摩擦力传递。而地面能提供给拱脚的侧向推力，也只是极为有限的摩擦力。筷子桥中，构件受弯越厉害，横纵木间的压力越大，摩擦力便越大，结构便越稳定。此外，筷子桥不但不需要在传统拱结构中提供侧推力的墩台，相反，过大的侧推力反而会破坏构件间的平衡，令结构散架。即使在光滑的平面上，只要有足够大的外部压力，筷子桥会通过拱身的扩张变形达到内力与外力的平衡，从而站稳。因此筷子桥游戏的编木拱，事实上不是一种典型的拱结构，而更近于一种曲形梁（弓）的结构。

因此，编木拱虽然为拱形结构，却兼具拱与梁的结构特征，并会随边界条件的变化而在两者之间转化。

在当代的研究中，也有学者将编木拱桥归入桁架（truss）的门类。桁架是西方建筑史中应对跨度需要最常用的结构形式。将杆件组合、连接在一起形成结构构架，构件常常以三角形布置，利用三角形的稳定性实现结构的稳定性。组成桁架的杆件仅在两端与其他杆件相接，内部受力以轴向力为主，即拉力、压力为主要应力形式，极少受弯。

桁架与编木拱，均是将较短的杆件组合起来以形成较大跨度——从这个意义上说，编织拱和桁架确实有一些相似之处。然而，二者在力学特征上几乎是对立的。首先，"理想的"桁架结构仅由拉杆、压杆件组成，构件内完全没有弯矩的存在；而"理想的"编木拱则以构件受弯为基本力学形式。更重要的是，桁架是一种以明析的受力方式为基本特征的结构形式，而编木拱的结构身份恰恰暧昧含糊。

现代桁架是典型的科学产物。针对桁架结构力学特征的科学研究，是现代结构科学的基础。"理想"桁架拉、压分明的受力特征，可以方便地简化为抽象模型进行分析计算，因此桁架理论是结构科学的理论基石之一。而在科学训练下，工程师们的思维已经习惯了使用明晰的分析模型来工作——这也是为什么当他们第一次接触到编木拱概念时，会感到困惑。编木拱在定义和分类上的暧昧模糊，正是它在人们眼中独具魅力的部分原因。

西方建造传统中的桁架

西方世界的现代桁架传统，一般会被追溯到文艺复兴时期的帕拉第奥。

尽管帕拉第奥也对编木结构进行了探讨（详见第12~15页），但不同于达·芬奇，他并未于此话题缠斗。《建筑四书》中，在结束了对恺撒莱茵桥的讨论后，他立刻转向另一种桥梁形式：木构桁架桥（图9-17）。作为现代桁架研究的先锋，帕拉第奥的影响远至现代桥梁工程的钢铁桁架传统。

我们上面说过，桁架是一种以拉、压杆件组合而成的结构构件。而有意地在桁架中使用木材承受拉力，是桁架技术真正出现的标志，也是人类建造技术发展史中的一个重要成就。桁架结构是对木材特性高效利用的结构形式。无论各个材种，木材的顺纹受拉承载力约为受压承载力的2~3倍，因此在桁架中有效地组织承受拉、压应力的杆件，可以形成结构效率最为经济的结构形式。在各种木构结构形式中，桁架结构具有最大的跨度能力；而在同等的跨度条件和承载力要求下，桁架结构消耗的木材最少。桁架的结构效率，可以从模型性结构实验中略见一斑：笔者在清华大学土木工程系就读时曾参加学校举办的结构设计大赛，当时学生手工制作的净跨1米的木桁架桥模型，可以用仅约60克的自重承受15千克的动荷载！①

①
清华：让学生走在科学探索的大路上 [N/OL]. [2020-12-13]. https://www.tsinghua.edu.cn/info/1924/75826.htm

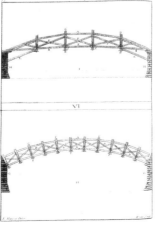

图9-17　帕拉第奥的四种桁架桥设计

（图片来源：Palladio A. Quattro libri dell'architettura [M]. Venedig: [s.n.], 1570; 15-18.）

①
Tampone G. Palladio's timber bridges [C]. // Proceedings of the First International Congress on Construction History: Madrid, 20-24 January 2003. Madrid: Instituto Juan de Herrera, 2003.

②
Killer J. Die Werke der Baumeister Grubenmann [M]. Basel: Birkhäuser, 1985.

③
Affresco dell'aspetto antico della basilica costantiniana di san pietro nel IV secolo [A/OL]. [2020-12-19]. https://en.wikipedia.org/wiki/File:Affresco_dell%27aspetto_antico_della_basilica_costantiniana_di_san_pietro_nel_IV_secolo.jpg.

桁架在欧洲建筑文化中有悠久的历史，广泛应用于屋架与桥梁。古希腊时期即已经出现了桁架的雏形——木构三角形屋架。桁架雏形与真正的桁架之间的分水岭是承拉杆件的出现——在三角屋架中，即中柱桁架（king post truss）中央的悬柱（"国王柱"，king post）。带悬柱的桁架至晚在古罗马时代即已出现，并应用在屋架结构中。罗马给于4世纪的壁画展示了老圣彼得巴西利卡（Old St. Peter's Basilica）的桁架屋顶图像（图9-18），三角形的屋架的中柱明显处于悬拉状态吊提着下部大梁（而不是立在下部大梁之上）。古罗马时期最著名的桁架桥梁是图拉真多瑙河大桥（建于约公元前105年），刻画在罗马的图拉真石柱上（图9-19）。

由于桥梁和屋顶都面对同样的跨度挑战，即使它们曾经分别发展，但技术却是相通的。自文艺复兴时期开始，二者之间的关系更加明确。在帕拉第奥的桁架桥设计中，至少有一座可能是基于屋顶桁架技术做出的改进①。这种交叉融合在18世纪瑞士格鲁本曼（Grubenmann）匠师家族的作品中更为明显。他们最宏伟的杰作包括净跨度超过60米的桥梁（一座传奇的桥梁，最初设计的净跨度超过120米）和20米×38米的屋顶净空间②。

图9-18　罗马给于4世纪的壁画展示了老圣彼得巴西利卡（Old St. Peter's Basilica）的桁架屋顶（桁架部分强调勾出）

（图片来源：Wikipedia[3]）

图9-19　图拉真石柱上的图拉真多瑙河大桥浮雕
（图片来源：Wikipedia[1]）

桁架无疑是西方世界木建造传统中最重要的结构形式，也是现代科学时代之前最有效的木结构。而进入钢铁时代之后，高至埃菲尔铁塔，长至跨海长桥，这些人类工程史上最伟大的杰作，都是桁架的舞台。

不仅承重效果好，桁架结构施工建造也很方便。无论是桥梁还是屋架，均可以在地面组装框架，然后吊装就位。所以，无论场地环境多么恶劣，欧洲的工匠们都不会像闽浙木拱桥匠一样，去以杂技般惊险的姿态攀援单薄的脚手架施工。

杆件的三角形布置为桁架提供了稳定性，以三角形为构成单元，结构的形式更容易控制，也更容易加工节点。因此，桁架结构中，个体构件的设计和加工精度不像在中国那么性命攸关。由于桁架结构在稳定性和加工便利性上的优势，它也是欧洲民居中应用最广的半木骨架结构形式，以德语区的 *Fachwerkhaus*（桁架房屋，图9-20：a）为代表。

此外，铁制构件也在桁架发展中起到了重要作用。由于构件可能处于张拉状态，木构节点（榫卯）已经不能保证连接的安全，铁制连接件在罗马时代就已经发展起来了[2]。在设计桁架桥时，帕拉第奥还特别发明了一种铁制连接装置[3]。铁构件的早期改造和长期发展，不仅为欧洲木结构提供了更大的承重能力，并且为其演进发展提供了巨大潜力。

基于以上情况，我们不难理解，为什么欧洲各文明历史上在数次与编木拱相遇，却没有将这种天才构造应用到实际建造中去。在已经拥有一种扎根深久、发展成熟，并具有更大承重能力、更高材料效率、更简单的加工方式和更便捷的

---

①
072 Conrad Cichorius, Die Reliefs der Traianssäule, Tafel LXXII (Ausschnitt 01) [A/OL]. [2020-12-19]. https://en.wikipedia.org/wiki/File:072_Conrad_Cichorius,_Die_Reliefs_der_Traianss%C3%A4ule,_Tafel_LXXII_(Ausschnitt_01).jpg.

---

②
Taylor R. Roman Builders-A Study in Architectural Process [M]. Cambridge University Press, 2003: 180-181.

---

③
Tampone G. Palladio's timber bridges [C]. // Proceedings of the First International Congress on Construction History: Madrid, 20-24 January 2003. Madrid: Instituto Juan de Herrera, 2003.

结论篇　反思

a. 德国班贝格（Bamberg）的桁架式建筑（Fachwerkbau）（图片来源：Klaus Zwerger）

b. 悬空寺，山西，中国北方，抬梁结构（2007）

c. 四川福宝镇民居，中国南方，穿斗结构（2014）

图9-20　德国和中国多层建筑中的木框架结构

施工方式的桁架结构后，欧洲的营造传统中已经没有编木拱的用武之地，也就没有了进一步开发探索这种神奇构造的可能性。历史的事实正如恺撒桥启示的隐喻：尽管编木结构的想法已经出现在达·芬奇的秘密手稿中，并以非常相似的状态呈现在帕拉第奥的论著中，但历史只是翻过了这一页，然后便走向了桁架。

桁架在东方建造传统中的缺失

东亚的建造历史中，却没有自主出现桁架传统。中国最早的桁架结构（如西南、西北地区的桁架桥梁，近代建筑的桁架屋顶）是近代西方影响的产物。

桁架结构在中国传统中的缺失有多种原因。最表层的原因是，在技术手段上，中国的匠作传统中并没有形成桁架赖以成立的技术土壤。

桁架技术产生的关键是令木材承拉。而令木材主动受拉的想法，并不存在于中国与日本的传统建造意识中。以木材承重（受压及受弯）是一种直观结构之道，梁、柱的原理可以直接摩习于自然。而以木材承受拉力，则超越了自然的直观示范，需要一种抽象的结构意识，并且需要解决特别的构造问题。在中国建筑中，木材几乎从未作为受拉构件使用。即使在某些结构构件中可能出现拉力，也只是次级的外力。例如，拉结柱头的水平构件——额枋，在结构受侧向力（譬如强风或地震）或产生偏移变形时会承受拉力，但它们在静力作用下并非受拉构件，主要结构作用仍是承受上部荷载而受弯。即使中国建筑中出现了一些形式近似桁架的三角构架，譬如楼阁建筑中的斜柱（图9-21），也是作为支顶（承压）构件出现，并不承拉。

此外，为了处理桁架结构中巨大的拉力，通常的木构节点（榫卯）强度不足。早在古罗马时代，木构建造即已使用铁件作辅助。而铁件在中国传统木构中是被极力避免的。正如在日本案例（详见第53页）中提及的，东亚建筑文化中有一种以"不使用钉子"为傲的传统信念。东亚的木作技术有傲人的榫卯技术和丰富的榫卯形式。虽然其他木构文明（譬如欧洲）也有着同样悠久的木构榫卯技术[①]，但对榫卯的形式与工艺的追求鲜有能与中、日传统木作相匹敌者[②]。此外，在中国建筑中，金属连接件并没有得到重视，可供选择者，无非铁钉，铁钉会较之木材更快地腐烂，对木结构而言不够安全，因此被匠人排斥。而更加安全的铆栓形式则并未在中国出现。

另外一些文化偏好同样阻止了桁架在中国出现或得到接受的可能。例如，中国文化对于正交即平直形象的喜爱，使匠师们惯以平直相交的梁、柱来满足有限的屋架尺度。桁架技术的一个（并不绝对的）特征是对三角形稳定性的应用，但形成三角形构件的斜向构件在中国的建筑文化中亦被排斥和避免。譬如山西应县木塔（图9-21）与天津蓟县独乐寺观音阁这两个最著名的早期多层建筑（辽代建筑），为了构

---

① 中国和欧洲考古出土的最早的榫卯实物均源自距今约7000年前. 刘妍. 建筑榫卯[J]. 新知, 2016（14）: 49-53.

② 更准确地说，欧洲传统木作文化，尤其森林丰沛地区，以北欧为代表，对于榫卯的工艺与美学，亦有极高的造诣，但西方木构节点与东亚的榫卯，在构造类型、工艺追求和表达形式有很大差异。对于榫卯的跨文化比较，笔者正在写作的《榫卯与木构文明》中会有更详细论述。

图9-21　佛宫寺释迦塔（应县木塔）。山西省应县（2007）

架的稳定都使用了斜柱作为支撑，但都将斜柱布置于暗层。而斜向构件对于结构的稳定性非常重要，缺少它们，结构会更容易产生变形。因此在中国北方的木结构建筑中，结构的稳定性很大程度要依赖于砖土墙（事实上，中国北方的"木构建筑"在西方结构体系中，被视为"半木结构"，half-timber structure）。

在此必须补充说明的是，中国的木构架结构有两种基本类型，上面提到的早期建筑实例均属于抬梁结构，这是中国北方地区和官式建筑的标准做法（图9-20：b，图9-22），以层叠结构构件为特征；而我们的桥梁廊屋则属于穿斗结构，普遍使用于中国南方地区，以通高的柱和穿拉柱子的梁枋为特征（图9-20：c）。不过，两种结构类型对水平、垂直元素的青睐是一致的。

X形的支撑，例如德语区桁架房屋（*Fachwerkhaus*）的斜撑（*Streben*），尤其被晚近的中国文化排斥。19世纪末，在中国实践建筑项目的德国建筑师，不得不放弃他们习惯的桁架木框架，只以垂直和水平的木支架设计构架，"其原因是汉字'X'表示错误的意思"[①]。

在日本，人们对倾斜构件的文化排斥没有这么明显，日本建筑的屋顶上可以寻见各种形式的倾斜构件，尤其当屋架被天花板遮挡的时候：它们具有重要的结构功能；但日本建筑斜构件大部分是作为杠杆，而不是作为拉杆。

对屋面曲线的执着很可能是另一个打败了桁架的文化因素。三角屋架确曾在早期中国建筑历史中出现过，直到北朝一直是中国北方的统治性屋架形式[②]。中国历史上的三角屋架，虽然看似已经接近最简单的桁架结构，却没有发展出承受拉力的悬柱，因此严格意义上不能称为"真正的桁架"。中国的三角屋架在唐代开始与"抬梁"屋架相结合，栖身为抬梁屋架的一部分，在唐宋以后逐渐退化、消失，完全被"抬梁"屋架形式替代。抬梁结构用层层的水平梁栿支撑屋面，在结构效率上是相对低下的，然而却方便形成中国建筑美学层面上最重要的特征：凹曲屋面。中国建筑的屋面曲线最初零散见于汉代，在北朝时期渐成气候。曲线形的屋面与三角屋架的直坡天然互不相容。在日本的早期建筑中（相当于中国北朝到唐代），还可看到在三角屋架中使用弯曲的斜

---

① Warner T. Deutsche Architektur in China: Architekturtransfer[M]. Weinheim: Wiley-VCH, 1994.

② 宋代以后在中国北方与官式营造中占据主流地位的"抬梁"，在唐以前并不流行。至晚到唐代早期，中国北方的主流屋架结构形式均为三角屋架（即"大叉手"），在一些区域甚至流行至宋。此观点有大量建筑图像、模型与实物可证，包括：朱鲔石室（东汉）、甘肃高台地埂坡墓室（晋）、宁懋石室石刻（北魏）、蔡顺孝子棺石刻（北魏）、大同云波北路北魏墓出土陶屋（北魏）、南禅寺大殿（唐）、河南安阳刘家庄北地126号墓（唐）、敦煌榆林窟第25窟壁画拆楼图（唐）、敦煌莫高窟454窟壁画木工缔构精舍图（宋），以及同时期日本案例，如日本法隆寺金堂（飞鸟时代）、日本新药师寺本堂（天平时代）等。

另需说明的是，中国三角屋架的中央有时会配合使用蜀柱（短柱）。但这类中柱均立于梁上，以柱持檩、传递压力，它们的出现是为了取代斜木（叉手）持檩，并非桁架"悬柱"之雏形。

图9-22 根据《营造法式》复原的宋代官式建筑结构，柱头斗拱与宛若倒置斗拱的抬梁屋架
（图片来源：刘敦桢，1984，折页图、图134-1）

梁刻意形成曲屋顶的实例（如法隆寺金堂[①]与玉虫厨子）。曲屋顶开始盛行的过程，正是三角屋架退出历史舞台的过程，这二者在结构构造上有明确的因果关系。[②]

另一个文化信号是对"栋"的执着（房屋的中央脊檩，或檩下顺檩枋）。在木构施工封顶时举行庆典（Richtfest）同样流行于德语区以及其他不同文化；但只有在中国，仪式特别为这根构件而举行。"栋"在中国文化中不仅是建筑的象征，更事关房屋主人的福祉，几乎被赋予一种信仰意义。根据笔者的研究，中国文化对于栋的崇拜心理，来自于相应位置构件在早期发展中曾经拥有的关键性结构地位[③]。在中国建筑结构的类型发生重要转变后，栋的结构意义大幅降低，但对栋的崇拜却作为一种文化符号锚固了下来。栋的存在，与桁架屋架是矛盾的，却与抬梁屋架相适。可以说，在这场结构形式的博弈中，对栋的执着与对曲线的审美相结合，促成对抬梁式屋架结构的选择，而将桁架雏形的出现可能消灭于襁褓之中。

① 法隆寺金堂屋顶经过近代重建，但可以认为保留了早期的结构特点。

② 关于"中国建筑为何使用曲屋顶"之问，笔者曾梳理东西方建筑学界的百年探讨 [刘妍. 中国曲屋顶疑题的百年探讨[J]. 兰州理工大学学报第37卷（2011年中国建筑史学学术年会论文集）2011（09），68-75]。在该文中，笔者尚未形成成熟的个人观点。经过十年间的关注思考，今天，笔者认为，曲屋顶的形成，与抬梁屋架出现并取代三角屋架形成中国屋架主体是同一过程。这其中，对于平直形式的文化取向、对"栋"的执着、对曲线的审美共同发挥了作用。

③ 刘妍. "栋梁之材"与人类学视角下的凉山彝族建筑营造[J]. 建筑学报，2016（01），48-53.

叠涩作为东方跨度之途

在东亚，大型建筑应对跨度的方式，主要在于悬挑。譬如上文讨论过的层层梁木出挑的伸臂桥。在中国传统的木构桥梁中，伸臂桥是最为常见的桥梁形式，也是除编木拱外，唯一可以达到净跨30米以上的木构桥梁形式（图9-8，图9-23）。

图9-23 黄旗岭桥。福建省周宁县礼门乡黄旗岭村（2019）

这种层进相叠的结构手法统治着中国建筑的结构理念。斗栱，作为东亚的建筑符号，正是一种小型的伸臂桥，层层出挑支撑屋顶或深远的挑檐。而中国唐以后官式建筑的抬梁屋顶，"抬梁"——层层内退水平梁架，正如一朵倒置的斗栱（图9-22）。我们已经说过，抬梁屋架是一种在结构上并不经济的结构形式，但亦非全无结构道理。通过逐层缩短的水平梁栿，将屋顶的荷载分担到各层梁木的两端，较之将荷载直接传递到梁木中央，可以减小梁中的弯矩内力。

这种层层递进或层层递退的构造，在宋代建筑术语中称作"叠涩"。"叠涩"本是石作术语，指称砖石台基中层层退入与层层出跳的装饰构造。"疊澀"两个繁体字的构成正是这种构造形式的直观表达。在人类建筑文明的发展过程中，叠涩技术正是砌筑技术发展中用来解决跨度问题的重要一步。以层层叠涩形成的拱形洞口，在结构上称为"假拱"（false arch），又称叠涩拱（corbel arch），出现在许多古代文明之中，正是砖石拱结构演化上的前身。与木构桁架技术的成熟相应，石构拱技术亦成熟于古罗马时期。

一言以蔽之，中国建筑木构传统对于跨度问题的解决之道，在结构思维上，可以归结为正向或反向的"叠涩"。而编木拱几乎是唯一的例外。

作为构造问题的结构问题

我们已经强调了，在真正的桥梁建筑中（即服务于道路交通的桥梁，而不是一个装饰性的园林小品），节点系统在建造编木拱结构中的关键作用——闽浙木拱桥正是在解决了节点相关的构造和技术问题之后才走向了成熟。

现在我们要谈的是，在更宽广的建筑语境下，木构节点在东亚建筑中扮演的角色，较之西方世界，长久以来一直更为关键。

在西方世界的传统木结构中，倾斜构件不仅是承重构件，而且通过形成三角形保障了结构的稳定性。三角形框架是一种刚性结构：只要三根构件头尾相接固定在一起，即使各个交接位置本身是可以旋转的（非刚性节点），框架也不会变形。

在以中国为文化核心的东亚地区，因为对斜向构件的排斥态度，木结构主体使用水平、垂直构件组成，没有三角形稳定性作为依托，平行四边形框架就有变形的倾向。因此，各个连接点本身必须具有刚性，才能保证框架的稳定性。

换句话说，在具有桁架传统的欧洲建筑文化中，木结构的稳定性在很大程度上是一个几何（结构）问题，而在以中国为中心的东亚建筑文化中，稳定性在很大程度上是一个节点（构造）问题。

在木构架中，通过三角形来保证稳定性，构件之间的节点可以简单地用搭掌节点搭接在一起，并用木销钉住（图9-24）。搭掌节点的加工相对容易，因为可以简单地用锯子切割。木销也是将两个木构件固定在一起的有效方法。由于在三角框架内任何一个节点都不会发生转动，节点不一定要切割得非常精确。因此，搭掌加木销是欧洲传统木结构中最常见的节点形式之一（图9-25）。

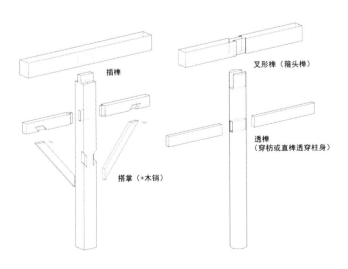

图9-24 欧洲（左）和东亚（右）框架中柱梁的典型连接形式原理示意（本图中，东亚做法示意性综合了穿斗与抬梁两种结构的共通性榫卯特点，而不代表其中任何一种。）

图9-25 西班牙Cemento Rezola博物馆的这棵中柱直观展示了欧洲框架结构中搭掌节点和三角形原理的应用（2019）

图9-26 水平构件与柱子的关系是东亚地区的代表性做法。日本兵库县净土寺

（图片来源：Zwerger K. Das Holz und seine Verbindunge [M]. Basel: Birkhäuaser, 2015: 203）

在东亚地区，由于"搭掌加木销"不能阻止节点的转动，而转动便会导致矩形框架变形，所以这种节点形式极少使用。在这里，当水平构件与竖向构件相接时，水平梁枋总是会穿过柱身（图9-24：右，图9-26）。此外，东亚木构节点必然总是加工极为精确、紧密。节点的紧密性有时是通过使卯口略窄于榫头（将榫头挤压进榫口）来实现的（譬如图5-166，木拱桥穿斗廊屋的拼装，要用大木锤砸击才能将榫卯安装到位），有时则通过其他手段实现。高度发达的榫卯技术不仅保证了节点刚度的提高，同时也保障了框架结构的稳定性。

以这种目光看来，编木拱桥在闽浙地区的成功事实上也可以说是榫卯系统的成功，借鉴自本地成熟的八字撑木桥结构，闽浙的木拱桥利用一整套节点构造细节解决了编木拱桥在设计与施工中的诸多不确定因素。闽浙木拱桥技术发展中最关键的一个特征——"抽库"或"牛头撞"技术的发明——正可以作为一个活生生的实例，见证中国传统匠人如何使用"构造"层面的手段解决"结构"层面的挑战。

而从一个更加广义的角度，我们已经谈及，编木拱结构自身，本即是由把玩节点演化而来的结构形式。那么这种结构在东亚的文化语境中得到了更多的探索，应该也有着深层的文化偏好吧！

五、种子、土壤与生长环境

我们可以以植物的生长周期为模型来说明编木拱桥的历史。一株植物要生长，需要有种子、肥沃的土壤、适宜的温度和湿润的环境。从这个角度来看，若造桥传统是一株植物，那么编木构造的理念就是种子，对编木拱桥产生需求的地方环境就是土壤，而拥有正确的动机和技术、将这种构想付诸实践去营造桥梁，并将这种技术传承下去的人群、社会就是生长环境。

种子

编木拱结构并不是任何一地的"特产"。这种结构原理真正、唯一的起源是大自然。在许多不同类型的环境中，人们通过观察自然界——通过摆弄树枝或者用树杈搭建临时的庇护所——都能实现这一想法。只要人们注意到木棍或树枝的排列方式可以相互支撑、相互制约，形成具有承载能力的稳定结构，种子就出现了。

这枚种子可以在人与人之间传递，也可以从一地传播到另一地，所需的介质只是一些木棍。用三根棍状的物体，就可以演示相互支撑系统的概念；用六根棍子就可以搭建出最简单的编木桥——一个足够简单的游戏，却带有一些神奇的特性。

经过我们的细致考证，可以证明达·芬奇的编木拱桥设计并没有受到外部文化的影响，而是诞生于当时盛行的复兴恺撒遗产的社会风气，来自于达·芬奇本人对恺撒莱茵桥的研究，直接的源头是恺撒早在公元前一世纪的叙述。挪威的例子也很有可能源于当地，在同一时期，当地存在着一系列很可能直接通往编木拱结构的桥梁类型。

相比之下，德国文献中描述的例子则暗示，这种结构来自于另外的地区或外部文化（正如其名称"所谓的高加索桥"所指）。

日本的例子，无论是日本本土的案例还是建造在美国的案例，其源头都不明朗。它们均以编木结构的初级形态出现，说明它们都是对一种游戏性质想法的直接再现。这个构思有可能来自日本本土——在二者之间，既可能独立生成，也可能存在某一种我们尚不知晓的方式共享知识；这个构思也有可能是从外域输入的，倘若如此，中国便是可能性最大的输入源头。

中国的例子，种类最为丰富，它们之间的关系也有多种可能。从已知最早的例子——华北平原的虹桥，到晚期的乡土案例，包括东南地区（闽浙）以撑木拱为基底的版本，以及西北地区（陇）和中南地区（鄂）以悬臂桥为本体的版本，这些多样的案例类型之间，有可能是完全独立的，亦可能共享同一种编木游戏核心。在后一种情况下，编木拱桥的种子可能以一种奇妙的民间游戏的形式，在中国广袤的土地上徘徊了几百年，直到它在不同的时间与地区遇到了合适的土壤与合适的气候，与不同的地域传统结合，生长出不同的结构形态。

土壤

如果掉入沙漠、海洋或干燥的石缝里，种子便没有生根的希望。只有落入土壤的种子才有机会生长。我们所谈论的土壤，就是对编木拱这种特殊的桥梁结构，产生的特殊的功能需求。

怀有好奇心的出资人的园子或也可算作一种土壤，譬如19—20世纪初期的异国情调园林，包括汉庭顿的日本园以及梅耶教授在描述"高加索桥"时提到的异国花园。但这种短期甚至带有偶然性的小环境土壤，似乎更接近"盆景"。当我们的桥梁出现在实际的交通工程中时，起决定作用的是地理与社会环境的土壤。

编木拱桥的最大跨度能力在40米左右。所以平原地带的宽广大河、江河下游的湖沼，或用便宜小桥便可轻松跨越的溪流，均不能为编木拱桥提供土壤。

真正建造编木拱桥的地方，一般都在不太发达的山区，有着丰富的森林资源——这很容易理解，充足的木材资源和溪谷（只要下到足够深的谷底，总能找到合适的建桥地点），为这种木材结构提供了必要的条件。然而，在木拱桥的分布地，相对落后的文化、技术和经济条件也起到了重要作用。如果我们相信帕拉第奥和达·芬奇的复原，那么古罗马的军事工程师们只在面对"野蛮人"的战场上发挥他们对于编木结构的特殊才能，而从未将类似的设计应用于帝国自身的建设之中——在偏远落后的高卢-日尔曼边境，罗马人在砖石建筑上的工程成就反倒毫无用武之地了。

随后的欧洲历史中，编木拱构想的种子至少有两次露面：在文艺复兴时期的达·芬奇手稿和19世纪末期的德国文献中（在后者中，这种结构被归于含糊的"高加索"源头）。但两次机会中，都没有足够适宜、稳定的土壤令种子生根发芽。意大利和德语区都有建造木桁架桥的传统，而桁架是一种更为高效和便捷的结构类型，因此人们没有将编木拱原理应用到实际工程的动力。事实上，整个欧洲的大部分区域均是如此，只除了挪威——近代以前欧洲最为偏远、贫穷的地区。

中国的情况亦是如此。编木拱桥能够在闽浙地区生根发芽，正得因于边界山区相对滞后的发展。值得注意的是，山地居民的祖先大多是从长江下游地区迁徙而来，而长江下游正以密布的桥梁而闻名。但与闽浙地区不同的是，那一带文化、经济发达，先进的砖石技术使壮丽而诗意的砖石桥梁自由驰骋，所以亦无法为编木拱桥提供土壤。事实上，中国保存有编木拱桥之地，都属于行政、文化或族群的边缘地区。唯一不符合这种模式的例子是早已消失的汴水虹桥：它虽然建造于帝国中心，却是在当时的各种其他手段都试验失败的情况下催生的特殊果实。

虽然中日两国都没有桁架传统，但中国——至少在一些发达地区——拥有先进的砖石桥技术，日本则没有这一选择。砖石桥梁的砌筑技术在日本引进得很晚：公认第一座石拱桥（长崎县中岛川眼镜桥）出现于17世纪，由中国工匠建造。在日本，传统的大型桥梁只有伸臂桥和吊桥两种。

纵然编木拱桥在结构构造上巧妙复杂，但却无论在历史上还是在现代世界都不曾被视作一个时代的先进技术的结晶。只有在非常逼仄的条件下，当传统类型的桥梁结构在工程能力上不足以应对现实需求时，编木拱桥才得到它施展拳脚的机会。

生长环境

一颗种子可以休眠多年，直到被合适的温度和水分唤醒。然而，春季的一场寒流也会轻易将萌芽扼杀。植物的生长需要一个持续的温湿环境。虽然土壤的条件很关键，但对于编木拱构想的种子而言，萌芽的生长环境要求更高，要想让它长成一株成熟的植物，这才是最重要的部分。

在各种尝试中，尤其是游戏意味十足的园林案例中，创作者的个人意愿都是决定性因素，而个人意志则根源于社会历史的大背景。汉庭顿圆月桥便是一个最好的例子：若不是席卷西方世界的东亚艺术热潮，便不会有汉庭顿的日本园，甚至圆月桥的创造者都不会现身于美国。然而，这类颇具个人色彩的尝试，无论藏身于文献，还是存在于实物，都未能持久流传——既没有将建造知识传递给周边或后世的建造者，也没有建立起当地的营造传统。

还有第二类例子，也未能稳定流传。

一些编木拱桥案例，曾作为一种建筑现象在一个时期内多次或成组出现，但这种结构观念并没有生根发芽，没能长成一种持久的传统。汴水虹桥和挪威的例子就属此类。对于虹桥来说，（北宋）政府的要求和支持是决定性的因素，但在政府被迫离开华北后，造桥活动便了无踪迹，木拱桥的生存土壤随着王朝统治的结束而消失了。

关于挪威的例子，除了照片档案中的图片外，我们几乎没有其他任何资料：我们并不知道那里的编木拱桥（或按当地文献称作"夹式桥"）的数量、时期和地域范围。唯一可以肯定的是，编木拱桥（夹式桥）与当地采矿业有关——正与同时期同地区涌现出的所有其他桥梁类型一样。采矿业对它们负有责任：对地区开发、交通手段、资本支持的需求之迫切——使桥梁建设中没有时间琢磨精细的工艺，而是大胆地采用粗糙的试验性手段。此外，这一带平缓的丘陵与和缓的溪流，为各类粗糙的桥梁实验提供了温和的地理环境。当采矿活动停息后，这种桥型便随着造桥热潮一同销声匿迹了。

在所有编木拱桥案例中，只有闽浙地区的木拱桥发展成了流行于地域之内的寻常结构。只有在这一地区，它得以在几世纪以来的数代人中成功地传承了这一传统——只除了被现代化进程短暂地打断的几十年。作为种子的编木拱构想有可能在任何时候出现。如果它确实与汴水虹桥保有某种联系，那么这个构想可能在北宋末年即随着北方移民以筷子桥游戏的形式引入。又或者，它亦有可能是自发产生的，没有受到外界的影响，或者是来自大自然的灵感，或者完全出自对撑木拱的改进——正像挪威的过程一样。如果这种构想出于本地自发，理论上它可能发生在任何时间点。

不过，从我们的生长环境理论来看，闽浙山地社会可能要到明代中期之后才有能力承担如此复杂的造桥技术。早期的山地居民主要是北方战乱造成的"难民"。他们在山中找到了栖身之所，靠开垦处女地、林中采食和狩猎来养活自己，几乎不需要对外交通。多个世纪的银矿开采并没有带来繁荣，反而带来了沉重的税收、叛乱、掠夺和盗乱，并诞生了噩梦般的传说。直到15世纪，政府镇压叛乱，关闭矿场，在偏远山区建立县级政权并开放民营经济后，山地社会才迎来了第一轮真正意义上的经济发展。林区经济的好转，使人们对道路和桥梁的需求增加，并带动了桥梁木匠职业的发展。但是，这个职业仍然是穷人的职业，对于那些无法通过耕读生活方式谋生的家庭和群体来说，为了赚取更好的生活，他们不得不以最小的资源和人力代价，发展出搏命的技术，在危险的环境中建造桥梁。当这样的专业桥匠形成庞大的群体，进行系统而精密的分工时，木拱桥营造技术就达到了它的发展巅峰。

所以，要感谢山区的偏僻深远，正是因其经济、文化、技术等诸方面的发展落后于外界，才培育出这数百年来稳定的编木拱桥遗产。闽浙木拱桥是编木拱桥技术发展最为成熟、发达的体现——一笔特殊的文化遗产，以极具想象力的创造性手段应对严峻的环境挑战，用智慧和勇气在艰辛的环境中生存与发展。从"不可能完成的任务"到民间技术的最高成就，编木拱桥的技术演化历程是艰辛而坚定的，就像蚌贝中的沙砾，最终孕育成一颗异形而璀璨的珍珠。

后记

结构思维的个人历史

那些年跑田野，曾在网络上很活跃。我的ID作"纸上匠"，自诩"伪科学家思路广，民间学者乐趣多"。我们几个建筑史学的师兄弟常以"伪科学家"自嘲，因为这个学科夹在文史、工程与艺术之间。闲话虽可随意调侃，但回到学术上，缺少学科主体的技术方法，总要向相邻学科凿壁偷光。话题一旦偏离自家术语门槛的小圈，就显得底气不足。而我呢，尤其心虚。

我本科专业"出身"为结构工程（土木工程），受过"最严格的"（系主任语）数学、力学与工程学训练。公式和概念早已还给了母校，但是思维模式却不易磨去。少时读书期间最喜欢的是物理，我喜欢用干净、明晰的"理论"和推演的思维去求解事物。初入建筑史学时，我就将注意力集中在技术史方向，一方面想要发挥自己结构工程的学科背景（不想让"沉没资本"真的沉没）；另一方面我想要探究"物"的运作与演化方式。人类、社会与文化太过复杂而艰深，我自认为没有能力看懂，便妄图回避。

要谈论中国建筑的技术问题，编木拱桥事实上是一个绝无仅有的最佳选择。中国建筑的结构形式受到文化、制度、审美、信仰等层层制约，又在各个历史时期受到外来文化、区域文化的影响。中国建筑的结构原型，在这层层历史与文化迷雾下，已经很难看清了。

而在木拱桥这个题目下，因为谈论的对象是编木拱，它在桥梁中的位置是人类活动空间之下的结构体，便（似乎）回避了桥梁作为人类活动场所、地域空间节点与社会运作产物这些人文层面的问题。而受惠于编木拱的技术难度与任务挑战，技术理性得以最大化地压制文化、审美、信仰等层面的问题，成了一个近乎纯粹的技术问题，在中国建筑的一切门类与形式中，再无任何一个对象可与之相比。

我撞上编木拱桥这个题目，冥冥中顺应了一系列的因缘。

2002年秋，作为清华大学土木系新生，我受教的第一堂课是来自刘西拉教授的"土木工程概论"。教授在激情洋溢的演讲中提及，在所有建筑类型中，桥梁是几乎唯一由结构工程师主导的结构形式，而在中国古代的优秀桥梁作品中，有一座出现在12世纪宋

后记 结构思维的个人历史

① 刘妍、杨军. 独乐寺辽代建筑结构分析及计算模型简化[J]. 东南大学学报（自然科学版），2007(05)，887-891.

画《清明上河图》中的虹桥，是以编织肌理构造，其结构之特殊，今天的结构工程师仍然很难计算清楚。

同年，在清华大学土木系第八届"结构设计大赛"中，专业组的题目仍沿袭历届传统，为桥梁设计与加载实验。我很想尝试刘西拉教授提及的虹桥结构。但我的同学们都更倾向于应用所学，选择经过力学计算检验、结构科学意义上最为经济合理的桁架或鱼腹梁结构。找不到合作伙伴，而自身对于虹桥又理解不透，一个人面对模型制作的重重困难，计划夭折。然而汴水虹桥及其结构疑题已深刻地烙印于我。

四年后，我以一项讨论中国古代木构建筑的力学计算模型的研究取得了结构工程学士学位。这个课题在整理发表①后至今已得到结构领域同行的数十次引用，但我总是感觉我在探讨中缺失了一种能够触及本质的东西。

我在硕士阶段转入建筑专业、中国建筑史领域。大约从此时起，我开始产生挥之不去的疑问：为什么祖国的建造历史在我们于高校所学知识面前成了一种异域？

在东南大学求学期间，我有机会到邻校南京大学旁听赵辰教授的建筑史课程。作为此时"中国木拱桥"领域的领军学者，他将这种结构及其在中国东南山区的建筑实物纳入了建构课程的教学框架。几年后，在选定编木拱桥作为我在德国慕尼黑工业大学的博士题目后，我邀请赵辰教授作我的第二导师。

2009年夏天，刚刚硕士毕业之际，我第一次前往闽浙山区调研，在泰顺、景宁、寿宁、屏南等地走马观花地看过一些桥梁。当时母校东南大学承担了泰顺县文兴桥的保护修缮项目。文兴桥因巨大的变形而名声在外，于是我格外关注编木拱桥的变形机制。那个时段我的思考与写作还带有强烈的理工科训练的印迹：抓住一个结构特征要点，视之为变量，视其他一切形式特征为常量，观察变量的变化对整体的影响，去讨论这个特定因素的作用。我观察了编木拱在不同时代的历史桥梁上的形式变化，又用结构计算工具分析了它对结构变形的作用，并以之解释文兴桥变形的原因——这些分析，今天看来虽不能完全归为谬误，但却是结结实实走入了歧途。

我在这个阶段的另一个思维误区是所谓的"类型学"方

法。建筑史学的类型学借鉴于考古学，其基本点是认为器物（建筑）的形式、构成等特征具有时代性与地域性，据此对其进行分类与排比，进而研究其演化规律、文化特性与历史社会背景因素等。然而由于缺少严格的史学训练，读书不求甚解，我对类型学的理解浅薄而粗暴。我以结构特征为着眼点作分类，用我有限的结构理解去解释这些特征及其演化原因，这其中又带有对"进化论"的追求，以为演化的走向一定会符合某种结构科学的理性。事实上，我硕士期间的另外两个小课题都是相似的研究思路：尽可能全面地收集案例——总结形式变化规律——解释变化的动因，而动因要么是去顺应一条粗糙的历史动向脉络，要么是我们习以为常的那些逻辑理性。

正是以类型学研究为目标，2011—2015年，我系统性地对闽浙木拱桥进行了测绘考察。我从庆元、景宁两个木拱桥集中的大县着手测绘，两年内完成了浙江省遗存木拱桥的测绘，之后再进入福建。先入浙江是因为当时福建的大部分木拱桥均已经有了该省文物工作者的考察报告的基础测绘。而近几年间被洪水与火灾毁掉的木拱桥，让我有了与时间赛跑去做文物记录的紧迫感。

我的田野工作安排在秋冬两季，每年3~5个月。一是因为我的德国签证要求每次离开德国不超过6个月时间。二是因为我需要从母校东南大学借用全站仪，要避开学院的暑假测绘实习。而不在春天测绘，则是担心山林里蛰伏了一冬、出洞活跃的老蛇。全站仪令我有条件以一己之力在最短的时间内准确地取得凌空巨构的基本尺寸。我先使用全站仪测取桥梁的外部尺寸，再爬入拱架内部，手工测量那些从外部被遮挡的构件，并观察内部的构造。

那一段田野时光是我学术历程中最快乐的时光。外人看来辛苦，自身却感到无限浪漫。一座形式最简单的桥，现场的工作时间是6~8小时，其中在没膝的河水中作业3~4小时。加上路上时间，天亮到天黑之间一般可以完成一座形式简单、环境又不复杂的木拱桥的测绘。我不会开车，行路大多数时间依赖乡间的公交小巴。没有车的时候就靠走路，也无数次搭过好心人的顺风车——这让我感觉像是一只钻入了麦垛的田鼠。我在夏季随身携带约90斤行李，包括全站仪、三脚架、攀岩绳索和设备、其他工具、笔记本电脑、大小相机和衣物。冬季再加上厚重衣物，行李大概要达到百斤。行走的时候，我手提全站仪，肩扛三脚架，身后背一个高我一头的旅行包，胸前还要缀一个高到鼻尖的书包——我可以以这身装备徒步走上几公里。我一般住在距离桥址最近的乡间招待所，也有数次在古桥附近的农家敲门求宿的经历。山间民风淳朴，一个年轻女性的身份，从未在野外给我招来任何危险或麻烦，反而更加容易受到乡人的信任与照顾。

那段时间我相信我和木拱桥课题的相遇是一种宿命。它对于我是最为理想的题目，而我对于它是最为理想的人选——不但因为我接受过结构工程与建筑史学的双重训练、经历中国与欧洲的求学历程，而德国博士学制在时间上有巨大自由去实践田野，并且少年时代业余马拉松、铁人三项、越野挑战等运动经历，也给予我超出常人的体力与耐力，独自进行长期田野测绘的可能。

浪漫亦不是没有危险。2011年，在田野中我出了事故。在景宁县长滩桥测绘时，我在拱架中爬行，因为天寒（这一天是冬至）

后记 结构思维的个人历史

手掌干硬，没有抓住梁木，跌落桥下。桥并不高，但右脚踝在了巨石尖锐的棱角上，将脚跟骨跺成粉碎性骨折。那是一个尚未通车的村子，摔伤4小时后，当地一位好心的修路的"包工头"开车将我送至乡上（他拒绝收钱，他说："我要是为了钱，我还送你干什么？！"），又坐小巴回到县城，方见到医生。

所幸返家养好伤后并没有留下大碍——只在每一个下雨的寒日犯一犯关节炎。一年后便继续入山考察。

2011—2012年有三件事令我的研究思路发生关键的转变。先是2011年在屏南的廊桥学术会议上，我结识了来自德国的（英国人）Philip Caston教授——他竟然和我师出同门，是我的导师Manfred Schuller教授最早的博士学生之一。受他的邀请，2012年我们一同制作了两架木拱桥（景宁县接龙桥）的1∶20手工木制模型。此前我已经在德意志博物馆（慕尼黑）木工部学习过3周传统木工，具备了初级的木工技术。而1∶20尺度的模型可以按比例制作榫卯并探讨构造细节。借由模型工具和制作模型的经历，我对构造细节和施工方式产生了关注。

Caston教授对我的另一个影响是鼓励我用德国的"低技派"建筑考古学测绘方法去考察一座木拱桥，我选择了现存最古的如龙桥，与他当时的硕士学生于燕楠一同完成了这项工作。这段实践历经漫长的26天，前面的3周都因环境的艰苦、效率的低下和精度的粗糙而在疲惫的质疑中度过。但确实，只有在如此地毯式的现场工作中才可能在细节中发现魔鬼，在激动人心的发现和复原工作后，我真正进入了"建筑考古学"（*Bauforschung*）这个领域。这个学科对我最重要的启示是从容而全面的调查态度。直至如今，国内的建筑学测绘教育仍然在追求用尽可能短的时间完成外业（现场工作），而后回到书斋完成画图——我们的实用主义思维，最崇拜那些目光锐利的聪明人，他们能从短暂的考察中最快地获得关键信息。而建筑考古学则以"现场的观察"为第一要义，全面而系统地收集那些哪怕初看上去琐碎无关的细节信息，建立对研究对象完整生命周期的全面理解。

这一时期的第三件大事，是我开始步入匠人的世界。木工实习和模型制作的经历，使我具有了与匠人进行沟通的基础能力。我先后一共参与了3次造桥项目。第一次是在2012年跟随庆元匠人吴复勇师傅，当时我的观察点主要在如何制作、如何施工这些表面的建筑技术上。我很幸运，吴复勇师傅是一位"现代派"匠人，曾经在工厂工作，掌握现代制图法，甚至发明了专门的辅助设计工具，对木拱桥的结构构造也有一些独特的理解和手段。这使他的营造方法稍显不够"传统"，但有足够的沟通力与我这样的"外人"进行交流，是一位最理想的引我入门的师傅。

第二次是在2013年，跟随坑底匠人吴大根、郑多雄师傅。这一次，我更加关注师傅的设计方法和施工操控。主墨吴大根毫不吝啬地将家传的秘密倾囊相授，不厌其烦地解答我的追问。这一次之后，我感到我已经进入了师傅的头脑，可以在工地理解他的一举一动，自觉已经掌握了这一支匠人木拱桥营造的全部知识。

第三次是2014—2015年的德国项目，跟随桥匠中家族历史最为悠久的下荣匠人张昌智师傅。这一次我看到了两支匠人技术核心的相似，并且通过他们的局限和失误看到了传统技术的"破绽"，这给了我写作博士论文的信心。

进入匠人的世界对我是一个极大的转变。它击碎了我过去对结构理解心虚的自负。说实话，在写作最初的结构分析时，我并没有足够的信心。我使用结构科学的工具推导出一系列结论，但对这些结论却并没有"相信"的"感觉"——然而既然推导的过程挑不出错误，它大概就应该是正确的。

结构科学的分析手法当然不是错误的。但是因为思维体系的差异导致了观察的偏差，从而错失了重要的信息。所有这些关键的信息只有在深入匠人头脑世界中后才能得到弥补。

在匠人的世界中，我感受到一种活生生的理解。他们所表述的观点未必完全符合现代结构分析的结论（这主要因为语言的局限），但站在他们的思维逻辑中去体会他们的运作模式，便可以理解那经由数代人实践而积累的知识，那是一个系统而由具体的细节支撑的宇宙。

博士课题在开题的时候，限定于闽浙木拱桥。当时除了中国木拱桥，中西方桥梁研究学术界只知道达·芬奇做过类似的设计，并不知道其他案例。2010年无意中在网络上看到美国汉庭顿圆月桥的照片，开始追踪这一线索，终于在三年后有机会开展了深入的现场调研，后来又陆续收集到更多的案例材料。而挪威的案例，甚至是在博士毕业之后去北欧旅行时才偶然捕捉。有了这些实例为基础，尤其是有了达·芬奇桥与圆月桥这两个深入调研的意大利、日本案例丰富的材料，我决意将研究扩展为跨文化研究。

2015年秋，在完成德国的木拱桥建造项目后，我开始闭关写作，在6个月内完成了用德语写作的博士论文。论文的构架与本书大体一致（中文版补入了两个章节，并因此对其他章节有所重组），是一份相对纯粹的技术史研究。论文的德文题目直点"结构思维"（*strukturelle Gedanken*）①，正是关注到了相同的结构原理在不同文明中的不同呈现，根本的差异在于根植于建造者文化背景的思维方式；而学者对于这一对象的研究角度与此同理。

那6个月的写作是一段异常难熬的经历。一方面答应了承担次年春天南京大学的教学任务，有巨大的时间线压力；另一方面德国漫长黑暗的冬天本即有强大的致郁因素（事后

①
德文版博士论文的题目是：编木拱桥——结构思维若干历史（Gewebebogenbrücken: Geschichten struktureller Gedanken）https://mediatum.ub.tum.de/1299210。

后记 结构思维的个人历史

非常后悔,如果在南欧随便找一个有大海有阳光的小城,不设时间线从容写作,大约也不会导致写作过程中的躁郁症和后来更加严重的抑郁症)。而写作是一场天人交战。最困难的部分并不在于要反驳导师或者自己过去的观点,而是要重建一套新的思维方式。我头脑中的认识是建立在这些年来的点滴思考堆叠之上,而过去的思考又有多少因为对思维方式的釜底抽薪而失去了可靠性?脚下曾经坚实的地面,轰然化作浮冰。

这份6个月内完成的文稿在2017年以"优异"(magna cum laude)成绩通过答辩,但作为写作它其实并不完善。旧思维方式下的分析推理残留在各个角落,有的显得突兀,有的浑然不觉。

一个没有斩净的心魔是,我一直在像求解数学一样追求答案,并用"对""错"去判别答案。"对"的便不可有破绽,"错"的便一定想驳倒。这大概亦是我缺失系统的历史学、社会科学训练的苦果。说来也是惭愧,"鸡汤"言,"小孩子才分对错"——这道理都懂,但放不下执着。

其实在认识到思维方式的文化背景后,我就痛彻地意识到建筑史的学术研究中并不存在纯粹的技术问题。技术是由人类文明所创造,那么必然根植于文明的特性——这本是浅显易懂的道理,但我却因为自己缺失的学术训练而想要逃避,想要躲入"技术"的小楼,直到在狠狠碰撞了墙壁之后才懂得了转身。

这些道理说出来浅显得难以置信,但却搭上了生命中太久太远的弯路。

另一个更难跨越的门槛是基于学识修养的历史想象力。半路出家入了史学的门,我未得到史学的大视野,却学会了谨小慎微地抠住史料"事实",盲人摸象,死死地抓住摸到的片鳞半爪,视之为真理,不敢去想象超出眼前所见及其延伸线之外的图景。所以很长时间以来,我的历史观都是散落的一片片鳞片,之间有大片的空白,我无力用想象去填充,甚至无力去想象这片空白的存在。

2017年的暑期小学期,我带着南京大学的二年级本科生在福建省寿宁县南阳镇测绘报祖祠——一座位于木拱桥核心区的家祠内部的佛教殿宇;一座史载建造于清代,却体现强烈宋元风格的建筑;一座建于偏僻山区的高规格艺术品;一座我可以解答一切技术问题,却无法理解它为何会出现于此处的建筑。测绘教学之后,我辞去了南京大学建筑与城市规划学院的教研职位。

在此之后,在一段艰难的人生波动之后,我于2018年入职于南方科技大学人文社会科学荣誉学会(一个两年期的学术岗位)。感谢这个跨学科平台以及在此期间校内外各种学术交流的碰撞启发,我用了两年多的时间去努力"重装系统",反思闽浙地区的人文历史与地域特殊性。也是讽刺,我自诩建筑人类学视角,但在闽浙山水间浸泡了这些年,累计也达到十几个月,却对桥梁之外的社会、历史并没有多少敏感度。我吃惊地意识到,虽然我可以细致地复原、描述二百年前的匠人建造一座木拱桥的完整流程乃至技术细节,但我无法动用想象力去营建那个时代这个地区的整体社会风貌。闽浙的匠人间错综复杂的谱系关系,飘浮在我对明清王朝和东南山区稀薄的了解的虚空中。我这才有意识地补习了地方经济史、文化史,梳理了地方志,并专门返回田野,走访、收集了匠人所在区域的宗族族谱。我了解了山区矿工的艰险生计,认识了两位有意趣的县令——崇祯时寿宁令冯梦龙、乾隆时景宁令张九华，结识了一支有着科举荣光的乡村士绅，以及一个个挣扎于生存与延续的稼–匠家族……当历史、地理、经济、文化、风俗等重重图层叠合到头脑中的地图时，这片脑中的土地开始呈现勃勃生机。那些我想要追问的问题，竟似可以自行在这土地上演化呈现，呼之欲出。

我不知道我在本书最终呈现的"结论"会有多长的时效，也许很快便会再度对它产生怀疑，甚至也许下一次田野旅行就会对它发生动摇——就像我在博士答辩后的旅行中"发现"了挪威的案例一样。但在这个主题上纠缠了十余年后，我决定必须在此时有一个中止。我没有做完所有的测绘，也没有圆满地解答所有的问题；但这是我这十余年学术生命的倾力之至——无论智力还是体力。我不断变化的学科、文化、地域乃至性别，都增进了我对木拱桥这种复杂的人类创造的认知层次。而我层层逼进描述、解剖它的过程，亦是对自己人生的反思与折射。甚至，它已经成为了某种意义上的我，它是我这三十余年生命历程的镜像或者隐喻。而我需要在此留步，告别。望这一点点可笑的反思，可余启示于旁人。

刘妍
2020年11月于滇池东畔

致谢

从2009年夏天第一次进入闽浙田野，到本书的结集出版，历时十余年。这漫漫十余年间，为了追寻编木拱桥这一出现在人类各种建筑文明中的研究对象，我转战三大洲，穿梭于田野、工房与书斋，得到来自各个方面的太多帮助，难以尽数。搜罗记忆致谢于此，不免有所遗漏，祈能原宥。

最大的致意首先献与南京大学赵辰教授。这项研究的选题受到赵辰教授学术思想的直接启发，在最初的几年田野中，亦受惠于赵教授过去的工作基础。我在博士研究时拜请赵辰教授作为我的第二导师（second mentor）。八年的博士研究中，赵教授给予我最为持续而直接的指导和帮助。

感谢我的导师Manfred Schuller教授接纳并支持我的研究，为我在德国的学习与研究提供平台，并在这八年中给予我最大的——无论在时间安排还是学术思想上——的自由。Schuller教授的建筑考古学理论与方法是本项研究的两大理论支柱之一。我至今仍清晰记得当我第一次在田野中切身感受到建筑考古学方法对于建筑研究的意义时，那种激动和志向。

新伯兰登堡应用技术大学（Neubrandenburg Hochschule）的Philip Caston教授作为我的"师兄"和好友，具体地指导了我建筑考古学的实践方法。他提供我接触和考察美国与欧洲木构廊桥的机会，并提供材料、场所与指导，与我合作制作了中国木拱桥（接龙桥）的模型。

此外，美国的几位桥梁研究专家，肯特大学（Kent University）的Terry Miller教授及夫人，汉学家Ronald Knapp教授均曾与我有密切的交流沟通，我们曾多次在中国、美国、德国与瑞士驱车进行廊桥旅行，此间的考察与讨论令我获益颇多。

维也纳工业大学（TU Wien）的Klaus Zwerger教授是欧洲与东亚传统木构建筑领域的专家，亦是我在学术上的挚友。我们曾多次在中国与欧洲结伴旅行。Zwerger教授对于木构的解读以及他深入民间的研究方法给予我诸多启发。

理海大学（Lehigh University）的Tom Peters教授是提醒我注意到达·芬奇桥与恺撒桥关系的人，亦是指导我关注到结构与工匠思维之间关系的人。我们关于结构思维的

致谢

讨论对本文的思考有很大启发。

当时尚在日本东京大学求学的任丛丛博士提示我注意到日本卧龙桥的材料，并协助我与资料的所有人日塔和彦教授进行沟通，并在日本营造、日语文献上给了我诸多帮助。而日塔和彦教授则无私地将卧龙桥的大量（甚至未曾发表的原始）材料提供给我。而与南方科技大学袁长庚博士的多次交流，帮助我打开了对闽浙山区宗族社会的历史人类学视野。

我在慕尼黑工大的校友、指导人（Mentor）Nora Eibisch博士，为我的德国学习与生活提供了各个层面的帮助。其中极为重要的是帮我联系在德意志博物馆的木工实习，使我首次接触到木工实践。她并帮助我修改了博士论文德语写作的大部分篇章。

现在清华大学任教的荷雅丽（Alexandra Harrer）博士，作为我的师姐与挚友，为我在德国的研究与学习提供了许多帮助，并长期为我的外语学术写作提供至为恳切的帮助。

我的博士论文（德文）的写作亦受到同门同学Barbara Gasometra Berger及友人韦劭辰的帮助。他们对我的帮助虽然是在德文写作的指导上，但对我而言，亦在"如何向专业外人士讲解技术问题"上有所启发。

此外，感谢清华大学出版社的慧眼认可，以及诸位编辑老师悉心细致的工作，使中文版得以呈现最佳的样貌。

我需要特别感谢的是本文中所提及的全体木拱桥匠人师傅，尤其是寿宁县吴大根、郑多雄师傅，庆元县吴复勇师傅，周宁县下荐匠人张昌智、彭佛党师傅。他们将祖辈世代的家庭营造秘密毫无保留地向我倾囊相授，才有了本书最为核心的一部分结论。

此外，我亦需要在此致谢四川凉山美姑县彝族匠人阿西拉颇及其徒弟，还有吉吉阿里一家，他们对于彝族营造技术问题进行了耐心的解答。虽然彝族营造与编木拱研究看上去并没有直接关联，但彝族匠人的匠作理解为本文中关于匠作及其技术传播的理论提供了极为关键的钥匙。

在研究的执行与实践层面，我要感谢母校慕尼黑工业大学（针对女性学者的）博士生奖学金Laura Bassi-Preis的资助。感谢母校东南大学城市与建筑遗产保护教育部重点实验室在2012—2013年开放课题对本研究的资助，以及南方科技大学人文社会科学荣誉学会在2018—2019年的科研基金支持，还有国家自然科学基金委员会2021—2023年青年基金对研究与出版的支持。

感谢东南大学陈薇教授、胡石老师、陈建刚老师对于本课题闽浙地区调研的大力帮助与支持，以及中国社会科学院考古所王树芝老师在如龙桥案例树种鉴定与树轮断代上的帮助。

感谢美国汉庭顿图书馆日本园负责人David MacLaren先生、建筑师Andrew Mitchell先生全力支持我对园内圆月桥的测绘考察，并提供大量的档案材料。

感谢德国尼泊尔-喜马拉雅园（Nepal-Himalaya-Pavillon）的主人Heribert Wirth先生，他邀请我在他的园林中带领中国匠人建造木拱桥，让我有机会实践建造，并研究现存最古老的一支造桥匠人家族的技艺。这也是中国木拱桥第一次走出国门。

感谢德意志博物馆（Deutsches Museum）木工部（Schreiner）在2011年9月接纳我进行为期三周的木工实习。这是我对于传统匠作理解的开端。

致谢

感谢（依照调研时序）福建省屏南县、浙江省庆元县、泰顺县、景宁县、丽水市莲都区、龙泉县、福建省周宁县、福建省寿宁县、政和县、德化县……所有提供给我帮助的文化部门、博物馆、"非遗"领域的领导与工作者，尤其是屏南县苏旭东局长，周宁县博物馆郑勇馆长，寿宁县博物馆龚迪发馆长、龚健馆长，泰顺县季海波主任、薛益泉主任和钟晓波的大力支持与帮助。感谢泉州市文管所姚洪峰工程师、福州大学陈镇国教授、杨艳研究员、上海交通大学刘杰教授提供资料。此外，"廊桥爱好者"何南大、应嘉康亦为我提供了宝贵的信息和材料。

此外，香港中文大学Vito Bertin教授、清华大学刘畅教授、同济大学刘涤宇博士、清华同衡规划设计研究院齐晓瑾博士，亦为我的研究提供了重要信息或线索。

在过去的数年中，我许多次以会议、讲座等形式与同行交流研究所得，其中亦得到许多有益的批评、建议与反馈，因受惠过于庞大，此处无法一一致意。

极大的敬意致以所有当我在闽浙山区进行田野调研时，我曾记下或未记下姓名地址的，收留我过夜、顺风车捎送我行路、邀请我加入午餐的普通村人。他们大多不肯收取任何资费，却对于一个陌生的外来者抱以极大的善意，施以热情的援手。

我田野调研的主体是一个人的孤独旅行，但在旅行中，有许多次，亦有同仁和友人或长或短的参与和陪伴，令我格外珍惜。中央电视台大型纪录片《传承·道》的导演邱萍及其工作团队，用真诚的镜头与体察入微的视角记录下了闽浙木拱桥的营造技艺与我的工作和思考。（时）在新伯兰登堡应用技术大学攻读硕士学位的于燕楠与我共同完成了如龙桥测绘。此外，（时）东南大学周淼、王新宇、高文娟，华南理工大学杨扬，同济大学杨熹，维也纳工业大学的董书音，南京大学孟宪川，苏黎士联邦理工学院吾超，宾夕法尼亚大学任思捷，南京大学陈硕、文涵，建筑史学者丁绍恒，吾方建筑的孙蕙建筑师也给予了我同行与帮助。

华南理工大学的顾雪萍、李嘉泳同学协助我整理了很大一部分测绘图纸。我在南京大学、南方科技大学执教期间，我的几位学生参与了一部分科研工作。南京大学建筑与城市规划学院本科生梁晓蕊、杜孟泽杉、林宇、李雪琦同学与我一同测绘了重庆酉阳桥并绘制了图纸。南方科技大学的张少华、廖琬凝同学帮助我分担了一部分文献整理工作。此外，"探路者"公司的旧友周磊提供我全套攀岩工具，才使我有条件爬上拱桥进行测绘。深圳西早工坊的覃开云先生的支持和帮助，确保了杨梅洲桥模型在深圳的顺利制作。

最后，感谢我的父母。他们的支持与理解，是我漫长坚守的根本保障。

感谢胡剑，虽未能相伴到最后，亦曾多年的理解与容忍。

感念慕尼黑这座城市，拜仁州立图书馆（Bayerische Staatsbibliothek）的便利，为我提供了在这个全新的领域与文明国度中最主要的知识来源；慕尼黑英国花园（Englischer Garten）的每一个清晨和傍晚，为我注入了对抗孤独的自然之力量。

感谢所有在我最困难的时刻告诉我"你不孤独"的朋友。